21 世纪全国高等院校财经管理系列实用规划教材·工商管理系列

# 企业战略管理

主　编　顾　桥　马　麟
参　编　梁　东　凌彤炜　洪　菲
　　　　王　丹　李志宏　王　欢
　　　　苏　煜

## 内 容 简 介

本书从理论层面叙述了战略管理的基本概念、基本方法和前沿理论，系统地介绍了战略管理三层面框架下的公司层战略、业务层战略、职能层战略所涉及的基本问题、思维逻辑、实用工具与一般方法。全书分为五大部分：第一部分介绍了战略管理的基本概念及主要思想；第二部分介绍了企业内、外部环境分析的主要内容、分析过程和分析方法；第三部分介绍了公司层战略分析的理论与方法；第四部分介绍业务层战略分析的理论和方法；第五部分介绍战略的实施、战略评价和战略控制等内容。

本书体例编排较为独特，侧重从强化战略管理训练的角度推动读者对战略管理基本理论与框架的理解。在每章开始通过一个典型案例引出本章内容，正文中适时串插知识链接和特别提示等内容和知识点，每章末除配备相应的复习思考题外，还安排了案例研究、文献查询和阅读材料等战略训练内容。全书内容新颖，选编的案例丰富而典型，贴近本土企业实践。

本书的读者对象主要是高等院校管理类专业本科生、MBA等研究生以及对战略管理感兴趣的科研人员、企业管理人士。

**图书在版编目(CIP)数据**

企业战略管理/顾桥，马麟主编．—北京：北京大学出版社，2014.1
（21世纪全国高等院校财经管理系列实用规划教材·工商管理系列）
ISBN 978-7-301-23419-8

Ⅰ.①企⋯　Ⅱ.①顾⋯②马⋯　Ⅲ.①企业战略—战略管理—高等学校—教材　Ⅳ.①F272

中国版本图书馆CIP数据核字(2013)第260174号

| 书　　　　名： | 企业战略管理 |
|---|---|
| 著作责任者： | 顾　桥　马　麟　主编 |
| 策划编辑： | 李　虎　王显超 |
| 责任编辑： | 翟　源 |
| 标准书号： | ISBN 978-7-301-23419-8/C · 0956 |
| 出版发行： | 北京大学出版社 |
| 地　　　址： | 北京市海淀区成府路205号　100871 |
| 网　　　址： | http://www.pup.cn　新浪官方微博：@北京大学出版社 |
| 电子信箱： | pup_6@163.com |
| 电　　　话： | 邮购部 62752015　发行部 62750672　编辑部 62750667　出版部 62754962 |
| 印　刷　者： | 北京飞达印刷有限责任公司印刷 |
| 经　销　者： | 新华书店 |
| | 787毫米×1092毫米　16开本　23印张　527千字 |
| | 2014年1月第1版　2019年6月第3次印刷 |
| 定　　　价： | 46.00元 |

未经许可，不得以任何方式复制或抄袭本书之部分或全部内容。
**版权所有，侵权必究**
举报电话：010-62752024　电子信箱：fd@pup.pku.edu.cn

# 21世纪全国高等院校财经管理系列实用规划教材

## 专家编审委员会

主 任 委 员　刘诗白

副主任委员　（按拼音排序）

　　　　　　韩传模　　　　李全喜　　　　王宗萍
　　　　　　颜爱民　　　　曾　旗　　　　朱廷珺

顾　　　问　（按拼音排序）

　　　　　　高俊山　　　　郭复初　　　　胡运权
　　　　　　万后芬　　　　张　强

委　　　员　（按拼音排序）

　　　　　　程春梅　　　　邓德胜　　　　范　徵
　　　　　　冯根尧　　　　冯雷鸣　　　　黄解宇
　　　　　　李柏生　　　　李定珍　　　　李相合
　　　　　　李小红　　　　刘志超　　　　沈爱华
　　　　　　王富华　　　　吴宝华　　　　张淑敏
　　　　　　赵邦宏　　　　赵　宏　　　　赵秀玲

法 律 顾 问　杨士富

# 丛 书 序

我国越来越多的高等院校设置了经济管理类学科专业，这是一个包括经济学、管理科学与工程、工商管理、公共管理、农业经济管理、图书档案学6个二级学科门类和22个专业的庞大学科体系。2006年教育部的数据表明，在全国普通高校中，经济类专业布点1518个，管理类专业布点4328个。其中除少量院校设置的经济管理专业偏重理论教学外，绝大部分属于应用型专业。经济管理类应用型专业主要着眼于培养社会主义国民经济发展所需要的德智体全面发展的高素质专门人才，要求既具有比较扎实的理论功底和良好的发展后劲，又具有较强的职业技能，并且又要求具有较好的创新精神和实践能力。

在当前开拓新型工业化道路，推进全面小康社会建设的新时期，进一步加强经济管理人才的培养，注重经济理论的系统化学习，特别是现代财经管理理论的学习，提高学生的专业理论素质和应用实践能力，培养出一大批高水平、高素质的经济管理人才，越来越成为提升我国经济竞争力、保证国民经济持续健康发展的重要前提。这就要求高等财经教育要更加注重依据国内外社会经济条件的变化，适时变革和调整教育目标和教学内容；要求经济管理学科专业更加注重应用、注重实践、注重规范、注重国际交流；要求经济管理学科专业与其他学科专业相互交融与协调发展；要求高等财经教育培养的人才具有更加丰富的社会知识和较强的人文素质及创新精神。要完成上述任务，各所高等院校需要进行深入的教学改革和创新，特别是要搞好有较高质量的教材的编写和创新工作。

出版社的领导和编辑通过对国内大学经济管理学科教材实际情况的调研，在与众多专家学者讨论的基础上，决定编写和出版一套面向经济管理学科专业的应用型系列教材，这是一项有利于促进高校教学改革发展的重要措施。

本系列教材是按照高等学校经济类和管理类学科本科专业规范、培养方案，以及课程教学大纲的要求，合理定位，由长期在教学第一线从事教学工作的教师编写，立足于21世纪经济管理类学科发展的需要，深入分析经济管理类专业本科学生现状及存在的问题，探索经济管理类专业本科学生综合素质培养的途径，以科学性、先进性、系统性和实用性为目标，其编写的特色主要体现在以下几个方面：

（1）关注经济管理学科发展的大背景，拓宽理论基础和专业知识，着眼于增强教学内容与实际的联系和应用性，突出创造能力和创新意识。

（2）体系完整、严密。系列涵盖经济类、管理类相关专业以及与经管相关的部分法律类课程，并把握相关课程之间的关系，整个系列丛书形成一套完整、严密的知识结构体系。

（3）内容新颖。借鉴国外最新的教材，融会当前有关经济管理学科的最新理论和实践经验，用最新知识充实教材内容。

（4）合作交流的成果。本系列教材是由全国上百所高校教师共同编写而成，在相互进行学术交流、经验借鉴、取长补短、集思广益的基础上，形成编写大纲。最终融合了各地特点，具有较强的适应性。

（5）案例教学。教材具备大量案例研究分析内容，让学生在学习过程中理论联系实际，特别列举了我国经济管理工作中的大量实际案例，这可大大增强学生的实际操作能力。

（6）注重能力培养。力求做到不断强化自我学习能力、思维能力、创造性解决问题的能力以及不断自我更新知识的能力，促进学生向着富有鲜明个性的方向发展。

作为高要求，财经管理类教材应在基本理论上做到以马克思主义为指导，结合我国财经工作的新实践，充分汲取中华民族优秀文化和西方科学管理思想，形成具有中国特色的创新教材。这一目标不可能一蹴而就，需要作者通过长期艰苦的学术劳动和不断地进行教材内容的更新才能达成。我希望这一系列教材的编写，将是我国拥有较高质量的高校财经管理学科应用型教材建设工程的新尝试和新起点。

我要感谢参加本系列教材编写和审稿的各位老师所付出的大量卓有成效的辛勤劳动。由于编写时间紧、相互协调难度大等原因，本系列教材肯定还存在一些不足和错漏。我相信，在各位老师的关心和帮助下，本系列教材一定能不断地改进和完善，并在我国大学经济管理类学科专业的教学改革和课程体系建设中起到应有的促进作用。

刘诗白
2007 年 8 月

**刘诗白** 现任西南财经大学名誉校长、教授，博士生导师，四川省社会科学联合会主席，《经济学家》杂志主编，全国高等财经院校资本论研究会会长，学术团体"新知研究院"院长。

# 前　　言

企业战略的概念是 20 世纪中后期提出、在产业革命和经济发展的大背景下发展起来，并随着西方企业管理理论的发展而逐渐形成的。战略管理的先驱艾尔弗雷德·D·钱德勒认为："战略是企业的基本长期目标和目标的决定，以及为实现这些目标所采取的一连串行动和资源分配。"企业战略管理理论是企业管理理论领域中出现较晚的学科，但战略管理思想的历史极为悠久，在中国《孙子兵法》和西方许多经典著作中有许多战略管理思想的精髓，在当代仍然具有重要的学术价值和应用价值。

企业战略管理的必要性是源于企业生存、竞争和持续发展的压力和企业管理的客观需要。企业制定和实施战略管理的原因集中体现在以下几个方面：

1. 企业面临的环境更加复杂多变。企业环境变化的不确定性和影响因素的复杂性增加了企业把握和认识未来生存环境的难度，同时企业环境变化的频度和节奏明显加快，企业必须预先制定正确的和明确的企业战略来应对环境的变化，确定自己的定位，并在这个位置上创造自己的独特优势；

2. 企业面临的竞争更加激烈，企业竞争的深度、广度、复杂度已发生深刻变化。越来越多的企业认识到，要想在当今市场环境中生存和发展，就必须有自己的企业战略。通过战略制定和战略实施，不断构筑和保持企业的竞争优势，提升企业的核心竞争力，使企业的生存和持续发展建立在企业资源和能力的不断提升和改善的基础上；

3. 企业发展已从一业为主向多角化经营发展，企业经营的国际化越来越普遍。在这种情况下，企业战略需要谋划国际化经营过程中的国际购并、国际投资、跨国经营、国际战略联盟、国际市场的开发以及国际生产要素的整合利用等复杂问题，参与国际竞争；多角化经营比企业单一业务更复杂，风险更大，其控制难度也大，涉及不同业务、不同产业间的相互联系，其波及效果势必影响与决定了企业的发展前景，因此，企业需要对生存的整个产业环境进行分析，寻求企业发展的机遇和机会，规避企业发展的不利因素；

4. 市场环境的不断变化使得不同时期企业竞争的关键成功因素在不断地发生变化。企业竞争的关键成功因素在早期主要体现在生产效率方面，当时企业的主要竞争手段是规模化生产，不断提高企业的生产效率，企业战略考虑的核心问题是创造高效率的生产体系；之后，企业成功的关键因素被产品质量和品质所替代，这时企业主要竞争手段是精益生产和品牌经营，企业战略思考的核心问题是创造精品和名牌，不断增加对顾客的贴心服务，为顾客创造更大价值；当今，企业成功的关键因素被创新的商业模式所取代，企业的主要竞争手段是快速响应顾客需求变化的新商业模式，此时，企业战略谋划的核心问题是系统化调整企业、顾客、供应商以及其他利益攸关者的关系，共赢是新商业模式的基础。商业模式是企业服务于顾客的资源配置、组织运营、价值链结构和分配等组成的一个综合系统，而企业的核心能力则是开放性地整合资源，提升快速响应顾客需求变化的能力。因此，商业模式的研究和创新在企业战略管理中的地位日趋突出和重要。

5. 企业规模日益壮大，管理层次越来越多，管理幅度也越来越大。这三个方面的变化使企业管理的有效性和效率问题变得非常重要，要求企业能综合应用内部资源以适应环境变化。

有许多企业家和管理学家从不同角度和维度研究了企业的战略管理问题，对企业战略管理理论的形成和完善做出了自己的贡献，形成了不同的学术流派。1998年明茨伯格对前人的工作进行了分析和归纳，总结出企业战略研究方法论的十大学派。他们分别是设计学派、计划学派、定位学派、企业家学派、认知学派、学习学派、权力学派、文化学派、环境学派以及对前面九个学派进行组合的构造学派。十大战略学派从不同的视角出发给出了不同的回答，但各执一词，难以统一起来。在不同的历史时期，有些战略学派也曾盛极一时，成为主流。20世纪70年代，设计学派和计划学派是主流，80年代到90年代初，定位学派是主流。在达到声誉的顶峰之后，这些学派又逐渐走下坡路。而除构造学派的后面六个学派从80年代以来虽然引起了人们的关注，但其可操作性低，仍无法成为主流。这种"各领风骚若干年"的现象其实也不奇怪，它说明了三个问题：第一，战略的形成很复杂，涉及的因素很多，人们思考问题的视角存在多样性，难以统一，也没有统一的必要；第二，人们对战略的认识需要一个过程，这个过程是由浅入深、由表及里、由局部到全局的过程，即使是现在，这个认识过程也还远远没有结束；第三，随着时代的变迁，环境还在不断的变化，新的战略管理思想还将不断涌现。尽管不同流派各具特色，但研究和关注的基本战略问题应该是一致的，即(1)企业的业务是什么？说明企业目前到底在做什么事，从而引发对于现状的思考。企业对现状是否满意，企业的现状能否保持？企业的现状是否需要改变？(2)企业的业务应该是什么？说明企业未来要做什么事，从而引发对于目标的思考。环境是否为企业提供了新的发展机遇？环境是否对企业带来新的威胁和调整？(3)为什么？说明企业对于当前业务与目标业务描述的依据是什么，从而引发对于企业存在理由的思考。战略管理理论提供了一整套思考和解决这些基本问题的方法和程序。

关于战略管理理论的教材不可谓不多，可是，无论介绍多少种理论方法和分析工具、多少个成功和失败的经典案例，都未必能帮助我们切实理解和应对未来复杂多变的企业战略管理的挑战。我们编写这本教材的初衷就是要在战略管理三个层面——公司层战略、业务层战略、职能层战略——的框架上突出对战略管理的基本问题、思想逻辑、工具与方法的战略训练，通过对案例研究、文献查询、小组学习与讨论等内容的组织来强调战略管理理论与实践中的不确定性、直觉性、试错性、应急性、学习性等时代特征。教材中选编了大量丰富而新颖的案例，它们贴近本土企业实践，能够很好地满足教学的需要，其编写有较强的时效性与宽阔的国际化视野。

本书由顾桥、马麟拟定和设计了全书的框架和结构，全书共15章，各章撰写者是：第1章、第2章，梁东、王欢；第3章、第4章，顾桥、苏煜；第5章、第6章，马麟；第7章，洪菲；第8章、第9章，顾桥；第10章、第11章，马麟；第12章，梁东、王欢；第13章，凌彤炜；第14章，李志宏；第15章，王丹。全书由顾桥、马麟统撰定稿。

本书的出版首先要感谢北京大学出版社编辑王显超先生和他的编辑团队，他们为本书的出版付出了诸多努力和推动。

本书参考和引用了部分专家、学者的成果资料，除注明出处的部分外，也可能有遗漏之处。在此谨向有关作者表示诚挚的谢意。限于我们的水平，书中难免有不妥或疏漏之处，敬请广大读者和专家批评指正。

编 者

2013.11

# 目 录

第 1 章 战略与战略管理 ·········· 1
  1.1 企业战略 ······················· 2
    1.1.1 企业战略的含义 ········ 3
    1.1.2 企业战略的特征 ········ 4
    1.1.3 企业战略的构成要素 ··· 5
  1.2 战略思维与战略逻辑 ············ 7
    1.2.1 战略思维 ················ 7
    1.2.2 战略逻辑 ··············· 12
  1.3 战略管理过程 ··················· 13
    1.3.1 战略管理的含义与原则 ··· 13
    1.3.2 战略管理的内容和层次 ··· 14
    1.3.3 战略管理过程的含义 ···· 16
    1.3.4 战略管理实施过程 ······ 17
  本章小结 ··························· 20
  复习思考题 ························ 20
  战略训练 ··························· 21
  参考文献 ··························· 24

第 2 章 愿景、使命与战略目标 ······ 26
  2.1 愿景——我们想成为什么样的企业 ·························· 27
    2.1.1 愿景的含义 ············ 28
    2.1.2 愿景的特征 ············ 30
    2.1.3 愿景的作用 ············ 30
    2.1.4 愿景的构成 ············ 33
  2.2 使命——我们的业务是什么 ···· 35
    2.2.1 使命的含义 ············ 35
    2.2.2 企业使命的内容和功能 ·· 37
    2.2.3 企业使命的表述 ········ 38
  2.3 目标——我们想到哪里 ········ 41
    2.3.1 战略目标的含义 ········ 41
    2.3.2 战略目标的内容和作用 ·· 42
    2.3.3 战略目标的体系 ········ 44
    2.3.4 设置战略目标的原则 ···· 45
    2.3.5 战略目标的制定 ········ 46
  本章小结 ··························· 47
  复习思考题 ························ 48
  战略训练 ··························· 49
  参考文献 ··························· 51

第 3 章 外部环境分析 ·············· 53
  3.1 一般环境分析 ··················· 55
    3.1.1 经济因素 ··············· 55
    3.1.2 社会因素 ··············· 56
    3.1.3 政治、法律因素 ········ 57
    3.1.4 技术因素 ··············· 57
  3.2 行业环境分析 ··················· 57
    3.2.1 进入者的威胁 ·········· 58
    3.2.2 供应商的议价能力 ····· 60
    3.2.3 购买商的议价能力 ····· 60
    3.2.4 替代品威胁 ············ 61
    3.2.5 现有竞争者之间的竞争程度 ······················· 61
  3.3 竞争对手分析 ··················· 62
    3.3.1 战略定位 ··············· 62
    3.3.2 竞争对手的分析因素 ···· 63
  3.4 外部环境评价方法 ············· 65
    3.4.1 PEST 分析方法 ········ 65
    3.4.2 战略环境要素评价模型 ·· 66
    3.4.3 行业关键战略要素评价矩阵 ······················· 67
    3.4.4 关键成功因素分析法 ···· 68
  本章小结 ··························· 69
  复习思考题 ························ 69
  战略训练 ··························· 71
  参考文献 ··························· 75

第 4 章 内部环境分析 ·············· 76
  4.1 资源分析 ······················· 77
    4.1.1 有形资源 ··············· 78
    4.1.2 无形资源 ··············· 78
  4.2 能力分析 ······················· 79

  4.2.1 财务能力分析 ………… 79
  4.2.2 组织能力分析 ………… 81
  4.2.3 企业文化分析 ………… 81
 4.3 企业竞争优势与核心竞争力 … 82
  4.3.1 核心竞争力的概念 …… 82
  4.3.2 竞争力或者核心竞争力的
     识别标准 ……………… 82
  4.3.3 核心竞争力的获取方法 … 83
 4.4 价值链分析 ………………… 86
  4.4.1 价值链的概念及主要内容… 86
  4.4.2 价值链分析的步骤方法 … 87
 4.5 内部环境评价方法 ………… 88
  4.5.1 SWOT 分析法 ………… 88
  4.5.2 波士顿矩阵 …………… 91
  4.5.3 内部战略要素评价矩阵 … 94
 本章小结 …………………………… 95
 复习思考题 ………………………… 95
 战略训练 …………………………… 96
 参考文献 …………………………… 99

## 第 5 章 多样化战略 ………………… 100
 5.1 多样化战略的含义与形式 … 102
  5.1.1 多样化战略的含义 …… 102
  5.1.2 多样化战略的形式 …… 103
 5.2 多样化战略的动机 ………… 104
  5.2.1 多样化战略动机的分类 … 104
  5.2.2 多样化战略的选择方法 … 110
 5.3 企业并购与重组 …………… 111
  5.3.1 并购的含义 …………… 111
  5.3.2 并购的功能 …………… 112
  5.3.3 并购战略选择的方法 … 112
  5.3.4 企业并购成功的关键 … 113
  5.3.5 选择并购战略应注意的
     问题 …………………… 113
  5.3.6 重组及其效果 ………… 114
 本章小结 ………………………… 115
 复习思考题 ……………………… 116
 战略训练 ………………………… 117
 参考文献 ………………………… 120

## 第 6 章 国际化战略 ………………… 122
 6.1 识别国际化机遇 …………… 124

  6.1.1 企业国际化战略的动机 … 124
  6.1.2 成功的国际化战略能获得的
     主要优势 ……………… 125
 6.2 国际化战略的选择 ………… 127
  6.2.1 影响国家竞争力的因素 … 127
  6.2.2 国际化战略的分类 …… 130
 6.3 进入海外市场的方式 ……… 133
 本章小结 ………………………… 137
 复习思考题 ……………………… 138
 战略训练 ………………………… 139
 参考文献 ………………………… 144

## 第 7 章 战略联盟与战略外包 ……… 145
 7.1 战略联盟和竞争优势 ……… 146
  7.1.1 战略联盟的概念 ……… 146
  7.1.2 战略联盟的特征 ……… 147
  7.1.3 战略联盟的类型 ……… 147
  7.1.4 战略联盟和竞争优势的
     分析 …………………… 149
 7.2 战略联盟的组织设计 ……… 151
  7.2.1 确定战略联盟的合作范围 … 151
  7.2.2 挑选联盟伙伴的原则 … 153
  7.2.3 联盟伙伴选择的过程 … 156
  7.2.4 联盟的组织结构设计 … 156
 7.3 战略外包 …………………… 158
  7.3.1 战略外包的含义 ……… 158
  7.3.2 战略外包的优势 ……… 159
  7.3.3 战略外包的模式 ……… 160
 本章小结 ………………………… 162
 复习思考题 ……………………… 163
 战略训练 ………………………… 164
 参考文献 ………………………… 167

## 第 8 章 竞争定位与业务层战略 …… 168
 8.1 竞争定位和商业模式 ……… 169
  8.1.1 竞争定位 ……………… 169
  8.1.2 商业模式 ……………… 172
 8.2 竞争定位与业务层战略概述 … 175
  8.2.1 什么是业务层战略 …… 175
  8.2.2 业务层战略的基本特征 … 176
  8.2.3 竞争定位与业务层战略的
     分析 …………………… 177

|本章小结 ………………………… 178
|复习思考题 ……………………… 179
|战略训练 ………………………… 180
|参考文献 ………………………… 184

## 第9章 成本领先战略 …………… 185

9.1 成本领先战略的内涵和价值 …… 186
    9.1.1 成本领先战略的内涵 …… 186
    9.1.2 成本领先战略的价值 …… 191
9.2 成本领先和持续竞争优势 ……… 194
    9.2.1 成本领先战略的优势 …… 194
    9.2.2 开发成本优势 …………… 195
    9.2.3 开发成本优势、建立可持续
          竞争优势 ………………… 200
9.3 成本领先战略的实施 …………… 202
    9.3.1 成本领先战略的实施条件 … 202
    9.3.2 成本领先战略的实施细则 … 202
    9.3.3 成本领先战略的风险 …… 207
    9.3.4 实行成本领先战略时应注意的
          问题 ……………………… 208
本章小结 ………………………… 209
复习思考题 ……………………… 210
战略训练 ………………………… 211
参考文献 ………………………… 214

## 第10章 差异化战略 ……………… 215

10.1 产品差异化战略的内涵与价值 …… 216
    10.1.1 产品差异化战略的内涵 … 216
    10.1.2 产品差异化战略的价值 … 221
    10.1.3 产品差异化战略的风险 … 221
10.2 产品差异化战略和持续竞争优势 … 223
    10.2.1 产品差异化战略的驱动
           因素 …………………… 223
    10.2.2 产品差异化战略的竞争
           优势 …………………… 225
    10.2.3 获取持续竞争优势 …… 226
10.3 产品差异化战略的实施 ………… 227
    10.3.1 产品差异化战略的适用
           条件 …………………… 227
    10.3.2 产品差异化战略的制定
           步骤 …………………… 228
    10.3.3 产品差异化战略的实施
           途径 …………………… 229
    10.3.4 差异化战略的其他实施
           途径 …………………… 231
    10.3.5 产品差异化战略与成本
           领先战略的耦合 ……… 232
本章小结 ………………………… 233
复习思考题 ……………………… 234
战略训练 ………………………… 235
参考文献 ………………………… 237

## 第11章 集聚战略 ………………… 239

11.1 集聚战略的含义与价值 ………… 240
    11.1.1 集聚战略的含义 ……… 241
    11.1.2 集中型战略与其他战略的
           比较 …………………… 241
    11.1.3 集聚战略的价值 ……… 241
11.2 集聚战略与持续竞争优势 ……… 242
    11.2.1 企业实施集聚战略动因 … 243
    11.2.2 集聚战略的优势 ……… 244
    11.2.3 集聚战略的劣势 ……… 244
    11.2.4 集聚战略与持续竞争
           优势的分析 …………… 244
11.3 集聚战略的实施 ………………… 246
    11.3.1 集聚战略实施前提 …… 247
    11.3.2 集聚战略的实施细则 … 247
    11.3.3 集聚战略的扩展形式 … 248
    11.3.4 集聚战略实施的风险 … 248
本章小结 ………………………… 249
复习思考题 ……………………… 250
战略训练 ………………………… 251
参考文献 ………………………… 253

## 第12章 产业结构与业务层战略 …… 254

12.1 产业生命周期战略 ……………… 256
    12.1.1 产业生命周期理论概述 … 256
    12.1.2 产业生命周期战略的分析 … 258
12.2 分散和集中产业战略 …………… 263
    12.2.1 分散产业战略 ………… 263
    12.2.2 集中产业战略 ………… 265
12.3 高新技术产业战略 ……………… 267

12.3.1 高新技术产业概述 …… 267
12.3.2 高新技术产业战略选择时应注意的问题 …… 268
12.3.3 高新技术产业的战略选择 … 269
本章小结 …… 272
复习思考题 …… 273
战略训练 …… 274
参考文献 …… 276

## 第 13 章 战略实施 …… 277

13.1 战略实施的性质与原则 …… 278
　13.1.1 战略实施的含义 …… 278
　13.1.2 战略实施的性质 …… 279
　13.1.3 战略实施的基本原则 …… 279
13.2 企业战略实施计划与制定方法 …… 280
　13.2.1 战略实施计划的基本概念 …… 280
　13.2.2 战略实施计划制定的方法 …… 281
13.3 战略实施的资源配置 …… 283
　13.3.1 企业战略资源的内容 …… 283
　13.3.2 战略资源的特点 …… 283
　13.3.3 企业战略与资源的关系 … 284
　13.3.4 企业战略资源的分配 …… 284
13.4 战略实施的组织保障 …… 287
　13.4.1 战略与组织结构的关系 … 287
　13.4.2 战略的前导性及组织结构的滞后性 …… 288
　13.4.3 企业规模对组织结构的影响 …… 289
13.5 组织文化与战略的适应 …… 290
　13.5.1 企业文化的概念 …… 290
　13.5.2 企业文化与战略的关系 … 291
　13.5.3 企业文化与战略的适应和协调 …… 291
　13.5.4 战略与企业文化关系的管理 …… 292
　13.5.5 实现企业文化变革的策略 … 293
　13.5.6 建立业绩与报酬挂钩的激励机制 …… 294
13.6 战略实施中的有关问题 …… 296
　13.6.1 战略实施中的业务问题 … 296
　13.6.2 企业内外配合协调的问题 … 298
本章小结 …… 299
复习思考题 …… 299
战略训练 …… 300
参考文献 …… 304

## 第 14 章 战略评价 …… 305

14.1 战略评价的性质 …… 306
　14.1.1 战略评价的目标 …… 306
　14.1.2 战略评价的内涵 …… 306
　14.1.3 战略评价的标准 …… 307
14.2 战略评价的框架 …… 309
　14.2.1 战略目标 …… 309
　14.2.2 战略目标分解 …… 310
　14.2.3 战略目标沟通 …… 311
　14.2.4 战略目标实施计划 …… 312
　14.2.5 战略评价 …… 314
　14.2.6 战略反馈 …… 315
14.3 战略评价的方法 …… 316
　14.3.1 平衡计分卡的基本内容 … 316
　14.3.2 平衡计分卡的实施原则 … 317
　14.3.3 平衡计分卡的实施流程 … 318
　14.3.4 平衡计分卡的特点 …… 319
本章小结 …… 320
复习思考题 …… 320
战略训练 …… 321
参考文献 …… 324

## 第 15 章 战略控制 …… 325

15.1 实施控制的标准和关键 …… 327
　15.1.1 战略控制的含义和特征 … 327
　15.1.2 战略控制的关键和原则 … 328
　15.1.3 战略控制的主要内容 …… 330
　15.1.4 战略控制过程和方法 …… 330
　15.1.5 战略控制系统要求 …… 331
　15.1.6 战略控制种类 …… 332
　15.1.7 战略控制的常见问题和影响因素 …… 334
15.2 战略与领导 …… 335
　15.2.1 战略领导者的含义和特点 …… 335

# 目　录

　　15.2.2　战略领导者的行为模式 … 335
　　15.2.3　战略领导者的构成 ……… 336
　　15.2.4　战略领导者的九种角色 … 337
15.3　领导风格与战略 …………………… 339

本章小结 …………………………………… 343
复习思考题 ………………………………… 344
战略训练 …………………………………… 345
参考文献 …………………………………… 349

# 第 1 章 战略与战略管理

### 教学要求

通过本章的学习，了解企业战略思维与战略逻辑，以及管理思想代表人物对于企业战略管理的主要观点，掌握企业战略的含义、特征以及构成要素。同时，掌握战略管理的内容、层次及其管理过程。

> 战略管理不是一个魔术盒，也不只是一套技术。战略管理是分析式思维，是对资源的有效配置。战略管理中最为重要的问题是根本不能被数量化的。
>
> ——彼得·德鲁克

### 基本概念

企业战略　战略思维　战略逻辑　战略管理过程　公司层战略　业务层战略　职能层战略　战略分析　战略制定　战略实施　控制与反馈

### 导入案例

#### 联想的全球化战略

联想集团是一家全球领先的 PC 企业，由原联想集团和原 IBM 个人电脑事业部组合而成。联想从 1997 年以来蝉联中国国内市场销量第一，并年年在亚太市场（日本除外）名列前茅。2009—2010 财年营业额达 166 亿美元，占该财年全球 PC 市场份额 8.8%。

联想集团于 1994 年在香港上市，总部位于中国北京和美国罗利，在全球拥有近 2 万名员工。联想在全球拥有两大市场集团，分别是覆盖澳大利亚、加拿大、日本、美国、西欧等地的成熟市场集团，覆盖中国、东盟、印度、东欧、中东、非洲（包括南非）、俄罗斯及中亚的新兴市场集团。

2004 年 12 月 8 日，我国电脑行业的领军企业联想集团宣布，斥资 12.5 亿美元（现金加股票）全盘收购 IBM PC 业务的消息震惊了世界。然而，联想集团的全球化战略进行得并不顺利。

数据显示，2007 财年，联想的利润达到 4.84 亿美元，全球市场份额达到 7.6%，比较而言，并购前是 1.4 亿美元利润和 2.4% 市场份额。然而，好景不长，2008—2009 财年，随着金融危机的悄然逼近，联想在 2008 年 7—9 月间，就开始受到影响，联想的利润减少至 2300 万美元，到了当年的第四季度，联想开始出现 9000 多万美元的亏损数字。财年结束前的一个季度，联想亏损的数字更是达到了惊人的 2.636 亿美元。"企业已经到了悬崖边上，再往前走一步，就是万丈深渊。"

不容置疑的是，金融危机是亏损的导火索。并购 IBM PC 之后，联想继承了 IBM 大的商业客户的资源基础，但这些客户，由于受到金融危机的影响而缩减开支，同时中国的 PC 市场是联想的大本营，在金融危机中受到的影响颇大。

但真正的原因并不是金融危机。联想认识到，管理层的短期行为导致了联想业绩的大幅下滑。电脑这个行业在 3—4 年前就已经发生了两个重大变化：其一是台式机向笔记本的转换；二是商业客户向消费客户的转换。这两个变化，要求联想进行巨大的投入，新产品研发投入、供应链系统投入等等，总的投入应该到 5 亿—7 亿美元。"

2009 年 2 月 2 日，柳传志重新出山执掌联想大印，杨元庆由董事长改任 CEO，回升初现。

"建班子、定战略、带队伍"，柳传志的三板斧，再次发挥它的效力。班子是个中西合璧的班子，9 人的领导团队中，除 CEO 杨元庆以外，4 个中国人 4 个外国人，他们的特点就是能够把业务的各个角度都纳入自己的管理范围中。战略是正确的攻防战略。"防"是两个保住：一要保住中国市场的占有率和利润；二要保住成熟市场的商业客户。"攻"则是扩大新兴市场的份额，以及扩大成熟市场的消费客户。队伍，则是通过建立核心价值观，明确联想的企业文化，让不同国家和地区的员工都士气高涨。

随后的一个季度，联想亏损减少到了 1600 万美元，再接下来的一个季度，联想开始重回盈利状态，净利润达到 5300 万美元。从市场份额上看，2008—2009 财年的最后一个季度，市场份额达到 9.2%。

两年后，联想重回 PC 前三宝座，在柳传志的展望里，联想与全球 PC 金牌也只有一步之遥。联想用业绩交出了答卷，联想在 2011 财年跃升成为全球第二大电脑厂商，全年市场份额达 12.9%。

据柳传志介绍，在并购的过程中，联想主要克服了三个风险：第一是市场风险。买了 ThinkPad 以后，人家认不认你？第二是人。买了这个公司以后员工会不会流失？第三个风险是文化磨合。中国企业出手海外并购都会遇到的这三大典型性风险，联想已经过关。通过这次并购以后，联想又并购了 NECPC 部分和一家德国的公司 Medion，现在来说可以说是一帆风顺，而且联想正在把 PC 业务的经验复制到联想控股旗下的公司。联想集团已经在全球化战略的道路上越走越顺。

（注：此案例由作者根据多方面资料汇编而成。）

---

 **案例点评： 好的战略铸就好的未来**

在竞争越来越激烈的国内 IT 行业里，联想集团以其合理的战略成功开拓了国际市场。可见，企业只有认清了消费者经济的时代特征和自身的优势、短板，分析好企业的内外部环境，根据市场的变化不断地调整自身的发展战略，不断坚持学习、创新、变革，这样企业才能在竞争中立于不败之地。

企业的战略管理活动界定了企业整体的发展方向和经营活动主要领域。随着企业所面临外部环境的不确定性逐渐增加，战略管理理论的指导作用对于企业的生存与发展显得尤为重要。与管理学科的其他研究领域相比，战略管理还比较年轻。战略管理理论从 20 世纪 60 年代在美国诞生到现在只经历了短短五十年的时间，国内企业界和学术界关注战略管理也不过三十年的历史，但是由于对企业实践的重要指导作用，其研究发展状况一直是人们关注的焦点。

## 1.1　企业战略

战略一词原是一个军事术语，即"战争谋略"，在《简明不列颠百科全书》中，战略的定义是："在战争中利用军事手段达到战争目的的科学和艺术。"而随着人类社会的发展和科学技术的进步,战略一词逐渐被人们广泛应用于军事以外的领域,现在战略被广泛地用于各种商业活动中,战略也被演绎成"泛指带重点的、带全局性或决定全局的谋划"。企业战略与军事战略在思想和观念上有一定的一致性,同时,企业战略在军事战略的基础上获得了较大的发展,开始注重在激烈竞争的市场环境下,展开利益共享的合作,形成共赢的竞合局面。

企业如果没有战略,就好像没有舵的轮船,只会在原地打转。现有研究表明,有战略的企业和没有战略的企业在经营效益上是大不相同的。一些企业现在没有战略或者没有明确的战略,经济效益也很不错,然而,经济效益来自于企业管理者很好的思考,并不等于企业管理者真的没有战略,就像很多著名的企业一样,企业的良好效益离不开高层管理人员对企业的形势所作的充分的分析,所以说企业管理者是有战略的,只是没有明确地提出,或者说战略没有写在纸上。

### 1.1.1 企业战略的含义

企业战略的概念是 20 世纪中后期提出、在产业革命和经济发展的大背景下发展起来,并随着西方企业管理理论的发展而逐渐形成的。目前,战略学家对于什么是战略仍然没有一个统一的定义,他们从不同方面对战略进行了解释和阐述,被人们所熟知的观点主要有以下几种:

1962 年,战略管理的先驱艾尔弗雷德·D. 钱德勒(Alfred Dupont Chandler Jr.)出版了《战略与结构:美国工商企业成长的若干篇章》,他认为战略是企业的基本长期目标和目标的决定,以及为实现这些目标所采取的一连串行动和资源分配。

 **知识链接**

> 艾尔弗雷德·D·钱德勒(Alfred Dupont Chandler Jr.)不是管理学家,但他对于管理学的贡献有目共睹。作为企业史学者,他令人信服地描述了大公司的发展历程。他的三部巨著《战略与结构》、《看得见的手》、《规模与范围》,被学界誉为经典。他在《战略与结构》中提出的分部制企业结构,被欧美学者称为"钱氏模型"。

1965 年,美国哈佛商学院教授伊戈尔·安索夫(H. Igor Ansoff),出版了《公司战略》一书,他从构成要素角度对战略进行了描述,他认为战略的构成要素包括产品和市场范围、增长向量、协同效果和竞争优势。这四种要素紧密联系,共同影响和决定企业经营活动的发展和目标的实现。

哈佛商学院教授肯尼思·安德鲁斯(Kenneth R. Andrews)在《企业战略论》中认为企业的总体战略体现了决策过程的模式,它决定和揭示了企业使命和目标。可见,安德鲁斯认为战略的形成和制定是一个需要精心规划的过程,要易于理解和实施,并且确实具有实际的可操作性。

1996 年,战略管理大师迈克尔·波特(Michael E. Porter)发表了《战略是什么》一文。他认为,战略的本质在于选择,它是企业为之活动的终点,战略基于自身资源和能力提供独到的价值,将一个企业与其环境建立联系,并通过独特的定位,使企业建立与保持竞争优势。

加拿大麦吉尔大学管理学院教授亨利·明茨伯格（Henry Mintzberg），归纳了战略的五种含义，合在一起就构成了战略的基本内容，即计划（Plan）、模式（Pattern）、定位（Position）、观念（Perspective）、计策（Ploy），这就是战略的"5Ps"定义。其中定位是指特定产品在市场细分中的定位，这一点与迈克尔·波特（Michael E. Porter）对于战略的阐述比较一致。

除此之外，小阿瑟·A·汤普森（Arthur A. Thompson Jr.）认为战略是达到终点的手段，这些终点即企业的目的和目标，它们是企业为取得某点或某一层次上的成功所做的事、所遵循的方向、所做出的决策；日本著名管理学者伊丹敬之（Hiroyuki Itami），从环境关联的角度，指明战略是有关组织活动的内容和基本方向；英国公开大学则认为战略是一个组织追求长期目标时所采取的行为模式；中国人民大学商学院教授解培才表示战略是企业在竞争环境中，为实现长期生存与发展而进行的整体性决策；英国管理学家杰瑞·约翰逊（Jerry Johnson）和凯文·斯科尔斯（Kevin Paul Scholes）指出战略是使企业的经营活动与环境相适应，使企业的经营活动与可利用的或可开发的资源相适应，反映企业利益群体，尤其是业主的价值观和期望值，对企业的长期发展方向施加影响。

由此可见，企业战略及其制定是一个相当复杂的过程，涉及企业管理中的方方面面，综合以上观点，本书将企业战略定义为：企业在分析外部环境和内部条件的现状及其变化趋势的基础上，为了求得企业的长期生存与发展所作的整体性、全局性、长远性的谋划。"企业战略"是对企业各种战略的统称，其中既包括竞争战略、发展战略，也包括品牌战略、融资战略、技术开发战略、人才开发战略、资源开发战略等。

### 1.1.2 企业战略的特征

根据企业战略的定义和各战略管理学派的专家对于企业战略管理的界定和描述，可以归纳出企业战略的6个主要特征。

（1）整体性。也称全局性，即从全局出发，以企业总目标最优为出发点，围绕一组关键概念展开。企业战略管理强调整体优化，而不是强调企业某一个战略单位或某一个职能部门的重要性。企业战略管理通过制定企业的宗旨、目标、战略和决策来协调企业各个战略经营单位、部门的活动。

（2）长远性。企业战略谋求的是企业长期的生存和发展，关心的是企业长期、稳定和高速的发展。企业战略管理的时间跨度一般在3年以上，5～10年之内，围绕企业远景目标，企业战略必须经历一个持续、长远的奋斗过程，不要仅仅局限于短期内销售或利润的增长，要体现出超前的战略意识。

（3）竞争性。竞争是市场经济不可回避的现实，战略存在的本身也正是为了使企业获取竞争优势，企业战略需要进行内外环境分析，明确自身的资源优势，通过设计适体的经营模式，形成特色经营，通过战略方案争取优势，力求变竞争为竞合。

（4）风险性。企业战略是建立在对未来的市场趋势预测的基础之上的，但由于外部环境是一个不断变化的动态变量，不确定性因素很多，对企业形成了挑战，长期的企业战略就不免存在潜在风险。因此，科学选择战略形态，规避风险，根据环境变化适时调整战略方案也是企业必须慎重考虑的问题之一。

**知识链接**

动态的环境和竞争对手的行动都会给企业带来风险。要取得成功,战略就应该和这个不断变化的世界一起改变,必须适应变化的一切。

(5) 适应性。企业战略在切实可行的基础之上,还必须与企业内外环境相适应。企业的生存与发展不可避免得受到各种因素的影响,外部环境与内部条件的平衡,富有创新的战略,会使企业能够适应、并利用环境的变化来创造自身的发展优势。

(6) 稳定性。战略的稳定性包含两层含义:一方面,战略一旦形成,就不能朝令夕改,要具有长效的稳定性,保持前后一致。经常变化的战略会使员工和顾客无所适从,企业形象和企业文化也不能深入人心;另一方面,战略的稳定性是一种动态的稳定,不是机械的固守,在稳定的前提下要有一定的柔性,能根据市场变化进行必要的调整。

### 1.1.3 企业战略的构成要素

探讨企业战略的构成要素具有重要意义:一方面它可以帮助企业理解构成要素对其效能和效率的影响;另一方面,它可以使管理人员认识到这些要素存在于不同的战略层次之中,而且在不同的战略层次中各要素的相对重要性也不同。关于企业构成要素,学者们也有不同的观点,伊戈尔·安索夫(H. Igor Ansoff)和伊丹敬之(Hiroyuki Itami)的观点具有一定的代表性。

1. 伊戈尔·安索夫(H. Igor Ansoff)的企业战略四要素

伊戈尔·安索夫(H. Igor Ansoff)认为,企业战略一般由四要素构成,即产品与市场范围、增长向量、竞争优势和协调作用。这四要素可以产生合力,成为企业的共同经营主线。有了这条经营主线,企业内外的人员都可以充分了解企业经营的方向和产生作用的力量,从而扬长避短,发挥优势。

(1) 产品与市场范围,它说明企业归属于什么特定行业和领域,清楚地表达企业的共同经营主线,企业在所处行业中产品与市场的地位是否占有优势。产品与市场的范围常常需要分行业来描述。大行业的定义往往过宽,其产品、使命和技术涉及很多方面,经营的内容过于广泛,用它来说明企业的产品与市场范围,企业的共同经营主线仍不明确。分行业是指大行业内具有相同特征的产品、市场、使命和技术的小行业,如饮料行业中的果汁饮料行业,家电行业中的彩电业等。

(2) 增长向量又称为成长方向,它说明企业从现有产品与市场组合向未来产品与市场组合变化的方向,即企业经营运行的方向。可通过表1-1的增长向量矩阵说明。

表1-1 企业战略增长向量矩阵

| 使命\产品 | 现有产品 | 新产品 |
| --- | --- | --- |
| 现有使命 | 市场渗透 | 产品开发 |
| 新使命 | 市场开发 | 多种经营 |

市场渗透是通过目前产品的市场份额增长达到企业成长的目的。市场开发是为企业产品寻找新的消费群，使产品承担新的使命，以此为企业成长的方向。产品开发是创造新的产品，以逐步替代现有产品，从而保证企业成长的态势。多样化经营则是独具特色，对于企业来讲，它的产品与使命都是新的，换言之，企业步入了一个新的经营领域，企业的产品与市场范围涵盖多个经营领域。

在前三种选择中，其共同经营主线是明晰和清楚，或是开发新的市场营销技能，或是开发新产品和新技术，或是两者同时进行。但是在多样化经营中，共同经营主线就显得不够清楚了。

增长向量指出了企业在一个行业里的方向，而且指出企业计划跨越行业界限的方向，以这种方式描述共同的经营主线是对产品与市场范围来描述主线的一种补充。

（3）竞争优势是指企业通过其资源配置模式与经营范围的决策，在市场上所形成的不同于其竞争对手的竞争地位。它说明了企业所寻求的、表明企业某一产品与市场组合的特殊属性，凭借这种属性可以给企业带来强有力的竞争地位。竞争优势既可以来自企业在产品和市场上的地位，也可以来自企业对特殊资源的正确运用。

（4）协调作用是指企业从资源配置和经营范围的决策中所能获得的综合效果。管理中，协调作用常常直观的被描述为"1+1>2"的效果，或者意味着企业各经营单位或某些生产、技术联合起来所产生的效益要大于各自独立所创造的效益总和。

这四要素是相辅相成的，共同构成了企业战略的内核。产品与市场范围指出寻求获利能力的范围；增长向量指出这种范围扩展的方向；竞争优势指出企业最佳机会的特征；而协同作用则挖掘企业总体获利能力的潜力，提高了企业获得成功的能力。

2. 伊丹敬之（Hiroyuki Itami）的企业战略三要素

日本学者伊丹敬之（Hiroyuki Itami）认为，企业战略的构成要素有三种：产品与市场群、业务活动领域、经营资源群。

（1）产品与市场群就是要解决本公司的活动目标应确定在哪一种产品领域及市场领域；如果拥有数个产品与市场，应如何相互联系。

（2）业务活动领域是指从原材料供应、生产一直到产品送到顾客手中这一系列的开发、生产、流通过程中，企业主要该承担其中的哪些环节的活动。

（3）经营资源群是指企业如何把开展经营活动所需要的各种资源和能力综合起来，以及在什么方向上积累资源。

 **知识链接**

企业的资源，包括人力资源、实体财产和资金，或者在企业内部进行调整，或者从企业外部来筹集。在任何一种情况下，战略决策都需要在相当长的一段时间内致力于一系列的活动，而实施这些活动需要有大量的资源作为保证。因此，这就需要为保证战略目标的实现，对企业的资源进行统筹规划、合理配置。

伊丹敬之（Hiroyuki Itami）认为，构成企业战略的这三项要素，各自又由两项因子构成，即范围和重点。例如经营资源所需要具有的内容即构成范围，而这些能力中最重要的一项即构成重点。伊丹敬之（Hiroyuki Itami）由此提出了企业战略的分析框架，见表1-2。

表1-2 伊丹敬之的企业战略分析表

| 要素因子<br>战略要素 | 范围 | | 重点 | |
| --- | --- | --- | --- | --- |
| | 当前状态 | 变化方向 | 当前状态 | 变化方向 |
| 产品与市场群 | | | | |
| 业务活动领域 | | | | |
| 经营资源群 | | | | |

## 1.2 战略思维与战略逻辑

战略思维对于企业高层的战略决策和企业生存与发展至关重要。如果企业高层经理缺少战略思维，困于细节而丢失战略观念，则组织发展可能会迷失方向、甚至导致管理失败和企业经营失败。战略思维概念虽然在一些文献中频繁出现，但经常被误用，如战略思维被错误地等同于战略规划、战略管理等。现有战略管理教学中战略思维的重要性往往被忽略，相关教材中很少涉及战略思维的内容。

### 1.2.1 战略思维

思维是人脑的机能和属性，是对外部客观世界能动的并具有创造性的反映。战略思维作为思维的一种具体形式，是人脑运用各方面知识，包括战略诸要素、对涉及企业利益的问题进行全局性、整体筹划和指导的高级思维活动，是思维科学在企业经营和决策艺术领域的体现，也是进行企业战略谋划时所特有的思维方式、思维理念、思维活动的总和。在全球化背景下，企业竞争日渐激烈，管理者更需要战略思维，从某种意义上说，能否有效进行战略思维是企业管理者、特别是企业战略决策者能否胜任管理工作的重要前提条件之一。

战略思维是指思维主体（企业家或企业高层管理者）对关系事物全局的、长远的、根本性的重大问题的谋划（分析、综合、判断、预见和决策）的思维过程。战略思维涉及的对象大多是复杂的政治、经济、文化系统和人与自然的复合系统及复杂过程。是企业战略管理中考虑如何利用自身有效的资源、资产，在充满竞争的环境下去满足顾客的需求，从而实现价值的创造。可见，战略思维作为一个系统整体包含三大组成部分：主体对战略问题的思考和谋划；战略思维的产品，包括形成战略目标、战略计划、战略方针等；战略计划的实施、反馈和战略修正。三者的关系是，战略思维产生思维产品指导和服务于战略实践。战略思维主要是主体头脑中的与战略问题相关的信息加工活动，战略实施则是改造世界的主体的能动的物质活动，战略修正是主观逐渐符合客观的过程。

通过对战略思维定义的分析，不难看出战略思维的主要特征有以下几点。

（1）战略思维的长远性、前瞻性。战略思维是立足现实面向未来的决策，它要面对事物长期的问题，有的战略考虑的是几年、甚至是几十年的问题。战略思维的前瞻性是以对客体未来发展趋势的科学把握为基础的，科学预测事物变化发展的前景是战略思维中最困难的部分，但也是最有价值的部分。

（2）战略思维的全局性、整体性。战略思维是从共时态系统空间维度和过程时间维度两方面考虑，要求人们从大局、从宏观和全局出发，即不要仅仅局限于一地一域的狭隘利益。

 **特别提示**

"只见树木，不见森林"是战略思维的大敌，战略思维应该是先见森林，后见树木，甚至是只见森林，不见树木。

（3）战略思维的重点性、关键性。战略思维是针对系统整体中的局部，但不是一般的局部而是起关键的决定性作用的局部，如抓主要矛盾、矛盾的主要方面、抓过程中的主要阶段和序参量。

（4）战略思维的复杂性。战略思维是从客观到主观、又从主观到客观、从真理到价值、从价值到真理、从知到行、从行到知、从物质到精神、从精神到物质、从认识事物到改造事物的全过程中的思维活动。其复杂性体现在主体思维过程复杂、客体对象的复杂性与不确定性、主客关系复杂等等。

（5）战略思维的创造性。这一点集中体现为领导者能推出新思想，提出新认识，发明新方法，制定新的切合事物变化发展规律的战略目标和规划，当前领导者制定新的发展战略，必然面临着许多复杂的新矛盾和新问题。

 **特别提示**

创新性思维在思维领域或认识过程中所追求的是"独到"、"最佳"的境界，不唯上，不唯书，不唯经验，只唯实，在前人的认识基础上，有新见解、新发现和新的突破。

（6）战略思维的开放性。主要指信息的开放性，当前，世界变得越来越开放化和一体化，无论是哪一个国家、哪一个地区想关起门来，自我封闭地实现发展，根本是不可能的。现代领导者的战略思维必须是面向全国、面向世界、面向未来的开放性思维。

（7）战略思维的自觉性。即思维主体确立战略目标、选择信息、加工信息的能动性。战略思维不是一种盲目的、被动的思维活动，而是一种充分发挥领导者主观能动性、积极性和创造性的思维活动。

 **知识链接**

战略思维与战略思想。战略思想是战略确立的指导思想，是对战略问题的理性的认识和理论上的把握，是由一系列思想内容构成的体系，既包括战略主体制定和实施的基本立场、基本观点，又包括战略主体制定和实施的基本出发点、目标，包括制定战略的基本原则，还包括制定和实施战略的科学方法等等。战略思想对战略的制定和实施具有指导作用，是战略研究中不可缺少的重要部分。在实践应用中二者重叠度高，相对不易区分，经常互用。

纵观各种战略管理理论，资源、竞争和顾客三个要素和三者的系统关系是构成企业战略管理的主要内容和战略思维出发点。企业无不是从这三者出发来考虑企业的战略制定、战略实施。因此，实践中形成了三种截然不同的战略思维，即以资源为本的战略思维、以竞争为本的战略思维和以顾客为本的战略思维。

(1) 以资源为本的战略思维。

以资源为本的战略思维认为企业是一系列独特资源的组合，企业可以获得超出行业平均利润的原因在于它能够比竞争对手更好地掌握和利用某些核心资源或者能力，在于它能够比竞争对手更好地把这些能力与在行业中取胜所需要的能力结合起来。

加里·哈默尔(Gary Hamel)和 C. K. 普拉哈拉德(C. K. Prahalad)认为生产商品和提供服务的特殊能力是企业的核心能力，他们提出核心竞争力是企业可持续竞争优势与新事业发展的源泉，并认为核心竞争力应成为企业战略的焦点，企业只有把自己看做是核心能力、核心产品和市场导向的事业这样的层次结构时，才能在竞争中取得持久的竞争地位。迈克尔·波特(Michael E. Porter)也有一个类似的战略考虑，他认为差异化是竞争优势的两大源泉之一。差异化是一种从产品、企业出发的观念，指企业内在的差异化。与 C. K. 普拉哈拉德和加里·哈默尔一样，波特认为应根据企业生产的商品和提供的服务来制定战略。

许多企业由于种种原因而具备了某种资源，如专利技术、自然资源、法律垄断、人力资源、知识学习、治理结构等等，这种资源可以通过企业所提供的产品或服务而体现出来，从而在竞争中具备竞争优势。

**特别提示**

在任何场合，企业的资源都不足以利用它所面对的所有机会或回避它所受到的所有威胁。因此，战略基本上就是一个资源配置的问题。成功的战略必须将主要的资源用于利用最有决定性的机会。

(2) 以竞争为本的战略思维。

过去 20 多年以来，以竞争为本的战略思维一直占据着主导地位。以竞争为本的战略思维认为在决定企业盈利性的因素中，市场结构起着最重要的作用，企业如何在迈克尔·波特(Michael E. Porter)的五种竞争力量中确定合适的定位是取得优良业绩的关键。毕竟，企业需要比竞争对手拥有某些优势才能在市场竞争中生存和发展。因此，如何打败竞争对手、如何在竞争中获得竞争优势就成为这种战略思维的主要焦点。

根据迈克尔·波特(Michael E. Porter)的竞争模型，企业战略的制定基本过程如下：首先是利用五种竞争力量模型来分析行业的吸引力，然后识别、评价和选择适合所选定行业的竞争战略，最后实施所选定的战略。一般认为企业可以通过规模经济、范围经济和垂直整合获得竞争优势。企业一旦实现规模经济，规模经济带来的低成本就可以成为企业竞争取胜的法宝，在这种情况下，企业把市场份额作为经营的重要目标，因为高市场份额往往代表着高利润，我国广东格兰仕集团控制微波炉市场即是如此。零售业态的发展与变革无疑证明了范围经济确确实实可以给企业带来竞争优势，沃尔玛即是例证；而思科的成功并购也证实了垂直整合可以帮助企业树立竞争优势。

**知识链接**

企业竞争战略要解决的核心问题是，如何通过确定顾客需求、竞争者产品及本企业产品这三者之间的关系，来奠定本企业产品在市场上的特定地位并维持这一地位。

(3) 以顾客为本的战略思维。

随着实物经济向服务经济的转变，企业与顾客之间不仅仅是一种交易，而是转变成了一种关系，这样，维系顾客远比吸引顾客重要。网络盛行的今天更是如此，企业都把顾客维系作为企业持续发展的基础与保障。因此，顾客在企业战略制定中的地位越来越重要。

以顾客为本的战略思维认为顾客是企业经营的中心，研究顾客需求和满足顾客需求是企业战略的出发点。正如日本战略专家克尼奇·欧米所说：制定战略时把竞争纳入考虑是十分重要的，但是，我们不应该首先这样来考虑问题，首先要做的是仔细研究顾客的需要。对克尼奇·欧米来说，战略始于顾客，顾客决定产品。成功的战略要找到更新的、更有效的方法去满足顾客的需要和欲望。艾德里安·斯莱伍克兹基也持同样的观点，他认为战略的本质就是向顾客提供价值。

以顾客为本的战略思维把顾客视为企业的一部分，它把顾客与企业存在的关系过程中给企业所带来的利润作为顾客价值的度量，亦作为企业盈利能力的度量。因此，发现、引导、甚至是创造顾客需求，满足顾客需求，维系顾客关系便成为这种企业战略的重点。企业根据顾客来调整企业的各种资源组合和经营行为，以便为顾客提供更多的价值。惠普公司正在积极实现这一变革，把企业的组织结构从以产品线为中心改为以现有顾客和潜在顾客为中心，它首创地设立了客户业务经理岗位，由客户业务经理向顾客提供服务。客户业务经理的绩效不仅仅与销售收入挂钩，还与顾客的满意程度挂钩。因此，他们能真正做到以顾客为中心来开展工作。

以资源为本的战略思维、以竞争为本的战略思维和以顾客为本的战略思维这三种战略思维并没有优劣之分，仅仅反映了不同环境条件下不同企业制定企业战略时的战略思考方向，当然，企业更多的是综合运用这三种战略思维来制定自己的企业战略。下面，我们来对这三种战略思维进行比较。

以资源为本的战略思维把企业所能掌握和利用的资源视为企业持续竞争优势的源泉。本质上讲，这是一种从企业出发的战略观点，由内而外来考虑企业战略的制定，因为企业的核心能力决定企业所服务的顾客，决定了要满足的顾客需要。这种战略考虑更多的是企业具备什么独特的资源，如何充分利用这些资源来获得更多的利润。但是，以资源为本的战略存在一个问题，即战略不是以顾客需求为中心。一旦企业的核心能力与顾客需求毫不相关，或企业的差异化不被顾客所认识和接受，那么，以资源为本的战略就会陷入困境。

以竞争为本的战略思维以行业吸引力作为企业战略取向的指标，把竞争对手的经营行为作为自身经营行为的标杆，考虑的是行业内的此消彼长，考虑的是竞争对手之间的你争我夺，考虑的是如何比竞争对手做得更好或打败竞争对手，对于整个行业而言是一种零和战略。不过，以竞争为本的战略思维并不太重视价值的创新。企业若从这种战略思维出发来考虑战略的制定，则不可避免地产生三种影响：一是企业注重模仿而不是创新，因而企业常常接受竞争对手的成功之道并进行模仿；二是企业更多的是应对式地展开经营，这是竞争的本质使然；三是企业对新出现的市场和顾客需求的变化把握不够。

以顾客为本的战略思维则是由外而内的一种战略思维方向，考虑的是顾客需求什么，企业应该如何满足顾客的需求，把维系顾客或比竞争对手更好地满足顾客需要作为企业发展的基础，并由此来对企业进行变革，以应对这种要求。采取这种战略思维的企业以顾客价值作为战略的取向,以价值创新为己任,以价值来维系顾客和满足顾客需求,这样,对整个行业而言是一种非零和的战略。当然,以顾客为本制定战略要求企业能快速理解和把握顾客的需求及需求变化,有足够的柔性来调整自身各种资源的组合,并以顾客能接受的成本向顾客提供产品和服务,这种挑战和压力并不是一般的企业所能面对和应付自如的。

当然,以企业内在的基础来制定战略(以资源为本的战略)还是有意义的,特别是迈克尔·波特(Michael E. Porter)的成本领先战略,因为成本和收入都是盈利能力的基本决定因素。但是,以顾客需求为基础的战略与顾客的关系更紧密一些。以竞争为本的战略考虑更多的是企业的外部竞争对手,它考虑的是企业在激烈的竞争环境下如何生存,但并不重视价值创新,从而忽略了企业应该如何发展。在一个追求群赢、竞争与合作并重的知识经济时代里,把竞争对手作为企业的利益相关者可能要更好一些。相对而言,以顾客为本的战略思维则是从顾客需求出发,以价值创新来满足顾客需求,驱使企业不断地创新与变革,以适应不断变化的环境和顾客需求,这更符合知识经济条件下企业战略制定的需求。

**特别提示**

企业如果固守过去曾行之有效的战略,那么它必将败于竞争对手。

战略思维的重要性不言而喻,那么提高战略思维是每一个成功的企业家不容忽视的任务。具体而言,提高战略思维能力的途径如下所述。

(1) 调查研究获取战略决策所需要的充足、准确的信息。能够正确把握住事物的现状和运动变化发展趋势是战略思维的前提,思维主体获取的信息如果失真或者信息量不足,就不能准确地判断对象的现状,更不可能准确地预测对象未来的发展的趋势,就会做出错误的战略决策。实践表明,任何成功的战略决策的产生,必须以大量调查研究、情报部门和统计部门的工作为基础,信息不准确根据信息做出的战略决策必然是错误的。

(2) 思维主体必须具备较高的理论素质或信息储备。即有科学的世界观、方法论、知识、经验,关键是主体信息库中存有应对特定战略问题的方案,并能够在战略决策过程中提取出来加以应用。包括加强理论学习掌握科学的世界观、方法论;具备广阔的视野、丰富的知识,合理的价值取向,以不同领域和行业的战略制定与特定的专业知识为基础;积累丰富的经验;发挥参谋、智囊机构的作用,利用外脑;多方案备选;人机结合,如专家信息系统;民主科学的决策机制;战略思维必须与群众路线相结合等。

(3) 应用科学的方法遵循科学的思维方式及相应思维程序加工获得的信息。用于战略决策的信息如果是准确的、充分的,思维主体的素质是高的,但加工处理信息的方法、模式和程序并不正确、用不科学的不适应对象的方法加工信息也同样会产生错误的战略决策。思维方式要从封闭走向开放,从静态走向动态,从线性分析方式走向系统综合思维方式,从单维走向多维思维方式,从确定性走向非确定性思维方式,从模糊性、随机性、混沌性方法走向从定性与定量结合的方法。

(4) 崇尚实践、勇于实践并投身于实践之中。战略思维能力作为企业家的一种素质,它不可能是在脱离实践的课堂上直接培训出来的,而必须从实践中锻炼出来。因此,提高管理者的战略思维能力,最终还要靠实践。

**特别提示**

战略制定者的任务不在于看清企业目前是什么样子,而在于看清企业将来会成为什么样子。

### 1.2.2 战略逻辑

战略逻辑是企业高层管理者在所形成的战略背后所依据的想法与推理,战略逻辑说明了为何企业高层管理者认为这是一个有效的战略。因此,战略逻辑联结着战略所要达成的目标和战略的做法,也就是说,战略逻辑是说明战略为何能够成功的一连串论证。

当然每一个组织或每一位高层管理者都有自己的战略逻辑,因此不同的高层管理者的战略逻辑未必相同,这也解释了为何两位战略管理人员看到相同的事实,也具有相同的目标,但是最后所发展出来的战略做法却大大不同,这主要便是因为两人的战略逻辑不同的缘故。尽管不同的战略管理人员之间的战略逻辑有所不同,但从战略管理的观点来看,还是存在一些较具规范性的战略逻辑,这些战略逻辑说明了战略管理学者是如何看待战略形成的。

从企业经营实践来看,企业战略制定与实施大致与两类因素有关:一类因素是环境支持条件;另一类是企业竞争优势来源及其稳定性。根据这两类因素的作用特性及其组合,可将企业战略逻辑划分为四种基本类型。

(1) 环境依赖型战略逻辑。采取这种类型战略逻辑的企业,往往拥有有利的环境支持条件,从而使得企业在经营能力不足的情况下亦能获取一定程度的竞争优势。但是,由于企业竞争优势的来源存在于外部,因而企业竞争优势具有不稳定的特点。当外部环境条件有利时,企业将获得一定程度的竞争优势;当外部环境条件不利时,企业将失去其竞争优势。

(2) 企业主导型战略逻辑。采取这种类型战略逻辑的企业,尽管可能常常面临着不利的外部环境,但是在较强的内部经营能力的支持下,通过技术创新和市场开拓,仍然能够获得一定程度的竞争优势。由于企业竞争优势取决于企业内部的经营能力,且企业内部的经营能力相对于外部环境条件可控性较强。因而企业往往能够获得持续竞争优势。

(3) 互动整合型战略逻辑。采取这种类型战略逻辑的企业,通常既争取获得有利的环境支持条件,又注重培育和提升内部的经营能力。由于企业内部能力和外部环境条件本质上是相联系而存在的,无法在两者割裂的情况下分析外部环境的利弊和内部实力的强弱,因此,企业必须在外部环境和内部实力之间进行互动整合,这样才能获得持续竞争优势。

(4) 资源消耗型战略逻辑。采取这种类型战略逻辑的企业,通常是在外部环境不利而企业又不具备应有的经营能力的条件下,单纯依靠资源的投入和消耗而维持生存。在现实中,这类企业并不鲜见,尤其在发展中国家比较普遍。显然,这类企业由于缺乏基于资源的经营能力而采取了粗放式、萎缩型的经营方式,因而不可能具有稳定而持续的竞争优势。

**特别提示**

使企业遭受挫折的唯一最主要的原因恐怕就是人们很少充分地思考企业的任务是什么。

## 1.3 战略管理过程

战略并不是"空的东西",也不是"虚无的东西",而是直接左右企业能否持续发展和持续盈利最重要的决策参照系。战略管理则是依据企业的战略规划,对企业的战略实施加以监督、分析与控制,特别是对企业的资源配置与事业方向加以约束,最终促使企业顺利达成企业目标的过程管理。

### 1.3.1 战略管理的含义与原则

一般看来,战略管理就是战略从决策到实现的连续过程,即通过一定的程序和技术,争取最优效率和效果的过程。具体而言,企业战略管理是企业为了适应外部环境的变化,为使企业长期、稳定发展,实现既定战略目标,而展开的一系列事关全局的战略性谋划与活动。它是企业在宏观层次通过分析、预测、规划、控制等手段,实现充分利用本企业的人、财、物等资源,以达到优化管理,提高经济效益的目的。战略管理涉及企业发展的全局性、长远性的重大问题。诸如企业作为整体的功能与责任、所面临的机会与风险,重点讨论企业经营中所涉及的跨越如营销、技术、组织、财务等职能领域的综合性决策问题。战略管理的决定权通常由企业高层管理者直接掌握。

企业战略管理的本质可以概括如下:战略管理是整合性管理理论,是企业最高层次的管理理论;战略管理是企业高层管理者最重要的活动和技能;战略管理的目的是提高企业对外部环境的适应性,使企业做到可持续发展。

可见,企业战略管理重视对经营环境的研究,能正确地确定公司的发展方向,更加突出了战略在管理实践中的指导作用,目标的统一有利于充分利用企业的各种资源并提高协同效果,并通过对企业战略进行连续性的探索,增强创新意识,有助于企业走向成功之路。但是不正确的战略管理有时会适得其反,因此,战略管理要遵循科学的原则。

(1)适应环境原则。来自环境的影响力在很大程度上会影响企业的经营目标和发展方向。战略的制定一定要注重企业与其所处的外部环境的互动性。

(2)全程管理原则。战略是一个过程,包括战略的制定、实施、控制与评价。在这个过程中,各个阶段互为支持、互为补充的,忽略其中任何一个阶段,企业战略管理都不可能成功。

(3)整体最优原则。战略管理要将企业视为一个整体来处理,要强调整体最优,而不是局部最优。战略管理不强调企业某一个局部或部门的重要性,而是通过制定企业的宗旨、目标来协调各单位、各部门的活动,使他们形成合力。

(4)全员参与原则。由于战略管理是全局性的,并且有一个制定、实施、控制和修订的全过程,所以战略管理绝不仅仅是企业领导和战略管理部门的事,在战略管理的全过程中,企业全体员工都将参与。

(5)反馈修正原则。战略管理涉及的时间跨度较大,一般在五年以上。战略的实施过程通常分为多个阶段,因此,需要分步骤地去实施整体战略。在战略实施过程中,环境因素可能会发生变化。此时,企业只有不断的跟踪反馈方能保证战略的适应性。

**知识链接**

一个企业不是由它的名字、章程和公司条例来定义，而是由它的任务来定义的。企业只有具备了明确的任务和目的，才可能制定明确和现实的企业目标。

### 1.3.2 战略管理的内容和层次

根据战略管理的定义和特点，不难看出战略管理的内容就是要求企业通过对外部市场环境和内部资源条件的研究和分析，在战略管理的思想和理论指导下，对企业的经营目标、经营方针、经营策略和实施步骤做出长远的、系统的、全局的谋划，并进行有效地实施和控制。战略管理的核心是对环境的持续分析、决策和行动的过程。具体而言，企业战略包括以下一些内容。

（1）明确企业的经营方向，确定企业的业务范围及指导思想。

（2）评估企业内部资源和能力，了解自身的优势与劣势，查漏补缺，有针对性的发挥企业优势。

（3）分析企业外部环境，包括宏观经济情况和企业所处行业的直接环境。

（4）结合企业自身优势和外部宏观条件，分析企业所处行业的发展机会，尽可能多的提出备选战略。

（5）评价备选方案，根据企业使命和目标，选择最适合、有利于企业长期发展的战略方案。

（6）分解战略目标，根据长期战略规划和企业经营方向，为企业的发展划分不同阶段，并建立各阶段的发展战略和目标。

（7）战略实施，将有限的资源协调分配，争取实现长期利益最大化，根据环境的变化适时调整战略。

（8）评估战略的实施效果，与企业的预期目标进行对比，找出偏差，关注新的变化态势，对战略决策做出矫正性调整。

综上所述，战略管理在实际中是一个动态的、流动的过程，有着许多相对有迹可循而又各不相同的实施方式，具体操作时，要综合各方变化积极应对。可见，战略管理是一个不断循环的过程，而不是一个个相互独立的决策事件，管理者应该时刻关注战略的动态变化。

 **特别提示**

战略不仅在于知道做什么，更重要的是，要知道停下什么。

企业是一系列部门和职能的总和，它们共同协作将具体的产品或服务提供给市场。我们常见的三种管理类型：企业、业务和职能。企业战略不仅要说明企业整体的目标及实现这些目标所用的方法，而且要说明企业内每一层次、每一类业务及每一部分的目标及其实现方法。企业的高层管理者制定企业的整体战略，事业部制定经营单位战略，部门制定职能性战略，它们共同构成了战略管理的层次，即公司层、业务层、职能层（见表1-3）。

# 第1章 战略与战略管理

表1-3 各战略层次的基本特征

| | 公司层战略 | | 业务层战略 | 职能层战略 |
|---|---|---|---|---|
| 企业目标 | 谋求企业的生存，获得全面增长和利润 | | 谋求在特定的产品和细分市场上获得增长和利润 | 谋求市场占有率、技术领先程度等 |
| 战略构成要素的重要性 | 大型联合企业 | 生产相关产品的多种经营企业 | ** | * |
| 经营范围 | *** | *** | | |
| 资源配置 | * | ** | *** | *** |
| 竞争优势 | * | ** | *** | ** |
| 协调作用 | | * | ** | *** |
| 战略构成的要素的特征 经营范围 | 大型联合企业的投资组合与多种经营 | | 产品和细分市场上的竞争与同心式多种经营 | 注重产品和市场开发，及产品的形态和商标 |
| 资源配置 | 企业财务组织与技术方面的能力 | | 随着产品和市场寿命周期的变化而变化 | 不同的职能领域，产品的发展阶段及整个竞争地位有不同的变化 |
| 竞争优势 | 与行业相比 | | 与特定的竞争对手相比 | 与特定的产品相比 |
| 协调作用 | 作用于各经营业务之间 | | 作用于各职能领域之间 | 作用于职能领域之中 |
| 重大职能方针决策 | 财务方针 组织方针 | 多种经营方针 制造与购买方针 技术方针 财务与组织方针 | 制造系统设计 产品系列方针 市场开发方针 研究开发方针 | 定价方针 促销方针 生产进度方针 存货控制方针 |
| 资源配置问题 | 投资组合问题 | | 产品和市场寿命周期问题 | 职能综合与平衡问题 |

注：符号含义：*** 非常重要；** 重要；* 偶尔重要；空白表示不重要。

公司层面战略又称总体战略，是企业的战略总纲，它的对象是整个企业，也就是企业最高管理层指导和控制企业的一切行为的最高行动纲领。与该层次相对应的管理者包括首席执行官（CEO）、其他高级管理者、董事会和公司层职员，这些人占据了组织内决策的最高点。这一层次的决策通常要求有远见、有创造性、注重全局性，诸如事业的选择、资金筹集的调配、成长发展的优先顺序、利润的分配等等。制定一个清晰的公司层战略是很重要的，因为它是其他战略决策的基础。公司层面战略通过明确或隐含的使命陈述的形式来反映企业所有者对于公司的某些期望。

战略的第二个层次是业务层战略，又称经营单位战略、事业部战略。它是在企业总体战略的指导下，经营管理某一战略经营单位的战略计划，是总体战略计划下的子计划，服务于企业的整体目标。业务单位是一个自足的事业部（具备各种职能，比如财务、采购、生产和营销部门），为某一特定的市场提供产品和服务。业务层的主管总经理，即业务经理，是事业部的负责人。这些经理的战略角色是将公司层的指示和意图转换成具体的业务战略。公司层的总体管理者关注跨业务战略，业务层的总体管理者关注具体业务的战略。该层次战略的重点是改进一个战略单位在它所从事的行业中或某一特定细分市场中所提供的产品和服务的竞争地位。它是公司战略中方向和意图的具体化，更明确的针对各项经营事业的目标和策略。

战略的第三个层次是职能层战略，主要是在组织中运营好具体操作层面上战略和业务。职能层战略是企业为实施、贯彻和支持总体战略与经营单位战略而在企业特定的职能管理领域指定的战略。职能层管理者负责组织公司和事业部的具体业务的职能或运营（例如人力资源、采购、产品开发、客户服务等）。职能经理的职责范围通常局限于某一具体的组织活动，而总体管理者则要检查公司和事业部的总体运营。尽管无需为公司的总体绩效负责，但职能层的管理者也有自己的重要战略特色：制定涉及本领域内的职能战略，协助达成业务层和公司层总体管理者的战略目标。它是企业内主要职能部门的短期战略规划，使职能部门的管理人员可以更加清楚地认识本职能部门在实施企业总体战略中的责任和要求。这一层次的战略主要是落实各职能领域中的近期经营目标和经营策略，包括生产策略、营销策略、研究和开发策略、财务策略和人力资源策略。职能层的战略以公司和事业部策略为依据，在各自的职能领域内形成特定的竞争优势，以支持并实施公司层的总体策略。

在具有多级经营事业的企业集团，企业通常会复制各种产品和服务的职能，创造出一系列事业部来管理这些不同的产品线，各个层次的管理者对自己所在的具体职位负责。

 知识链接

创造条件，安排时间让高层经理就战略问题参与对话是一种比较有效的制度安排，可以让高层经理团队一起学会如何探讨复杂性问题，如何处理矛盾、冲突性问题，从而提高整体的战略思维水平。

## 1.3.3 战略管理过程的含义

战略管理就是对全局的谋划，它具有大局型、根本性、系统性、未来性、相对稳定性等特点，它体现了管理的创新性、和谐性、稳定性、统一性和动态均衡性，是基于动态的管理。战略管理的内容和特点决定了战略管理过程既是一个上层决策的过程，又是一个科学的逻辑过程，还是一个艺术的思维过程。

（1）战略管理是一个上层决策的过程。战略是以企业的长远发展为己任。美国哥伦比亚大学威廉·纽曼（William Newman），就曾指出：企业战略把确定长远目标以及为此而采取的主要行动作为自己的主要任务；战略在任何时候都为企业指明最优的前进方向；真正的战略是较长远的规划，它确定了公司发展方向与趋势，也确定了各项较短期计划的主基调。战略的这种本质属性决定了只有某一单位内的高层管理者（可以是董事长、总经理，也可以是公司或事业部经理）才是战略决策人，因为只有他们才对企业的成败负责。因此，只有这些人才是真正有权关心战略的人,如果高层管理者没有实施战略管理的意图,企业战略管理就无法实施。

(2) 战略管理是一个科学的逻辑过程。作为一门科学,战略管理是一个理性的逻辑过程,其核心可以概括为四个步骤:即战略分析、战略制定、战略的实施、及战略的控制与反馈。

(3) 战略管理是一个艺术思维过程。战略决策者必须考虑各种变量,面对各种未知的因素,因此在制定战略时常常频繁地使用直觉,需要不同类型的思考程序。也就是说,战略管理过程并不完全是一个理性的过程,它还是一个艺术过程。一个优秀的战略决策者,必须具有超越直线思维而进行多维思考的能力,强烈的战略意识,培养起与战略管理过程之间的密切而和谐的感觉。

(4) 战略管理中的复杂性。综上所述,战略管理过程是上层决策的过程、科学的逻辑过程、艺术思维的过程,这无疑说明了战略管理的复杂性。若将战略管理看成一个系统,组织、环境以及人的认知是它的子系统,那么三个子系统的复杂性以及他们之间的相互作用,又进一步导致了战略管理中的复杂性。

① 组织的复杂性。组织是一个复杂的人类活动系统,战略是这个复杂系统表现出来的、具有前瞻性的决策和行为。与自然界的系统不一样,人类活动系统具有其特殊性。组织的历史、文化、成员的心理、信念因而相互作用而产生的组织内部政治活动,或者说是相互的博弈等都会影响组织的决策和行为。

② 环境的复杂性。环境是组织赖以生存的条件,对企业而言,其环境包括产业、法律、政策、技术、社会、文化、合作者、竞争者、其他利益相关者等,其复杂性常用混沌、不确定性、非线性、突现等来描述。环境的复杂性还有另一面,即差异性给战略管理理论带来的困难。由于组织所处的环境不同,他们在形成战略时的出发点也不同。企业生存环境的差异性使寻找通用普遍的战略管理理论更为困难。

③ 认知的复杂性。复杂性存在于人们的头脑中,人是组织这个行为活动系统的主体,再完美的战略理论也要通过人来理解、贯彻和实施。受有限理性的制约,人的认知能力千差万别,即使对同一事件也可能产生不同的认识,不同的人对组织内部的优势、劣势以及外部环境的机会、威胁的看法是不一样的。

## 1.3.4 战略管理实施过程

企业高层管理者要根据企业的使命和目标,分析企业经营的外部环境,确定存在的经营机会和威胁,同时,评估自身的内部条件,认清企业经营的优势和劣势。在此基础上,企业要制定用以完成使命、达到目标的战略计划。根据战略计划的要求,管理人员应配置企业资源,调整企业结构和分配管理工作,并通过计划、预算和进程等形式实施既定的战略。在执行战略的过程中,企业管理人员还要对战略的实施成果和效益进行评价,将战略实施中的各种信息及时反馈到战略管理系统中来,确保对企业整体经营活动的有效控制,并且根据变化的情况修订原有的战略,或者制定新的战略、开始新的战略管理过程。因此,战略管理是一种循环复始、不断发展的全过程总体性管理。战略管理过程一般分四个阶段(图1.1)。

图 1.1 战略管理过程

（1）战略分析。企业可以从相互依存和影响的环境因素与企业各职能领域之间的变化上找出问题，并判定其对整个企业的影响，并确定在战略选择步骤中的具体影响因素，战略制订的依据。战略分析包括三个主要方面。

① 确定企业的使命和目标。它们是企业战略制定和评估的依据、是企业内部演变趋势和企业的效益趋势。

② 外部环境分析。战略分析要了解企业所处的环境（包括宏观、微观环境）状况和正在发生哪些变化，这些变化给企业将带来更多的机会还是更多的威胁。深入细致分析企业的外部环境是正确制订战略的重要基础，为此，要及时收集和准确把握企业的各种各样的外部环境信息，譬如，国家经济发展战略，国民经济和社会发展的长远规划和年度计划，产业发展与调整政策，国家科技发展政策，宏观调控政策，本部门、本行业和本地区的经济发展战略，顾客（用户）的情况，竞争对手的情况，供应厂家的情况，协作单位的情况，潜在的竞争者的情况，等等。

③ 内部条件分析。战略分析还要了解企业自身所处的相对地位，测定和评估企业自身素质，具有哪些资源以及战略能力，摸清自身的状况，明确自身的优势与劣势；分析本企业的人员素质、技术素质和管理素质，产、供、销、人、财、物的现状以及在同行业中的地位；还需要了解与企业有关的利益和相关者的利益期望，在战略制定、评价和实施过程中，这些利益相关者会有哪些反应，这些反应又会对组织行为产生怎样的影响和制约。

（2）战略制订的程序。战略分析阶段明确了"企业目前状况"，战略选择阶段所要回答的问题是"企业走向何处"。战略选择涉及产品和服务的开发方向、市场类型及进入方式，以及要达到产品和服务的方向所采取的业务拓展方式。战略制订一般由以下程序组成：

首先需要制定战略选择方案。根据企业的发展要求和经营目标，依据企业所面临的机遇和机会，企业列出所有可能达到经营目标的战略方案。在制定战略过程中，当然是可供选择的方案越多越好。如问题牵涉面广，则应考虑提出总体战略；如问题只涉及职能部门，则只提出相应部门的战略。企业可以从对企业整体目标的保障、对中下层管理人员积极性的发挥以及企业各部门战略方案的协调等多个角度考虑，选择自上而下的方法、自下而上的方法或上下结合的方法来制定战略方案。

第二步是评估战略备选方案。企业根据股东、管理人员以及其他相关利益团体的价值观和期望目标，确定战略方案的评价标准，并依照标准对各项备选方案加以评价和比较。即将战略问题整理分类，按重要程度加以排序。最重要的战略问题应由企业总部详尽分析，一般重要的战略问题可放在分部层次详细分析，而一般性的问题只需加以关注，不必详加分析。评估备选方案通常使用两个标准：一是考虑选择的战略是否发挥了企业的优势，克服劣势，是否利用了机会，将威胁削弱到最低程度；二是考虑选择的战略能否被企业利益相关者所接受。需要指出的是，实际上并不存在最佳的选择标准，管理层和利益相关团体的价值观和期望在很大程度上影响着战略的选择。此外，对战略的评估最终还要落实到战略收益、风险和可行性分析的财务指标上。

第三步是选择战略。在评价和比较战略方案的基础上，企业选择一个最满意的战略方案作为正式的战略方案。战略选择的过程是针对每一个可能的、符合企业要求的发展机会提出长期目标及如何实现目标的经营战略方案，求得一个更好的实现企业经营方向的机会、目标、战略的组合。如果由于用多个指标对多个战略方案的评价产生不一致时，最终的战略选择可以考虑以下几种方法：①根据企业目标选择战略，企业目标是企业使命的具体体现，因而，选择对实现企业目标最有利的战略方案；②聘请外部机构，聘请外部咨询专家进行战略选择工作，利用专家们广博和丰富的经验，能够提供较客观的看法；③提交上级管理部门审批，对于中下层机构的战略方案，提交上级管理部门能够使最终选择方案更加符合企业整体战略目标。任何一个备选方案都有其优缺点，在不同的衡量标准下，偏好的结果也不同。因此，在进行方案的优选劣汰中，必须设定一定的衡量标准，这种标准的确定除了考虑企业的整体利益和长远发展外，还取决于决策者对于风险、稳定性、发展速度及投资多样化的态度，因此包含一定的主观性。

最后是战略政策和计划。制定有关研究与开发、资本需求和人力资源方面的政策和计划。

（3）战略实施。战略实施就是将战略转化为行动。提出的战略要及时付诸实施，从而增进或避免减损企业的效益。主要涉及以下一些问题：如何在企业内部各部门和各层次间分配及使用现有的资源；为了实现企业目标，还需要获得哪些外部资源以及如何使用；为了实现既定的战略目标，需要对组织结构做哪些调整；如何处理可能出现的利益再分配与企业文化的适应问题，如何进行企业文化管理，以保证企业战略的成功实施等等。为了有效执行企业制定的战略，一方面要依靠各个层次的组织机构及工作人员的协同配合和积极工作；另一方面，要通过企业的生产经营综合计划、各种专业计划、预算、具体作业计划等去具体实施战略目标。

知识链接

> 战略制定者的绝大多数时间不应该花费在制定战略上，而应该花费在实施既定战略上。

（4）控制与反馈。对战略实施结果以一定手段加以控制，并向企业反馈，以改进对战略问题的管理。战略控制是将战略执行过程中实际达到目标所取得的成果与预期的战略目标进行比较，根据企业情况的发展变化，即参照实际的经营事实、变化的经营环境、新的思维和新的机会，评价达标程度，及时对所制定的战略进行调整，以保证战略对企业经营管理进行指导的有效性。包括调整企业的战略展望、企业的长期发展方向、企业的目标体系、企业的战略以及企业战略的执行等内容。为了达到这一点，战略控制过程可以分为四个步骤：制定效益标准，衡量实际效益，评价实际效益，纠正措施和权变计划。

上述是对战略管理的基本过程的论述，但这并不是所有企业战略管理过程的唯一途径和方法，不同的竞争领域和行业，以及不同的领导者类型决定了企业战略的差异。在企业的发展过程中，随着不同的发展阶段、不同的外部环境的，资源的价值和资源的控制力度也就不一样。因此，在不同的发展阶段，不同的外部条件下，战略、战术是不一样的，企业的战略也会不断地做出调整。

## 本 章 小 结

企业战略是企业在分析外部环境和内部条件的现状及其变化趋势的基础上，为了求得企业的长期生存与发展所作的整体性、全局性、长远性的谋划。企业战略具有整体性、长远性、竞争性、风险性、稳定性和适应性六个主要特征。

战略管理是整合性管理理论，是企业最高层次的管理理论；战略管理是企业高层管理者最重要的活动和技能；战略管理的目的是提高企业对外部环境的适应性，使企业做到可持续发展。

战略管理要遵循科学的原则有适应环境原则、全程管理原则、整体最优原则、全员参与原则、反馈修正原则。

战略管理的内容就是要求企业通过对外部市场环境和内部资源条件的研究和分析，在战略管理的思想和理论指导下，对企业的经营目标、经营方针、经营策略和实施步骤做出长远的、系统的、全局的谋划，并进行有效地实施和控制。战略管理的核心是对环境的持续分析、决策和行动的过程。战略管理的层次分为公司层、业务层、职能层战略等。

战略思维是指思维主体(企业家或企业高层管理者)对关系事物全局的、长远的、根本性的重大问题的谋划(分析、综合、判断、预见和决策)的思维过程。

战略逻辑是战略管理人员在所形成的战略背后所依据的想法与推理，战略逻辑说明了为何战略管理人员认为这是一个有效的战略。因此，战略逻辑联结着战略所要达成的目标和战略的做法，也就是说，战略逻辑是说明战略为何能够成功的一连串论证。

战略管理过程一般分四个阶段：战略分析、战略制订的程序、战略实施、控制与反馈。

## 复习思考题

1. 选择题

(1) 战略管理的先驱艾尔弗雷德·D·钱德勒(Alfred Dupont Chandler Jr.)出版了(　　)，他认为战略是企业的基本长期目标和目标的决定，以及为实现这些目标所采取的一连串行动和资源分配。

A. 《战略与结构：美国工商企业成长的若干篇章》

B. 《公司战略》　　　C. 《战略是什么》　　　D. 《企业战略论》

(2) 以下不是企业战略特征的是(　　)。

A. 局部性　　　B. 长远性　　　C. 竞争性　　　D. 风险性

(3) 伊戈尔·安索夫(H. IgorAnsoff)认为，企业战略一般由四要素构成，以下不属于这四要素的是(　　)。

A. 增长向量　　　B. 协调作用　　　C. 竞争优势

D. 业务活动领域　　　E. 资源和能力

(4) 以下不是战略思维遵循的原则是（　　）。
A. 发散性原则　　　　　　　　　B. 长远性原则
C. 重点性原则　　　　　　　　　D. 风险性与机会性原则
(5) 战略逻辑划分为四种基本类型包括（　　）。
A. 环境依赖型战略逻辑　　　　　B. 企业主导型战略逻辑
C. 资源消耗型战略逻辑　　　　　D. 互动整合型战略逻辑
E. 能力竞争型战略逻辑

2．填空题
(1) 企业战略是企业在分析＿＿＿＿和＿＿＿＿的现状及其变化趋势的基础上，为了求得企业的长期生存与发展所作的整体性、全局性、长远性的谋划。
(2) 企业战略管理的时间跨度一般在 3 年以上，＿＿＿＿年之内，围绕企业远景目标，企业战略必须经历一个持续、长远的奋斗过程。
(3) 战略分析阶段明确了"＿＿＿＿"，战略选择阶段所要回答的问题是"＿＿＿＿"。

3．判断题
(1) 企业战略的全局性，即从全局出发，以企业总目标最优为出发点，围绕一组关键概念展开。（　　）
(2) 管理中，协同作用常常直观的被描述为"1＋1＞2"的效果。（　　）
(3) 日本学者伊丹敬之（Hiroyuki Itami）认为，企业战略的构成要素有三种：产品与市场群、业务活动领域、经营资源群。（　　）
(4) 产品市场群是指从原材料供应、生产一直到产品送到顾客手中这一系列的开发、生产、流通过程。（　　）
(5) 战略逻辑是进行企业战略谋划时所特有的思维方式、思维理念、思维活动的总和。（　　）
(6) 战略逻辑是说明战略为何能够成功的一连串论证。（　　）
(7) 从企业经营实践来看，企业战略制定与实施大致与两类因素有关：一类因素是环境支持条件；一类是企业竞争优势来源及其稳定性。（　　）
(8) 业务层面战略又称总体战略，是企业的战略总纲。（　　）

4．问答题
(1) 在 21 世纪技术革新速度加快的新经济形势和竞争格局下，战略管理面临的挑战是什么？
(2) 试述各战略构成要素在不同层次的战略中的作用。
(3) 叙述"战略思维"、"战略逻辑"两个词的含义，讨论其对于有效地进行战略管理的重要性。
(4) 战略管理过程的各部分是什么？它们之间的相互关系如何？

# 战 略 训 练

## 1．案例研究

### 奇瑞的多品牌战略

中国奇瑞汽车股份有限公司于 1997 年 1 月 8 日注册成立，总部位于安徽省芜湖市。公司于 1997 年 3 月 18 日动工建设，1999 年 12 月 18 日，第一辆奇瑞轿车下线；2001 年，奇瑞轿车正式上市，当年便以单一品牌完成销售 2.8 万辆；2002 年，奇瑞轿车产销量突破 5 万辆，成功跻身国内轿车行业"八强"之列；以 2010 年 3 月 26 日第 200 万辆汽车下线为标志，奇瑞进入打造国际名牌的新时期。2011 年 7 月 27 日，奇瑞公司第 300 万辆下线，下线车型为 G6。

奇瑞公司从发展初期就注重开拓国际国内两个市场，本着"无内不稳，无外不强，以外促内，形式灵活"的原则，积极实施"走出去"战略，成为我国第一个将整车、CKD 散件、发动机以及整车制造技术和装备出口至国外的轿车企业。2006 年实现整车出口突破 5 万辆，并被国家商务部、发改委联合认定为首批"国家汽车整车出口基地企业"。目前奇瑞已向全球 80 余个国家和地区出口产品，乘用车出口量连续 9 年稳居中国第一。

然而，随着企业越做越大，各类问题也接踵而至，长期以扩张为中心的企业战略让奇瑞公司在最近一段时期的发展中遭遇到了瓶颈。奇瑞的管理层虽然从很早就意识到，"靠一款 QQ 打天下"是不行的。但显然，现实中的转型非常困难。

奇瑞从 2009 年开始实行多品牌战略，2010 年下半年，奇瑞又对组织架构进行整合，在多品牌制的基础上推出了事业部制。设立了微车、商务车、经济型乘用车、动力总成四大事业部。不过，即便设立了品牌事业部，奇瑞的多品牌战略仍被业内诟病。"挂着不同的标识，但事实上与 QQ 如出一辙。"如瑞麒虽然是高端品牌，但其产品却与奇瑞的产品相互冲突，尤其是在瑞麒品牌起步阶段，推出的 X1、M1 等产品，与奇瑞产品之间的互相干扰更为明显。而奇瑞和旗云之间，也并没有形成差异化。如虽然在奇瑞的内部定位中，奇瑞品牌比旗云高端，但在产品上并无明显的区别。旗云品牌旗下的新东方之子，甚至高于奇瑞品牌下的很多产品。

同时，随着中国汽车市场黄金时期成为过去，从 2010 年开始，奇瑞汽车的销量也在下滑。2011 年奇瑞汽车比 2010 年下滑了 5.7%，比目标销量差了 15 万辆。2012 年 1~5 月，奇瑞汽车依然占据自主品牌阵营第一的位置，但是其 22.7 万辆的市场表现却是比 2011 年同期要下滑了 10.3%。一个值得注意的数据是，被奇瑞汽车战略转型寄予厚望的中高端品牌瑞麒 G5，今年 1~4 月仅销售 536 辆。

利润不佳一直令奇瑞头疼不已，这在业界早就不是秘密。低利润不仅是奇瑞汽车发力高端品牌的直接原因之一，也在财务上造成了一定压力。2009 年是中国汽车市场的"井喷"期，然而当年奇瑞公司的净利润只有 0.66 亿元，当年奇瑞获得政府补贴超过 6 亿元。

长期以扩张为中心的企业战略让奇瑞公司在最近一段时期的发展中遭遇到了瓶颈。尽管奇瑞汽车的成绩并没有出现特大规模的下滑，但是国有大型汽车集团东风、上汽集团更加快速的增长，将给奇瑞带来更大的压力。目前奇瑞公司也已经意识到了问题所在，不过解决问题的办法却仍然处于反复摇摆之中。

多年来始终处于"转"而"不行"的奇瑞汽车，终于在公司人事架构上进行了大的调整。奇瑞汽车股份有限公司宣布，副总经理马德骥不再担任奇瑞汽车销售总公司总经理一职，将负责公司质量工作，分管质量保证部。奇瑞汽车销售总公司由奇瑞汽车股份有限公司副总经理陆建辉分管，原旗云汽车销售公司总经理郑兆瑞接任奇瑞汽车销售总公司总经理。负责奇瑞汽车品牌与产品规划的总经理助理黄华琼，将兼任销售总公司的常务副总经理。同时，为整合销售资源，旗云汽车销售业务也将并入奇瑞汽车销售总公司。

身兼双职的黄华琼，主要的工作重点之一就是带领他的团队，为奇瑞制订符合企业发展战略的产品和品牌规划。在任命黄华琼之前，奇瑞已经意识到产品要与市场结合在一起。一年多前，奇瑞就将瑞麒品牌纳入到主管奇瑞品牌的马德骥手中，并且针对多品牌局面，专门成立了品牌运作委员会。研发的产品要消化，事业部的利益要平衡，经销商的资源要考虑。由于之前奇瑞缺乏一个明晰的战略和坚决的执行者，在多品牌实施过程中，总会受到各种因素影响，导致战略实施偏差和不到位。

奇瑞第三次创业的战略基础是，以市场为导向，以客户为中心，从根本上提升品质。重新规划后，奇瑞的多品牌战略现在还没最后定论，但战略方向已经确定：即多品牌之间会有明显的差异，每个品牌的定位不同，目标群体也不同，并且服从公司的整体战略目标。那么，奇瑞的多品牌战略最终会走向何处，让我们拭目以待！

问题：

(1) 造成奇瑞多品牌战略瓶颈的原因究竟是什么？
(2) 奇瑞多品牌战略的制定是否合适？
(3) 试分析奇瑞的战略背景？
(4) 根据战略思维和战略逻辑，试为奇瑞提出新的战略。
(注：此案例由作者根据多方面资料汇编而成)

### 2. 文献查询作业

通过查阅报纸、杂志及互联网找出一个最近改变或制定了新的企业战略的公司。思考这一改变的背景及原因，是规范化的结果还是对于公司环境中未能预见的意外事件的突发应对。

### 3. 小组学习与讨论

将全班分为若干个 3～5 人的学习小组。推举一名成员作为小组发言人，代表小组向全班报告本组的讨论成果。

假定你们是一家高速成长的电子商务网站的高级经理。你们的客户在网站上购买各种产品。在过去的 3 年里，你们的网站从拥有会员 600 人，上网商品 8000 件，日均网页浏览量 10 万，日均访问人次 1 万人，日新增商品 300 件达到全年交易额 30 亿元的规模。由于过快的发展速度，你们还未来得及制定战略计划，但是现在公司董事会决定制定一项能够指导决策和资源分配的计划。董事会要求你们设计出满足下列要求的发展战略：

(1) 尽可能吸引主要雇员参与，体现民主；
(2) 明确公司的短期、中期及长期的发展过程；
(3) 制定出 3～5 种主要的战略；
(4) 制定的战略可指导具体的行动方案。

请设计出一个企业的发展战略，报告给你的董事会。请仔细考虑该战略在执行过程中应当包括哪些参与人。描述所选择战略规划过程的优势与劣势，准备为你所选择的方法优于其他方法而辩护。

### 4. 阅读材料

以下内容节选自李垣、陈浩然、谢恩的《战略管理研究现状与未来我国研究重要领域》，管理工程学报，2007，21(1)。

## 战略管理理论发展回顾

(1) 战略规划学派

在 20 世纪 60 年代早期，肯尼思·安德鲁斯(Kenneth R. Andrews)与克莱顿·克里斯坦森(Clayton M. Christensen)和伊戈尔·安索夫(H. IgorAnsoff)阐明了经营机会与组织资源相匹配的必要性和战略计划的有用性，从而奠定了战略规划的基础。安德鲁斯和克里斯坦森使用单向法形成了战略规划的基本理论体系。安德鲁斯认为战略是要让企业自身的条件与所遇到的机会相适应，其基本步骤包括资料的搜集与分析、战略制定、评估、选择与实施。在此基础上，安索夫认为最有效的战略规划方法是权变的，战略规划的好坏与组织面临的环境的变化程度密切相关，因此企业的战略规划应该是动态的，而非是单向的和静态的。战略规划学派为企业利用自身资源抓住市场机会提供了理论指导，其分析工具SWOT分析和波士顿矩阵在今天仍然被广大企业战略制定者所熟知和广泛使用。

(2) 环境适应学派

环境适应学派是奎因(Quine, Willard Van Orman)和亨利·明茨伯格(Henry Mintzberg)等学者在对战略规划学派批判的基础上于二十世纪七十年代形成的战略管理学派。该学派将环境的不确定性作为战略管理研究的重要内容。这是由于二十世纪七十年代，尤其是1973年的石油危机使得人们发现战略规划无法适应现实中普遍存在的环境变化和激烈的国际竞争，学者们逐渐认识到战略需要根据环境变化而持续进行调整。环境适应学派强调组织的适应能力，他们认为由于受外界不可测与不可知因素的影响，人们的理性过程受到约束，因此战略决策是一个适应的过程。环境适应学派还借鉴了达尔文进化论的思想，认为战略就是开发动态的、路径依赖模型，允许可能的随机偏差和企业内或企业间的选择。

(3) 产业组织学派

产业组织学派充分重视行业环境对企业绩效的影响，认为企业的竞争战略必须将企业同它所处的行业环境相联系。该学派认为影响企业竞争优势的因素有两个：一是企业所处行业的盈利能力；另一个是企业在行业中的相对地位。1959年哈佛大学学者乔·贝恩(Joe S. Bain)的《产业组织》一书标志着该学派理论的成熟。谢勒(Scherer)在此基础上确定了结构—行为—绩效(SCP)的产业组织学派经典分析框架。迈克尔·波特(Michael E. Porter)在1980年出版的《竞争战略》一书进一步发展了产业组织学派的理论。在此基础上创立了行业结构分析的"五力模型"。此外他还总结了三种通用战略：成本领先战略、差异化战略和集聚战略，并认为企业只能从三种战略中选择一种以获取竞争优势，同时采取两种战略只能导致经营的无效率，因为这些战略是不相容的。

(4) 基于资源理论与基于能力理论

美国学者伯格·沃纳菲尔特(Birger Wernerfelt)于1984年在《战略管理杂志》上发表的论文《企业的资源观》奠定了基于资源理论(Resource—Based Theory, RBT)的基本框架。该学派认为企业的收益来源于企业的独特资源，而判断资源是否独特的主要标准是看这些资源是否是稀缺的、有价值的、难以模仿的和不可替代的。一旦拥有这样的资源，企业即可建立起有效的进入障碍，阻止新竞争者的侵入。同时，可降低企业的资源使用成本以降低产品成本，从而获得竞争优势。特别是通过对企业拥有的资源进行有效配置后，还可加快新产品和新工艺的创新并提高创新质量，从而提高适应环境变化的能力。因此，该理论观点被一些人看成是联系企业能力和外部环境的桥梁。总的来说，RBT是通过提高企业资源的拥有量及资源的使用效率来使企业获得竞争优势。实际上并非仅仅是企业的资源，更重要的是企业创造新知识的能力产生了持续的竞争优势。

# 参 考 文 献

[1] [美]查尔斯·希尔(Charles W. L. Hill), G. R. 琼斯(Careth R. Jones). 战略管理. 1版. 孙忠，译. 北京：中国市场出版社，2007.

[2] 王铁男. 企业战略管理. 2版. 北京：科学出版社，哈尔滨工业大学出版社，2010.

[3] 张旭，易学东，刘海潮. 战略管理. 北京：清华大学出版社，2010.

[4] 王玉. 企业战略管理教程. 2版. 上海：上海财经大学出版社，2005.

[5] 张秀玉. 企业战略管理. 2版. 北京：北京大学出版社，2005.

[6] 王铁男. 企业战略管理. 哈尔滨：哈尔滨工业大学出版社，2005.

[7] 史世鹏. 愿景管理——企业塑造未来的战战略方法. 北京：中国市场出版社，2004.

[8] [美]格里·约翰逊，凯万·斯科尔斯. 战略管理案例. 6版. 王军等，译. 北京：人民邮电出版社，2004.

[9] 王建明. 战略管理学. 北京：经济管理出版社，2003.
[10] 王文亮. 企业战略管理. 郑州：郑州大学出版社，2004.
[11] 顾天辉，杨立峰，张文昌. 企业战略管理. 北京：科学出版社，2004.
[12] 郭成，[英]John Brown. 企业战略管理. 郑州：郑州大学出版社，2003.
[13] 杨锡怀，冷克平，王江. 企业战略管理理论与案例. 北京：高等教育出版社，2004.
[14] [美]罗伯特·格兰特. 公司战略管理. 胡挺，张海峰，译. 北京：光明日报出版社，2004.

# 第2章 愿景、使命与战略目标

**教学要求**

通过本章的学习，了解愿景、使命与战略目标及其关系。掌握愿景的内涵、构成和作用；理解使命的内容、作用，学会使命的表述方法；同时了解战略目标内涵和作用，掌握其构成、体系和原则，学会战略目标的制定方法。

> 战略管理是实现企业使命与目标的一系列决策和行动计划，任何行动从语义学的角度分析都会包含这样几个问题：做什么？由谁做和为谁做？怎么做？在哪里做和何时做？
>
> ——彼得·德鲁克

企业愿景　利益相关者　核心理念　企业使命　BHAG　企业经营哲学　企业形象　战略目标　业绩目标　能力目标　社会目标　SMART原则

## 中国平安保险的愿景、使命与战略目标

中国平安保险(集团)股份有限公司(以下简称"中国平安"，"公司"，"集团")于1988年诞生于深圳蛇口，是中国第一家股份制保险企业，至今已发展成为融保险、银行、投资等金融业务为一体的整合、紧密、多元的综合金融服务集团，是我国第一家国有控股的股份制保险公司，也是中国第一家有外资参股的全国性保险公司。

中国平安的愿景是以保险、银行、投资三大业务为支柱，谋求企业的长期、稳定、健康发展，为企业各相关利益主体创造持续增长的价值，成为国际领先的综合金融服务集团和百年老店。

中国平安的企业使命是：对股东负责，资产增值，稳定回报；对客户负责，服务至上，诚信保障；对员工负责，生涯规划，安居乐业；对社会负责，回馈社会，建设国家。中国平安倡导以价值最大化为导向，以追求卓越为过程，做品德高尚和有价值的人，形成了"诚实、信任、进取、成就"的个人价值观，和"团结、活力、学习、创新"的团队价值观。平安为员工描绘的远景和抱负是：成为中国企业改革的先锋和金融服务业学习的楷模，建设国际一流的综合金融服务集团。集团贯彻"竞争、激励、淘汰"三大机制，执行"差异、专业、领先、长远"的经营理念。

平安吸收了中国优秀传统文化和西方现代管理思想的精华,形成了广为外界赞誉的企业文化。

中国平安拥有约 48.9 万名寿险销售人员及 15 万余名正式雇员,各级各类分支机构及营销服务部门超过 4400 个。截至 2011 年 9 月 30 日,集团总资产达 21894.06 亿元,归属母公司股东的权益为人民币 1211.32 亿元。从保费收入来衡量,平安寿险为中国第二大寿险公司,平安产险为中国第二大产险公司。

中国平安在 2011 年《福布斯》"全球上市公司 2000 强"排名中名列第 147 名,同时荣登《金融时报》"全球 500 强"第 107 位,名列《财富》杂志"全球领先企业 500 强"第 328 名,并成为入选该榜单的中国内地非国有企业第一。

作为"中国企业社会责任同盟"的发起人之一,中国平安致力于承担社会责任。中国平安因此获得广泛社会褒奖:公司连续十年获评"中国最受尊敬企业"、连续六年获评"中国最佳企业公民"、连续五年获评"最具责任感企业"、两年获评"第一财经·中国企业社会责任榜杰出企业奖-社会贡献奖"。

十年磨一剑,这句话,同样是对入世十周年来中国平安孜孜不倦、精益求精的生动写真。十年来,中国平安保费收入增长逾 5 倍,总资产扩张了 22 倍,净资产增长了约 18 倍,净利润亦飙升逾 10 倍。中国平安保费收入从 2001 年的 464.5 亿元增加至 2010 年的 2269.6 亿元;总资产从 2001 年的 948.3 亿元增加至 11716.27 亿元,净资产从 2001 年的 64.5 亿元增加至 1168.83 亿元;净利润从 2001 年的 17.6 亿元增加至 2010 年 179.38 亿元。

在取得骄人战绩的同时,中国平安也积极践行社会公民责任,倾心于"希望小学"、无偿献血、抗震救灾等爱心事业,连续十年获评"中国最受尊敬企业",连续六年获评"中国最佳企业公民"。

展望未来,中国平安表示,将致力于向国际领先的综合金融集团的目标迈进,成为推动民族金融业发展壮大的一分子。随着中国经济的持续增长,居民财富的不断增加以及风险保障意识的加强,保险市场未来仍有望保持快速的发展。平安将致力于构建以保险、银行、投资为支柱的核心业务体系,打造"一个客户、一个账户、多个产品、一站式服务"的综合金融服务平台,以获得持续的利润增长。中国平安承诺,将一直按照既定的愿景、使命和目标,积极参与到中国经济和金融保险业的蓬勃发展进程中去,成为推动民族金融业发展壮大的一分子。

(注:此案例由作者根据多方面资料汇编而成。)

**点评:愿景、使命和战略目标促使企业成长**

中国平安不仅有着清楚明确的愿景、使命和战略目标,而且这些愿景、使命和战略目标考虑了各方利益,是企业发展的指引和向导。正是因为有了这些指引和向导,中国平安才得以创造优秀的企业文化,不断地发展壮大。可见,组织的核心愿景、使命和目标,是战略管理的三大推动力。

新时代的转变已经在企业管理领域产生了影响。企业战略管理是对企业未来发展的思考、决策和行动。因此,战略管理应当能够尽快体现时代需要,体现管理思想的转变。在新的时代背景下,首先是建立整体系统思维,并在这种思维的指导下对传统战略管理理论进行扬弃和重塑。这需要弥补传统理论的缺陷和不足,体现全球化、网络化、知识化的时代特点,以及要比以往任何时候更加重视愿景、使命和战略目标的作用。

## 2.1 愿景——我们想成为什么样的企业

管理大师彼得·德鲁克(Peter F. Drucker)认为,企业要思考三个问题:第一个问题,我们的企业是什么?第二个问题,我们的企业将是什么?第三个问题,我们的企业应该是什么？这三个问题集中起来体现了一个企业的愿景。

腾讯公司的愿景表述为要成为"最受尊敬的互联网企业"。福特公司的愿景是"成为世界上消费汽车产品与服务方面的领导企业"，实现这一愿景意味着福特公司必须全力以赴，这正是愿景的用处。世界上知名的移动电话制造商诺基亚公司的经营愿景是简单而有力的："只要是能够移动，就一定会移动！"这一愿景暗示，不仅语音电话会成为移动的，还有其他许多基于数据的服务也会成为移动的。

### 2.1.1 愿景的含义

愿景本质上不是一个目标，而是值得大家长期去追求的理念。其对一个组织之所以重要，就是因为它可为整个组织成员塑造出每个人很乐意去追求的使命。愿景的概念，目前还没有一个统一的定义，学者有着不同的解释。

胡佛(E. M. Hoover)对于"愿景"的理解是"人的一种意愿的表达，这种意愿的表达需要良好的知识准备并且具有前瞻性"。他认为，意愿在于阐述一个企业为什么要生存，即它存在的目的和理由。愿景必须要有见识、前瞻性，即愿景应当能反映出对你自己企业的期望，还必须具有高度特异性，没有标准的"愿景公式"。而且，愿景所定义的事物必须是不随市场、竞争和流行趋势而变化的事物。

约瑟夫·熊彼特(Joseph Alois Schumpeter)认为，愿景与可能性及所渴望的将来有关，它表现了乐观主义和希望，是一种"分析前的认识行为"；马克·莱瑟姆(Mark Latham)认为，对一部分人来说，愿景就是一种可能永远也不会达到的完美状态，但是他们从未停止努力去追求这种目的；汉特(James G. Hunt)和萨士肯(Marshall Sashkin)认为愿景是领导风格的一种形态，通过它，"愿景式领导"改变企业的文化从而使得其他人能够理解、接受并实行他为组织订立的计划；而菲利普·科特勒(Philip Kotler)等人认为愿景是组织的高层领导所执行的关键任务。

梅芙. 卡明斯(Maeve Cummings)认为，愿景是叙述组织未来渴望发展的状况，他提供组织的价值取向与组织变革行动的指南，也是促使组织成员全力实现共同理想的原动力。

安德鲁·卡卡巴德斯(Andrew Kakabadse)认为愿景是领导者为获得广泛支持、应对挑战的方案，它说明、叙述组织未来发展的本质，愿景是成功规划、执行战略的灵魂、火花。对企业而言，愿景是组织的蓝图和理想，反映了组织对未来的看法。

台湾企业家施振荣认为愿景好像是一种梦想，但是较之后者具备更强的实践性和可操作性。愿景不是一个具体目标，而是值得大家长期去追求的理念。

取各家之长，本书认为"愿景"指的是企业家或管理者心中的一幅未来景象，藉由"愿景"的说明，提示组织成员未来的方向，并且解释组织的长远目标和工作计划，使得成员的所有活动具有方向感。愿景是一种可以激励成员产生未来的可觅意象，通常聚焦在组织的长处和优势上。愿景是呈现一个组织想要达成的清晰光景，和每个组织成员能共享、引以为傲的作为评量工作标准的图像。

愿景指出企业的生存领域，以及未来一段时间内应该成为什么样的企业，它能促使企业的经营资源形成一体，并就未来的前程达成共识。愿景是团队行为的精神和动力，企业

## 第2章 愿景、使命与战略目标

只有依据愿景订出切实的团队执行目标及战略,才能促使组织的团队与个人朝共同的方向迈进。

愿景基本上是无形的,是对未来的甜美梦想,具高度个人化(即有关个人的价值观,信念等)的色彩,其提供组织发展的方向感,可作为组织成员的指引;是一种综合成员对于组织的价值观、信念、目标和目的所形成采取某些明确形式;是一种对组织未来想要达到的状态,并企图去激励和鼓舞人员;是组织所要创造的未来光景;是一种对组织未来状态可能和渴望的心智图像;亦是一种个人对未来的心智图像,是一个动态概念。

愿景是一种由组织领导者与组织成员共同形成,具有引导与激励组织成员的未来情景的意象描绘,在不确定和不稳定的环境中,提出方向性的长期导向,把组织活动聚焦在一个核心焦点的目标状态上,使组织及其成员在面对混沌状态或结构惯性抗力过程中能有所坚持,并且藉由愿景有效培育与鼓舞组织内部所有成员激发个人潜能,促使成员竭尽全力,增加组织生产力,达到顾客满意度的组织目标。因此,愿景受制于领导者及组织成员的信念和价值观、组织的宗旨等影响,是一种对组织及个人未来发展预期达成未来意象的想法,它会引导或影响组织及其成员的行动和行为。

 **特别提示**

企业愿景内容丰富,包含企业整体深层次信念,未来的整体设想等,决不是写在纸上和那些标语化的东西。

随着经济全球化和市场竞争的日益剧烈,越来越多的企业已经深刻认识到建立企业愿景对于企业生存与发展的重要意义。事实上,企业愿景已经成为世界上许多优秀企业走向成功的基石,并不断激励他们继续获得成功(见表2-1)。

表2-1 世界优秀企业的愿景

| 企业名称 | 愿 景 |
|---|---|
| 联想集团 | 未来的联想应该是高科技的联想、服务的联想、国际化的联想 |
| 麦当劳 | 成为世界最佳用餐经验的快速服务餐厅 |
| 柯达 | 只要是图片都是我们的业务 |
| 索尼公司 | 为我们的股东、顾客、员工,乃至商业伙伴在内的所有人提供创造和实现他们美好梦想的机会 |
| 通用电气(GE) | 使世界更光明 |
| 微软公司 | 计算机进入家庭,放在每一张桌子上,使用微软的软件 |
| 中国移动通信 | 创无线通信世界,做信息社会栋梁 |
| 迪斯尼公司 | 成为全球的超级娱乐公司 |
| 苹果电脑公司 | 让每人拥有一台计算机 |
| 华为公司 | 丰富人们的沟通和生活 |
| 万科 | 成为中国房地产行业的持续领跑者 |

续表

| 企业名称 | 愿 景 |
|---|---|
| 麦肯锡公司 | 帮助杰出的公司和政府更为成功 |
| 惠普公司 | 为人类的幸福和发展做出技术贡献 |
| 戴尔计算机公司 | 在市场份额、股东回报和客户满意度三个方面领先世界 |
| 腾讯 | 成为最受尊敬的互联网企业 |
| AT&T公司 | 建立全球电话服务网 |

## 2.1.2 愿景的特征

愿景的主要特性是提供灵感启示，而此是以价值为中心的，可实现的，并且具备优质的意象且能清晰表达。所以，"愿景"首先类似一种梦想，而且是可实现的梦想；其次，它讲出来时，大家都会为之兴奋，就好像说中了大家心里所正在想要追求的目标。在这样"愿景"的定义下，实际上可以有很多的诠释，随着时间与沟通的过程，愿景的特点会越来越清晰。

首先，愿景的制定主体是企业高层。愿景是对企业一些根本性问题的界定，它对企业的发展具有深刻而长远的影响，企业最高层掌握着企业最高的权力和全面的信息，根据对内外部环境的分析，结合自身的经验、偏好和创造力，明确企业愿景的内容。

其次，企业愿景的内容是企业的追求、发展方向与道路。企业的追求是企业不断奋斗以达到的状态，它的作用更多地体现在对员工的激励方面，即它通过赋予员工希望、荣誉、个人价值等使工作更有意义。企业的发展方向，是回答"企业究竟走向何方"。这种方向一旦确定，企业就会调整资源配置去促成企业向既定的发展方向前进。

再次，制定愿景的目的，是为了给企业指明一个奋斗的目标，指导企业长期的发展，激励员工努力工作。在企业面对内外部环境的剧变时，愿景让企业清楚前进的方向，不至于迷失，同时，也使员工在处理繁琐冗长的日常事务中有工作动力和热情。

最后，愿景的作用时间是长期的，是不随内外部环境改变而改变的。这点，胡佛(E. M. Hoover)在他对"愿景"的含义阐述中也涉及到了。从愿景所定义的内容来看，愿景的内容一经确定，除非碰到特殊情况，环境发生深刻的改变，否则其变化与环境几乎无关。再从制定愿景的目的看，愿景是为了给企业指明一个奋斗的目标，指导企业长期的发展，激励员工努力工作的，如果反复修改，那么就会失去这样的作用。

## 2.1.3 愿景的作用

当企业无法预测可能的发展时，"愿景"就提供了一个宽广的视野。组织面对未来时将不会是消极与被动的，而是积极与主动的创造自己渴望的前景。在当今企业活动中，愿景对与企业发展的作用主要体现在以下六个方面。

**1. 提升企业的存在价值**

企业的存在价值是企业存在的理由和信念，而企业愿景的终极目标是将企业的存在价值提升到极限。这与财务报表上的利润存在显著差别。在经济一体化和全球化的背景下，企业愿景的内涵也进一步扩大，具体表现为在以往的企业活动的基础上增加了保护自然环境和对国际社会负责等内容，使企业存在价值的内涵更加完整。

企业愿景的内涵包含了三个层次：最高层是企业对社会的价值，中层是企业的经营领域和目标，下层是员工的行动准则和实务指南。企业对人类社会的贡献和价值是企业赖以存在的根本理由，也是其奋斗的方向，它是最高层次的企业愿景，具有最高效力；企业的经营领域和目标是第一层次的概念，指出企业实现价值的途径和方式；行为准则和实务指南是在这个过程中应遵循的经济和道德准则。愿景所处的层次越高，效力越大，延续的时间越长。

2. 协调利益相关者的利益

对于某个特定组织来说，利益相关者通常是指那些与组织存在利益关系的个人或者群体。利益相关者是指能够对组织任务的完成或者对组织任务的实现产生影响的群体或者个人。如果组织忽略了某个或者某些能够对组织产生影响的群体或者个人，就有可能导致经营失败。企业与利益相关者之间实质上是一种互动的共生关系。企业在制定企业愿景时，必须界定利益相关者的类型、利益相关的具体内容及相应的策略。如果利益相关者的利益不能在愿景中得到尊重和体现，就无法使他们对企业的主张和做法产生认同，企业也无法找到能对他们施加有效影响的方式。

3. 实现个人愿景与企业愿景的整合

所谓整合，是把企业的各项活动和企业的各种人员整合在愿景之下，而不再是分散的、各自为政的、充满冲突的部分，并在愿景的导向下朝向一个方向努力。在现代社会中的企业，不应仅仅从经济利益或交换的角度去理解个人和企业的关系。相对于经济利益，员工往往更加重视个人能力的提升和自我价值的实现。在制定愿景时，企业应当激发员工的自觉参与意识，理解和尊重员工的个人愿景并将其恰当地融入到企业共同愿景当中。通过这种方式产生的企业愿景能够获得员工的认同和响应，企业愿景与个人愿景的统一促使员工在充分发挥个人能力去达成企业共同远景的同时能够实现自我。

另外，企业愿景能够在一定程度上弥补中国企业治理制度的缺陷，对其经理人形成有效地制约。因为，如果企业愿景融合了经理人的个人愿景，个人利益与企业利益之间就能形成长期的一致性，企业变成了帮助他们实现自我价值的平台。

**特别提示**

没有"尽善尽美"的战略决策。人们总要付出代价。对相互矛盾的目标、相互矛盾的观点及相互矛盾的重点，人们总要进行平衡。最佳的战略决策只能是近似合理的，而且总是带有风险的。

4. 有效应对企业危机

关键环境要素的复杂多变是动态市场竞争的一个重要特征。企业的生存与发展时刻面临着重大的挑战，处理不慎就可能演变为致命危机。

企业应对危机、摆脱困境需要愿景的支持，因为明确的企业愿景是动态竞争环境中企业应对危机的必要条件和准则。一方面，企业不能停留于简单的刺激——反应模式，光顾着埋头救火而忘记进行长远规划；另一方面，已经拥有愿景的企业在制定危机处理方案时，必须努力遵循经济理论、社会道德，必须从企业愿景出发寻找行动方案，考虑所采取的行动应当与企业一贯的方针和自身承担的使命和社会责任相一致。只有基于愿景的危机处理方案才能保证企业的长远利益和社会认同。

企业愿景还有可能实现危机与机遇的转化。机遇是那些同企业环境建立良好的、建设性的互动关系；而危机常以某种方式出现并迫使企业必须处理好的环境问题，否则就会在财务、公众形象或者社会地位方面受到损害。但是，危机如果处理得当，就可能转变为企业的机遇。世界上很多成功的企业在面对危急时，往往为了保证愿景的贯彻而不惜牺牲巨大的当前利益，这些负责任的举动为他们赢得了广泛的尊重，无形中提升了企业形象，从而提高了在消费者心目中的地位，这些都为以后的市场开拓提供了便利。

 知识链接

企业危机是在企业经营的过程中，由于宏观大环境的突然变化（如国家标准、行业问题的暴露）以及企业在经营的过程中没有按照规范进行生产运营，未达到客户的要求都会引发的一系列危害企业的行为。

5. 提升知识竞争力与应变能力

企业愿景日益受到重视的另一原因是组织知识、组织学习等"知识竞争力"作为企业竞争力要素开始受到广泛关注。这些要素作用的发挥取决于企业愿景这种基于知识资源的管理体系的建立。企业愿景对于知识和能力的获取具有不可替代的推动作用。企业如能制定明确的、长期的愿景，保持战略的稳定性和连续性，并保证一切战略战术均围绕愿景而展开，就能使组织知识拥有长期的战略积淀和深厚的文化底蕴，从而提高其路径依赖性、增强对手模仿的难度。

6. 激励企业员工

所谓激励，特别要谈的是满足员工更高层次的需要。根据亚伯拉罕.H.马斯洛（Abraham Harold Maslow）的需要层次理论，人的需要是分层次的，各个层次需要的满足有顺序性，只有在低层次的需要满足之后，才会产生高层次的需要。人的需要层次分为：生理需要、安全需要、社交需要、尊重需要以及自我实现需要。在当今世界，随着社会保障制度的完善，低层次的需要已在社会大多数人的层面上得到了满足。因此，满足高层次的需要便成了重要的激励手段。事实上，由于人所区别于动物的文化特性，使得高层次的需要有时可以超越低层次需要的满足，也有可能成为人的主导需要，起到重要的激励作用。因此，愿景从员工高层次需要的满足出发，它的激励作用是非常重要和显著的。

一个企业，只有树立了愿景，建立股东、员工和社会利益和谐统一的企业文化，实现物质财富和精神财富、企业利益和社会责任高度的统一，才能培育出企业真正的核心竞争力，才能够真正长治久安，被人们认可和传颂。一个企业无论做的是大事还是小事、是新产品还是传统产品，只要遵纪守法、重视文化建设、尊重和重视员工和社会利益，同样能够成为伟大的公司。相反，无论生产出多么了不起的产品，但忽视员工和社会的利益，不遵纪守法、投机取巧，公司不管做得多大，都会被人们和社会不耻和唾弃。因此，愿景决定了公司的层次和未来。

**知识链接**

从某种意义上讲企业愿景是企业领导层正确意志的集中体现,是领导层的愿景。实践中,愿景能否有效地贯彻和执行,关键是充分调动广大员工的积极性、主动性和创造性。而员工主观能动性发挥的前提条件是变领导层愿景为员工愿景,即实现企业愿景"上下同欲"。因此,请员工(或员工代表)参与建立企业愿景,让其在参与的过程中,逐步产生愿景一体感,一方面会身体力行地贯彻执行,另一方面会以极大的热情进行宣传,从而使企业愿景得到更广泛地认同和拥护。

## 2.1.4 愿景的构成

企业的愿景描述了某种期望实现的状态,通常是用非常大胆的语言来清楚地说明公司想要实现的目标。愿景的构成包括两部分:核心理念和未来展望。

(1) 核心理念包括两个部分:核心价值观,即指导原则和宗旨体系;核心目的,即企业存在的最根本理由。

① 核心价值观是一个组织的重要而又永恒的信条,它是一小部分不随时间而改变的指导原则。核心价值观无须外界的评判,它对于企业内部成员有着内在的价值和重要性。强生公司(Johnson&Johnson)的首席执行官拉尔夫·拉森(Ralph Larsen)这样说:"体现在我们经营宗旨中的核心价值观可能是竞争优势,但这并不是我们拥有它的原因。我们之所以拥有它,是因为它界定了我们的支持和主张,即使当它成为竞争劣势时,我们也会坚守它。"

迪斯尼公司(Disney)的"丰富想象和有益健康"的核心价值观,并非来自市场需求,而是来自于创建者的内在信念。关键在于,优秀的企业自己决定把什么样的价值观作为核心,在很大程度上不依赖于当前的环境、竞争的需求或管理的时间这些因素;同时显然的是,也不存在一种放之四海而皆准的核心价值观体系。企业的核心价值观体系一般只有三到五条。只有为数不多的几条价值观,才能称得上是真正的核心——也就是说,这些价值观是如此基本、如此深入,即使有所改变,变化也极小。

价值观必须禁得起时间的考验,不能把核心价值观和一些应当充分变化的东西,如经营活动、企业战略、文化规范等混同起来。一个简单的测试方法是针对每一项核心价值观来询问:"如果环境变化了,我们还要把它列在清单上吗?"如果不能坦然地回答"是",那么则有必要将它排除在核心价值观之外。

② 核心目的是企业存在的根本理由。有效的目的反映了人们在组织中从事工作的理想动力,它并不是仅仅描述组织的产品或目标客户,它抓住的是组织的灵魂。企业的目的触及到的是一种除了赚钱之外的公司存在的更深层次的理由。大卫·帕卡德(David Packard)在1960年对惠普公司(HP)的员工说:"我想讨论一下公司为什么存在的根本理由。换句话说,我们在这里是为什么?我想,很多人都认为,公司的存在仅仅是为了赚钱,这是错误的。尽管这是公司存在的一个重要结果,但我们要深入下去,发现我们存在的真实理由。通过调查,我们最终得出这样的结论:那就是一群人联合起来,并以一种机构的形式存在,我们称之为公司,从而完成一些单独一个人完成不了的事情——为社会做出贡献。这些说法听起来虽然显得过时、迂腐,但它却是根本。你可以环顾周围整个经营

世界，并发现人们好像都对赚钱感兴趣，而没有其他兴趣，但其深层的驱动力在很大程度上来自于要做一件事情的渴望：创造一种产品，提供一种服务。概括而言，是要做一些有价值的事情。"

目的不应和具体目标或企业战略混为一谈，目的是一种永远的追求，但永远不可能达到。正是目的永远不可能完全实现，恰恰意味着组织不可能停止变化和发展。如3M公司在界定自己的目的时，把创造性地解决那些悬而未决的难题作为永远的追求，而这个目的也常常把3M公司带进新的领域。麦肯锡公司(McKinsey & Company)的目的不是进行管理咨询，而是帮助企业和政府更为成功，若干年后，它可能会采用包括咨询在内的其他方法。沃尔特·迪斯尼(Walt Disney)一语道破了企业目的持久而又永远不可达到的性质：只要世间还存在想象力，迪斯尼乐园就将永无止境地建下去。

同时可以看出，核心目的的主要作用是指导和激励。彼得·德鲁克(Peter F. Drucker)曾经指出，最好和最具奉献的员工是彻底的志愿者，因为他们有机会做一些除了谋生之外的事情。面对社会的流动性日益增加，经济上创业浪潮兴起，企业比过去更需要明确和了解自己的目的，以使工作更有意义，从而吸引、激励和留住出色的人员。

(2) 生动的未来前景包括两个部分：一个是需10年～30年实现的大胆目标；一个是对实现目标后公司将会是什么样子的生动描述。生动的未来前景本身包含两方面的内容：一是某些生动的、真实的东西，二是包括了尚未到来的如梦想、希望和渴求等。

大胆的目标(BHAG)：具有远见卓识的企业常常利用大胆的使命和目标作为促进发展的有力手段，这种使命和目标称为BHAG(Big, Hairy, Audacious Goal是宏伟、惊险、大胆的目标的缩写)。真正的大胆目标是清楚明确而且引人入胜的，它是一个共同努力的目标，是团队精神的催化剂。

知识链接

所有的公司都有目标，但在拥有什么样的目标上存在差异：有的公司仅仅是有一个目标而已；有的公司则愿意面对重大、令人胆怯的挑战，就像是攀登珠穆朗玛峰。真正的BHAG有着明确的终点线，因此，组织能够知道什么时候自己达到了目标。人们都喜欢瞄准终点线冲刺。

BHAG是有利的、激动人心的以及相当有针对性的。目标本身有着极强的吸引力，无论怎样对它阐述，每个人都很容易理解它。愿景基础上的BHAG可应用于整个组织中，并要经过10年～30年的努力才能实现。因此，在为企业的长远未来而设置BHAG时，不应该只停留在现有经营能力和现有环境层面上，而要深入下去，不仅是从战略或技术上考虑。通用公司的总裁杰克·韦尔奇(Jack Welch)说："企业最重要的第一步是用概括性的、明确的语言确定公司的目标。我们的目标应该是包罗万象的，非常大，但必须是浅显易懂的。"那么，什么是通用公司的目标呢？"不断提高竞争力，争取在所有我们参与的市场份额中名列前茅；彻底改革我们的公司，使公司像小企业一样行动快捷、灵敏。"

同时，BHAG只有在实现的过程中才能促进企业的进步。因此，一旦企业实现了最初的BHAG，应制定一个新的BHAG以保持进步的步伐。亨利·福特(Henry Ford)的远大目标"让汽车大众化"促使他发明了"流水线生产"这一革命性的工业生产方式，并成功地让成千上万的普通人买得起一辆汽车。然而可惜的是，福特公司在实现使汽车大众化的目标之后变得盲目自大起来，结果眼睁睁地看着通用汽车公司制定并实现了一个同样大胆的目标——超越福特公司。

生动的未来前景还需要生动形象的描述，也就是用一种形象鲜明、引人入胜和具体明确的描述来说明实现 BHAG 后会是个什么样子。在描述中，激情、感染力和令人信服是重要的组成部分。

总之，战略愿景宜志存高远，脚下的路要明晰可见。能够体现企业特色，反映企业家个性，结合企业环境、实力，提升企业存在意义，反映核心经营理念与未来前景，兼顾长短期发展要求。

## 2.2 使命——我们的业务是什么

企业进行生产经营活动和制定企业战略，首先应确定企业在社会活动中所扮演的角色，企业的性质，应从事的业务，即弄清企业的使命。柯达公司的使命是"在所有的时间和所有的地点向顾客提供捕捉、保存、处理、输出和传播影像的解决方案"。换言之，柯达公司的存在就是为了向顾客提供影像的解决方案。福特汽车公司的使命是"充满激情的向全世界的顾客提供个人移动工具……预测顾客的追求，提供改善人们生活的出色产品和服务"。简言之，福特公司存在的意义在于向顾客提供个人移动工具，这就是它的使命。

### 2.2.1 使命的含义

管理学大师彼得·德鲁克(Peter F. Drucker)，在其所著的《管理：任务、责任和实践》一书中，对此问题有一段论述：企业的使命，是确定经营重点、选择战略、制订计划和分配工作的基础。明确使命，是设计管理工作岗位的起点，同时更为重要的，也是设计管理结构的起点。搞清楚一个企业的业务是什么，可能是再简单、再明了不过的一件事。钢厂生产钢材，铁路跑火车运送货物和旅客，保险公司对火灾保险，银行向客户发放贷款。但实际上，"我们的业务是什么？"几乎总是一个难以回答的问题。正确答案通常似是而非、模棱两可。回答这一问题是战略决策者的首要任务。只有战略决策者，能够使这一问题受到应有的重视，使答案富有意义，并使企业能够规划发展进程和树立经营目标。可见，所谓企业使命，就是企业在社会进步和社会经济发展中所应担当的角色和责任。是企业高层管理者确定的企业生产经营的总方向，总目的和总的指导思想。

对于企业而言，企业使命至少有两层含义：其一是功利性的、物质的要求。也就是说，企业为了自身的生存和发展，必然要以实现一定的经济效益为目的。如果企业丧失了这一使命，就失去了发展的动力，最后逐步萎缩直至破产。其二是企业对社会的责任。因为企业作为社会的构成细胞必须负担社会赋予它的使命。企业如果只知道追求经济效益，而逃避社会责任，必然遭到社会的报复，直至被社会所抛弃。要使企业取得成功与成就，其领导人所具有的事业的理想、社会责任感是十分重要的，企业的理念往往是这种理想和使命的延伸。

企业是社会的细胞，可以看做是社会系统中的一个子系统。它在整个社会系统中负担着何种使命、起何种作用，这是企业在经营战略规划中必须首先确定的问题。企业的经营使命就是企业在社会中赖以存在的根据。就我国目前的情况来说，企业承担社会责任是构建社会主义和谐社会的重要基础。企业的社会责任包括企业的法律责任、伦理责任和自由责任。企业承担社会责任的对象范围逐渐扩大，程度也逐渐深化。

**知识链接**

企业社会责任（Corporate Social Responsibility，简称 CSR）是指企业在创造利润、对股东承担法律责任的同时，还要承担对员工、消费者、社区和环境的责任。企业的社会责任要求企业必须超越把利润作为唯一目标的传统理念，强调要在生产过程中对人的价值的关注，强调对消费者、对环境、对社会的贡献。

企业使命包含企业哲学和企业宗旨。所谓企业哲学是指一个企业为其经营活动方式所确立的价值观、态度、信念和行为准则，是企业在社会活动及经营过程中起何种作用或如何起这种作用的一个抽象反映；企业宗旨是指企业现在和将来应从事什么样的事业活动，以及应成为什么性质的企业或组织类型。比如主要产品或服务项目是什么、企业的用户是谁、企业在市场中的位置、企业的经营理念和公众形象，以及对利益相关者的满足等。

在确定企业使命时，必须充分、全面的考虑到与企业有利害关系的各方面的要求和期望。他们既可以是一些组织团体，也可能是个人。这些利益相关者一般可分为两大类：一类是企业内部的要求者，即董事会、管理阶层、股东和雇员；另一类是企业外部要求者，他们不属于企业内部员工，但将受到企业作为产品生产者和销售者所开展的一些活动的影响。企业外部要求者通常包括顾客、供应商、政府、竞争者、当地社区和普通公众。具体如图 2.1 所示。

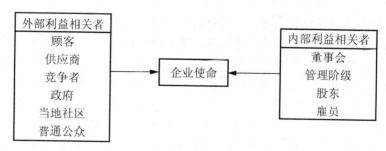

图 2.1　决定企业使命因素

可见，企业使命的制定，具有以下目的：保证整个企业经营目的的一致性；为配置企业资源提供基础或标准；建立统一的企业风气或环境；通过集中的表述，使员工认识企业的目的和发展方向，防止他们在不明白企业目的和方向的情况下参与企业活动；有助于将目标转变为工作组织结构，包括向企业内各责任单位分配任务；使企业的经营目的具体化，并将这些目的转变为目标，以便使成本、时间和绩效参数得到评估和控制。

企业愿景与使命既有区别又有联系。区别在于：愿景是解决"企业是什么"的问题，告诉人们企业将做成什么样子，是对企业未来发展的一种期望和描述。愿景是企业在大海远航的灯塔。一个美好的愿景能够激发人们发自内心的感召力量，激发人们强大的凝聚力和向心力。企业使命是企业存在的截止和理由，即回答为谁创造价值，以及创造什么样的价值。简单说，使命就是必须做的大事，一定要完成的任务。由于企业的使命一般涉及多方利益，各方利益的主次轻重必须在使命中成熟明确。如果不明确，当各方利益发生冲突时，就会无所适从。愿景与使命的联系在于：构筑愿景是企业发展战略规划的重要支撑点，是企业做强、做大的不竭动力。而一个企业要想长盛不衰，实现美好的愿景目标，第一重要的是全体员工的使命感不衰。如果缺少这一条，企业就会失去成功的希望。由此可见，企业既不能将两者混为一谈，也不能完全分开。

### 2.2.2　企业使命的内容和功能

企业的创办人或高层领导人在创办一个企业或在原有企业面临重大转变时，应对企业使命做出广泛的意向性规定，以指导企业的全部生产经营活动。企业使命一般包括以下几个方面的内容。

(1) 企业的经营范围。企业的经营范围是本企业将从事何种事业，用户是谁及如何为用户服务。任何一个企业都必须确定它将从事何种产品（服务）的生产经营，相应的采用何种主要技术，面向那些市场。要想获得一个在战略角度上清晰明了的业务界定，必须包括以下三个要素。

① 目标顾客。顾客群这个因素之所以重要，是因为他们代表了一个需要提供的市场，即企业打算在哪些地理区域内展开竞争及企业追逐的购买者类型。

② 顾客的需求。顾客需要的不是产品和服务本身，而是产品和服务提供的功能，而这种功能能够满足他们的某种需求。没有需求或需要，也就没有业务可言。

③ 技术和活动。企业在满足目标市场时所采用的技术和开展的活动。这个因素表明企业是如何满足顾客需求的，以及企业所覆盖的活动是行业的生产——分销价值链的哪些部分。

(2) 企业的生存、发展和盈利及其相互间的关系。三者是相互依存的，企业没有生存的活力，就谈不上发展，而企业的盈利既是企业生存和发展的必要条件，又是企业对所有者和职工做出贡献的前提。但这三者之间也存在着矛盾，例如，不恰当的追求近期利益或许会危及今后的生存与发展，雄心勃勃的发展宏图所带来的风险或许会影响当前的盈利以致威胁企业的生存。

(3) 企业的理念。它反映了一个企业为其经营活动所确定的信念、价值观、行为准则及期望实现的抱负。企业是一种什么样的文化、一种什么样的价值观，使顾客或者其他的利益相关群体达到某种吻合。

> **知识链接**
>
> 企业理念(MI)，即 Mind Identity，是由企业家积极倡导，全体员工自觉实践而形成的代表企业信念，激发企业活力，推动企业生产经营的团体精神和行为规范。

(4) 企业的社会责任。即公司不能仅以最大限度地为股东们盈利或赚钱作为自己唯一存在的目的，而应当最大限度地增进股东利益之外的其他所有利益相关者的利益。这些利益包括雇员利益、消费者利益、债权人利益、供应商利益、渠道商利益、竞争者利益及社会公众利益等内容。

企业使命体现了企业的根本目的和意向。没有这种目的和意向的规定，在制定企业经营目标和经营战略时就会无所适从。企业使命具有导向、激励、协调、凝聚、约束、辐射等功能。

（1）导向功能。企业使命是对企业最高层次目标的概括，贯穿于企业活动的始终，像海上一盏永不熄灭的导航灯，引导企业这艘航船不断地向目的地进发。

（2）激励功能。激励是指推动人朝着一定方向和水平从事某种活动，并在工作中持续努力的动力。通过宣传教育，让企业使命根植于企业员工的心中，起到良好的激励作用。当员工的行为符合企业使命所倡导的价值观时就起到一种正强化的作用，否则就起一种负强化的作用。

（3）协调功能。通过企业使命的确立、强化和履行，既能培养出团队合作精神，又能强化个体成员与企业整体目标的协调与反馈，使分散性的个体行为与企业整体行动协调一致，从而保证管理目标的实现。

（4）凝聚功能。通过培养企业成员的认同感和归属感，企业使命能建立成员与企业之间相互依存的关系，使个人的行为、思想、感情、信念、习惯于企业的目标有机地统一起来。企业使命的这种自我凝聚、自我向心、自我激励的作用，构成了企业生存发展的基础和不断前进的动力。使命的这种凝聚功能不是完全牺牲个人一切的绝对服从，而是在充分尊重个人价值、承认个人利益、有利于发挥个人才干的基础上凝聚起来的群体意识。

（5）约束功能。使命能改变成员旧的观念，建立新的价值观，使之适应企业正常活动的需要。一旦企业使命所倡导的价值观念和行为规范被成员认同或接受，成员就会在不知不觉中做出符合企业要求的行为选择。成员倘若违反了企业规范就会感到内疚、不安或自责，就会自动修正自己的行为。对成员行为的约束即可通过规章制度这种"看得见的手"硬性规定，也可通过企业使命的创造和灌输，把企业的共同价值观不断地向个人价值观渗透，使企业自动生成一套自我控制机制，以"看不见的手"软性约束规范成员的行为。从实践来看，以尊重个人感情、思想、人格为基础的企业使命，往往比规章制度硬性规定有着更强、更持久的控制力，更能促使企业目标自动的转化为个体成员的自觉行动，达到个人目标与企业目标在较高层次上的统一，变被动适应为主动适应。

（6）辐射功能。企业使命不仅在企业内部发生作用，还会反作用于企业所处的外部环境。

### 2.2.3 企业使命的表述

在大多数情况下，不同企业在客户、市场、产品（或服务）、关键技术、增长与盈利、经营理念、自我认识、人力资源和社会责任等方面的内容并不相同。而且，即使有相似之处，也会尽可能采取不同的做法去完成。开展不同的活动，使使命表述自然各异。从根本上说企业使命是使其区别于其他组织的存在理由。精心开发、清楚表述企业使命，对于战略管理来说是至关重要的。企业使命的表述主要包括企业生存目的、企业经营哲学和企业形象三方面的内容。

1. 企业生存目的

企业存在的主要目的是创造顾客，只有顾客才能赋予企业存在的意义。因此，决定企业经营什么的应该是顾客，是顾客愿意购买产品或服务才能使资源变为财富。虽然顾客所

# 第2章 愿景、使命与战略目标

购买的是实实在在的产品,但顾客认为有价值的却不仅是产品,而是一种效用,是一种产品或服务给他带来的满足程度。因此,我们必须把企业经营看成是一个顾客满足的过程,而不是一个产品生产的过程;任何产品都有一定的生命周期,都是短暂的,而市场和顾客的需求则是永恒的。根据这一原理,在确定企业生存目的时,就应该说明企业要满足顾客的某种需求,而不是说明企业要生产某种产品,见表2-2。

表2-2 公司使命的描述

| 公 司 | 狭隘的宗旨 | 合适的宗旨 |
| --- | --- | --- |
| 化妆品公司 | 我们生产化妆品 | 我们出售希望和美丽 |
| 复印机公司 | 我们生产复印机 | 我们帮助提高办公效率 |
| 化肥厂 | 我们出售化肥 | 我们帮助提高农业生产率 |
| 石油公司 | 我们出售石油 | 我们提供能源 |
| 电影厂 | 我们生产电影 | 我们经营娱乐 |

在实践中,企业生存目的常用企业宗旨来表述。企业宗旨指企业现在和将来应从事什么样的事业活动以及成为什么性质的企业或组织类型。在确定企业宗旨时,企业高层管理人员要避免两种倾向:一种是将企业宗旨确定的过于狭隘,另一种倾向是过于空泛。狭隘的企业宗旨束缚管理人员的经营思路可能丧失许多可以发展的机会。例如,海尔如果将自己的宗旨只定义在清洗衣物上,则不可能去开发其他相关联的家电产品,这未免太过于狭窄了,不利于企业的发展壮大。反之,如果一个出版社将自己的宗旨确定为亚洲语言交流公司的话,则显得对于企业方向的决策没有什么实际意义,因为这样的宗旨远远超出了企业的实际业务范围和能力。表2-2列出了几个过于狭隘的企业宗旨和比较宽广但较为合适的宗旨定义。

要了解一个企业必须先知道它的宗旨,而宗旨是存在于企业自身之外的。因为企业是社会的一个组成部分,其宗旨必存在于社会之中。企业的宗旨只有一个定义,这就是创造顾客。因此,要确定企业宗旨必须看企业与顾客的关系,必须分析现在的顾客和潜在的顾客。分析现在的顾客,其目的是明确企业现在从事的活动,是什么性质的企业,以及在企业性质不变的情况下,企业的事业能有什么发展。分析潜在顾客的目的在于了解有什么新的机会,以及可以创造些什么机会,以明确企业的事业将如何改变。

2. 企业经营哲学

企业经营哲学是指一个企业为其经营活动方式所确立的价值观、态度、信念和原则准则,是企业在社会活动及经营过程中起何种作用或如何起这种作用的一个抽象反映。经营哲学一旦形成,就会对企业的活动发挥指导作用。

**特别提示**

企业里有效的战略执行是建立在以下三个基础上的,即世界一流的业务流程、战略的透明性以及高绩效的公司文化。

通常,企业经营哲学的主要内容由处理企业经营过程中的各种关系的指导思想、基本观点和行为准则所构成,如关于企业(跨国公司)与所在国关系的观点,关于企业与社会和国家关系的观点,关于企业与顾客、竞争对手、供应商、销售商的观点,关于企业与雇员关系的观点,以及关于企业内部工作关系的观点等。

3. 企业形象

企业形象,是指企业以其产品和服务、经营效益和社会效益给社会公众和企业员工留下的形象,或者说是社会公众和企业员工对于企业整体的看法和评价。良好的企业形象意味着企业在社会公众心中留下了长期的信誉,是吸引现在和将来顾客的重要原因,也是形成企业内部凝聚力的重要因素。因此,企业再设计自己的使命和指导方针时,应把社会信誉和形象置于首位。在塑造企业形象时,由于不同行业对企业形象的要求各不相同,因此还要特别注意根据企业所处的行业特征来开展形象工程。

知识链接

企业形象(Corporate Image,缩写:CI)是指人们通过企业的各种标志(如产品特点、行销策略、人员风格等)而建立起来的对企业的总体印象,是企业文化建设的核心。企业形象是企业精神文化的一种外在表现形式,它是社会公众与企业接触交往过程中所感受到的总体印象。这种印象是通过人体的感官传递获得的。企业形象能否真实反映企业的精神文化,以及能否被社会各界和公众舆论所理解和接受,在很大程度上取决于企业自身的主观努力。

综合以上使命的构成部分,表2-3列举了全球若干著名公司的企业使命。

表2-3 全球著名公司之企业使命集锦

| 企业名称 | 企业使命 |
| --- | --- |
| 万科 | 构筑无限生活 |
| 海尔 | 创造世界名牌 |
| 联想 | 为客户利益努力创新 |
| 华为 | 聚集客户关注的挑战和压力,提供有竞争力的通信解决方案和服务,持续为顾客创造最大价值 |
| 索尼 | 体验发展技术,造福大众的快乐 |
| IBM | 无论是一小步,还是一大步,都要带动人类的进步 |
| 通用电气 | 以科技及创新改善生活品质 |
| 迪斯尼 | 使人们过得快活 |
| 苹果电脑 | 借推广公平的资料使用惯例,建立用户对互联网之信任和信心 |
| 荷兰银行 | 通过长期的往来关系,为选定的客户提供投资理财方面的金融服务,进而使荷兰银行成为股东最乐意投资的标的及员工最佳的生涯发展场所 |
| 微软 | 致力于提供使工作、学习、生活更加方便、丰富的个人电脑软件 |

# 第2章 愿景、使命与战略目标

续表

| 企业名称 | 企业使命 |
|---|---|
| 惠普 | 创造信息产品以便加速人类知识进步,并且从本质上改善个人及组织的效能 |
| 耐克 | 体验竞争、获胜和击败对手的感觉 |
| 沃尔玛 | 给普通百姓提供机会,使他们能与富人一样买到同样的东西 |
| 宝洁 | 提供名优产品,真正改变客户的日常生活 |

另外,企业使命制定的过程中,应注意以下几个问题。

(1) 可行性与挑战性。企业使命是对企业目标的高度概括,反映了企业的追求和未来。与企业的某一具体目标相比较而言,尽管显得抽象,但它仍然具有良好的目标特征,即目标的可行性与挑战性。确定企业使命时要考虑企业自身能力和周边环境的约束,注意它的可行性和挑战性。既不能脱离实际情况,也不能降低对企业自身的要求。

**特别提示**

战略不是能够在会议桌旁随随便便拼凑起来的东西。

(2) 全员性与通俗性。企业使命的完成,既不是单独靠某个部门,也不是单独靠某个成员或领导,而必须依赖于企业所有成员的共同努力。要做到企业使命被成员普遍接受,比较好的做法是以讲故事的形式向成员灌输企业使命,这样可以照顾企业成员的不同文化素质。

(3) 稳定性与动态性。企业使命一旦形成就应该保持其相对的稳定性,这样有利于企业使命功能的发挥,减少或避免决策失误,提高企业运营效益。由于企业使命都是在特定的外部环境和内部条件下形成的,随着外部环境和内部条件的变化,企业会面临新的机遇和威胁,企业必须调整原有的使命,以谋取动态上的平衡。

## 2.3 目标——我们想到哪里

在企业完成使命、愿景的陈述之后,战略管理的下一项工作就是明确主要目标。目标是对公司意图实现的一种未来状态的简要和可衡量的描述,是公司为完成使命与愿景而必须确实做好的具体工作。企业外部环境分析和企业内部条件的分析为战略目标的制定奠定了基础。

### 2.3.1 战略目标的含义

战略目标是企业在一定的战略期内总体发展的水平和任务,是在一些最重要的领域对企业使命的进一步具体、明确的阐述,是企业在完成基本使命过程中所追求的长期结果,反映企业在一定时间内经营活动的方向和所要达到的水平,既可以是定性的,也可以是定量的,比如竞争地位、业绩水平、发展速度等,成为企业战略的核心。与企业使命不同的是，战略目标要有具体的数量特征和时间限制。由此可见，战略目标的设定既是制定企业经营战略的出发点，也是企业经营战略实施达到的终点。基于目标涉及时限的长短，企业战略目标有长期和短期之分。

企业的长期目标时限通常是3~5年，甚至更长。它除了具有指导企业经营战略和近期战略目标，调动企业成员协同为实现目标而努力工作以外，还是企业在分配资源时分清主次和轻重缓急的依据，指导企业做出各项管理决策时择优的选择，以及衡量企业工作成效和企业内部工作绩效的标准。一般包括盈利能力、生产率、市场竞争地位、研究开发和技术领先程度、生产规模和组织结构、人力资源、用户服务以及社会责任、职工福利九项指标。

企业的短期战略目标是指时限在一年以内的执行型目标。短期与长期目标在所包含的内容上并无明显区别，只是长期目标更多的是规划型和综合型的，它着重于确定企业在未来环境中的竞争地位；而短期目标则主要是执行型的，其重点在于确定企业各个经营单位的功能，在近期内应取得的成就和应完成的具体任务。由于涉及的时限较短，面临的不确定因素较少，短期目标应该而且有可能更为明确、更为具体，可以直接作为考核工作业绩的标准。

确定战略目标要注意以下几点。

（1）对象明确，切中要害。有预期服务的对象，要完成的任务和达到的结果，仅限于关键的和重要的事项。用于评估公司绩效的主要目标的数目不能太多，否则管理层无法专注于核心问题。

（2）定量和定性相结合。对企业预期达到的结果，既有定量指标，又有定性内容。在定量指标方面，有产品产量，净产值，销售收入，新产品开发品种种类，产品质量性能，劳动生产率，利润，其他经济效益指标，技术改造项目，人才培训，职工福利，等等。

（3）时间限定清晰，并且保证长、中、短期目标相互衔接协调。告诉员工实现目标的截止日期，有助于激发紧迫感，本身就可以发挥激励作用。然而，并不是所有的目标都需要定下截止期限。

（4）简明扼要。为经理们的工作提供标准和指向。

（5）既有挑战性又有现实性。应当能激励员工提高企业的绩效。

**特别提示**

需要注意战略目标成功概率问题。企业的战略目标经过人们的努力，如果实现的可能性较大，就会激励员工为之锲而不舍地努力并全力实现它。反之，对员工的吸引力就会减小，甚至产生负面效益。

### 2.3.2 战略目标的内容与作用

彼得·德鲁克(Peter F. Drucker)认为，各个企业需要制定目标的领域都是一样的，所有企业的生存都取决于同样一些因素。他在《管理实践》一书中提出企业战略目标的内容主要在八个关键领域：市场地位、创新、生产率、资源状况、获利能力、个人资源、个人绩效与态度和社会责任。

B. M. 格罗斯(B. M. Gross)在其所著的《组织及其管理》一书中归纳出战略目标的七

项内容：利益的满足、劳务或商品的产出、效率或获利的可能性、组织、生存能力的投资、资源的调动、对法规的遵守、合理性。

我们认为，不同的企业战略目标也是有差异的。但概括起来，企业的主要目标一般包括以下内容：盈利能力、生产效率、市场竞争地位、产品结构、财务状况、企业成长、研究与开发、人力资源、职工福利和社会责任的目标。这10项指标并没有把企业战略目标的全部内容都包括进来，每个企业仍可根据自身的具体情况列出适合于本企业的战略目标。也不是每个企业都需要按照上述10个方面的问题列出自己的战略目标，而应该根据企业的具体情况有重点的突出几项对企业未来发展具有关键作用的战略目标。

战略目标具有宏观性、长期性、全面性、相对稳定性等特点，一旦设定，就支配和控制了企业全部战略经营活动，企业今后长期的奋斗目标，也是全部战略管理工作的核心。

（1）战略目标为制定战略明确了方向。战略目标与企业现状比较所形成的差距，是发现战略题材的重要手段，而填补这一差距真是构思战略方案的基本依据。从根本上来讲，企业的全部战略经营活动，就是围绕着填补这个差距而展开的。可见，战略目标的设定，就是使企业制定战略的工作能够有目的、有针对性地进行。

（2）战略目标为战略决策和战略实施提供了评价标准。由于人们的角度不同，评价战略决策和战略实施的是非得失往往会产生许多分歧。如某些战略方案，从局部来看是一种得，从全局来看却得不偿失。以战略的目标去衡量上述是非就可以做出判断：有利于实现战略目标的方案和实践是正确的，反之，则是错误的。就战略经营活动的最后结果而言，若是达到了预定的战略目标，那就表明战略获得了成功，否则就意味着战略的失败。战略目标实现与否以及实现的程度，是衡量战略是否成功以及成功的标准。

（3）战略目标是调动企业职工积极性和为之奋斗的强大动力。科学的战略目标是一种理想，对企业职工有强大的动员和激励作用。它是一种精神动力，激发人们向上和进取。战略目标一旦被企业职工承认和接受，就可以变成人们内心的坚定信念，使员工产生使命感，推动其为迎接未来而接受挑战，从而为战略目标的实现而努力奋斗。

**特别提示**

战略目标使企业形成强大的驱动力。战略目标是企业的方向舵，它能在企业遭遇混乱或压力时，引领其继续循着正确的既定路径前行，并贯彻始终。

（4）战略目标是否科学是决定企业战略成败的关键。企业战略是否成功取决于很多因素，其中的关键是战略目标是否正确。战略目标正确，整个企业战略才有可能获得成功，错误的战略目标必然将人们引向失败。战略上的成功，作为一种客观效果，受制于两个因素：一是战略方向，二是各种活动的效率。前者正是战略目标所规定的。就战略目标来讲，只有战略目标正确，才会有好的结果；否则只会偏离原本的发展轨道，以失败告终。

**特别提示**

企业的战略目标可以集中企业资源，统一企业意志，振奋企业精神，从而指导、激励企业取得出色的业绩，战略制定者的任务就在于认定和指明企业的目标。

### 2.3.3 战略目标的体系

战略目标是由若干目标项目组成的一个战略目标体系。它具有支配和控制企业全部战略经营活动的作用，贯穿了战略经营活动的全过程，因而决定了战略目标的项目必然是多种多样的，否则难以发挥其作用。彼得·德鲁克(Peter F. Drucker)的四层次结构认为战略目标由以下四个层次构成：基本目标层次，包括获利能力、生产率；社会责任层次，诸如公共责任；市场战略层次，比如革新和市场信誉产品；结构层次，包含物质资源和财力资源和经理的绩效及态度。贝叶斯(Thomas Bayes)将战略目标归为四类：盈利能力；为顾客、客户或其他受益者的服务；职工的需要和福利及社会责任。综上所述，战略目标的组合包括：顾客服务目标、财务资源目标、人力资源目标、市场目标、组织结构目标、物质设施目标、产品目标、生产率目标、盈利能力目标、研究与开发目标和社会责任目标。企业的战略目标体系见表2-4。

表2-4 企业战略目标体系

| 分类 | 目标项目 | 目标项目构成 |
| --- | --- | --- |
| 业绩目标 | 收益性 | 资本利润率，销售利润率，资本周转率 |
| | 成长性 | 销售额成长率，市场占有率，利润额增长率 |
| | 稳定性 | 自有资本比率，附加值增长率，盈亏平衡点 |
| 能力目标 | 综合 | 决策能力，集团组织力，企业文化，品牌商标 |
| | 研究开发 | 新产品比率，技术创新能力，专利数量 |
| | 生产制造 | 生产能力，质量水平，合同执行率，成本降低率 |
| | 市场营销 | 推销能力，市场开发能力，服务水平 |
| | 人事组织 | 职工安定率，职务安排合理性，一线人员比率 |
| | 财务能力 | 资金筹集能力，资金运用效率 |
| 社会目标 | 顾客 | 提高产品质量，降低价格，改善服务水平 |
| | 股东 | 分红率，股票价格，股票收益性 |
| | 职工社区 | 工资水平，职工福利，能力开发，士气 |
| | 其他 | 公害防治程度，利益返还率，就业机会，企业形象 |

可见，战略目标通常具有以下特点。

(1) 具体、合理、明确；

(2) 可操作、能量化、易测度；

(3) 一致、有序、协调——内容上有一致性，时间上循序渐进，多目标之间的协调配合；

(4) 挑战性、开拓性——目标要有难度、有创新，对于市场和竞争对手形成挑战势力；

(5) 激励性——对于管理层和员工要有激励效应，有利于强化个人或部门目标与总体战略目标相一致。

# 第 2 章 愿景、使命与战略目标

符合上述特点的战略目标项目必须满足企业自身生存发展的要求,同时也必须满足与企业有利益关系的各个社会群体的要求,因而决定了战略目标项目是错综复杂的。企业战略目标项目大致可以分为两大类,第一类是用来满足企业生存发展的目标项目,这些目标项目又可分成业绩目标和能力目标两部分。业绩目标主要包括收益性、成长性和安全性三类定量指标。能力目标主要包括界定企业综合能力、研究开发能力、生产制造能力、市场营销能力、人事组织能力和财务管理能力等一些定性指标和定量指标。第二类是用来满足与企业有利益关系的各个社会群体要求的目标。与企业有利益关系的社会群体主要有顾客、企业职工、股东、所在社区以及其他社会群体。

**特别提示**

当你努力想达成战略目标时,你知道需要做哪些事情,但是却常不知道要如何做,于是你进行实验,你不知道这实验是否成功,但你仍然会试,因为你相信唯有实验可使你在不断尝试与修正之中,一步步地接近目标。

### 2.3.4 设置战略目标的原则

目标的设置,必须贯彻结果导向的原则,统筹兼顾企业内外部环境动态发展与企业短期运作的不同要求,使所设定的目标具有可接受性、可检验性、可分解性和可实现性,既能充分挖掘企业潜力起到激励作用,又能对企业的实际运营起到指导作用。

(1)可接受性。战略目标必须易于被企业利益相关者所理解和接受。不同的利益集团往往有着互不相同甚至相互冲突的目标,企业必须力图满足所有利益相关者的要求,以求得他们的友好合作。一般情况下,能反映企业使命、表述明确、有实际含义的战略目标,更容易被接受。

**特别提示**

战略制定者要在所取信息的广度和深度之间做出某种权衡。不断地进行这种权衡正是战略制定者的任务,一种不可由他人代理的任务。

(2)可检验性。指战略目标应该是具体的,可以给予准确衡量,可以在事后予以检验。目标的定量化是使其具有可检验性的最有效方法,但是有许多目标是难以数量化的,对于这样的目标,应当用定性化的术语来表达其达到的程度。

(3)可分解性。指战略目标必须是可分解的,能够按层次或时间进度进行分解,构造一个战略目标体系,使企业的每个员工都能明白自己的任务和责任。这样,既能有效避免企业内不同利益团体之间的目标冲突,使战略目标之间相互联合、相互制约,也能使目标更好地转化为具体的工作安排,转化为实际行动。

(4)可实现性。即战略目标必须适中、可行,既不能脱离实际定得过高,也不可妄自菲薄定得过低。目标过高,可望而不可及,根本难以实现,必然会挫伤员工积极性,浪费企业资源;目标过低,无需努力就可轻易实现,易被员工忽视,错过市场机遇。因此,战略目标应处于一个经过一定程度的努力可以实现的水平。

战略目标还需要根据内部和外部环境的变化适时进行调整，但需要注意保持相对的稳定性。但是，无论调整还是稳定，都需要保持和增进目标的激励性。

**知识链接**

战略制定者要在所取信息的广度和深度之间做出某种权衡。不断地进行这种权衡正是战略制定者的任务，一种不可由他人代理的任务。

### 2.3.5 战略目标的制定

为了使确定的战略目标能够实现，制定战略目标时，需要充分利用企业所具有的优势和资源，有效地利用外部环境所提供的机会；同时，战略目标要避开外部环境对企业所造成的威胁，对企业的弱点要能够加以避免或采取积极改进的态度。战略目标的制定要符合关键性原则、可行性原则、定量化原则、一致性原则、激励性原则和稳定性原则。

战略目标制定的具体过程如图 2.2 所示。

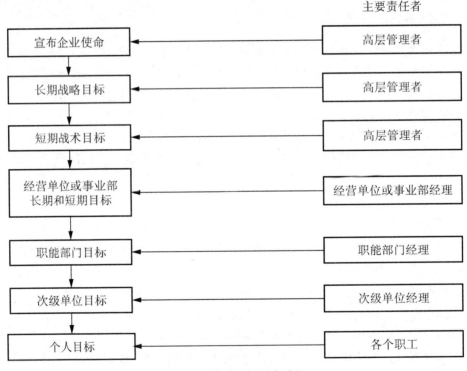

图 2.2 战略目标制定过程

（1）目标制定过程从最高管理层宣布企业使命时开始。
（2）然后确定达到这个使命的长期战略目标。
（3）由长期战略目标建立整个企业的短期执行性的战术目标。
（4）每个战略经营单位、主要事业部或经营单位都要建立自己的长期和短期目标。
（5）每个战略经营单位或主要事业部内的职能部门（如市场营销、财务、生产等）制定自己的长期和短期目标。

# 第 2 章 愿景、使命与战略目标

（6）这个目标的制定过程通过组织结构层次一直向下直到个人。

以上一、二、三步工作的开展、目标的制定和落实，通常由组织高层管理者负责。第四步的目标制定和落实工作，由各业务部门主要领导负责，而第五步的目标制定和落实工作，由各职能部门主要领导负责。最后的个人目标制定，由本人和所在部门领导负责，落实情况由所在部门检查。

目标表述要求有单一明确主题、希望取得结果、可评价考核、有完成时间期限、有挑战与激励性（作为业绩考核需考虑效度与信度）。一般要求目标表述符合 SMART 原则：

S：明确 Specific、可拓展 Stretching

M：可衡量 Measurable

A：能达到 Attainable、可接受 Accepted

R：有关联 Relevant、能记录 Recorded

T：可追踪 Traceable、有时限 Time-bound

考核必须符合 SMART，违背 SMART 原则也可行。通用电气杰克·韦尔奇（Jack Welch）也认为：有些目标可能达不到，但有激励作用，此时目标不是为考核，而是为调动积极性；宗教引导信徒的许多目标都不符合 SMART，但却能吸引这么多的人为之努力；传销赚钱的理性基础并不成立，但却鼓动了这么多人，使他们为之发狂甚至受骗；人生的意义：生理、心理、精神、物质、社会、宗教（信仰），越高层面激励越是建立在理念认同的基础之上。

**知识链接**

目标管理是使经理的工作变被动为主动的一个很好的手段，实施目标管理不但有利于员工更加明确高效地工作，更是为未来的绩效考核制定了目标和考核标准，使考核更加科学化、规范化，更能保证考核的公开、公平与公正，没有目标是无法考核员工的。

值得注意的是，尽管绝大多数企业会实行各种不同的目标，但绝大多数企业的中心目标是股东利益最大化，为此需要保持高水平地盈利能力和实现利润增长。然而，对于高级经理来说，重要的不是过分强调当前盈利能力而损坏长期盈利能力的利润增长，短期盈利能力最大化的压力可能驱使经理们采取违背伦理的行为。近两年，许多中国企业的不规范行为被揭露出来。事实证明，急功近利导致经营扭曲，最后反而使股东的利益遭受损失。

为了防止短期行为，管理层应当确保他们所制定的目标有助于提高企业的长期绩效和竞争优势。只有持续关注流程和运营，才能长期提高顾客满意度、生产率、品质和创新。

# 本 章 小 结

愿景是一种可以激励成员产生未来的可觅意象，通常聚焦在组织的长处和优势上。愿景是呈现一个组织想要达成的清晰光景，和每个组织成员能共享并引以为傲的作为评量工作标准的图像。

愿景的主要特性是提供灵感启示，而此是以价值为中心的，可实现的，并且具备优质的意象且能清晰表达。愿景的制定主体是企业高层，愿景的作用时间是长期的，是不随内外部环境改变而改变的；制定愿景的目的，是为了给企业指明一个奋斗的目标，指导企业长期的发展，激励员工努力工作；企业愿景的内容是企业的追求、发展方向与道路。

企业使命，就是企业在社会进步和社会、经济发展中所应担当的角色和责任。是企业高层管理者确定的企业生产经营的总方向，总目的和总的指导思想。

企业使命表述又称任务陈述，它是对"企业存在理由"的宣言，它回答了"我们的业务是什么？"这一关键问题，揭示了企业想成为什么样的组织和要服务于哪些用户这样的远景内容。

战略目标是企业在一定的战略期内总体发展的总水平和总任务。它决定了企业在该战略期间的总体发展的主要行动方向和所要达到的具体的结果，成为企业战略的核心。基于目标涉及时限的长短，企业战略目标有长期和短期之分。战略目标的制定要符合关键性原则、可行性原则、定量化原则、一致性原则、激励性原则和稳定性原则。

# 复习思考题

1. 选择题

(1) 企业愿景的内涵包含的三个层次是(　　)。
A. 社会价值　　　B. 行动准则　　　C. 实务指南　　　D. 经营领域

(2) 愿景的构成包括两部分：(　　)。
A. 核心理念　　　B. 未来展望　　　C. 核心目的　　　D. 核心价值观

(3) 核心目的的主要作用是(　　)。
A. 约束　　　　　B. 指导　　　　　C. 协调　　　　　D. 激励

(4) 企业使命包含(　　)。
A. 企业哲学　　　B. 企业期望　　　C. 企业宗旨　　　D. 行为准则

(5) 以下属于企业使命功能的是(　　)。
A. 辐射　　　　　B. 约束　　　　　C. 凝聚　　　　　D. 协调

2. 填空题

(1) 愿景指出企业的_____，以及未来一段时间内应该成为什么样的企业，它能促使企业的经营资源形成一体，并就未来的前程_____。

(2) 所谓_____，是把企业的各项活动和企业的各种人员整合在愿景之下，而不再是分散的、各自为政的、充满冲突的部分。

(3) 大胆的目标是_____。

3. 判断题

(1) 愿景是由组织领导者单独确定的。（　　）
(2) 愿景的作用时间分为长期和短期。（　　）
(3) 企业使命的表述主要包括企业经营哲学和企业形象两方面的内容。（　　）
(4) 企业经营哲学常用企业宗旨来表述。（　　）

(5) 基于目标涉及时限的长短，企业战略目标有长期和短期之分。（  ）
(6) 企业的长期目标时限通常是2～6年，甚至更长。（  ）
(7) 企业的短期战略目标是指时限在一年以内的执行型目标。（  ）
(8) 战略目标具有宏观性、长期性、全面性、相对稳定性等特点。（  ）

4. 问答题

(1) 企业愿景、使命与战略目标三者的联系与区别？
(2) 企业愿景、使命与战略目标和企业社会责任的关系如何？
(3) 企业的愿景、使命和战略目标是否随时间、环境而产生相应的变化？为什么？
(4) 企业外部环境、企业内部条件和能力对于企业使命和战略目标之间有什么样的互动关系？
(5) 战略目标、短期战术目标、日常目标、个人目标之间的关系如何？

# 战 略 训 练

1. 案例研究

## 博客网的失落

方兴东，这个名字在中国互联网界绝对如雷贯耳，他有着"互联网旗手"和"中国博客之父"之称，对于中国互联网Web2.0的发展普及有着无法磨灭的功绩。2002年，方兴东创建博客网的前身（博客中国），之后3年内网站始终保持每月超过30%的增长，全球排名一度飙升到60多位。并于2004年获得了盛大创始人陈天桥和软银赛富合伙人羊东的50万美元天使投资。2005年9月，方兴东又从著名风险投资公司Granite Global Ventures、Mobius Venture Capital、软银赛富和Bessemer Venture Partner那里融资1000万美元，并引发了中国Web2.0的投资热潮。其后活跃在中国的VC要是不知道Blog、Podcast、RSS、P2P等术语，不看博客、播客、视频、交友等项目就是落伍的标志。

博客网的愿景定义为，让每一个人拥有自己的博客。方兴东判断，未来两三年之内，手机会成为最重要的一个博客终端，会超过电脑使用程度，随时随地进行博客，这两个因素的作用之下，博客的数量会超过网民的数量。对于每一个人来说，要会围绕不同的用户，怎样为用户创造更多的价值，让用户创造更多的机会，让用户得到更多的价值，包括能够让用户赚钱，利用自己的博客能够赚钱，对每个人来说，要给他回答一下，为什么要博客，因为博客可以改变你的生活，当然不同的人会从不同的角度改变他的生活。这种新生活方式是中国人特色的新生活方式，因为接下来会有很多国外的公司提供博客服务，像微软，他们在功能方面会有他们的优势，但是在生活方式建设方面、运营方面，中国的网站长远来说会体现自己的竞争优势。

博客网的使命是：创造新一代网络生活方式。博客门户的实质，在于生活方式和以人为本，不仅是资讯的展示，也包括了沟通、交流、需求匹配和机会中心。

博客网的理念叫做：博客网，你我的网络，你我的生活。在中国这个平台里头，能够构建出全球第一的博客网站，让每个人，包括不上网的人，怎样尽快拥有一个博客，通过博客能够跟世界各方面建立起来，能让自己的生活有所不同。

博客网（博客中国）有着远大的理想，立志成为"互联网2.0"时代的引导者。"互联网2.0"时代就是网民个性极大张扬、网民智慧极大发挥、内容极大丰富、多样的个人时代。不仅希望在网络中有所创新，更希望将博客精神和理念，引入到传统领域，包括音乐产业、电影工业、企业信息化等各个领域。互联网引发传统领域的真正革命，是从博客精神的深入开始的，是从"互联网2.0"开始的。

随后,"博客中国"更名为"博客网",并宣称要做博客式门户,号称"全球最大中文博客网站",还喊出了"一年超新浪,两年上市"的目标。于是在短短半年的时间内,博客网的员工就从 40 多人扩张至 400 多人,据称 60%~70%的资金都用在人员工资上。同时还在视频、游戏、购物、社交等众多项目上大把烧钱,千万美元很快就被挥霍殆尽。博客网至此拉开了持续 3 年的人事剧烈动荡,高层几乎整体流失,而方兴东本人的 CEO 职务也被一个决策小组取代。到 2006 年年底,博客网的员工已经缩减恢复到融资当初的 40 多个人。

博客网不仅面临资金链断裂、经营难以为继,同时业务上也不断萎缩,用户大量流失。为摆脱困境,2008 年,博客网酝酿将旗下博客中国和 bokee 分拆为两个独立的公司,而分拆之后分别转向高端媒体和 SNS。但同年 10 月博客网又卷入裁员关闭的危机之中,宣布所有员工可以自由离职,也可以留下,但均没有工资,此举被认为与博客网直接宣布解散没有任何区别。

其实,早在博客网融资后不久,新浪就高调推出其博客公测版,到 2006 年末,以新浪为代表的门户网站的博客力量已完全超越了博客网等新兴垂直网站。随后,博客几乎成为任何一个门户网站标配的配置,门户网站轻而易举地复制了方兴东们辛辛苦苦摸索和开辟出来的道路。再后来,Facebook、校内、51 等 SNS 社交网站开始大出风头,对博客形成了不可低估的冲击。网民的注意力和资本市场对于博客也开始了冷落。

**问题:**

(1) 博客网的愿景、使命与战略目标各是什么?

(2) 你认为博客网的愿景、使命与战略目标是否值得改进?如果是,请进行描述。

(3) 博客网原有的愿景、使命与战略目标,与你制定的新的愿景、使命与战略目标区别在哪里?并阐述原因。

(4) 试分析博客网兴衰的原因。

(注:此案例由作者根据多方面资料汇编而成)

### 2. 文献查询作业

通过查阅报纸、杂志及互联网找出一个具有典型愿景、使命与战略目标的公司。思考该公司的愿景、使命和战略目标制定的背景及依据,描述三者之间的关系,并理清短期目标和长期目标。

### 3. 小组学习与讨论

将全班分为若干个 3~5 人的学习小组。推举一名成员作为小组发言人,代表小组向全班报告本组的讨论成果。

假定你们是一家新成立的购物商城的高级经理。你们的购物商城处于繁华闹市区,面积 1800 平方米,员工 150 余人。为了公司更好地长久发展,董事会决定确定公司的愿景、使命和战略目标。董事会要求你们设计出满足下列要求的愿景、使命和战略目标。

(1) 应该尽量民主,愿景应涵盖主要员工的个人愿景;

(2) 公司使命要体现公司的社会责任感;

(3) 公司使命要明确公司的主营业务及针对群体;

(4) 战略目标包括短期目标和长期目标,明确下一步公司的具体任务;

(5) 制定的愿景、使命及战略目标必须有利于公司的可持续发展,制定出尽可能多的备选方案。

请设计出备选的愿景、使命和战略目标,报告给你的董事会。请仔细考虑该制定的愿景、使命和战略目标是否与企业外部环境和企业自身实力相称。描述所选择的愿景、使命和战略目标的优势与劣势,准备为你所选择的方法优于其他方法而辩护。

### 4. 阅读材料

以下内容节选自尚玉钒、席西明、赵童的《愿景、战略和和谐主题的关系研究》，管理科学学报，2010.13(11)。

原景、战略与和谐主题的递进特征分析

从其内容、作用、对环境的依赖性以及更迭等几个方面对愿景、战略和和谐主题进行比较：

从内容方面比较，愿景是企业追求、发展方向的一种意象，战略则是实现愿景的发展道路和方案框架，而和谐主题则是当前的核心问题或者核心任务。从愿景、战略到和谐主题，是一个从抽象到具体的过程，这一过程，概括了整个企业发展的全部，从最广阔、最长远的发展方向，一直到最具体、最现实的当前具体任务。

从作用方面比较，愿景的制订是为了解决企业发展的一些根本性问题，如发展方向、企业追求等，它对企业发展具有导向和激励的作用，激发员工为实现企业愿景而努力。企业战略决定的是企业向何处走、如何走的谋划或行动纲领。它是从全局和长远的观点来研究有关组织生存与发展的重大问题。和谐主题则是要解决企业当前如何具体决策和行动的问题。企业的愿景、战略都不足以直接指导企业的具体决策与行动，而和谐主题的提出，就是为了解决这一问题。通过和谐主题辨识，企业明确了当前的核心问题和核心任务，指导企业面对复杂多变的内外部环境。

从对环境的依赖性方面，由于愿景规定的内容是高度抽象的，并且不考虑环境的变动，因此一旦制订便与环境无关。战略比愿景要具体，它已经涉及了如何决策和行动，因此战略对环境是有一定依赖的，但是这种依赖并没有像和谐主题对环境的依赖那么强，因为战略所规定的，只是较为抽象的发展道路和方案框架，有一定的环境波动适应性。和谐主题对环境具有强烈的依赖性，因为和谐主题的辨识，直接是依靠对内外部环境进行扫描的基础上得出的，并且在和谐主题实现过程中，要随时分析环境的波动，因为环境一旦改变了，那么和谐主题就会发生漂移。

从更迭方面看，愿景变迁是一个非常漫长的过程，很少有突变的情况，并且愿景变迁的路径也是未知。战略变革是一个较为长期的过程，突变比愿景要多，并且战略变革无论是规划的还是浮现的，都有很强的路径依赖性，即变革路径大致有个轮廓。而和谐主题漂移则依赖于核心任务和问题的特征，过程或长或短，并且和谐主题漂移的路径，更加明晰。

从可替代性方面来看，愿景是对企业未来发展的蓝图，像在黑暗中前进时引领航程的灯塔，它提供相应的参照，起到重要的导航作用，难以被替代。而战略是涉及企业发展的规划和设想，它适宜在组织相对稳定的发展历程中。但当在组织发展的动荡时期，这种谋划很不稳定，随着环境的变化而需要做出相应的调整，因而学者们提出"战略柔性化"，甚或"别了，战略！"。而和谐主题是组织领导对当期关键问题或核心任务的把握，是直指行动的，何时都不可缺少，领导必须对即时情境做出判断并提出当期应该关注的和谐主题，只有这样才能指导整个组织的统一行动。

# 参 考 文 献

[1] [美]查尔斯·希尔(Charles W. L. Hill), G. R. 琼斯(Careth R. Jones). 战略管理. 孙忠, 译. 北京：中国市场出版社, 2007.

[2] 王铁男. 企业战略管理. 2版. 北京：科学出版社, 2010.

[3] 张旭, 易学东, 刘海潮. 战略管理. 北京：清华大学出版社, 2010.

[4] 王铁男. 企业战略管理. 哈尔滨：哈尔滨工业大学出版社, 2005.

[5] 王玉. 企业战略管理教程. 2版. 上海：上海财经大学出版社，2005.

[6] 张秀玉. 企业战略管理. 2版. 北京：北京大学出版社，2005.

[7] 史世鹏. 愿景管理——企业塑造未来的战战略方法. 北京：中国物价出版社，2004.

[8] 王建明. 战略管理学. 北京：经济科学出版社，2003.

[9] 王文亮. 企业战略管理. 郑州：郑州大学出版社，2004.

[10] 顾天辉，杨立峰，张文昌. 企业战略管理. 北京：科学出版社，2004.

[11] 郭成，[英]John Brown. 企业战略管理. 郑州：郑州大学出版社，2003.

[12] 杨锡怀，冷克平，王江. 企业战略管理理论与案例. 北京：高等教育出版社，2004.

[13] [英]格里·约翰逊，凯万·斯科尔斯. 战略管理案例. 6版. 王军，译. 北京：人民邮电出版社，2004.

[14] [美]罗伯特·格兰特. 公司战略管理. 胡挺，张海峰，译. 北京：光明日报出版社，2004.

# 第3章 外部环境分析

### 教学要求

本章旨在学习外部环境分析的理念和方法，通过外部环境分析，找出影响企业发展的因素，从而找出当下的关键机会并抓住机会，规避或减轻威胁，为制定正确的企业战略奠定基础。

> 环境变化并不可怕，可怕的是沿用昨是今非的逻辑。
> 
> ——彼得·德鲁克

波特五力竞争模型　规模经济　进入壁垒　经验曲线　前向一体化　后向一体化　市场占有率　固定成本　剩余生产能力　成本优先战略　差异化战略　集中战略　PEST模型　战略环境要素的评价模型　关键成功因素分析

## 阿里巴巴的战略：让天下没有难做的生意

**1. 背景**

过去十年的发展，电子商务的普及和实施，改变了传统企业的交易方式。整个的行业环境已经发生了巨大的变化，互联网在世界范围内已十分普遍，电子商务的发展到了激烈竞争的时代。

由美国次贷危机引发的全球金融危机，已经拖缓中国经济增长的脚步，中国加入WTO后，政府在力推"电子商务进企业"这方面上也做了许多工作，这将会给包括阿里巴巴在内的很多电子商务企业产生积极影响。随着经济的发展，人们也越来越接受电子支付，这对电子商务企业来说也是一件好事，电子商务企业也将面临更大的发展空间。

国家已经发放了3G牌照，在可预见的未来，3G网络有可能给人们提供另一条更方便的途径来体验电子商务。

中国有人口13亿，超过世界人口的五分之一，面对中国的大市场，很多电子商务企业都早已垂涎中国市场。

## 2. 竞争对手

据公开资料显示：目前第三方支付业务市场第一位是支付宝、第二位是财付通、第三位则是银联的 CHINAPAY。不久之前百度高举"有啊"品牌进军 C2C 电子商务时，淘宝以"保护用户信息"为名封杀百度搜索引擎。原因之一，百度用自己的支付工具百度宝。

阿里巴巴竞争对手众多，而且实力都很强劲。慧聪网、中国制造网、环球资源网在这个领域发展的都不错，他们都在某些方面具有自己独特的优势。行业 B2B 的产生大大影响了阿里巴巴的经营，行业领域越来越大，中国化工网、中国纺织网、中国医药网在各自领域都是龙头老大，而且逐渐地进军机械行业。不可否认，这种行业的 B2B 要比阿里巴巴更专业，在渠道上运营的更好。因为经营这些网站的人都是对这个行业相当熟悉的人。在网盛的带领下，行业 B2B 发展异常迅猛，都在瓜分着市场份额

B2B 网站的成功可能更多的要靠人脉，要靠营销，而对于技术的要求并不是很高，所以在这点上阿里巴巴没有优势，B2B 业务上有慧聪，C2C 业务上有易趣和腾讯，搜索业务上有百度和谷歌，企业软件业务上有甲骨文和 SAP，在第三方支付业务上要跟所有的支付公司拼，另外，阿里巴巴最近推出了即时通讯软件阿里旺旺，又让自己成为了微软的敌人。

这几年淘宝的市场份额是逐年增大，是易趣和拍拍在这个领域的不作为，他们现在根本不是淘宝的对手。百度来搞电子商务了，百度的 C2C 平台已经推出了他们的支付产品——百付宝，百度作为搜索引擎老大，跟阿里巴巴比起来，技术是最好的，而现在网购的一个趋势正是以搜索为导向的网上购物。这个正是百度的强项，再加上百度的竞价排名本来就搞的不错，所以说对于淘宝来说，这确实是一个强有力的对手。

淘宝这几年建立的优势是巨大的，虽然百度的实力很强，但是它想短时间内占领 C2C 市场也是不可能的。其实对于百度的 C2C 平台来说，最主要的问题还是生存，它的首要竞争对手是易趣和拍拍，不过估计这个任务应该可以轻松完成，预测百度 C2C 上线一年后就会超越易趣和拍拍，仅次于淘宝。

## 3. 资源

阿里巴巴是全球最大的 B2B 电子商务平台，其拥有的客户数量非常之多，其资金实力也是可想而知的，公司拥有资深的管理层人员，强大的系统，支付宝、阿里软件更增加了实力，在公司形象方面，阿里巴巴更是苦心经营。

## 4. 能力

阿里巴巴是规模最大的 B2B 网站，拥有全球最大的网上贸易提供商，全球最人的商人论坛，每天登记成为阿里巴巴的商人会员超过 2000 名。并有英文、简体中文、韩文网站面向全球商人提供专业服务。知名度很强，宣传力度大，在世界各地几乎都有他们的广告。功能较完善，网站速度快，软件搭配合理，服务到位，很受创业人员的青睐，在亚太地区信誉很高。拥有独立阿里软件，阿里妈妈，增强了其实力。

## 5. 使命

阿里的定位就是为中小企业服务，中小企业的老板文化层次有的不是很高，对电脑的操作水平不是很熟练，不习惯使用电子商务平台进行 B2B，这些也制约了企业上网的进程和广度，但是阿里针对这些情况，尽量开发一些操作简单的功能，例如阿里就是围绕四个版块来操作的：我要销售、我要采购、以商会友、我的阿里助手等。

人性化服务是阿里的一大特色，从人性化的页面到人性化的功能操作，以及人性化的论坛，最重要的是人性化的线下和售后服务，同时热情的指导企业进行上网服务，比如电话指导和网上、网下的贸易培训等。

世界精英的梦幻团队组合是阿里巴巴大厦的基石，完美坚固的团队组合，坚定不移的目标信念，使这家企业每天都在实践着自己的使命："让天下没有难做的生意"

（注：此案例由作者根据多方面资料汇编而成。）

# 第3章 外部环境分析

案例点评:

阿里巴巴确立了伟大的公司使命:让天下没有难做的生意。通过对阿里巴巴的背景、竞争对手、资源、能力这些环境因素进行分析,了解到阿里巴巴所处的环境,从而为战略的制定提供有利条件。

## 3.1 一般环境分析

### 3.1.1 经济因素

近几年,中国经济取得了飞速的发展,一跃成为仅次于美国的世界第二大经济体,人们的收入水平大幅度提高,收入提高使得人们的消费习惯也产生了变化,消费者现在更加注重产品的品质和服务,人们愿意为拥有高品质的商品和更好的服务让渡更多的价值,这是消费市场的一个大的趋势。

经济因素的直接影响往往体现在产业的吸引力上,例如一个国家如果物价上升过快,出现通货膨胀,一般的做法会适当调高利率,这一举动增加了资本成本,必然导致企业负债程度提高,具有高财务杠杆的企业必然要根据这一变化调整其策略,这一变化或许会使这些企业采用集中化和低成本的策略,与之相反如果股票价格指数上升,企业便容易筹集更多的资金,那么其很有可能转向扩张型和多元化的策略。表3-1列举了主要的经济因素。

表3-1 主要经济因素

| | 经济景气指数 | 消费水平指数 | |
|---|---|---|---|
| 经济增长速度 | 证券市场指数 | 物价指数 | 各种贸易组织的建立 基础设施的利用效率(直接关系到企业的运营成本) |
| 区域消费水平 | 货币流动性 | 利率 | |
| 金融状况 | 汇率 | 通货膨胀 | |
| 宏观经济周期 | 社会总体收入 个人购买力 | 物价水平 | |

改革开放以来,中国经济水平有了很大的发展和提高,人民生活水平的提高对商品的需求也与日俱增。因此,沃尔玛在中国的发展就有了巨大的消费市场。2009年10月沃尔玛中国与商务部和农业部分别签署了《共促"农超对接"的合作备忘录》,并宣布了沃尔玛"农超对接"项目的三项新计划,该"农超对接"项目主要是沃尔玛进行的农产品直接采购的尝试,帮助农民提高市场适应能力、鼓励和引导标准化和规模化生产、指导其在生产中推进环境保护,这些举措不仅促进了产业链优化,提高了食品安全水平,而且为农民增加了收入,最终实现环境、顾客、农民及地方经济多赢局面。截至2011年5月31日,沃尔玛先后在超过19个省市建立了67个直接采购基地,面积超过80万亩。

知识链接

农超对接,指的是农户和商家签订意向性协议书,由农户向超市、菜市场和便民店直供农产品的新型流通方式,主要是为优质农产品进入超市搭建平台。"农超对接"的本质是将现代流通方式引向广阔农村,将千家万户的小生产与千变万化的大市场对接起来,构建市场经济条件下的产销一体化链条,实现商家、农民、消费者共赢。

### 3.1.2 社会因素

社会文化的变化对经济活动的各参与者都有着十分重大的影响,因此带来的机遇和挑战时时刻刻都在变化,把握当下社会环境变化的趋势对企业至关重要。

影响一个企业的社会因素主要有人们的信仰、价值观、态度、生活方式、对不同事物的看法和观点、教育水平、社会结构及风俗习惯。目前我国社会变化的大的趋势主要反映在劳动力和产品需求的变化上面。主要表现在以下几个方面。

(1) 社会文化是人们的价值观、思想、态度、社会行为等的综合体。文化因素强烈地影响人们的购买决策,进而影响企业的经营方式。

(2) 公众的价值观念对企业的工作安排、作业组织、管理行为以及报酬制度等产生很大的影响。

(3) 人口统计特征是社会环境中的另一个重要因素。我国人口趋于老龄化,青壮年劳动力供应相对紧张。

社会的变化对企业经营的影响往往难以预测,就像我们在分析人口结构和价值观对企业经营战略的影响时一样,往往难以得出直接的结论。这就需要我们用更加战略性的眼光把握这一因素产生的影响。

中国当前面临的一个重大的社会变化问题就是老龄化,这种人口年龄的分布变化使得大量老年客户的需求激增。世界卫生组织提供的数字显示,截至2011年末,中国大陆有1.23亿65岁及以上的老年人,约占总人口的9.1%,规模超过欧洲老年人口总和。60岁及以上人口1.85亿人,约占全国总人口的13.7%。也就是说,我国面临严重的人口老龄化趋势。老龄化社会对企业来说也是机遇,因为老年人一般会成为医疗服务业、保健业、保险业、家政服务业、旅游业、娱乐业等产业的主要客户,并且中国的老年人有很大的消费能力,相关企业应该抓住这一机遇,制定相应战略。

例如,心血管类药物是老年人用药市场的一块受到投资者青睐的大蛋糕。虽然在抗高血压药物和降血脂药市场上仍以西药为主,但近年来,中药类心血管病制剂在国内市场上的扩容日趋明显。

以天士力集团为例,主打产品复方丹参滴丸是中药企业里少有的销售额超过10亿元的单品,2010年收入超过13亿元。有分析预计,该产品2011年税后销售额将有望达到16亿元。目前复方丹参滴丸已通过美国FDAⅡ期临床试验,一旦通过FDAⅢ期临床试验,则意味着复方丹参滴丸正式获得进军全球市场的通行证。

可见老龄化虽然对我国人力资源的供给威胁很大,但对相关企业确是一个利好的因素。

## 3.1.3 政治、法律因素

一个国家的各项法律和政府的政策对企业经营具有导向作用,企业的各项经营活动必须遵守相关法律和政策。这些法律、政府政策、政治形势的变化趋势和稳定性是外部环境分析的重点。

(1) 产业政策:国家优先发展的产业将会得到更多的支持。因此,处于重点行业的企业增长机会多,发展空间大。那些非重点发展的行业,发展速度较为缓慢,甚至停滞不前,因而处于这种行业的企业发展难度就比较大。

(2) 税收政策:税收政策影响到企业的财务结构和投资决策,资本持有者总是愿意将资金投向那些具有较高需求,且税率较低的产业部门。

(3) 政府采购及补贴政策:政府同时扮演资金供给者和顾客的角色,政府的采购和补贴对某些行业的发展有积极的影响。

## 3.1.4 技术因素

宏观环境中的第四种因素是技术的变化。为了避免过时和促进创新,企业必须注意可能会对其所在行业产生影响的技术变化。创造性的技术适应可能会促成新产品的开发和生产,改进现有产品或制造技术以及营销手段。

在科学技术迅速发展的今天,技术环境对企业的影响可能是创造性的,也可能是破坏性的,企业必须要预见新的技术带来的变化,在战略上作出相应的战略决策和调整,以获得竞争优势。

革命性的技术创新是推动企业发展的根本性力量。20 世纪 50 年代,诺贝尔物理学奖颁给了约翰·巴登(John Barden)、沃尔特·布拉顿(Walter Brattain)和威廉·肖克利(William Shockley),以奖励他们发明了晶体管,或许他们也想象不到,这一发明导致以后几十年中电子产品的普及,为数以千万计的企业创造了数以万亿的财富。

互联网的普及可以说是全球经济的引擎,它的出现大大节约了企业的经营成本,使得企业各项经营管理更具有柔性。

**特别提示**

企业自己所面临的一般环境因素并不容易控制,这些因素会随着时间发生变化。

## 3.2 行业环境分析

哈佛大学教授迈克尔·波特把行业环境这一概念推向战略思想和经营规划的最显著位置。他的理论最初发表在《哈佛商业评论》上。根据他的观点,一个行业的竞争性质和程度集中体现在五种基本的竞争力量:新进入者的威胁、购买商的议价能力、供应商的议价能力、替代品的威胁以及现有竞争对手的威胁,如图 3.1 所示。

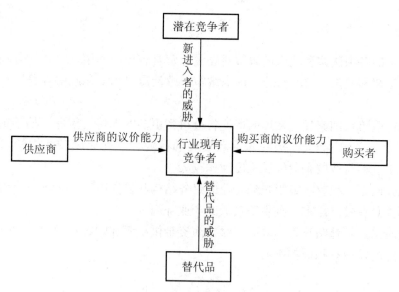

图 3.1　波特的五力竞争模型

## 波特其他主要的理论

迈克尔·波特(Michael E. Porter，1947—)，哈佛商学院的教授。是当今全球第一战略权威，被誉为"竞争战略之父"，是现代最伟大的商业思想家之一。迈克尔·波特最有影响的著作有：《品牌间选择、战略及双边市场力量》(1976)、《竞争战略》[1] (1980)、《竞争优势》(1985)、《国家竞争力》(1990)等。迈克尔·波特对竞争情有独钟，他的第一部广为流传的著作是 1980 年出版的《竞争战略》(Competitive Strategy Techniques for Analyzing Industries and Competitors)，这本书如今已再版 63 次，它改变了 CEO 的战略思维。作者在书中总结出了五种竞争力：它们分别是行业中现有对手之间的竞争和紧张状态、来自市场中新生力量的威胁、替代的商品或服务、供应商的还价能力以及消费者的还价能力，这就是著名的五力模型。在激烈的商业竞争之中，只有灵活运用战略才能胜出，因此，波特为商界人士提供了三种卓有成效的战略，它们是成本优势战略、差异化战略和缝隙市场战略。公司应视具体情况和自身特点来选择战略方针，同时还应该考虑连接产品或者供给的系列信道，波特首次将这种信道称为价值链，他在每一条价值链上区分出内部后勤、生产或供给、外部物流及配送、市场营销及售后服务等五种主要的活动，而每一项活动都伴随着各自的派生活动，每一家公司的价值链相应地融入一个更为广阔的价值体系。

波特的研究方向还涉及国家之间的竞争，在《国家竞争力》一书中，他分析了国家为何有贫富之分，一个重要的因素就是国家的价值体系，他把这种价值体系形象地称为"钻石体系"。

波特的五力竞争模型更多是一种理论思考工具，而非可以实际操作的战略工具。

### 3.2.1　进入者的威胁

新进入者在给行业带来新生产能力、新资源的同时，将希望在已被现有企业瓜分完毕的市场中赢得一席之地,这就有可能会与现有企业发生原材料与市场份额的竞争,最终导致行业中现有企业盈利水平降低,严重的话还有可能危及这些企业的生存。竞争性进入威胁的严重程度取决于两方面的因素,这就是进入新领域的障碍大小与预期现有企业对于进入者的反应情况。

进入障碍主要包括规模经济、产品差异、资本需要、转换成本、销售渠道开拓、政府行为与政策(如国家综合平衡统一建设的石化企业)、不受规模支配的成本劣势(如商业秘密、产供销关系、学习与经验曲线效应等)、自然资源(如冶金业对矿产的拥有)、地理环境(如造船厂只能建在海滨城市)等方面,这其中有些障碍是很难借助复制或仿造的方式来突破的。预期现有企业对进入者的反应情况,主要是采取报复行动的可能性大小,而报复行动取决于有关厂商的财力情况、报复记录、固定资产规模、行业增长速度等。总之,新企业进入一个行业的可能性大小,取决于进入者主观估计进入所能带来的潜在利益、所需花费的代价与所要承担的风险这三者的相对大小情况。

新厂商进入的威胁大小取决于目前的进入障碍以及进入者预期现有厂商的可能反应。实际上,进入障碍主要是包含与规模经济有关的成本因素,以及拥有他人短期间内无法模仿获得的学习曲线;最后还必须将企业的企图心与政府政策的影响纳入考量范围,因为这往往也是构成影响一个产业进入障碍高低的最重要来源。

进入者的威胁具体表现在以下几个方面。

1. 规模经济

根据产业内企业规模经济要求,新进入市场的企业必须具有与原有企业一样的规模经济产量或市场销售份额,才能与原有企业竞争,才能在进入后在行业中立足。这之前,新企业的平均总成本一定高于原企业,从而处于竞争劣势。

如果新企业试图以最低经济规模进入市场并获取规模经济利益。从而会导致行业总供给量的大大增加,当需求富有价格弹性时,供给超过原来的需求水平,从而导致产品市场价格大幅度下跌,甚至低于单位平均成本,结果新企业将得不偿失。如果新企业预测到进入后,市场需求价格因素将导致利润下降甚至亏损,那么新企业也将放弃进入。

2. 产品差异

企业提供差异性产品无形中也为潜在进入者设置了一道进入壁垒。现有产品的特色、种类以及所建立的商品信誉可以减少该产品市场的进入点,使潜在进入者难以介入。

在中国,"耐克"价格高于"李宁"品牌2.76倍;但是,与价格同样居于第一的是销量———"耐克"品牌的销量是同类品牌中最高的。耐克的差异性产品就无形中也为潜在进入者设置了一道进入壁垒,耐克在它的产品中融入了流行时尚的标准、流行语言、流行符号、个性的精神等。耐克已经在某种程度上成为了一种流行文化的象征,也成为一个庞大族群的精神领袖。其他的企业在进入这个行业时就面对很高的壁垒。

**知识链接**

芝加哥大学经济学家施蒂格勒指出,进入壁垒可以理解为打算进入某一产业的企业进入壁垒而非已有企业所必须承担的一种额外的生产成本。进入壁垒的高低,既反映了市场内已有企业优势的大小,也反映了新进入企业所遇障碍的大小。可以说,进入壁垒的高低是影响该行业市场垄断和竞争关系的一个重要因素,同时也是对市场结构的直接反映。

3. 资本需要

竞争往往需要大量投资,那么这种资金需求就构成了一种进入壁垒。企业不仅在生产设施,而且在顾客信用、库存及启动亏损,特别是高风险或不可回收的前期广告、研发等方面,都需要大量资金。资金需求越大,进入壁垒就越高。例如,汽车业也是一个资金密集型行业,无论是研发、建厂还是购置生产线方面都存在着一般生产性行业所无法比拟的资金壁垒。

4. 不受规模支配的成本劣势

在波特的理论中,对这部分的描述运用了经验曲线(experience curve)的概念,它指的是原有企业通过经验的积累,劳动力学习曲线等方式所形成的新进入者所不具备的成本优势。同时构成与规模无关的成本劣势的因素还包括专利权、政府补贴以及由于通货膨胀或汇率变化所形成的设备初置价格上涨、商业秘密、产供销关系等情况。

5. 销售渠道

新进入者除了需要将产品生产出来以外还必须构建通往消费者的渠道。在这方面新进入者往往存在一定劣势,比方说他们往往很难获得经销商的信任,而必须支付更昂贵的代价;进入超级市场的货架必须以打折、促销等方式才可能获得允许等情况。

### 3.2.2 供应商的议价能力

供方主要通过其提高投入要素价格与降低单位价值质量的能力,来影响行业中现有企业的盈利能力与产品竞争力。供方力量的强弱主要取决于他们所提供给买主的是什么投入要素,当供方所提供的投入要素其价值构成了买主产品总成本的较大比例、对买主产品生产过程非常重要、或者严重影响买主产品的质量时,供方对于买主的潜在讨价还价力量就大大增强。一般来说,满足如下条件的供方集团会具有比较强大的讨价还价力量。

(1) 供方行业为一些具有比较稳固市场地位而不受市场激烈竞争困扰的企业所控制,其产品的买主很多,以至于每一单个买主都不可能成为供方的重要客户。

(2) 供方各企业的产品各具有一定特色,以至于买主难以转换或转换成本太高,或者很难找到可与供方企业产品相竞争的替代品。

(3) 供方能够方便地实行前向联合或一体化,而买主难以进行后向联合或一体化。

### 3.2.3 购买商的议价能力

购买者主要通过其压价与要求提供较高的产品或服务质量的能力,来影响行业中现有企业的盈利能力。一般来说,满足如下条件的购买者可能具有较强的讨价还价力量。

(1) 购买者的总数较少,而每个购买者的购买量较大,占了卖方销售量的很大比例。

(2) 卖方行业由大量相对来说规模较小的企业所组成。

(3) 购买者所购买的基本上是一种标准化产品,同时向多个卖主购买产品在经济上也完全可行，购买者如果总能找到替代品厂商，他们会让供应商之间竞争。

（4）购买者有能力实现后向一体化，而卖主不可能前向一体化。

### 3.2.4 替代品威胁

两个处于同行业或不同行业中的企业，可能会由于所生产的产品是互为替代品，从而在它们之间产生相互竞争行为，这种源自于替代品的竞争会以各种形式影响行业中现有企业的竞争战略。

首先，现有企业产品售价以及获利潜力的提高，将由于存在着能被用户方便接受的替代品而受到限制；其次，由于替代品生产者的侵入，使得现有企业必须提高产品质量、或者通过降低成本来降低售价、或者使其产品具有特色，否则其销量与利润增长的目标就有可能受挫；第三，源自替代品生产者的竞争强度，受产品买主转换成本高低的影响。总之，替代品价格越低、质量越好、用户转换成本越低，其所能产生的竞争压力就强；而这种来自替代品生产者的竞争压力的强度，可以具体通过考察替代品销售增长率、替代品厂家生产能力与盈利扩张情况来加以描述。

### 3.2.5 现有竞争者之间的竞争程度

行业现有竞争对手会采取抢占市场的形式。他们会使用价格竞争、新产品引入、大规模广告宣传等策略。这种激烈的竞争主要有以下影响因素。

1. 竞争者数量多或者在规模和实力上势均力敌

当行业中的企业为数众多时，必然会有一定数量的企业为了占领市场和取得更高的利润，而突破本行业一致行动的限制，这势必在现有的竞争者之间形成激烈的竞争。

2. 行业增长缓慢

在行业增长缓慢的情况下，企业为了寻求发展，便将力量放在争夺市场的占有率上。

3. 产品或服务缺乏差异或转换成本

当产品或劳务缺乏差异时，购买者的选择是价格和服务，这就会使生产者在价格和服务上展开竞争，使现有企业之间的竞争激化。同样，转化成本低时，购买者有很大的选择空间，也会产生相同的作用。

4. 固定成本较高

行业固定成本较高时，企业为降低单位产品的固定成本，势必采取增加产量的措施。这一举动还会导致价格战，从而使现有竞争者的竞争激化。

5. 剩余生产能力增加

剩余生产能力增加导致供需不平衡，而使得一段时间内生产过剩，价格下降，强化了行业的竞争。

6. 退出壁垒较大

退出壁垒较大使经营困难的企业退出行业困难，如投入的专用资产迫使公司始终处于竞争中，尽管这些公司可能利润率较低甚至赔钱。

### 7. 竞争者战略选择的多样化

企业如果把市场当做解决生产能力过剩的出路，就会采取倾销过剩产品的方法；一些企业可能情愿取得低于正常水平的收益来扩大自己的销路。所有这些都会引起竞争的激化。

**特别提示**

在市场上没有更好的替代品供应，供求关系更加巩固，同时其产品已经给企业制造了很高的转换成本的情况下，供应商会有更强的讨价还价能力。

## 3.3 竞争对手分析

### 3.3.1 战略定位

战略定位就是将企业的产品、形象、品牌等在预期消费者的头脑中占据有利的位置，它是一种有利于企业发展的选择，也就是说它指的是企业做事如何吸引人。对企业而言，战略是指导或决定企业发展全局的策略，它需要回答四个问题：企业从事什么业务；企业如何创造价值；企业的竞争对手是谁；哪些客户对企业是至关重要的，哪些是必须要放弃的。

在同行业中会有很多竞争者参与到竞争当中，然而，对于资源有限的企业而言，绝不可能把同行业中的所有竞争者都作为自己的竞争对手，这就需要企业对竞争对手进行定位。

其实，对于企业来说，只有那些有能力与自己企业相抗衡的竞争者才是自己真正的竞争对手，消费者从其他公司提供的产品和服务上所获得的产品和服务的利益越相似，它们之间的替代能力就越高。高替代能力会使公司为争取消费者而展开激烈的竞争。

企业要想定义好竞争对手，对自身的战略定位是关键，具体来讲，可有以下几个方面。

（1）竞争领域的选择。我们知道一个行业中会有很多的细分市场，企业对细分市场的选择，就是选择了自己在这个细分领域的竞争对手。

（2）竞争区域的选择。对于一个企业来说，在这个区域可能是你的主要的竞争对手的一家企业，在另外的一个区域可能是另外的一家。在全国范围内，又会出现另外的一家竞争对手。所以企业需要关注的是多层次的竞争对手。

（3）竞争目标的选择。每一个企业都会有自己的愿景，也就是说企业对未来的一种预期。这种预期决定了企业为之奋斗的目标。在企业实现目标的道路上，会出现很多的来自竞争者的阻碍，在这些阻碍中，主要的阻碍便是来自于你的竞争对手。

通过以上三方面的认真分析，企业就可以得出自己的主要竞争对手，对自己的竞争对手也会有一个清晰的描述。

**特别提示**

要认清战略定位。战略不是规模效益、不是营销定位、不是竞争策略,要把它上升到产业高度。

### 3.3.2 竞争对手的分析因素

竞争对手是企业经营行为最直接的影响者和被影响者,如图 3.2 所示这种直接的互动关系决定了竞争对手分析在外部环境分析中的重要性。企业的竞争对手分析是从个别企业的角度,对竞争对手的未来目标、现行战略、假设和能力等因素进行分析。关注公司的竞争对手,重视他们的战略,观察他们的行动,评价他们的优势和劣势,以推测其下一步的行动方向,这对本企业制定和调整战略决策至关重要。

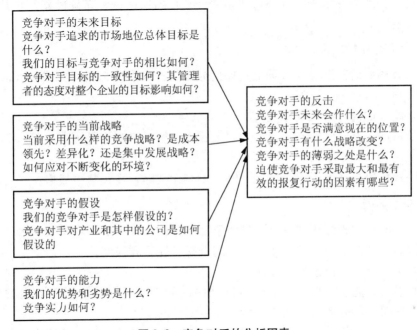

图 3.2 竞争对手的分析因素

1. 竞争对手的目标

(1) 分析并了解竞争对手的未来目标,有利于预测竞争对手。

对其自身的定位和检测其财务成果满意度,有助于推断竞争对手改变竞争战略的可能性及和其他企业战略行为的反应程度。

(2) 对竞争对手未来目标的分析包括以下关键问题。

① 我们的目标与竞争对手相比如何?

② 我们未来的重点在哪里?

③ 对待风险的态度如何?

2. 竞争对手的假设

假设是企业采取各种行为的最根本原因。了解竞争对手的假设,有助于正确判断竞争对手的真实意图。

1) 竞争对手的两类假设

(1) 竞争对手对自己的假设。

(2) 竞争对手对产业及产业中其他公司的假设。

2) 对竞争对手的假设进行分析的途径

(1) 在公开陈述中，如何看待自己在成本、产品质量、技术等关键方面的地位和优劣势？是否把握得精确、适度？

(2) 是否有某些文化上、地区上或民族性上的差别因素使竞争对手对事件的觉察和重视程度产生影响？

(3) 是否有严密的组织准则、法规或某种强烈的信条影响其对事件的看法？

(4) 如何估计同行的潜在竞争能力？是否过高或过低？

(5) 如何预测产品的未来需求和行业趋势？其预测依据是否充分可靠？对其当前的行为决策有何影响？

3. 竞争对手的现行战略

其市场占有率如何？产品在市场上是如何分布的？采取什么销售方式？有何特殊销售渠道和促销策略？

研究开发能力如何？投入资源如何？

其产品价格如何制定？在产品设计、要素成本、劳动生产率等因素中哪些因素对成本影响较大？

采取的一般竞争战略属于成本优先战略、差异化战略，还是集中战略？

4. 竞争对手的能力

对竞争对手的能力进行客观评价，是竞争对手分析过程中的一项重要内容，因为能力将决定其对战略行动做出反应的可能性、时间选择、性质和强度。

对竞争对手的能力分析包括5方面。

(1) 核心能力。竞争对手在各个职能领域内的能力如何？其最强能力在哪个职能部门？最弱能力在哪个职能部门？这些能力将发生怎样的变化？

(2) 增长能力。竞争对手在人员、技术、市场占有率等方面的增长能力如何？财务方面、对外筹资方面是否能支持增长能力？

(3) 迅速反应的能力。竞争对手在财务、生产能力和新产品方面迅速应对其他公司行为（发动即时进攻或立即组织防御）的能力如何？

(4) 适应变化的能力。竞争对手能否适应诸如成本竞争、服务竞争、产品创新、营销升级、技术变迁、通货膨胀、经济衰退等外部环境的变化？有没有严重的退出障碍？

(5) 持久耐力。竞争对手维持长期较量的能力如何？为维持长期较量会在多大程度上影响收益？

 知识链接

核心竞争力的定义是："在一个组织内部经过整合了的知识和技能，尤其是关于怎样协调多种生产技能和整合不同技术的知识和技能。"从与产品或服务的关系角度来看，核心竞争力实际上是隐含在公司核心产品或服务里面的知识和技能，或者知识和技能的集合体。

核心竞争力是企业竞争力中那些最基本的能使整个企业保持长期稳定的竞争优势、获得稳定超额利润的竞争力，是将技能资产和运作机制有机融合的企业自身组织能力，是企业推行内部管理性战略和外部交易性战略的结果。现代企业的核心竞争力是一个以知识、创新为基本内核的企业某种关键资源或关键能力的组合，是能够使企业、行业和国家在一定时期内保持现实或潜在竞争优势的动态平衡系统。

## 3.4　外部环境评价方法

企业战略环境的分析是运用各种技术及模型分析关键外部环境因素对企业的影响及其相互关系。这种分析的目的是要了解这些关键因素对企业影响的性质以及它们的相对重要性。

### 3.4.1　PEST分析方法

PEST分析是战略咨询顾问用来帮助企业检阅其外部宏观环境的一种方法。是指宏观环境的分析，宏观环境又称一般环境，是指影响一切行业和企业的各种宏观力量。对宏观环境因素作分析，不同行业和企业根据自身特点和经营需要，分析的具体内容会有差异，但一般都应对政治(Political)、经济(Economic)、社会(Social)和技术(Technological)这四大类影响企业的主要外部环境因素进行分析。简单而言，称之为PEST分析法。如图3.2所示。

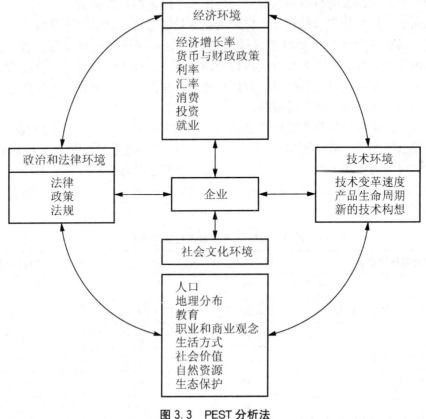

图3.3　PEST分析法

### 知识链接

PEST 有时也被称为 STEP、DESTEP、STEEP、PESTE、PESTEL、PESTLE 或 LEPEST（政治、经济、社会文化 Socio-cultural、科技、法律 Legal、环境 Environmental）。最近更被扩展为 STEEPLE 与 STEEPLED，增加了教育（Education）与人口统计（Demographics）。

PEST 分析与外部总体环境的因素互相结合就可归纳出 SWOT 分析中的机会与威胁。PEST/PESTLE、SWOT 与 SLEPT 可以作为企业与环境分析的基础工具。

### 3.4.2 战略环境要素评价模型

在找出企业的外部环境要素，收集了有关信息，预测了关键要素的变化的基础上，可以运用战略环境要素评价模型对分析进行概括和进一步分析。建立这个模型的主要有以下几个步骤。

(1) 列出在宏观环境变化分析过程中确认的关键宏观因素。

(2) 赋予各个因素权重，从 0～1。

(3) 按照企业现行战略对各个关键因素的有效反应程度为各因素进行评分，评分要求按四分制给每个因素打分，以表明这个因素是企业的重大威胁(1分)、轻度威胁(2分)、一般机会(3分)、重大机会(4分)。

(4) 用每个关键因素的权重乘以评分，得出每个因素的加权分数。

(5) 将所有的因素加权分数相加，得到企业所处宏观环境的总加权分数。

无论这个模型包括多少重要机会或威胁，企业的总加权分数最高是 4 分，最低是 1 分，衡量标准是 2.5 分。高于 2.5 分表示行业有吸引力；低于 2.5 分表示行业无吸引力。得 4 分的企业正处在有吸引力的行业，而且有许多外在机会；相反，得 1 分的企业则处在无吸引力的行业，面临许多严重的威胁。

在外部因素评价模型中列举的机会和威胁一般应控制在 5～20 个之间。表 3-2 是一个使用这一模型的例子。从中可以看到，政府放松管制是这个行业最重要的战略环境因素。此例中的公司面临两个机会：中国人口向东南沿海地区转移和计算机的信息系统。这个企业有一个主要威胁，就是汇率的上升。企业总加权分数是 2.7，这表明企业所处行业只有略高于平均水平的吸引力。

表 3-2 战略环境要素评价模型事例

| 关键战略环境要素 | 权　　数 | 分　　数 | 加权分数 |
| --- | --- | --- | --- |
| 汇率上升 | 0.20 | 1 | 0.20 |
| 中国人口向东部沿海地区转移 | 0.10 | 4 | 0.40 |
| 政府放松管制 | 0.30 | 3 | 0.90 |
| 一个主要对手采取扩张战略 | 0.20 | 2 | 0.40 |
| 信息系统计算机化 | 0.20 | 4 | 0.80 |
| 总加权分数 | 1.00 |  | 2.70 |

### 3.4.3 行业关键战略要素评价矩阵

行业关键要素评价的矩阵分析方法是通过对行业关键战略要素的评价分值比较，展示出行业内各竞争者之间的相对竞争力量的强弱，所面临的机会与风险的大小，为企业制定经营战略提供一种用来识别本企业与竞争对手各自竞争优势、劣势的工具。建立行业关键战略要素评价矩阵可按以下四个步骤进行。

(1) 由企业战略决策者识别行业中的关键战略要素。评价矩阵中一般要求5~15个关键战略要素。具体由战略决策者通过研究特定的行业环境与评价结论，针对与企业成功密切相关的要素达成共识。在分析中常见的关键战略要素有市场份额、产品组合度、规模经济性、价格优势、广告与促销效益、财务地位、管理水平、产品质量等。

(2) 对每个关键战略要素确定一个适用于行业中所有竞争者分析的权重，以此表示该要素对于行业中成功经营的相对重要性程度。权重值的确定可以通过考察成功竞争者与不成功竞争者的经营效果，从中得到启发。每一个要素权重值的变化范围从0.0(最不重要)到1.0(最重要)；且各要素权重值之和应为1。

(3) 对行业中各竞争者在每个关键战略要素上所表现的力量、相对强弱进行评价。评价的分数通常取为1、2、3、4，依次为1表示最弱，2表示较弱，3表示较强，4表示最强。评价中必须注意各分值的给定尽可能以客观性的资料为依据，以便得到较为科学的评价结论。

(4) 将各关键战略要素的评价值与相应的权重值相乘，得出各竞争者在相应战略要素上相对力量强弱的加权评价值。最后对每个竞争者在每个战略要素上所得的加权评价值进行加总，从而得到每个竞争者在各个关键战略要素上力量相对强弱情况的综合加权评价值。这一数值的大小就揭示了各竞争者之间在总体力量上相对强弱情况。表3-3提供了一个行业关键战略要素评价矩阵分析的示例。

表3-3 行业关键战略要素评价矩阵事例

| 行业关键战略要素 | 权重 | 本企业 | | 竞争者1 | | 竞争者2 | |
|---|---|---|---|---|---|---|---|
| | | 评价值 | 加权评价值 | 评价值 | 加权评价值 | 评价值 | 加权评价值 |
| 市场份额 | 0.20 | 3 | 0.6 | 2 | 0.4 | 2 | 0.4 |
| 价格竞争 | 0.20 | 1 | 0.2 | 4 | 0.8 | 1 | 0.2 |
| 财务地位 | 0.40 | 2 | 0.8 | 1 | 0.4 | 4 | 1.6 |
| 产品质量 | 0.10 | 4 | 0.4 | 3 | 0.3 | 3 | 0.3 |
| 用户信誉 | 0.10 | 3 | 0.3 | 3 | 0.3 | 3 | 0.3 |
| 综合加权评价值 | 1 | | 2.3 | | 2.2 | | 2.8 |

表中财务地位的权重值为0.4，表明其为关系到企业经营战略成败的最重要的战略要素；本企业在产品质量方面的评价值为4，表示在产品质量方面本企业力量最强；竞争者2在财务地位与综合力量方面均属最强，其得分分别为4与2.8；而竞争者1的综合加权评价值为2.2，表示其在综合力量方面最弱。

**特别提示**

行业关键战略要素评价矩阵模型与战略环境要素评价模型不同的是,该模型采用对比分析,而不是设定固定的衡量标准值。

### 3.4.4 关键成功因素分析法

1. 关键成功因素分析的概念

关键成功因素指的是对企业成功起关键作用的因素。关键成功因素法就是通过分析找出使得企业成功的关键因素,然后再围绕这些关键因素来确定系统的需求,并进行规划。

2. 关键成功因素的8种确认方法

(1)环境分析法。包括将要影响或正在影响产业或企业绩效的政治、经济、社会等外在环境的力量,换句话说,即将外在环境的未来变化放在首位。

(2)产业结构分析法。应用迈克尔·波特所提出的产业结构五力分析架构,作为此项分析的基础。此架构由五个要素构成,每一个要素和要素间关系的评估可提供分析者客观的数据,以确认及检验产业的关键成功因素。产业结构分析的另一个优点是此架构提供一个很完整的分类,另一项优点就是以图形的方式找出产业结构要素及其间的主要关系。

(3)产业、企业专家法。向产业专家、企业专家或具有知识与经验的专家请教,除可获得专家累积的智慧外,还可获得客观数据中无法获得的信息,其缺点是会因缺乏客观的数据导致实证或验证上的困难。

(4)竞争分析法。分析公司在产业中应该如何竞争,以了解公司面临的竞争环境和态势,研究焦点的集中可以提供更详细的资料,且深度的分析能够有更好的验证性,但其发展受到特定的限制。

(5)产业领导厂商分析法。经由该产业领导厂商的行为模式,可当做产业关键成功因素重要的信息来源。因此对于领导厂商进行分析,有助于确认关键成功因素,但对于其成功的解释仍会受到限制。

(6)企业本体分析法。此项技术是针对特定企业,对某些构面进行分析,如优劣势评、资源组合、优势稽核及策略能力评估等。由于透过各功能的扫描,确实有助于关键成功因素的发展,但实在耗费时间且数据相当有限。

(7)突发因素分析法。此项技术亦是针对特定企业,透过对企业相当熟悉的专家协助。虽然较主观,却常能揭露一些其他传统客观技术无法察觉到的关键成功因素,且不受功能别的限制,甚至可以获得一些短期关键成功因素,但难以验证这些短期的关键成功因素。

(8)市场策略对获利影响的分析法。针对特定企业,以该分析法的研究报告的结果进行分析。此技术的主要优点为其实验性基础,而缺点在于"一般性的本质",即无法指出这些数据是否可直接应用于某一公司或某一产业,也无法得知这些因素的相对重要性。

**3. 关键成功因素法包含的步骤**

关键成功因素法包含以下几个步骤。

（1）确定企业或 MIS 的战略目标。

（2）识别所有的成功因素：主要是分析影响战略目标的各种因素和影响这些因素的子因素。

（3）确定关键成功因素。不同行业的关键成功因素各不相同。即使是同一个行业的组织，由于各自所处的外部环境的差异和内部条件的不同，其关键成功因素也不尽相同。

（4）明确各关键成功因素的性能指标和评估标准。

关键成功因素法的优点是能够使所开发的系统具有很强的针对性，能够较快地取得收益。应用关键成功因素法需要注意的是，当关键成功因素解决后，又会出现新的关键成功因素，就必须再重新开发系统。

 知识链接

管理信息系统(Management Information System，简称 MIS)是一个以人为主导，利用计算机硬件、软件、网络通信设备以及其他办公设备，进行信息的收集、传输、加工、储存、更新和维护，以企业战略竞优、提高效益和效率为目的，支持企业的高层决策、中层控制、基层运作的集成化的人机系统。完整的 MIS 应包括：决策支持系统(DSS)、工业控制系统(CCS)、办公自动化系统(OA)以及数据库、模型库、方法库、知识库和与上级机关及外界交换信息的接口。办公自动化系统(OA)、与上级机关及外界交换信息等都离不开 Intranet(企业内部网)的应用。

# 本 章 小 结

企业的外部环境对于公司的发展战略来说至关重要，企业的外部环境给企业的生存和发展带来了机遇和挑战。外部环境由三类相互关联的因素构成，这三类因素决定了企业面临的机会和威胁。

宏观环境产生于企业的经营环境之外，是具有战略性影响的环境因素。企业的宏观环境包括政治法律环境、经济环境、社会文化环境、技术环境等。

产业环境直接影响企业的前景，体现了产业的竞争格局以及本行业和其他行业的关系，主要包括进入壁垒、竞争对手、替代品的威胁、供应商和购买商的议价能力。

竞争环境影响企业最近的竞争态势，分析竞争对手的目标、战略、能力以及领导人状况。

要设计企业的经营战略，首先要分析企业所处的外部环境，洞悉经营环境的不确定性。因此，外部环境分析对战略管理具有重要意义。

# 复 习 思 考 题

1. 选择题

（1）认为一个行业的竞争性质和程度集中体现在五种基本的竞争力量的人是（　　）。

A. 法约尔　　　　B. 波特　　　　C. 泰罗　　　　D. 梅奥

(2) 对企业经营具有导向作用的一般环境因素是(　　)。

A. 经济因素　　　B. 社会因素　　　C. 政治、法律因素　　　D. 技术因素

(3) 方便实行前向一体化的是(　　)。

A. 供应商　　　　B 购买商　　　C. 进入者　　　D. 竞争者

(4) 当现有公司享有经验曲线效应时,潜在新进入者的威胁(　　)。

A. 大　　　　　　B. 小　　　　　C. 一般　　　　D. 不确定

(5) 甲公司在 20 世纪发明了胶片、彩卷、自动傻瓜相机,在胶片感光成像技术领先一个世纪。随着数码产品出现,市场需求发生结构性变化,而该公司由于忽视了这种发展变化的趋势,导致企业经营陷入困境。这种环境的变化属于(　　)。

A. 技术环境　　　B. 政治环境　　　C. 经济环境　　　D. 人文环境

(6) 某图书出版机构是德国最大的图书出版机构之一,在中国建了几十家传统书店,采取俱乐部会员制,每月寄图书目录打折销售。但在网上书店出现后,该企业经营每况愈下,最后黯然撤离中国。网上书店对其的威胁属于(　　)。

A. 替代品　　　　B. 同业竞争　　　C. 购买商　　　D. 供应商

(7) 利用战略环境要素评价模型得到企业的总加权分数,其中作为衡量标准的是(　　)分。

A. 1　　　　　　B. 2　　　　　　C. 2.5　　　　　D. 3

2. 填空题

(1) 一般环境分析做要分析的要素有_____、_____、_____、_____。

(2) 进入者的威胁具体表现在_____、_____、_____、_____、_____。

(3) 企业要想定义好竞争对手,对自身的_____是关键。

(4) 根据行业关键要素评价的矩阵分析方法得到的分数,1 表示_____,2 表示_____,3 表示_____, 4 表示_____。

(5) 产业结构分析法的基础是_____分析。

3. 判断题

(1) 企业所面临的外部环境条件并没有随时发生变化。　　　　　　　　　　　　(　　)
(2) 企业可以很容易控制总体的环境因素。　　　　　　　　　　　　　　　　　(　　)
(3) 中国和德国工人对待工作的不同态度是外部环境中人口因素的一种反应。　　(　　)
(4) 波特的五种力量模型是一个公司层的分析模型。　　　　　　　　　　　　　(　　)
(5) 转换成本、进入分销渠道、大量的竞争对手和规模经济是主要的一些进入障碍。(　　)
(6) 复杂动态的环境要求企业精心培育自己的核心竞争力。　　　　　　　　　　(　　)

4. 问答题

(1) 一般环境的分析的主要内容?
(2) 试述波特五力竞争模型的主要内容?
(3) 简述竞争对手分析的因素?
(4) 战略环境要素评价模型的内容概述?
(5) 行业关键战略要素评价矩阵的内容概述?

# 战 略 训 练

## 1. 案例研究

## 福特公司的外部环境分析

**经济环境**

影响汽车工业和福特汽车公司成长的几个经济因素有利率、汽车价格的上涨、美元的价值和美国总体的经济大环境。

为了预测经济的变化,福特公司的经济学家和其他经济分析人士分析了许多经济变量或"主要的指标",其中一些指标包括批发和消费价格指数、耐用品订货量、消费者负债量、GNP 增长、利率。通常这些变量在复杂的经济预测模型中作因变量来模拟经济以及准确地预测经济趋势。

福特公司主要的几个经济学家预测 1990 年经济以 1.5% 的速度缓慢增长,头半年的状况是通货膨胀和失业率上升,利率下降,美元相对疲软。从长期看,汽油价格预计将持续上涨,生产费用将用于保证安全性、控制污染和油耗上。

在北美装配的日本轿车的数量将很快达到每年 200 万辆,将会出现供大于求,这可能威胁美国汽车市场的价格结构并且给美国市场上各商家的收益带来负面影响。

尽管多数经济学家认为美国经济将有下降的趋势,但对经济的衰退前景以及何时可能发生衰退意见不一。美国商业部预言新车的销售量在 1990 年将下降 1.3%,但此后将逐年增长,直到 1994 年。

**政治环境**

对汽车制造商们来说,20 世纪 90 年代将标志着一个日益增加的政府管制制度和环境上的压力的新纪元,促使他们提高燃料效率、安全标准和污染控制水平。净化空气的要求、全球变暖及新油耗标准的出台都将给福特公司的新产品计划蒙上阴影。一些分析家预言,到 2000 年油耗标准将达到 40~50 英里/加仑。

然而,全球还将会有更大的变化发生,如人们所期望的 1992 年欧洲经济统一、东欧剧变、前苏联经济的发展及中国市场经济的巨大潜力。

在欧洲和澳大利亚,福特公司有着巨大的市场潜力,销售网遍布两大陆,并且在英国、德国、比利时和西班牙都有组装厂。为准备在欧洲 1992 年以后的发展,公司在 20 世纪 90 年代初收购了英国的美洲豹股份有限公司,并有意在瑞典的 Saab 汽车公司中获得一部分股份。

福特公司还拥有日本马自达汽车公司 25% 的股份。随着汽车工业变成真正的国际行业,福特公司还将在国外寻求合资伙伴。

东欧政治上的变化可能打开了一个巨大的、未开发的汽车市场,劳动力市场也很有利,贸易、投资和销售的机会将会改进。然而仍有极少一部分人认为事情不会发展那么快,因为政治局势还不稳定,而且基础设施不完善和缺少硬通货也是问题。但美国、欧洲和日本的公司已在筹划和东欧及前苏联的官员谈判,意图分享市场份额。

在中国,汽车工业发展的前景不是很明朗,福特公司在中国这种情况下并未采取任何明显的行动。通用汽车公司放弃了其在中国与富士汽车公司建立合资企业的计划。多数分析家始终认为中国市场中很多行业是有利可图的,但由于中国经济还不够发达,所以汽车工业的获利可能会更慢些。

**社会环境**

20 世纪 90 年代的社会和经济趋势研究表明,汽车工业总会有大量的购买者,他们有购买的倾向,并有购买新车的财力,其中三种人群对汽车工业来说具有特殊的意义,他们分别是人口快速增长时期出生的人群、妇女和老人。

第一类群体会有更多的自由收入来购买汽车，而且有相当一部分人会购买豪华车或跑车。他们和老人对娱乐型车的需求也将有所增加，而对货车和微型货车的需求有所减少，因为他们的家庭已经成熟。然而，第一类群体中的蓝领阶层细分市场更喜爱美国车和国产的微型货车。

将有越来越多的妇女购买新车，并有望在汽车市场上表现出与男人相同的购买力。20世纪90年代汽车市场的成功将在于向这类妇女做广告。

最后一个显著的群体是55岁以上的老年人，他们构成了新车消费者的25%，并且这个比例还将升高。老年购买者倾向于驾驶的安全和方便，包括警告欲睡司机的电子系统、不刺眼的表盘和简化的电子控制设备。

**技术环境**

未来的汽车将变得更加容易操作，并装有智能系统：快速敏捷的计算机会使发动机和传送系统的运转更加高效；电子悬浮系统、雷达障碍扫描系统会帮助司机避免车祸；导向系统在荧屏上显示各种可选择的路线，以帮助司机避免交通堵塞。自动变色玻璃和红外系统可提高夜间的可视度，刹车防抱死系统、安全气囊和牵引控制将会标准化。

塑料的使用将会增加，因为其重量轻，相对钢材价格便宜，并且不会腐蚀。通过运用计算机来设计模型和样车，将会成为未来的趋势。并且在未来的五年内，将会有一万辆电动车在南加利福尼亚投入使用。

在生产中，机器人技术的使用将会更加广泛。20世纪90年代的汽车生产商将会开发出使用替代燃料的汽车。

福特公司的机遇和挑战机会

(1) 在日本有一个生产厂。
(2) 在汽车的生产和分销方面有降低成本的办法，称为阿尔发工程。
(3) 为符合净化空气的提议而生产替代燃料的汽车。
(4) 在重新建立的产品质量方面获益，"质量第一"。
(5) 借助技术和整体的努力而使合资企业达到质量最佳。
(6) 欧洲经济统一使全球市场潜力增大。

**威胁**

(1) 进口车占有了很大的市场份额。
(2) 汽车行业销售缓慢
(3) 日元与美元的汇率
(4) 日本的厂商打入豪华车市场
(5) 日益增加的政府限制
(6) 美国经济的下滑或可能的衰退

（注：此案例由作者根据多方面资料汇编而成。）

**问题：**

(1) 使用PEST模型细化分析福特公司的外部环境要素。
(2) 设定福特公司在中国市场的竞争对手并对其进行分析。

### 2. 文献查询作业

找出一家最近所处环境发生重大改变的企业，分析是什么因素导致企业战略发生改变并分析企业是如何快速的应对这一改变的。

### 3. 小组训练与讨论

小组训练：外部环境分析

将全班分为若干个小组、推举一名成员作为小组发言人，代表小组向全班发言。

假设你们的公司是一家发展势头良好的保健品企业，保健品行业发展中存在着一定的机遇，如市场增长迅速，需求空间大、有进入国际市场或二级市场的可能、能争取到新的用户群、品牌形象已深入人心、有利于新产品的推出、在同行业中竞争业绩优良。但同时也面临着较大的威胁，如竞争压力增大；理性消费者增多；用户讨价还价能力增强；政府对药品质量的管制等。公司需要你们对外部环境进行分析：

(1) 通过模拟经营，练习使用战略分析的工具和方法，评估内部资源与外部环境，分析与识别市场机会。

(2) 进行模拟市场细分和市场定位，制定新市场进入战略

(3) 练习使用竞争者辨识与分析技术

写一份外部环境分析报告提交公司决策，尽可能准确的评估公司的机会和威胁。

### 4. 阅读材料

如下内容节选自 J. B. BARNEY 教授的《战略管理：获得与保持竞争优势》3 版。上海人民出版社，2011 年 8 月出版。

## 环境威胁和机会分析的结构—行为—绩效模型

环境威胁和机会分析的结构—行为—绩效模型是重要的战略工具，并且对于寻求战略抉择的企业来说是至关重要的工具。然而，如同其他所有模型一样，结构行为绩效模型也有其局限性，试图使用该模型的经理人和学者们必须对此有清楚的认识。该模型的四个主要缺陷在于：(1)关于企业利润和进入的假设；(2)低效企业战略的作用；(3)企业异质的有限概念；(4)企业运作所处的产业环境所能解释的企业利润差异。

#### 企业利润和进入的假设

传统的结构—运行—绩效逻辑提出，进入一个产业是由于现存企业想要赚取超额经济利润的激励引起的，超额的经济利润告诉潜在进入者这一产业中存在机会。从经验上讲，结构—运行—绩效逻辑预测，产业的进入率与该产业中企业的绩效成正相关的关系。

然而，还有另一种观点认为，现存企业的高绩效水平向潜在进入者传递的信息刚好相反：现存企业的高绩效水平起到的是阻止进入，而非促进进入的作用，因为高绩效意味着现存企业是有效的而且是高效的。具有重要竞争优势的现存企业能够以很低的成本有效地满足顾客的需求，从而获得高于正常水平的绩效。潜在进入者可能因为存在无法成功复制现存企业效果和效率的可能性，而放弃进入产业。从经验上讲，这种观点认为，产业的进入率与该产业中企业的绩效水平成负相关的关系。

关于这些利润和进入的观点都有支持的经验证据。如果现存企业赚取超额利润的基础是垄断/寡头市场的价格产出战略，那么产业中的高绩效水平一般会鼓励进入。导致这一结果的原因是，这种情况下的现存企业不能够完全有效和高效地满足顾客需求，从而很容易成为那些具备效果和效率的潜在进入者的猎物。然而，如果现存企业获得高绩效水平的基础是凭借独特的能力和高效的方式，以低成本满足顾客需求，那么产业中现存企业的高绩效就会起到阻止进入的作用。

这些相互冲突的关于利润和进入的观点具有广泛的意义。在社会层面，反托拉斯法规一直以来是建立在结构—行为绩效模型假设基础之上的。该假设说的是，产业中企业的高绩效水平是串谋、障碍设置、垄断以及其他一些反竞争行为的证据。关于利润和进入的第二种观点目前已经对政府的政策产生了影响。事实上，有时很难说清楚高利润是促进进入还是阻止进入。在许多方面，这也是微软公司反托拉斯案例的核心问题所在。毫无疑问，微软公司主导着个人电脑操作系统市场和应用软件市场。然而，微软公司的主导地位是否源于其反竞争的垄断行为，或是源于该公司及时高效地开发操作系统和应用软件的能力？

假设微软公司有过反竞争行为,并且也高效地开发新产品和服务以解决先行预测到的消费者问题,那么微软公司的市场价值中有多大比重可以归功于它的反竞争行为,又有多大比重可以归功于它及时高效地开发新产品和服务的能力呢?更为复杂的问题是,如果微软公司两个方面的活动都从事过,那么政府针对微软公司的反竞争行为而设计的补救措施,是否能有效地削减它高效的顾客服务能力呢?

在企业层面,现存企业的高额利润究竟是产生促进进入还是阻止进入的作用,这一点对于企业做出是否要进入产业的决策有重要意义。如果现存企业通过寡头/垄断行为赚取高额利润,那么进入可能是一个很有吸引力的选择。然而,如果高额利润的基础是企业自身拥有的竞争优势,那么进入的成本会很高,这样进入就不是一个适宜的选择。

### 低效企业战略的作用

结构—行为—绩效模型中,环境威胁和机会分析中得出的大部分战略选择,对于提高企业满足顾客需求的能力和削减企业成本都有一定影响。这些战略侧重提高企业的效果和效率,从而使企业获得竞争优势和超额利润。这些战略提出,获得和保持竞争优势的最好方法是比现有竞争对手和潜在竞争对手拥有更好的效果和效率。

然而,特定的结构—运行—绩效战略(如设置障碍战略)似乎表明,降低企业的效果和效率能够最大化企业的绩效。当企业投资的生产能力大于现行和预期经营需求,投资的产品差异化多于顾客需求,或者获取低成本生产因素的途径超过高效经营所需时,降低企业的效果和效率,能够最大化企业绩效。

总的来说,实施降低企业效率以提高企业绩效的战略似乎十分冒险,并且只能应用于非常特殊的环境。更为典型的是,降低效率的企业对于进入起到了促进而非阻止的作用。如前所述,效率和效果较低的企业很容易成为效果和效率较高的竞争对手和新兴进入者的猎物。总之,对于现存企业而言,推荐最理性的战略应当是,学会如何更为有效的和高效的满足顾客需求。企业的战略抉择,不仅要给企业提供在产业内部形成竞争优势的机会,也应该对于新的进入起到阻止的效果。

### 企业异质的有限概念

对于产业中企业异质性的认识,环境威胁和机会的结构—行为—绩效模型仅提供了非常有限的理解。一个结构—行为—绩效框架中的企业之间可能存在差别,但是差别仅限于企业所面临的机会和威胁。企业间的这些差别又反映了规模经济、产品差异化、生产成本等等方面的差别,结构—行为—绩效模型中的企业异质水平,明显低于传统战略管理中似设存在的企业异质水平。

环境威胁和机会的结构—行为—绩效模型中缺乏企业异质并不足为奇,这直接根源于模型中所使用的分析单位是:产业。结构—行为—绩效框架是为研究产业结构设计的,并且形成了一个有影响力的环境威胁和机会的模型,但它从不是战略选择的通用模型。战略选择的通用模型必须既包括环境分析(威胁和机会),又包括组织分析(优势和劣势)。必须运用侧重企业独特性质的理论框架来完成内部分析。

### 产业和企业的业绩效应

一段时间以来,学者们对企业运作其中的产业属性和企业自身的绩效之间的相关性十分感兴趣。理查德·施马兰西(Richard Schmalansee)首先在该领域发表著作。施马兰西使用了1年的数据来对比评估企业运作的产业环境引起的企业绩效差异与其他绩效差异来源。施马兰西得出的结论是,企业运作所处的产业环境能为企业近20%的绩效差异做出解释——该结论与结构—行为—绩效模型及其以产业为企业绩效的首要决定因素的理论是一致的。

理查德·鲁梅尔特(Richard Rumelt)"识别了施马兰西研究中的一些缺陷。其中最重要的缺陷是施马兰西(Schmalansee)只用了1年的数据来研究产业属性和企业属性对企业绩效的影响。鲁梅尔特则使用了4年的数据,从而区分出稳定产业、过度产业、及企业属性对企业绩效的影响。鲁梅尔特的研究结果与施马兰西研究的一致之处在于:鲁梅尔特还发现企业绩效差异约有16%是受产业影响而致,而施马兰西也发现了近20%的企业绩教差异是由于受产业影响。然而,鲁梅尔特发现只有约一半的产业影响是稳定的,剩余的产业影响刚表现为随产业的商业条件逐年波动。这一研究结果与结构—行为—绩效模型有很大不同。

鲁梅尔特还就企业属性对企业绩效的影响进行了研究，发现超过80%的企业绩效差异是由这些企业的属性导致的，但这80%的一半以上(46.38%)源于稳定的企业影响。稳定的企业差异在解释企业绩效差异的重要性上也与结构行为—绩效框架不一致。这些结论与企业绩效的另一种模型一致，那种模型被称为资源基础观模型。

麦加恩和波特(McGahan and Porter)新近的研究与鲁梅尔特的研究一致，尽管麦加恩和波特指出了产业影响的大小千差万别，这取决于一个产业的结构。然而，事实上在所有这些学者给出的案例中，对企业绩效的影响企业因素比产业因素要大得多。

这些结论对于战略管理过程中外部分析作用的意义非常明确。尽管这种分析对于企业的战略抉择仍然十分重要，但企业向其竞争环境所释放的资源和能力，平均来看，对企业的绩效有着更大的影响。

# 参 考 文 献

[1] [美]查尔斯·希尔(Charles W. L. Hill)，G. R. 琼斯(Careth R. Jones). 战略管理. 1版. 孙忠，译. 北京：中国市场出版社，2007.

[2] 王铁男. 企业战略管理. 2版. 北京：科学出版社，2010.

[3] 王文亮. 企业战略管理. 郑州：郑州大学出版社，2004.

[4] 王玉. 企业战略管理教程. 2版. 上海：上海财经大学出版社，2005.

# 第 4 章 内部环境分析

> **教学要求**
>
> 通过本章的学习，研究影响企业竞争力的一些内部因素，包括资源分析、能力分析，了解企业的竞争优势以及核心竞争力，熟练掌握价值链分析法、SWOT 分析法、波士顿矩阵法和内部战略要素评价矩阵法。

> 领导者的任务是创造一个可以让他的同仁乐于工作并发挥他们的才能和潜力的内部环境。
>
> ——戴明

**基本概念**

有形资源  无形资源  支付能力  现金流量结构  偿债能力  获利能力  运营能力  组织能力  企业文化  核心竞争力  文字描述法  技能树法  层次分析法  价值链  SWOT 分析法  波士顿矩阵法  内部战略要素评价矩阵法

**导入案例**

## 吉利并购沃尔沃

2010 年 3 月 28 日，吉利和福特公司宣布就吉利收购沃尔沃汽车全部股权签署了收购协议。这意味着中国本土汽车品牌首次整体收购了大型欧美知名品牌，在此之前，中国汽车厂商曾多次试图整体收购国外汽车品牌以弥补关键技术上的劣势，但都以失败告终。因此，吉利并购沃尔沃对中国汽车产业具有划时代意义。

在众多民族汽车自主品牌中，吉利一直专注自主创新。事实上，在并购沃尔沃之前已经并购澳大利亚 DSI 公司，尽管吉利已经具备了轿车手动和自动变速器的开发队伍，但 DSI 在自动变速器研发方面的长项依旧是吉利的短板，也是制约中国汽车工业发展的瓶颈之一。

跨国并购是个复杂的系统工程，一个项目耗时若干年也十分正常。吉利完成这次收购仅用了短短五个月时间。这么短的时间内成功实施了并购离不开吉利对沃尔沃的了解，在此之前，吉利研究沃尔沃这个企业已有 8 年时间，正式跟福特进行沟通，讨论这个问题，也将近 3 年时间。对于沃尔沃这个企业的理解和对汽车行业的理解，以及对于福特的理解，以及吉利本身这个企业的核心竞争理念等，这些都是福特选择沃尔沃新东家时要考虑的非常重要的元素。这就是为什么吉利买到了，其他人却买不走。

吉利汽车为这次并购聘请的外部团队也起了决定性的作用，可以设想，没有这个团队的专业知识、经验和素养，这么大宗的并购交易，不可能在这么短时间内看到结果。吉利在并购沃尔沃的过程中，聘请了多方顾问团队，包括 Rotschild 投资银行、德勤财务顾问、富尔德律师事务所、中国海问律师事务所、瑞典 Cederquist 律师事务所和博然思维集团等。

吉利收购沃尔沃耗资 15 亿美元，如果单纯依靠其资本积累，这几乎是不可能完成的任务。要知道 2009 年吉利汽车的利润不过才 11.8 亿元。根据最后披露的数字，在 15 亿美元的收购资金中，11 亿美元来自于专门为并购搭建的融资平台——吉利兆圆国际投资有限公司。在吉利收购沃尔沃的融资结构中，吉利、大庆国资、上海嘉尔沃出资额分别为人民币 41 亿元、30 亿元、10 亿元，股权比例分别为 51%、37% 和 12%。另外，在项目运作中，有 30 亿元是成都市政府的资金。而作为交换条件，国产沃尔沃可能需要在成都、大庆和上海嘉定分别建立工厂。

尽管吉利成功实施了并购，但面临的问题仍然很多，2010 年在收购后区区的几个月时间里，沃尔沃就报出因燃油压力管缺陷召回部分进口车型，吉利在付出巨额收购款后第一次传来的即是面对召回的买单以及消费者对于沃尔沃质量的怀疑。另外，吉利与沃尔沃如何达到深层次整合也是吉利公司要重点考虑的问题。

中国企业进行海外并购的道路仍然十分漫长，还有很多经验教训要吸取。吉利通过并购沃尔沃证明中国企业正在适应国际通行的游戏规则，对保障并购最终取得胜利十分重要。尽管如此，我们应当认识到，并购本身不是目的，并购的最终目的是要达到协同效力。吉利进行了很漂亮的一次并购程序，但是，并购是否能够最终成功，还要看几年以后所有吉利人和沃尔沃人的共同努力。

（注：此案例由作者根据多方面资料汇编而成。）

**案例点评：**

吉利成功并购沃尔沃，告诉我们我国企业在实施跨国并购中，首先要对自己的目标战略有足够清晰的认识，自身是否具有国际化的能力，还要分析内部条件是否能够支持成功实施并购以及并购后如何整合资源以达到协同效应。

## 4.1 资源分析

企业资源的存在形式通常有很多，从普遍存在的、唾手可得的普通投入要素，到高度差别化的资源，形式可谓多种多样。相应地，不同资源的独特价值、获取途径和主要特征也千差万别。例如，品牌商标就是经过多年的发展形成的，要想复制十分困难。不过，资源大体上可以分为有形资源和无形资源。如表 4-1 是对企业资源的分类与特征的划分。

表 4-1 企业资源的分类与特征

| 资源 | | 主要特征 | 主要的评估内容 |
| --- | --- | --- | --- |
| 有形资源 | 财务资源 | 企业的融资能力和内部资金的再生能力决定了企业的投资能力和资金使用的弹性 | 资产负债率、资金周转率、可支配现金总量；信用等级 |
| | 实体资源 | 企业装置和设备的规模、技术及灵活性，企业土地和建筑的地理位置和用途，获得原材料的能力等决定企业成本、质量、生产能力和水准。 | 固定资产现值、设备寿命、先进程度、企业规模、固定资产的其他用途 |
| | 人力资源 | 员工的专业知识、接受培训程度决定其基本能力，员工的适应能力影响企业本身的灵活性，员工的忠诚度和奉献精神以及学习力决定企业维持竞争优势的能力 | 员工知识结构、受教育水平、平均技术等级、专业资格、培训情况和专业水平 |
| | 组织资源 | 企业的组织结构类型与各种规章制度决定企业的运作方式和方法 | 企业的组织机构以及正式的计划、控制、协调机制 |
| 无形资源 | 技术资源 | 企业专利、经营诀窍、专有技术、专有知识和技术储备、创新开发能力、技术人员等技术资源的充足程度决定企业工艺水平、产品质量，决定企业竞争优势的强弱 | 专利数量和重要性、从独占性和知识产权所得收益，全体职工中研究开发人才的比重和创新能力 |
| | 商誉 | 企业商誉的高低反映了企业内部、外部对企业的整体评价水平，决定着企业的生存环境 | 品牌知名度、美誉度、品牌重购率、企业形象；对产品质量、耐久性、可靠性的认同度；供应商、分销商认同的有效率、支持性的双赢的关系、交货方式 |

### 4.1.1 有形资源

物质资源包括企业的土地、厂房、生产设备、原材料等，是企业的实物资源。财务资源是企业可以用来投资或生产的资金，包括应收账款、有价证券等。

有形资源一般都反映在企业的资产中。但是，由于会计核算的要求，资产负债表所记录的账面价值并不能完全代表有形资产的战略价值。

### 4.1.2 无形资源

无形资源是指那些在传递客户价值中，没有发生损耗的、隐性的产品因素；它是根植于企业历史中的，对企业经营发生长期作用的资源，它包括只是技术资产和商誉。包括：人、管理、品牌、网络、核心能力等。

无形资源是指那些非物质性的、看不见摸不着的人文资源(如思想观念、理论知识、科学技术、宗教信仰、文化传统、道德伦理等)。

消费者在购买某类别或特性商品时，更多的优先选择该类别或特性商品的代表品牌，如购买可乐，选择可口可乐，购买创可贴时，选择邦迪，购买安全的汽车时，选择沃尔沃。企业全力以赴让品牌在消费者的心智中，占据某个类别或特性的定位，即成为该品类或特性的代表品牌，让消费者产生相关需求是成为其首选。 如奔驰显示"声望"，宝马适合"驾驶"，富豪是"安全"的汽车，法拉利代表"速度"。

**特别提示**

在现有知识经济环境下，有形资源的竞争力影响越小，无形资源的竞争力影响越大。

## 4.2 能力分析

企业能力是指企业在生产、技术、销售、管理和资金等方面力量的总和。企业的竞争力来源于企业的组织能力，而组织能力只能来源于企业在市场竞争中的学习：积累相关的知识和能力并将其嵌入到企业组织中，体现在企业的运作程序上。企业组织能力主要分为三种：技术能力、功能性能力(产品开发能力、生产能力、营销能力)和管理能力。

### 4.2.1 财务能力分析

现金流量作为现代企业生存和发展的一个重要因素，日益凸显出对其进行财务分析的重要性。它通过对现金流转或现金流动的状况进行分析，来反映企业在一定期间内的经营活动、投资活动和筹资活动的动态情况，其反映的现金流量信息在协调各种财务关系、组织财务活动等方面起着重要作用，现金流量能够提供企业当期现金的流入、流出及结余情况，能够反映企业在筹资活动、投资活动、经营活动中现金增减变化的情况，可以正确评价企业当前及未来的偿债能力与支付能力，可以正确评价企业当期取得的利润的质量，因而它所揭示的现金净流量比利润表揭示的净利润更客观、更充实，更能说明问题，所反映的现金流量信息在协调各种财务关系、组织财务活动等方面起着重要作用。

对现金流量进行财务分析，应主要抓住现金流量的结构分析、支付能力分析、偿债能力分析、获利能力分析等方面来进行，并需要注意解决好现金流量表与资产负债表、利润表的结合，过程和结果的结合，对各部分现金流量的处理与企业经济活动分析的结合以及从纵向比较分析与横向比较分析的结合等问题。

1. 现金流量结构分析

一般来说，企业在经营活动中，现金流入占现金流出的比重越大，企业的经营状况就较好，财务所担的风险就越低，这说明现金流入结构就越合理。另外，还可以通过对现金流入和流出的比例进行分析，获得更多的信息。当该指标为正指标、比值增高的时候，单位现金流出换回的现金流入就会越大，现金流出的效率也就会越高；反之，则说明现金流出的效率越低。通过对现金流量的结构进行分析,可以使报表的使用者进一步了解企业财务状况的形成过程、变动过程及变动原因等。

2. 支付能力分析

一方面可以用经营活动的净现金流量与流通在外的普通股股数之比来反映企业支付股利的能力,另一方面也可以用经营活动的净现金流量与现金股利之比来反映企业年度内支付现金股利的能力。它们之间的比例大,就证明企业支付能力强,反之,就会形成支付风险。此外,还可以用"综合支付能力"这一指标来反映企业的偿债能力大小。当企业当期经营活动的现金收入和投资活动取得的现金收入足以支付本期的债务和日常经营活动支出时,可以有一部分余额用于投资和分派股利;反之则无法用于投资活动和分派股利,如果这种状况持续下去,得不到扭转,则说明企业面临支付风险。所以,无论是企业的投资者还是经营者,都非常关心企业的支付能力,都需要通过分析现金流量表了解企业的支付能力。

3. 偿债能力分析

企业偿债能力的分析指标主要有以下三个:一是现金到期的债务比,即经营现金净流量与本期到期的债务的对比。这里的本期到期债务不包括短期借款和应付账款,只指本期到期的长期债务和本期应付票据。通过这种指标分析,可以帮助报表使用人对企业即将到期又不能展期的债务偿还能力加以衡量。二是现金流量的负债比,即经营现金净流量与流动负债的对比,它可以更好地反映企业偿还流动负债的能力。当一个企业现金流动负债比高于同业的平均水平时,表明企业具有较好地偿还流动负债的能力。三是现金债务总额比,即经营现金净流量与债务总额的对比。它可以准确地体现和反映企业对债务规模的维持的程序,它们之间的比率越高,说明企业的债务承担能力越强。上述分析表明,对企业投资者来说,通过现金流量表分析、测定企业的偿债能力,有利于其作出正确的决策;对债权人来讲,偿债能力的强弱是他们作出贷款决策的基本依据和决定性条件。

4. 获利能力分析

通过现金流量,可以把经营活动产生的现金净流量与净利润、资本支出进行比较,揭示企业保持现有经营水平、创造未来利润的能力。反映该能力的指标主要有:一是销售现金比率,即经营现金净收入与同期销售额的比值,它能够准确反映每元销售所能得到的现金。二是每股营业现金净流量,即经营现金净流入与普通股股数的对比,它反映的是企业对现金股利的最大限度的分派能力。三是全部资产现金的回收率,即经营现金净流量与全部资产的比值,它表示的是企业资产在多大程度上能够产生现金,或者说,企业资产生产现金的能力有多大。对于一个企业来说,评价其获利能力最终要落实到现金流入能力的保证上,即通过对现金流量的分析来对企业的获利能力进行客观分析。

5. 运营能力分析

企业营运能力(Analysis of Enterprises' Operating Capacity),主要指企业营运资产的效率与效益。企业营运资产的效率主要指资产的周转率或周转速度。企业营运资产的效益通常是指企业的产出额与资产占用额之间的比率。

根据营运能力分析的含义与目的，企业营运能力分析的内容主要包括以下几方面。

1) 全部资产营运能力分析

全部资产营运能力分析的内容包括：(1) 全部资产产值率分析；(2) 全部资产收入率分析；(3) 全部资产周转率分析。

2) 流动资产营运能力分析

流动资产营运能力分析的内容包括：(1) 全部流动资产周转率分析；(2) 全部流动资产垫支周转率分析；(3) 流动资产周转加速效果分析；(4) 存货周转率分析；(5) 应收账款周转率分析。

3) 固定资产营运能力分析

固定资产营运能力分析的内容包括：(1) 固定资产产值率分析；(2) 固定资产收入率分析。

### 4.2.2 组织能力分析

企业能力产生于有形资源与无形资源长时期的相互作用。企业能力的基础是企业的人力资本，这是因为资源的开发、传递与信息交换只有通过"人"才能实现。而人的活动离不开组织。

说到底，企业的一切活动都是组织的活动。组织是实现目标的工具，是进行有效管理的手段。分析组织效能、发现制约企业长远发展的组织管理问题并加以改进，则为企业战略的正确制定和成功实施奠定了坚实的组织基础。

进行组织效能分析，必须明确评价组织效能的一般标准。良好组织应符合以下基本原则：目标明确、组织有效、同一指挥、责权对等、分工合理、协作明确、信息通畅、有效沟通、管理幅度与管理层次有机结合、有利于人才成长和合理使用、有良好的组织氛围等，根据以上评价标准可从多角度进行组织效能分析。

具体包括从分析组织任务分解入手，进而对组织任务分解的合理性作出判断；从分析岗位责任制、职责权限对等性入手发现改善的机会；从分析管理体制入手，对企业集权与分权的有效性进行分析；从分析组织机构入手，确定现有组织结构是否适应未来战略方向；从分析管理层次和管理幅度入手，分析新增或合并管理职能部门的可能性；从分析人员入手，看现职管理者的胜任程度和职位标准等是否应当修正。

### 4.2.3 企业文化分析

企业文化是企业的精神支柱和动力。先进的企业文化一旦形成并被企业领导者和广大员工所掌握和自学践行，它将形成强大的凝聚力和活力，变为巨大的物质力量，成为企业竞争力的不竭智慧之源和财富之源。文化就是明天的经济，要成为一流的企业，就必须要有一流的企业文化。

理论界的研究和企业界的实践均已证明，企业文化的力量既可能支持企业的战略管理，助其成功；也可能抵制它们，促其失败。因此，分析企业文化的现状，从中找出能够制约企业战略的关键因素，加以加强或改进，就成为企业战略管理面临的挑战。一般认为可以从以下几个方面分析：企业文化现状、企业文化建设过程、企业文化特色、企业文化形成机制、企业文化与战略目标和内外部环境的一致性等。

## 4.3 企业竞争优势与核心竞争力

### 4.3.1 核心竞争力的概念

企业的能力理论认为,企业能力是企业拥有的为实现组织目标所需的技能和知识,是以人为载体的,配置、开发、保护、使用和整合资源的主体能力。企业能力差异决定相似资源的企业在使用资源的效率方面的差异,这种差异是产生竞争优势的深层次因素。在核心能力理论看来,能力是决定企业异质性的根本,企业是一个能力系统或能力的特殊集合。更进一步,企业所有能力中最核心、最根本的部分,可以通过向外辐射,作用于其他各种能力,影响着其他能力的发挥和效果,这部分被界定为核心竞争力。

**知识链接**

美国战略学家哈默认为:"企业是一个知识的集体,企业通过积累过程获得新知识,并使之融入企业的正式和非正式的行为规范中,从而成为左右企业未来积累的主导力量,即核心竞争力。"企业间的竞争最终将体现在核心竞争力上。

### 4.3.2 竞争力或者核心竞争力的识别标准

企业核心竞争力识别工具,如图4.1所示。它可以帮助我们认识企业自身所蕴涵的核心竞争力。方法很简单:企业的内部资源中"与竞争对手相似的或比较容易模仿的"就属于一般的必要资源,"比竞争对手好的或不容易模仿的"就属于企业独一无二的资源。在企业的能力中与"竞争对手相似的或比较容易模仿的"就是一般的基本能力;而"比竞争对手好的或不容易模仿的"能力就是企业的核心竞争力了。

图4.1 企业核心竞争力识别工具

企业在识别核心竞争力时,需要区别资源和能力这两个概念。如果企业具有非常独特的价值资源,但是企业却没有将这一资源有效发挥,那么,企业所拥有的这一资源就无法为企业创造出竞争优势。另外,当一个企业拥有竞争者所不具有的竞争能力时,那么,该企业并不一定要具有独特而有价值的资源才能建立起独特的竞争能力。

除了上述工具外,还有一些识别核心竞争力的方法,即比较法,见表4-2。

表 4-2 其他识别核心竞争力的方法

| 方法 | 说明 |
| --- | --- |
| 历史性对比法 | 通过将企业的资源和表现同企业过去的经历进行对比,从而来看企业是否发生变化。这种对比的目的就是看一下企业的表现是否比过去有所提高 |
| 行业标准对比法 | 将自己企业的资源和能力与同行业的其他企业进行对比,来看自己的企业与行业内的企业的差距在哪里 |
| 最优对比法 | 将自己的企业与行业中最好的企业进行对比,从而发现自己的企业与行业中的最好企业之间的差距有多大 |

企业核心竞争力的识别应以其性质或特征为立足点,如果识别评价的结果与这些特征吻合程度较好,就可以初步认定它是企业的核心竞争力。为此,必须对核心竞争力的性质做深入研究。企业核心竞争力必须同时具有以下 6 个方面的特征。

(1) 价值性。核心竞争力必须能给顾客带来了高的可感知的附加价值。顾客是决定某项能力是不是核心竞争力的最终裁判,符合顾客需求的程度越高,价值性越高,企业的竞争优势才会越显著。

(2) 独特性。核心竞争力是企业围绕市场需求不断进行技术创新、制度创新、文化创新和市场创新而获得的各种运作体系的积累性知识和能力,比竞争对手具有领先性或差异性,不断形成新的竞争优势,难以被其他企业所复制和模仿,从而使企业在市场上处于优势地位。

(3) 延展性。核心竞争力主要表现在价值链的相关活动中,覆盖了多个部门或产品,能够为企业自身所复制和模仿,使企业的整体资源得到有效发挥,从而能在相关领域衍生出许多具有竞争力的产品和技术,提供潜在进入市场的多种方法,形成规模经济和范围经济。

(4) 持久性。核心竞争力是企业在长期经营实践中以特定的方式、沿特定的发展轨迹逐步积累起来的,能维护企业竞争优势的持续性,且能不断开发和维护。

(5) 关联性。核心竞争力是企业取得长期超过同行业平均利润水平的决定性因素,因而与行业关键成功因素密切关联,能使企业通过抓住机会或回避威胁而形成竞争优势。

(6) 稀缺性。核心竞争力仅为行业内极少企业拥有,如果一种特殊能力由众多企业控制,则它不可能成为任何一家企业的竞争优势源泉

**特别提示**

只有核心竞争力才能够保持一定的持续性和相对优势。核心竞争力能够突出产品或服务的独特价值,并使得企业从众多竞争者中脱颖而出。

### 4.3.3 核心竞争力的获取方法

核心竞争力是保持企业持续竞争优势的源泉,管理者必须能够正确识别它,以便就如何培养和开发它做出决策。但由于企业核心能力深植于企业产品技术、生产流程、企业文化和制度之中并与它们整体互动,这使得它们难以与企业中其他因素分离和度量,尤其要

分析鉴别它的细节或要素则更困难。如何拟定一种科学的评价方法一直是学术界关注的焦点，目前有代表性的识别方法主要有以下几种。

1. 文字描述法

文字描述法主要以普拉哈拉德、哈默和巴尼等为代表，他们主要做了以下几方面的工作。

（1）提出了从何处去寻找企业核心能力。他们认为企业核心能力在业务层次上来源于企业的特有资源和能力，在公司层次上来源于企业具有不同适应性的各种资源的集合。

（2）说明了产生核心能力的这些资源是什么。为了帮助人们理解资源的含义，他们把资源定义为企业的资产知识、信息能力、特点和组织程序，并可分成财务、实物、人事和组织资源等几大种类。

（3）阐述了什么样的资源能成为企业的核心能力。他们认为企业的资源和能力如果具有价值性、难模仿性、稀缺性且组织得当，那么对于企业取得持续竞争优势非常重要才算得上是核心能力。

2. 技能树法

技能树法以 Compell 和 Goold 等为代表。他们使用核心技能、关键业务技能等与核心能力含义相同的术语，拟定了一种能识别企业关键业务技能的有用工具—技能树法。他们认为，关键业务技能与市场需求相联系。为了满足市场需求，一个企业可以拥有许多关键业务技能，而这些关键业务技能可分解为各种部件，部件进而可分为各种子部件。部件是指高标准地完成某项业务技能所需要的元素，子部件是辅助部件完成某项业务技能所需要的元素。如果人们能够认识企业中各种子部件和部件，便可识别企业拥有的关键业务技能即核心能力。

3. 层次分析法

层次分析法以 Gallon 和 Klein 等为代表。该方法与上述的技能树法相似，都强调能力的层次性，所不同的是层次划分的细分度和划分的种类不同。他们认为企业由各个层次的技能组成上下层之间的因果关系。要识别企业的核心能力必须将其分为：职能部门层次的基础能力、事业部层次的关键能力、企业层次的核心能力等三个层次。

4. 过程分析法

过程分析法以 Yves Doze 等为代表。该方法吸收了多种资源，依赖多个学派发展起来许多概念，并结合关于学习型组织已有研究成果，提出了应根据核心能力发展过程来分析识别核心能力。他们认为核心能力是通过积累发展起来的，核心能力通常是不明显的，要识别企业的核心能力必须抓住核心能力管理中的五个关键过程。

5. 价值分析法

价值分析又称价值工程，是一种有效的现代化管理方法。价值工程已经成为一门成熟而又行之有效的经营管理技术。核心竞争力是通过核心产品向最终产品延伸，企业核心竞争力是现代企业管理的重要内容。要识别核心能力必须从对具体产品的分析中得出。因此，核心竞争力的识别顺序要从终端产品开始，从中找到贯穿于多个产品的核心能力的识别过程，如图 4.2 所示。

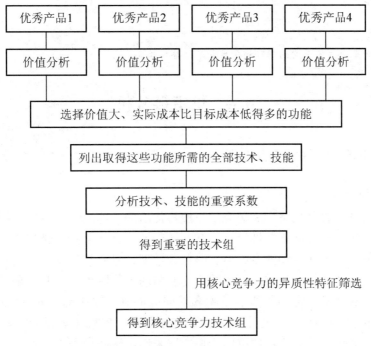

图 4.2　核心能力的识别过程图

6. 基于企业资源论的识别方法

斯蒂芬·利普曼(Stephen Lippman)和理查德·罗迈尔特(Richard Rumelt)从企业是以资源为基础的组合体出发分析企业竞争能力与企业差异性，从而为企业发展战略制定与实施提供了有效的理论指导。企业的核心竞争力是建立在企业所拥有的关键资源之上。因此，识别企业核心竞争力可以从关键资源的识别入手，通过对关键资源的识别，归纳出企业拥有的能力。首先，通过对企业拥有的关键资源进行识别，初步得出企业拥有的能力；其次，对企业在行业中的有关统计数据进行分析进一步证实企业拥有的能力；第三，以调查表的形式对顾客调查，根据顾客认可的企业价值进一步证实企业拥有的能力；第四，向企业专家发放调查表对企业的能力进行识别，最后得出企业的核心竞争力。其识别模型，如图 4.3 所示。

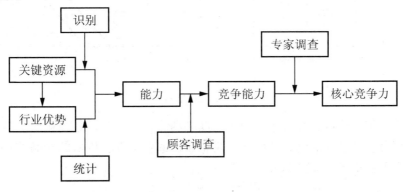

图 4.3　基于资源论的核心竞争力识别模型

**特别提示**

持久的核心竞争力依赖于它的不可模仿性和不可替代性。

## 4.4 价值链分析

### 4.4.1 价值链的概念及主要内容

**1. 价值链的概念**

美国哈佛商学院著名战略学家迈克尔·波特提出的"价值链分析法"把企业内外价值增加的活动分为基本活动和支持性活动，基本活动涉及企业生产、销售、进料后勤、发货后勤、售后服务。支持性活动涉及人事、财务、计划、研究与开发、采购等，基本活动和支持性活动构成了企业的价值链。不同的企业参与的价值活动中，并不是每个环节都创造价值，实际上只有某些特定的价值活动才真正创造价值，这些真正创造价值的经营活动，就是价值链上的"战略环节"。企业要保持的竞争优势，实际上就是企业在价值链某些特定的战略环节上的优势。运用价值链的分析方法来确定核心竞争力，就是要求企业密切关注组织的资源状态，要求企业特别关注和培养在价值链的关键环节上获得重要的核心竞争力，以形成和巩固企业在行业内的竞争优势。企业的优势既可以来源于价值活动所涉及的市场范围的调整，也可来源于企业间协调或合用价值链所带来的最优化效益。如图4.4所示。

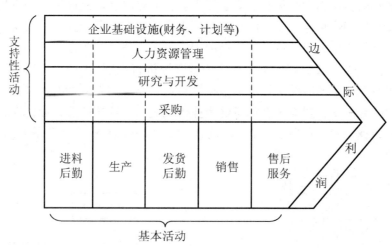

图 4.4 波特价值链模型

价值链列示了总价值、并且包括价值活动和利润。价值活动是企业所从事的物质上和技术上的界限分明的各项活动，这些活动是企业创造对买方有价值的产品的基石。利润是总价值与从事各种价值活动的总成本之差。

### 2. 价值链分析的特点

价值链分析的基础是价值，各种价值活动构成价值链。价值是买方愿意为企业提供经他们的产品所支付的价格。也是代表着顾客需求满足的实现。价值活动是企业所从事的物质上和技术上的界限分明的各项活动。价值链分析的特点包括以下几点。

（1）价值链的整体性。企业的价值链体现在更广泛的价值系统中。供应商拥有创造和交付企业价值链所使用的外购输入的价值链（上游价值），许多产品通过渠道价值链（渠道价值）到达买方手中，企业产品最终成为买方价值链的一部分，这些价值链都在影响企业的价值链。因此，获取并保持竞争优势不仅要理解企业自身的价值链，而且也要理解企业价值链所处的价值系统。

（2）价值链的异质性。不同的产业具有不同的价值链。在同一产业，不同的企业的价值链也不同，这反映了他们各自的历史、战略以及实施战略的途径等方面的不同，同时也代表着企业竞争优势的一种潜在来源。

**特别提示**

不同的企业参与的价值活动中，并不是每个环节都创造价值，实际上只有某些特定的价值活动才真正创造价值，这些真正创造价值的经营活动，就是价值链上的"战略环节"。企业要保持的竞争优势，实际上就是企业在价值链某些特定的战略环节上的优势。

## 4.4.2 价值链分析的步骤方法

### 1. 识别价值活动

识别价值活动要求在技术上和战略上有显著差别的多种活动相互独立。如前所述，价值活动有两类：基本活动和辅助活动。

### 2. 确立活动类型

在每类基本和辅助活动中，都有三种不同类型。

（1）直接活动：涉及直接为买方创造价值的各种活动，例如零部件加工、安装、产品设计、销售、人员招聘等。

（2）间接活动：指那些使直接活动持续进行成为可能的各种活动，如设备维修与管理，工具制造，原材料供应与储存，新产品开发等。

（3）质量保证：指保证其他活动质量的各种活动，例如监督、视察、检测、核对、调整和返工等。

这些活动有着完全不同的经济效果，对竞争优势的确立起着不同的作用，应该加以区分，权衡取舍，以确定核心和非核心活动。图4.5为复印机生产企业的价值链。

价值链一旦建立起来，就会非常有助于准确地分析价值链各个环节所增加的价值。价值链的应用不仅局限于企业内部。随着互联网的应用和普及，竞争的日益激烈，企业之间组合价值链联盟的趋势也越来越明显。企业更加关心自己核心能力的建设和发展，发展整个价值链中一个环节，如研发、生产、物流等环节。

图 4.5　复印机生产企业的价值链分析图

> **知识链接**
>
> 我们可以从内部、纵向和横向三个角度展开价值链的分析。内部价值链分析：这是企业进行价值链分析的起点。纵向价值链分析：反映了企业与供应商、销售商之间的相互依存关系，这为企业增强其竞争优势提供了机会。横向价值链分析：这是企业确定竞争对手成本的基本工具，也是公司进行战略定位的基础。

## 4.5　内部环境评价方法

### 4.5.1　SWOT分析法

SWOT分析方法是一种企业内部分析方法，即根据企业自身的既定内在条件进行分析，找出企业的优势、劣势及核心竞争力之所在。其中，S代表Strength(优势)，W代表Weakness(弱势)，O代表Opportunity(机会)，T代表Threat(威胁)，其中，S、W是内部因素，O、T是外部因素。按照企业竞争战略的完整概念，战略应是一个企业"能够做的"(即组织的强项和弱项)和"可能做的"(即环境的机会和威胁)之间的有机组合。著名的竞争战略专家迈克尔·波特提出的竞争理论从产业结构入手对一个企业"可能做的"方面进行了透彻的分析和说明，而能力学派管理学家则运用价值链解构企业的价值创造过程，注重对公司的资源和能力的分析。SWOT分析，在综合了前面两者的基础上，以资源学派学者为代表，将公司的内部分析(即20世纪80年代中期管理学界权威们所关注的研究取向，以能力学派为代表)与产业竞争环境的外部分析(即更早期战略研究所关注的中心主题，以安德鲁斯与迈克尔.波特为代表)结合起来，形成了自己结构化的平衡系统分析体系。

与其他的分析方法相比较，SWOT 分析从一开始就具有显著的结构化和系统性的特征。就结构化而言，首先在形式上，SWOT 分析法表现为构造 SWOT 结构矩阵，并对矩阵的不同区域赋予了不同分析意义；其次在内容上，SWOT 分析法的主要理论基础也强调从结构分析入手对企业的外部环境和内部资源进行分析。另外，早在 SWOT 诞生之前的 20 世纪 60 年代，就已经有人提出过 SWOT 分析中涉及的内部优势、弱点，外部机会、威胁这些变化因素，但只是孤立地对它们加以分析。SWOT 方法的重要贡献就在于用系统的思想将这些似乎独立的因素相互匹配起来进行综合分析，使得企业战略计划的制订更加科学全面。

SWOT 方法自形成以来，广泛应用于企业战略研究与竞争分析，成为战略管理和竞争情报的重要分析工具。分析直观、使用简单是它的主要优点。即使没有精确的数据支持和更专业化的分析工具，也可以得出有说服力的结论。但是，正是这种直观和简单，使得 SWOT 不可避免地带有精度不够的缺陷。例如，SWOT 分析采用定性方法，通过罗列 S、W、O、T 的各种表现，形成一种模糊的企业竞争地位描述。以此为依据作出的判断，不免带有一定程度的主观臆断。所以，在使用 SWOT 方法时要注意方法的局限性，在罗列作为判断依据的事实时，要尽量真实、客观、精确，并提供一定的定量数据弥补 SWOT 定性分析的不足，构造高层定性分析的基础。

SWOT 分析的主要内容如下所述。

1. 分析环境因素

运用各种调查方法能分析出企业所处的各种环境因素，包括外部环境因素和内部能力因素。其中外部环境因素包括机会因素和威胁因素，即外部环境中对企业发展有直接影响的有利因素和不利因素，属于客观因素；内部环境因素包括优势因素和劣势因素，它们是企业自身存在的积极因素和消极因素，属于主观因素。在调查分析这些因素时，不仅要考虑到历史和现状，更要考虑未来和发展。

(1) 优势：是组织的内部因素，具体包括有利的竞争态势、充足的资金来源、良好的企业形象、技术力量、规模经济、产品质量、市场份额和广告攻势等。

(2) 劣势：也是组织的内部因素，比如设备老化、管理混乱、缺少关键技术、研究开发落后、资金短缺、经营不善和产品积压等。

(3) 机会：是组织的外部因素，例如出现了新市场、用户提出新需求、外国市场壁垒解除或竞争对手失误等。

(4) 威胁：也是组织的外部因素，比如出现新的竞争对手、替代产品增多、市场紧缩、行业政策不利的变化、经济衰退、客户偏好改变和不利的突发事件等。

SWOT 分析方法的优点在于考虑问题全面，是一种系统思维，而且可以把对问题的"诊断"和"开处方"紧密结合在一起，条理清楚，知行一体。

2. 构造 SWOT 矩阵

我们可以将调查得出的各种因素根据轻重缓急或影响程度等进行排序，构造 SWOT

矩阵。在此过程中，将那些对公司发展有直接的、重要的、大量的、迫切的或久远的影响因素优先排列出来，而将那些间接的、次要的、少许的、不紧急的或短暂的影响因素排列在后面。如图4.6所示。

|  SWOT矩阵  |  | 企业内部条件 ||
|---|---|---|---|
| | | 优势<br>(strength) | 劣势<br>(weakness) |
| 环境因素 | 机会<br>(opportunities) | SO战略 | WO战略 |
| | 威胁<br>(threats) | ST战略 | WT战略 |

图4.6　SWOT矩阵图

一个模拟的例子见图4.7所示。

| SWOT分析 ||
|---|---|
| 优势<br>营销能力强<br>具有独家的自然资源<br>上市公司有足够的资金<br>全国的服务网点众多<br>规模产生的成本优势<br>有良好的政府关系<br>品牌知名度高 | 劣势<br>技术能力薄弱<br>无差异的产品及服务<br>总部位置偏僻<br>竞争对手在分销渠道的陈列有优先权<br>产品质量不好<br>新产品投入少 |
| 机会<br>互联网发展迅速<br>出口补贴增加<br>农村市场是新的空白市场<br>家电下乡政策启动<br>最大的竞争对手退出市场<br>金融危机导致人力招聘成本降低 | 威胁<br>有新的有实力的竞争对手进入<br>新一轮的价格竞争<br>竞争对手在投资开发一种新型产品<br>消费者对高价高性能的需求发展趋势显著 |

右侧标注：资金、软件、硬件、技术技巧、公司文化、人员、资源

右侧标注：行业、市场竞争、法律、政治、社会文化、人口变迁、军事、经济

图4.7　SWOT模拟案例表

## 利用SWOT对自己进行职业发展分析

可以遵循以下五个步骤：第一步，评估自己的长处和短处。每个人都有自己独特的技能、天赋和能力。在当今分工非常细的环境里，每个人擅长于某一领域，而不是样样精通；第二步，找出您的职业机

会和威胁。不同的行业(包括这些行业里不同的公司)都面临不同的外部机会和威胁,所以,找出这些外界因素将助您成功地找到一份适合自己的工作;第三步,提纲式地列出今后3~5年内您的职业目标。仔细地对自己做一个SWOT分析评估,列出您5年内最想实现的四至五个职业目标;第四步,提纲式地列出一份今后3~5年的职业行动计划。这一步主要涉及一些具体的内容;第五步,寻求专业帮助。相信您的朋友、上级主管、职业咨询专家都可以给您一定的帮助,特别是很多时候借助专业的咨询力量会让您大走捷径。有外力的协助和监督也会让您更好地取得效果。

**特别提示**

　　SWOT分析的目的在于分析企业所面临的机会和威胁,优势和劣势;以确定企业在市场中所处的地位。

### 4.5.2 波士顿矩阵

　　波士顿矩阵又称市场增长率-相对市场份额矩阵、波士顿咨询集团法、四象限分析法、产品系列结构管理法等,制定公司层战略最流行的方法之一就是BCG矩阵。该方法是由美国著名的管理学家、波士顿咨询公司创始人布鲁斯·亨德森于1970年首创的一种用来分析和规划企业产品组合的方法。BCG矩阵将组织的每一个战略事业单位(SBUs)标在一种2维的矩阵图上,从而显示出哪个SBUs提供高额的潜在收益,以及哪个SBUs是组织资源的漏斗。BCG矩阵的发明者、波士顿公司的创立者布鲁斯认为"公司若要取得成功,就必须拥有增长率和市场份额各不相同的产品组合。组合的构成取决于现金流量的平衡。"如此看来,BCG的实质是为了通过业务的优化组合实现企业的现金流量平衡。

**知识链接**

布鲁斯·亨德森的其他理论成果

　　波士顿经验曲线又称经验学习曲线、改善曲线。经验曲线是一种表示生产单位时间与连续生产单位之间的关系曲线。学习曲线效应及与其密切相关的经验曲线效应表示了经验与效率之间的关系。当个体或组织在一项任务中习得更多的经验,他们会变得效率更高。这两个概念出自英语谚语:"实践出真知"。
　　1960年,波士顿咨询公司(Boston Consulting Group)的布鲁斯·亨得森(Bruce D. Henderson)首先提出了经验曲线效应(Experience Curve Effect)。亨得森发现生产成本和总累计产量之间存有一致相关性。

　　BCG矩阵的4种业务组合。
　　1.问题型业务(Question Marks,指高增长、低市场份额)
　　处在这个领域中的是一些投机性产品,带有较大的风险。这些产品可能利润率很高,但占有的市场份额很小。这往往是一个公司的新业务。为发展问题业务,公司必须建立工厂,增加设备和人员,以便跟上迅速发展的市场,并超过竞争对手,这些意味着大量的资金投入。"问题"非常贴切地描述了公司对待这类业务的态度,因为这时公司必须慎重回答"是否继续投资,发展该业务?"这个问题。只有那些符合企业发展长远目标、企业具有资源优势、能够增强企业核心竞争力的业务才得到肯定的回答。得到肯定回答的问题型业务适合于采用战略框架中提到的增长战略,目的是扩大 SBUs 的市场份额,甚至不惜放弃近期收入来达到这一目标,因为要问题型发展成为明星型业务,其市场份额必须有较大的增长。得到否定回答的问题型业务则适合采用收缩战略。

2. 明星型业务(Stars,指高增长、高市场份额)

这个领域中的产品处于快速增长的市场中并且占有支配地位的市场份额,但也许会或也许不会产生正现金流量,这取决于新工厂、设备和产品开发对投资的需要量。明星型业务是由问题型业务继续投资发展起来的,可以视为高速成长市场中的领导者,它将成为公司未来的现金牛业务。但这并不意味着明星业务一定可以给企业带来源源不断的现金流,因为市场还在高速成长,企业必须继续投资,以保持与市场同步增长,并击退竞争对手。企业如果没有明星业务,就失去了希望,但群星闪烁也可能会"闪花"企业高层管理者的眼睛,导致做出错误的决策。这时必须具备识别行星和恒星的能力,将企业有限的资源投入在能够发展成为现金牛的恒星上。同样的,明星型业务要发展成为现金牛业务适合于采用增长战略。

3. 现金牛业务(Cash Cows,指低增长、高市场份额)

处在这个领域中的产品产生大量的现金,但未来的增长前景是有限的。这是成熟市场中的领导者,它是企业现金的来源。由于市场已经成熟,企业不必大量投资来扩展市场规模,同时作为市场中的领导者,该业务享有规模经济和高边际利润的优势,因而给企业带来大量现金流。企业往往用现金牛业务来支付账款并支持其他三种需大量现金的业务。现金牛业务适合采用战略框架中提到的稳定战略,目的是保持 SBUs 的市场份额。

4. 瘦狗型业务(Dogs,指低增长、低市场份额)

这个剩下的领域中的产品既不能产生大量的现金,也不需要投入大量现金,这些产品没有希望改进其绩效。一般情况下,这类业务常常是微利甚至是亏损的,瘦狗型业务存在的原因更多的是由于感情上的因素,虽然一直微利经营,但像人养了多年的狗一样恋恋不舍而不忍放弃。其实,瘦狗型业务通常要占用很多资源,如资金、管理部门的时间等,多数时候是得不偿失的。瘦狗型业务适合采用战略框架中提到的收缩战略,目的在于出售或清算业务,以便把资源转移到更有利的领域。

BCG 矩阵的精髓在于把战略规划和资本预算紧密结合了起来,把一个复杂的企业行为用两个重要的衡量指标来分为四种类型,用四个相对简单的分析来应对复杂的战略问题。该矩阵帮助多种经营的公司确定哪些产品宜于投资,宜于操纵哪些产品以获取利润,宜于从业务组合中剔除哪些产品,从而使业务组合达到最佳经营成效。下面是一例运用波士顿矩阵的例子。

上海和达汽车零部件有限公司是由某国内上市公司与外商合资的生产汽车零部件的企业。公司于 1996 年正式投产,配套上海大众、一汽大众、上海通用、东风柳汽、吉利、湖南长风等。

和达公司的主要产品分成五类:一是挤塑和复合挤塑类(密封嵌条、车顶饰条等);二是滚压折弯类(车门导槽、滑轨、车架管);三是普通金属焊接类(汽车仪表板横梁模块);四是激光焊接镁合金横梁模块;五是排档杆类(手动排档总成系列)。如图 4.8 所示。

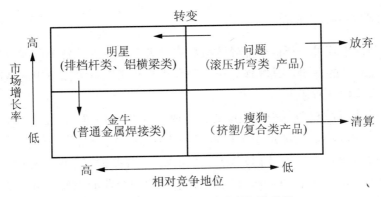

图 4.8 和达公司产品波士顿矩阵分析

A 问题型业务(Question Marks,指高增长、低市场份额)

从和达公司的情况来看。滚压折弯类产品由于技术含量不高,门槛低,未来市场竞争程度必然加剧。所以对于这类产品的最好策略就是舍弃。由于目前还能带来利润,不必迅速退出,只要目前保持必要的市场份额,公司不必再增加投入。当竞争对手大举进攻时,可以舍弃。

B 明星型业务(Stars,指高增长、高市场份额)

对于和达公司来说,铝横梁的真空电子束焊接系统是国内第一家。具有技术上的领先优势。因此企业应该加大对这一产品的投入,以继续保持技术上的领先地位。对于排档杆类产品,由于国内在这个领域的竞争程度还不太激烈,因此可以考虑进入。和达公司应该把这类产品作为公司的明星业务来培养,要加大对这方面的资金支持。在技术上应充分利用和寻找国外已具有同等类似产品的厂商进行合作。

C 现金牛业务(Cash Cows,指低增长、高市场份额)

对于和达公司来说,其普通金属焊接类产品即是现金牛类产品。由于进入市场的时机较早,产品价格不错,每年能够给企业带来相当的利润。因此对于和达公司来说,对于金属焊接类产品应该保持住目前的市场份额,把从这个产品中获取的利润投入到铝横梁和排档杆的产品中去。

D 瘦狗型业务(Dogs,指低增长、低市场份额)

对于和达公司来说,普通塑料异型挤出和异型体复合挤出类产品因设备陈旧等原因在国内已落后于主要竞争对手。从公司战略的角度出发,应该不断对这一块进行收缩.不必再投入更大的精力和财力,逐渐把注意力集中在激光焊接和排档杆的业务上去。

通过运用波士顿矩阵分析,使和达公司明确了产品定位和发展方向,对于企业投资的选择起到了举足轻重的作用。

**特别提示**

波士顿矩阵仅仅是一个工具,问题的关键在于要解决如何使企业的产品品种及其结构适合市场需求的变化,只有这样企业的生产才有意义。同时,如何将企业有限的资源有效地分配到合理的产品结构中去以保证企业收益是企业在激烈竞争中能否取胜的关键。

### 4.5.3 内部战略要素评价矩阵

战略要素评价矩阵可以帮助企业经营战略决策者对企业内部各个职能领域的主要优势和劣势进行全面综合的评价。其具体分析方法和步骤与第三章第四节中的战略环境要素评价模型类似,具体如下所述。

1. 列出企业内部战略条件中的关键要素。通常以 10~15 个为宜。
2. 为每个关键战略要素确定一个权重以表明该要素对企业战略的相对重要程度。权重取值范围从 0.0(表示不重要)到 1.0(表示很重要)。各要素权重值之和应为 1。

(1) 按四分制给每个要素打分,以表明这个要素是企业的主要劣势(1分)、一般劣势(2分)、一般优势(3分)、主要优势(4分)。

(2) 将每一要素的权重与分数相乘得到某一要素的加权分数。

(3) 将每一要素的加权分数加起来,就可求得企业内部战略条件的优势与劣势情况的综合评价值。

注意:无论这个模型包括多少优势或劣势,企业的总加权分数最高是 4 分,最低是 1 分,衡量标准是 2.5。≥2.5 分,企业表现为有竞争力;<2.5 分,企业缺乏竞争力。

表 4-3 是某企业内部战略要素评价矩阵。从中可以看出,该企业的主要优势在产品质量,评价值为 4,劣势在组织结构上,评价值为 1;从加权价值来看,产品质量为 0.8,职工士气为 0.6,这两个关键战略要素对企业战略产生的影响最大;该企业的综合加权评价值为 2.4,说明该企业内部条件的综合地位处于行业平均水平(2.5)以下,应引起高度重视。

表 4-3 企业内部战略要素评价矩阵

| 关键战略要素 | 权重 | 评价值 | 加权评价值 |
| --- | --- | --- | --- |
| 职工士气 | 0.20 | 3 | 0.60 |
| 产品质量 | 0.20 | 4 | 0.80 |
| 营运资金 | 0.10 | 3 | 0.30 |
| 利润增长水平 | 0.15 | 2 | 0.30 |
| 技术开发人才 | 0.05 | 2 | 0.10 |
| 组织机构 | 0.30 | 1 | 0.30 |
| 综合加权评价值 | 1.00 |  | 2.40 |

**特别提示**

公司应该通过基于它们的特别资源、能力和核心竞争力的战略实施来获得持续的竞争优势。

## 本 章 小 结

企业资源的存在形式通常有很多，从普遍存在的、唾手可得的普通投入要素，到高度差别化的资源，形式可谓多种多样。但企业资源大体上可以分为有形资源和无形资源。

企业能力是指企业在生产、技术、销售、管理和资金等方面力量的总和。企业的竞争力来源于企业的组织能力，而组织能力只能来源于企业在市场竞争中的学习。

对企业内部条件的分析的方法主要有价值链分析法、SWOT分析法、BCG分析法等，对企业内部条件分析的内容包括对企业的产品、人力资源和组织效能的分析及其他资源和条件的分析。

## 复习思考题

1. 选择题

(1) 下列为无形资源的有（　　）。
   A. 财务资源　　　　B. 实体资源　　　　C. 人力资源　　　　D. 技术资源

(2) 分析安全性指标，目的在于观察企业在一定时期内的（　　）。
   A. 获利能力　　　　B. 生产经营能力　　C. 偿债能力　　　　D. 支付能力

(3) 在SWOT模型中，企业面临巨大的外部机会，却受到内部劣势限制的企业，应采取（　　）。
   A. 增长型战略　　　B. 多种经营战略　　C. 扭转型战略　　　D. 防御型战略

(4) 价值链概念的提出基于如下基本逻辑关系：（　　）。
   A. 价值活动——经营资源——竞争优势　　B. 经营资源——价值活动——竞争优势
   C. 经营资源——竞争优势——价值活动　　D. 竞争优势——价值活动——经营资源

(5) 在波士顿矩阵中，处于迅速增长的市场，具有很大的市场份额，但它们是企业资源的主要消费者，需要大量投资的业务是（　　）。
   A. "问题"业务　　　B. "明星"业务　　　C. "瘦狗"业务　　　D. "现金牛"业务

2. 填空题

(1) 企业对所拥有的资源进行分析，则资源可以分为＿＿＿＿和＿＿＿＿。

(2) 价值活动可以分为两大类：一类是＿＿＿＿，一类是＿＿＿＿。

(3) 财务能力分析主要包括＿＿＿＿、＿＿＿＿、＿＿＿＿、＿＿＿＿、＿＿＿＿。

(4) SWOT分析法四个字母具体代表的含义是＿＿＿＿、＿＿＿＿、＿＿＿＿、＿＿＿＿。

(5) 波士顿矩阵的4种业务组合分别是＿＿＿＿、＿＿＿＿、＿＿＿＿、＿＿＿＿。

3. 判断题

(1) 公司应该通过基于它们的特别资源、能力和核心竞争力的战略实施来获得持续的竞争优势。（　　）

(2) 进行内部环境分析，可使公司鉴定存在什么样的机会，从而决定采取什么行动。（　　）

(3) 通过内外部环境分析得来的战略意图和战略使命，将决定一个公司选择什么样的战略和采取什么样的实施行动。（　　）

(4) 如果一个产业的进入壁垒比较低，对产业的现有企业的威胁就越小。（  ）
(5) 经理绩效的评估越来越依重于他们识别、培养和开拓公司核心竞争力的能力。（  ）
(6) 商标和版权是一个公司有形资源的例子。（  ）
(7) 一个公司财务实力反映它形成一种竞争优势的能力。（  ）
(8) 仅仅那种有价值的、稀有的、难于模仿的和不可替代的能力，才是持久竞争优势的资源。
（  ）

4. 问答题
(1) 资源分析所包含的主要内容有哪些？
(2) 财务能力分析主要包括哪些内容？
(3) 简述核心竞争力获取的方法。
(4) 价值链分析的主要步骤方法。
(5) SWOT 分析法的主要内容有哪些？
(6) 运用 BCG 矩阵分析你所熟悉的一家上市公司。

# 战 略 训 练

1. 案例研究

## 360 进军搜索市场

中国互联网有"战争之王"称号的周鸿祎一直都不是一个安于平静的人，前年和腾讯 QQ 的战火刚刚趋于平静，前不久又挑起中国搜索界的战火，虽然周鸿祎以前避嫌说不会进军搜索市场，可是周鸿祎这次却没有兑现自己的承诺。目前 360 浏览器以及 360 导航网站悄悄地换上了自己的搜索，虽然没有看到 360 高调宣传自己的搜索，但却是业内非常关注的一个动态。2010 年谷歌宣告退出中国以后，原本谷歌百度二虎相争的竞争格局开始被打破。谷歌的流量一落千丈，百度侵蚀了谷歌中国的大部分市场份额。易观国际公布的数据显示，2012 年第 2 季度中国搜索引擎运营商市场份额中，百度占到 78.6%，处于绝对的统治地位，谷歌中国占据 15.7%，而搜狗仅占 2.9%。

一直以来，360 最大的伤痛莫过于巨大的流量难以变现。2012 年第一季度财报显示，360 产品的月度活跃用户数为 4.11 亿，旗下浏览器的市场渗透率达到 62%，月度活跃用户高达 2.73 亿，相比之下营收却仅有 6930 万美元。未来的搜索引擎大战，360 不能输。这一次 360 做了充分的准备。在其搜索引擎推出前，360 已经在搜索最重要的变现环节——广告平台上做了许多努力。

360 如此低调的进军搜索市场，这种行动是否贸然，战略是否明智。360 有战略优势吗？

我们知道 360 有自己成熟的浏览器，安全软件和免费杀毒软件，在中国网民的心目中，360 以上的几种软件就如同百度在中国网民心中的地位一样都是必不可少的。360 软件的安装量已经超过两亿，这也正是 360 能够叫板腾讯的资本。而且周鸿祎在营销方面确实有自己的一套方法，无论是什么，周总总能在最短的时间里面把握最佳的时机。就 360 搜索推出来的时候，虽然 360 没有高调宣传，但是仍然第一时间被业内知晓。360 搜索的最主要的优势就是寄托于 360 捆绑的用户，360 浏览器上的默认搜索和 360 导航上的搜索框已经换上了 360 搜索就恰恰的说明了这一点，而效果无疑也是显著的，仅仅一两周的时间，360 搜索为网站所带来的流量已经开始超过谷歌和搜狗等老牌的搜索引擎了。

其实，360 搜索进军的时间可谓是得到了民心，中国上网用户最需要的是什么？不是谷歌重返中国大陆，也不是阿里巴巴来和百度叫板，要的就是一个能够和百度平起平坐的搜索引擎，或许 360 搜索不是一个成熟的产品，但是它能够捆绑的用户量确实是巨大的，它有这种发展的前景。在搜索市场，许多用户和业内人士将希望寄托于腾讯搜搜上面,因为腾讯有海量用户,这一资本无人匹敌,腾讯QQ的安装量以及捆绑的用户在中国绝对是第一的,但腾讯soso为何一直没有崛起,虽然腾讯在自己的许多的产品中也开始镶嵌soso,例如聊天记录中化词搜索,或者热词下划线等,但是soso近几年依旧默默无闻,无法和百度一争高下。搜狗最大的优势就只有一个输入法,在争锋的资本上还有所欠缺,所以这么多年百度在搜索的老大的地位上无憾被撼动。

许多网站经历了6.28K站风波后,对百度的怨恨尤其突出,这个时候的360顺水推舟的推出自己的搜索,无疑是最好的时机。这就像是百度活生生的拦截你前进的道路的时候,人家360站出来说,来我这边,我这条路让你走。360把这种患难见真情的技术可谓是用到了极致了。顺民心得民意,无疑是360搜索最大的优势之一。

360进军搜索市场,有人欢喜有人愁,外界反应是一回事,360能否做好则是另一回事。那就是360搜索的技术保障在哪里?这么多年,中国本地的搜索引擎也有好几个,为何一直没有撼动百度的老大地位,这不是他们没有的优势,只能说优势没有这么突出,但是相对腾讯来说,360的优势可谓旗鼓相当,但是soso依旧只能甘居平庸,造成这种现状的原因就是搜索技术。百度作为传统的搜索引擎的企业,一直很专注很大力的发展自己的搜索技术,没有其他的周边产品,能够一心一意。360和腾讯一样,真正的业务和产品并非搜索,更恰当地说,搜索是他们企业的周边产品,腾讯搜搜的命运就是很显然的例子。如果360搜索不能够保证自己的搜索技术的领先水平或者和百度持平,那么无疑会成为第二个腾讯soso。

(注:此案例由作者根据多方面资料汇编而成)

**问题:**

(1) 请分析360进军搜索市场的优劣势?
(2) 360如何才能在搜索市场有更大的作为

### 2. 文献查询作业

找出一家最近正在进行内部变革的企业,分析是什么因素导致企业战略发生改变,企业的内部条件如何适应战略的变化。

### 3. 小组训练与讨论

小组训练:内部条件分析

假设你是一家IT企业的负责人,你的企业经过了起起伏伏最终成为了行业的领先者,你的企业基本保持了相对简单直接的有些类似于工作组团队的组织方式,公司结构扁平化明显,虽然这样的组织结构能够带来快速的反应能力和高效的执行能力,但权利过多地集中在高层,拥有很高的经营风险。

近几年公司实行了多元化的战略,业务包括了个人电脑、电脑软件、多媒体以及移动通信行业。

通过模拟经营,练习使用战略分析的工具和方法,评估内部优劣势,分析与识别市场机会。

设计一套适合公司多元化战略的组织结构。

### 4. 阅读材料

## 百度的取胜之道

以下阅读材料由作者根据网络资料汇编而成。

百度是全球最大的中文搜索引擎,它致力于向人们提供"简单,可依赖"的信息获取方式。"百度"二字源于中国宋朝词人辛弃疾的《青玉案·元夕》词句"众里寻他千百度",象征着百度对中文信息检索技术的执著追求。

**百度提供的服务**

**网页搜索**

作为全球最大的中文搜索引擎公司,百度一直致力于让网民更便捷地获取信息,找到所求。用户通

企业战略  管理

过百度主页,可以瞬间找到相关的搜索结果,这些结果来自于百度超过数百亿的中文网页数据库。

**垂直搜索**

秉承"用户体验至上"的理念,除网页搜索外,百度还提供 MP3、图片、视频、地图等多样化的搜索服务,给用户提供更加完善的搜索体验,满足的多样化的搜索需求。

**百度快照**

全新的浏览方式,解决了因网络问题、网页服务器问题及病毒问题所导致无法浏览的问题。

**百度社区**

信息获取的最快捷方式是人与人直接交流,为了让那些对同一个话题感兴趣的人们聚集在一起,方便地展开交流和互相帮助,百度贴吧、知道、百科、空间等围绕关键词服务的社区化产品也应运而生,而百度 Hi 的推出,更是将百度所有社区产品进行了串连,为人们提供一个表达和交流思想的自由网络空间。

百度和 Google 的综合分析比较

(一)技术力量及市场定位比较

Google 是一家技术公司,更强调其技术的无可替代性。而在中国市场上,百度则更是一家市场公司。百度更加娱乐化,技术创新能力则比较弱,与 Google 在核心技术上相比,Google 可能更胜一筹。

(二)商业模式及业务领域比较

目前,百度的搜索产品正在"应用型"和"社区型"两个方向快速放大。"应用型"主要来自于关键字广告,即搜索竞价排名的商业模式,这是百度的制胜法宝和盈利的关键。"社区型"主要发展以贴吧、空间、知道为基础构建的搜索社区。我们看到,百度的社区产品正与湖南卫视的各档节目和活动深度融合,使其搜索社区进一步达到整合精准营销的目的。Google 目前在强调其技术的优越性同时,也加大其本地化的发展。例如,Google 中国与新浪的合作将解决其发布新闻内容的权威性和多样性;在 3G 到来之前与中国移动联手推出移动搜索服务;以及 Google 地图也是其强有力的主打产品。

**百度公司的优势**

搜索网站需要做到"搜索无极限",首要的是解决技术问题。因为,搜索引擎是典型的技术主导型产品,就是为你提供信息"检索"服务,使用某些程序把因特网上的所有信息归类以帮助人们在茫茫网海中搜寻到所需要的信息。也就是说,只要技术力量足够强大,存在于互联网上的东西都可以搜索到。但所有的这些必须符合中国互联网的"规矩"——有害信息的过滤和信息安全问题。因此,Google 需要花费心思去算计的事情,在百度根本不会有障碍,因为百度最大的优势就是一家中国公司,不会有外资产业政策、中国规矩等等问题的困扰。

百度推出了一系列的带有中国特色的产品服务,如竞价排名等。同时,又能追逐于大众的流行时尚,满足于网民和大宗的需求。

就目前为止,无论是用户搜索点击还是企业使用网络推广产品时,更倾向于选择百度,因为百度让中国人用起来更习惯。这无疑让雅虎和 Google 很郁闷,因为一个使用习惯,直接决定了市场份额的多寡。而使用习惯的决定力量是技术中的文化因素。

**植入式营销**

百度的植入式营销使得用户的行为发生了改变也给整个"百度知道"的支持产生了巨大的效应,百度 05 年初已经对这个产品和百度的植入开始做好了充分的准备。同时,百度与三家中国最著名的唱片公司合作,各由其创作一首歌曲,其中将"百度一下"作为关键词嵌入;在招商银行全国的提款机上,皆出现"有问题,百度一下",将品牌主张在不经意间嵌入消费者。这次成功的植入式营销使得大家都懂得了有问题,百度一下。这样"百度知道"的市场占有率,超过了新浪的 iask,雅虎知识堂等同类型产品。

# 参 考 文 献

[1] [美]查尔斯·希尔(Charles W. L. Hill),G. R. 琼斯(Careth R. Jones). 战略管理. 孙忠,译. 北京:中国市场出版社,2007.

[2] 王铁男. 企业战略管理. 2版. 北京:科学出版社,2010.

[3] 王文亮. 企业战略管理. 郑州:郑州大学出版社,2004.

[4] 王玉. 企业战略管理教程. 2版. 上海:上海财经大学出版社,2005.

# 第 5 章　多样化战略

> **教学要求**
>
> 通过本章的学习，了解多样化战略的各种具体形式，能阐述公司实施多样化战略的主要原因，说明公司是如何通过多样化创造价值，并讨论动机和资源如何促进多样化战略的选择和实施。同时，能描述公司并购与重组的形式与目的。

> 多样化经营的吸引力通常不可抗拒，但是，经验通常令人失望。对最高管理层来说，这是一个雷区。
>
> ——罗伯特·M. 格兰特

多样化战略　同心多样化　水平多样化　垂直多样化　整体多样化　相关约束型多样化　相关联系型多样化　非相关联系型多样化　纵向一体化　并购与重组

## 比亚迪：从电池到汽车

比亚迪股份有限公司(简称比亚迪)是一家在香港上市的高科技民营企业(1211，HK)，主要涉及两个核心业务：IT 制造业和汽车制造业。其中，IT 制造业包括可充电电池、手机零件及其组装服务，在这一领域，比亚迪已经成为全球领先的制造商。而在汽车制造领域，比亚迪正逐渐构筑其核心竞争力，吸引着全世界投资者的关注。

1995 年 2 月，比亚迪由王传福创立，员工 20 名，以制造镍镉电池为主营业务。1997 年，公司开始发展锂离子电池和其他类型的电池技术，并逐步扩大其生产范围。其镍镉电池产量在 1999 年达到 15 亿元人民币，2001 年达到 25 亿元人民币。并且，它成功地在 2000 年和 2001 年分别成为摩托罗拉和诺基亚的锂离子电池供应商。在此期间，比亚迪不仅在深圳建立了工业园区，并在中国香港、欧洲、美国、日本、韩国分别建立了分公司。今天，比亚迪全球共计 11 家工厂(其中，8 个在中国，1 个在印度，1 个在匈牙利)，雇用了 13 万名员工。除了知名的跨国企业外，国内的著名手机厂商如海尔、波导、TCL 等，也开始从比亚迪订购组件。

2002年7月,比亚迪股份有限公司于香港联合交易所主板上市,创造了当时54支内地H股的最高发行价纪录。同年,比亚迪跻身亚洲"2002年最佳管理公司"。成功上市是比亚迪在亚洲乃至全球资本市场运作中的重要里程碑。

2002年7月,比亚迪注资收购了北汽旗下的汽车模具厂,在此基础上建立了比亚迪汽车模具公司。2003年1月22日,比亚迪以2.7亿元人民币收购西安秦川汽车77%的股份,成立了比亚迪汽车有限公司,并在西安高新技术开发区内设立了面积超过100万平方米的生产基地。比亚迪还在上海建立了比亚迪工业园区(占地56万平方米),并将其汽车销售总部搬到了深圳,从而形成了"东西南北"的发展布局,以更好地服务全国市场。

2005年9月,比亚迪F3上市,后在市场上获得巨大成功,被称为"中级轿车市场的四巨头"之一,并出口到乌克兰(2006年)。2007年2月,比亚迪与葡萄牙、安哥拉、佛得角等国的汽车商签署了合作合同,开始了全面推进其海外战略。2008年,比亚迪推出F3DM,这是首款不再依赖专门充电站的双模电动汽车。同年,比亚迪F6上市,这是比亚迪的首款B级车。

2008年9月,美国著名投资者"股神"巴菲特的投资旗舰伯克希尔—哈撒韦公司(纽约证券交易所BRKB)旗下子公司MIDAMERICAN ENERGY HOLDINGS COMPANY("MIDAMERICAN")收购2.25亿股的比亚迪股份,约占公司资产总额的10%。投资价值约为18亿港元,合2.3亿美元。

2011年5月,比亚迪的首款SUV车型S6上市。

比亚迪的业务如表5-1所示。

表5-1

| 业务领域 | 产品 | 全球排名 | 主要竞争对手 |
| --- | --- | --- | --- |
| 可充电电池 | 镍电池 | 1 | 三洋2、东芝3 |
| | 锂电池 | 2 | 三洋1、索尼3 |
| | 镍氢电池 | 3 | 三洋1、索尼2 |
| IT组件 | 手机组件、相机组件、机械模具 | 2 | 富士康1 |
| 汽车 | 传统汽车 | | |
| | 电动车 | | |

比亚迪曾就电池制造专利与日本三洋与索尼、就技术人才引进与富士康、就电池制造中的严重污染等问题引发一连串法律诉讼与社会非议。

(注:此案例由作者根据多方面资料汇编而成。)

案例点评:

在电池行业打破日系品牌垄断的比亚迪在汽车产业已不再是"小学生"。作为连续增长最快的自主汽车品牌,比亚迪将在IT零部件和电池产业创造的辉煌转移到了汽车领域。但是,在传统燃油动力汽车领域的成功仅是实现王传福更大"野心"的序曲。在新能源汽车研发和推广过程中,比亚迪已投入巨额资金。多样化战略使比亚迪确定了三大产业支柱,而提升创新能力,拓展新能源汽车市场上将成为比亚迪的新的核心竞争力的凝聚点。

在企业的发展过程中，总会碰到一些令人激动的发展机会，企业是否需要抓住这些机会，或在企业发展过程中是否需要积极寻找这样的机会以求得企业的发展，这是企业多样化战略，也称多元化战略所要讨论的问题。

## 5.1 多样化战略的含义与形式

### 5.1.1 多样化战略的含义

最早研究多样化主题的是美国学者伊戈尔·安索夫（H. I. Ansoff）。他于 1957 年在《哈佛商业评论》上发表的《多样化战略》一文中强调多样化是"用新的产品去开发新的市场"。由他首次提出的多样化经营主要是针对企业经营的产品种类数量而言。但是这种以产品种类多少来定义企业的多样化是不准确的，因为高度相关的多种产品经营与高度不相关的、跨产业的多种产品经营，即使企业最终产品种类的数量相同，但表现出的多样化的程度是不一样的，显然后者的多样化程度更高，对企业经营的影响更大。

 知识链接

伊戈尔·安索夫，在战略管理中的特殊地位最主要表现在对战略管理（Strategic Management）的开创性研究，由于他的开创性研究终于使他成为这门学科的一代宗师。作为战略管理的一代宗师，他首次提出公司战略概念、战略管理概念、战略规划的系统理论、企业竞争优势概念以及把战略管理与混乱环境联系起来的权变理论。

伊迪丝·彭罗斯（E. T. Penrose，1959）在其出版的《企业成长理论》中定义多样化是企业在基本保留原有产品生产线的情况下，扩展其生产活动，开展若干新产品（包括中间产品）的生产。并且这些新产品与原有产品在生产和营销中有很大的不同。他认为多样化包括最终产品的增加、垂直一体化的增加以及企业运作的基本领域数量的增加。他的定义弥补了安索夫多样化定义中的不足，更接近企业多样化化经营的实质。同时，他将企业经营的一体化并入多样化，认为一体化是企业多样化的一种形式。

 知识链接

伊迪丝·彭罗斯（Edith Penrose），著名经济学家，霍普金斯大学的英籍女教授，企业内在成长理论和个体进化经济学研究的先驱。

理查德·鲁梅尔特（R. P. Rumelt，1974）指出，多样化战略是通过结合有限的多样化的实力、技能或目标，与原来活动相关联的新的活动方式表现出来的战略。多样化的实质是拓展进入新的领域，强调培植新的竞争优势和现有领域的壮大。

 知识链接

理查德·鲁梅尔特（R. P. Rumelt），1942 年出生，洛杉矶加利福尼亚大学管理学院教授，公司战略为其主要研究领域。

我们认为，多样化战略（diversification strategy）是指企业为实现扩张而在现有产品和业务的基础上增加新的产品和业务。实施多样化战略的企业可以进入密切相关的行业,也可以进入完全不相关的行业;可以扩展到以现有能力为主要成功因素的生产经营中,也可以寻求进入可以应用现有技术秘诀并可能产生竞争优势的其他产品市场;可以在小于全部年收入和利润的10%的小范围内或在高达全部年收入和利润50%的大范围内实行多样化;可以进入一个或两个大规模的新业务或很多小的经营领域,还可以与其他组织合并进入新的经营领域。

### 5.1.2 多样化战略的形式

企业多样化战略的形式多种多样,但主要可归纳为以下四种类型。

(1) 同心多样化经营战略(concentric diversification)。也称集中化多元化经营战略。指企业利用原有的生产技术条件,制造与原产品用途不同的新产品。如汽车制造厂生产汽车,同时也生产拖拉机、柴油机等。

同心多样化经营的特点是,原产品与新产品的基本用途不同,但它们之间有较强的技术关联性。

(2) 水平多样化经营战略(horizontal diversification),也称为横向多样化经营战略。指企业生产新产品销售给原市场的顾客,以满足他们新的需求。如某食品机器公司,原生产食品机器卖给食品加工厂,后生产收割机卖给农民,以后再生产农用化学品,仍然卖给农民。

水平多样化经营的特点是,原产品与新产品的基本用途不同,但它们之间有密切的销售关联性。

(3) 垂直多样化经营战略(vertical diversification),也称为纵向多样化经营战略。它又分为前向一体化经营战略(forward diversification)和后向一体化经营战略(backward diversification)。前向一体化经营,是指原料工业向加工工业发展,制造工业向流通领域发展,如钢铁厂设金属家具厂和钢窗厂等。后向一体化经营,指加工工业向原料工业或零部件、元器件工业扩展,如钢铁厂投资于铁矿采掘业等。

垂直多样化经营的特点,是原产品与新产品的基本用途不同,但它们之间有密切的产品加工阶段关联性或生产与流通关联性。一般而言,后向一体化战略可保证原材料、零配件供应,风险较小;前向一体化战略往往在新的市场遇到激烈竞争,但原料或商品货源有保障。

(4) 整体多样化经营战略,也称混合式多样化经营战略,指企业向与原产品、技术、市场无关的经营范围扩展。如美国国际电话电报公司的主要业务是电讯,后扩展经营旅馆业。整体多样化经营需要充足的资金和其他资源,故为实力雄厚的大公司所采用。例如,由广州白云山制药厂为核心发展起来的白云山集团公司,在生产原药品的同时,实行多种类型组合的多样化经营。该公司下设医药供销公司和化学原料分厂,实行前向、后向多样化经营;下设中药分厂,实行水平多样化经营;下设兽药厂,实行同心多样化经营;还设有汽车修配服务中心、建筑装修工程公司、文化体育发展公司、彩印厂、酒家等实行整体跨行业多样经营。

除了上述分类之外,西方学者鲁梅尔特(R. R. Rumelt)采用专业比率、关联比率、垂直统一比率等三个量的标准和集约——扩散这一质的标准，将多样化经营战略分为单一业务型、主导业务型、相关约束型、相关联系型、非相关型五种类型。

(1) 单一业务的多样化战略(single-business diversification strategy)是指当企业95%的销售收入都来自某一核心业务时所使用的公司层战略。全球最大的口香糖生产商箭牌糖类有限公司(Wm. Wrigley Jr. Company)就是这样一个例子，该企业在产品种类相对较少的市场上一直采用的是单一业务战略。再比如超级商场分化为自我服务廉价商店、小型零售店、百货店等。

(2) 主导业务多样化战略(dominant-business diversification strategy)是指当企业70%~95%的销售收入都来自某一单一业务时的情况。UPS使用的就是这一战略。近期，UPS有74%的收入来自其美国包裹投递业务，17%来自国际包裹业务，剩余的9%来自公司的非包裹业务。尽管当前美国国内的包裹投递业务是UPS最大部分的收入来源，但该公司预期在未来另外两项业务将成为其收入增长的主要来源。这预示着UPS所提供的产品和服务及其涉及的国家分布将向更为多样化的方向发展。

(3) 相关约束型多样化战略(related constrained diversification strategy)是指一家公司超过30%的收入来自主导业务之外的业务，并且其业务间是通过相关多样化公司层战略中的某些方法联系起来的。当这种联系相当直接时，该公司使用的就是相关约束型多样化战略，例如，金宝汤(Campbell Soup)、宝洁、柯达等公司采用的都是相关约束型多样化战略。在相关约束型战略下，公司在各业务间共享资源和行为。

(4) 相关联系型多样化战略(related linked diversification strategy)指当某多样化企业的各业务间仅仅存在较少联系。强生、宝洁和通用电气采用的就是此类公司层多样化战略。与相关约束型企业相比，相关联系型多样化企业在各业务间共享的资源和资本更少，取而代之的是集中于各业务间知识和核心竞争力的传递。一般来讲，多样化战略的核心是经营资源。实行相关型多样化战略就是利用共同的经营资源，开拓与原有事业密切相关的新事业。

(5) 非相关型多样化战略(unrelated diversification strategy)。指企业各业务相关比率很低，也就是企业开拓的新事业与原有的产品、市场、经营资源毫无相关之处，所需要的技术、经营资源、经营方法、销售渠道必须重新取得。如三星(Samsung)、和记黄埔有限公司(Hutchison Whampoa Limited，HWL)等。

## 5.2 多样化战略的动机

### 5.2.1 多样化战略动机的分类

20世纪50年代，发达国家特别是美国的大企业纷纷走上多样化之路。多样化战略是由三个主要目标驱动的：增长、风险降低和收益率。虽然增长和风险降低是多样化经营的主要动机，但他们与创造股东价值并不完全一致。

依照理查德·鲁梅尔特(R. P. Rumelt)的分类形式，我们聚焦于相关多样化战略及不相关多样化战略。它们都标志着公司已经实现了中高层次的多样化。

企业多样化经营的动机见表5-2。

表5-2 多样化经营的动机

| 类 别 | 目 的 | 方 法 | 适用战略 |
|---|---|---|---|
| 提高企业价值的多样化动机 | 范围经济性 | 作业共享 | 相关多样化 |
| | | 移植核心能力 | |
| | 获得市场力量 | 多点竞争阻击竞争者 | |
| | | 纵向一体化 | |
| | 获得财务经济性 | 有价值的内部资本分配 | 不相关多样化 |
| | | 在各项业务之间降低风险 | |
| | | 业务重组 | |
| 不确定提高企业价值的多样化动机 | 规避税法 | | |
| | 规避反垄断法 | | |
| | 为企业低效益寻找新的增长点 | | |
| | 降低企业风险 | | |
| 降低价值的多样化动机 | 分散管理层工作风险 | | |
| | 增加管理报酬 | | |

### 1. 相关多样化的动机

相关多样化可以获得范围经济性和市场力量。范围经济性（economies of scope）就是当一个企业在多个行业或多个市场经营时，企业通过将其在某项业务经营中所形成的能力与竞争能力移植到一项新的业务，从而降低企业的总成本所产生的经济性。这种情形在相关多样化战略中可以得到体现。

**特别提示**

范围经济存在的原因与规模经济存在的原因类似，关键的差别是规模经济与增加单一产品生产规模的成本节约有关，范围经济是生产种类增加的产品成本节约。

实现范围经济性的基本方法是作业共享（sharing activities）和移植竞争能力。

（1）作业共享。作业共享主要指通过有形资源（如工厂、设备以及其他类型的实体资产，也包括"准"有形资源如销售队伍）在各个业务之间的共享以创造范围经济。

在相关约束型的企业中，作业的共享非常普遍。宝洁公司有两个企业分别生产擦脸纸和婴儿尿布，这两种产品在加工过程中都使用纸浆作为主要原料，这两家企业就共同建立了纸浆生产厂，以共享原材料的供应。此外，因为他们都生产消费品，这两家企业也可以共享销售网。

从价值链角度看，基础作业如进货后勤、制造、销售后勤会有多重作业共享。通过有效的和有效率的共享这些作业，企业能够建立具有竞争优势的竞争能力。就进货后勤来说，各业务单位可以共享共同的仓库设施、运输设备和发运管理体系；制造过程可以共享共有的装备设施、质量控制体系和维修保养体系；在销售后勤方面，两个业务单位可以共享一个共有的销售队伍和售后服务体系；在支持性作业方面，可以将几项业务组织起来进行共享采购作业以降低和控制外购成本，各业务之间也可以共同分享管理信息系统等技术开发成果。

应当注意的是，虽然作业共享可以提高范围经济性，但是这种经济性只有在能够克服由这种共享产生的其他成本的基础上才可能发生。这是因为，参与共享也要付出成本，有些成本是隐含的。例如，共同外购如果没有快速反应作基础，就会影响业务单位的及时供应。如果这项业务的客户对时间看得非常重要，不能及时供货就会影响顾客满意。此外，共享作业常常伴随着高层管理部门更多的集中控制，这也会影响到业务单位管理者的自主决策，并且还会影响他们的激励水平。如果这些成本都没有考虑，作业共享就不会发生效力。

（2）移植竞争能力。移植竞争能力是实现范围经济性的另一种有效方法。移植竞争能力主要指通过无形资源(如专有技术、营销技巧、商誉等)在各个业务之间的移植以创造范围经济性。

在很多情况下，多样化经营的企业并不能通过有形资源的共享而形成范围经济效益，在此情况下，移植无形资产和竞争能力就成为首选方法。众所周知，海尔公司是从电冰箱起步的，后来开始通过并购大举进军洗衣机、电视机、空调器等业务领域。海尔在总结成功经验时突出强调，这种多样化战略之所以能够成功的首要原因，是海尔成功地将作为竞争能力的核心的"海尔文化"移植到这些新的业务之中。

（3）获得市场力量。相关多样化经营也可以用于获得"市场力量"。市场力量指的是企业对市场的控制力或影响力。当企业能够以高于现有的竞争性价格水平销售产品，或者企业能够降低成本使其比现有的竞争性价格水平更低，或者两者同时具备的时候，企业就可以获得市场力量。

**特别提示**

我国的大多数知名家电企业(如海尔、美的、长虹、海信等)都实行相关多样化经营战略，每个较大型的家电企业都使用同一个品牌促销他们的多样化家电产品。这种做法一方面开发利用了他们得以立足起家的某种家电产品所形成的商誉，同时，通过多样化产品的面市，又扩大了他们的市场力量。

由于越来越多的企业开始寻求各个业务之间的相互关联，因此，企业之间(特别是大企业之间)越来越增加了"多点竞争"。所谓多点竞争，就是指企业之间不仅在一个业务领域，而且在多个业务领域彼此竞争。长虹公司与海尔公司不仅在彩电领域竞争，而且在空调器领域竞争。海尔公司与海信公司，不仅在彩电领域竞争，而且还在空调器，甚至计算机与通讯领域竞争。当一个企业是多点竞争者时，它必须超越单一业务领域的范围，更广泛地看待竞争对手。因为，这时的竞争优势必须在更广泛的范围内加以考察。

垂直一体化的多样化也可以获得市场力量。当企业某项业务的输入品也是企业自己生产的、或是企业拥有自己的向外输出的营销网络时，我们将这种企业称之为垂直一体化(或纵向一体化)。

垂直一体化可以通过内部交易达到控制市场的作用。运用得当,垂直一体化也可以降低成本。例如,一家拥有钢铁厂而同时又拥有轧钢厂的一体化企业,如果它能够很好地设计炼钢与轧钢之间的工艺,例如采用连轧连铸工艺,那么就可以通过对轧钢需要再加热的节约来降低成本。

2. 不相关多样化动机

不相关多样化经营战略可以通过两种类型的财务经济性创造价值。财务经济性就是企业在内部投资或对外投资的过程中,通过提高财务资源分配的有效性而实现的成本节约。

第一种类型的财务经济性涉及对内部资本的有效分配。这种类型的财务经济性也寻求在企业的业务单位中减少风险。例如,可以通过发展具有不同风险的业务组合从而减少企业整体的业务风险。第二种类型的财务经济性与企业并购然后再进行资产重组相联系。这个方法可以用于为了增加企业的总价值而在外部市场上买卖企业或是企业的某一部分。

(1) 有价值的内部资本市场的分配。在市场经济中,资本的有效分配通常是通过资本市场来进行的。资本能有效分配是因为投资者寻求购买在未来会具有较高的现金流价值的企业的股票(或所有权)。资本不仅通过股权来分配,而且也会通过债权来分配。股东和债权人通过投向预期能快速增长的企业来寻求提高他们投资的价值。企业也可以运用这个原理来进行资本投资。例如,在大型的多样化经营的公司中,公司总部可以把资本投向企业内部的分支机构来为整个公司创造价值。在这种情况下,较之将公司资本投向外部资本市场,公司总部可以获得更为详细和精确的企业运营效益的信息,从而提高资本投资的"命中率"。这种情况在我国的上市公司中非常普遍。

尽管寻求资本的企业必须向资本提供者(如银行等金融机构)提供信息,但是拥有内部资本市场的公司至少拥有两个信息优势:第一,企业通过内部市场进行投资,就可以不必像外部投资那样向外部或公众披露信息,而这些信息一旦被竞争者获得,他们就可以通过研究这些信息,来试图模仿企业的竞争优势或是采取相应的对策。如果企业没有必要披露内部信息,就可以通过内部资本市场来保护它的竞争优势。第二,即使企业通过内部投资的下级企业是一家上市公司或是一家由多个所有者共同拥有的企业,在对外公布的年度报告和通过其他渠道向资本市场提供的信息中也可以仅是公开正面的展望及其结果而并不包括负面的信息。这样企业就可以对内部信息予以保密。在信息就是财富的时代里,企业较之外部资本市场拥有更多的信息,就会获得更多的收益。

(2) 分散风险。多样化经营可以通过在多个业务中适当地分配资源来减少企业的整体风险。人们在谈论通过多样化降低经营风险的时候,经常引用的话就是"鸡蛋不能装在一个篮子里"和"东方不亮西方亮"。很多投资者也希望把资金投向这样的企业以降低投资风险。然而,这种减少风险的战略只能降低企业股东的投资风险,却不能为他们提高价值。而且,这种通过多样化降低风险的做法如果处理得不好,形成投资分散和核心竞争能力丧失,反而会增加企业的风险。

(3) 重组。与内部资本市场的方法相似,另外一种可供选择的方法就是全力以赴在外部市场购买和销售其他公司的资产。重组的方法通常是先买进某一企业,然后将其包装后再整体卖出或部分卖出,以获得利润。一种最初经常采用的重组方式是,卖出业绩不好的分支机构,留下有前途的分支机构并使其处在严格的财务控制下,例如严格的财务预算、严格的现金管理和严格的账户管理。

成功的重组通常需要集中于成熟的、技术含量低的企业,而对那些增长较快的、技术含量高的企业进行重组,由于资源配置的决策太复杂,所以很难成功。因为高技术产品需求具有不确定性的特点,所以行业外的企业很难具有胜任的信息加工能力。

 **特别提示**

对诸如会计师事务所、律师事务所、风险投资公司等主要依赖人力资源的服务性机构,也很难实行重组,因为服务企业的销售人员比制造业导向的企业的销售人员更易流动,并且他们很可能在重组过程中流失到竞争对手那里寻找工作并随之带走客户。正由于此,这些企业如果被非相关重组公司并购很可能不会创造价值。

**3. 多样化经营的其他动机**

上面列举的多样化动因都是面向提高企业价值的。除此之外,多样化经营的动因还包括一些非提高企业价值的原因:防止企业降低其价值的原因和管理者的消极动机。

(1) 政府法规的影响。政府法规对企业的多样化经营有重要的影响,它们是企业多样化经营的外部推动因素。这其中,反垄断法和税法的影响最为明显。

我们以美国的情况予以说明:20 世纪 60 年代到 70 年代,美国政府为了鼓励竞争,防止个别企业通过垂直一体化和横向一体化获得过大的市场力量,对企业的相关多样化并购进行严格的控制。结果,在此期间发生的并购案所涉及的大都是非相关业务并购。例如,在 1973—1977 年期间,所有并购案例中的 79.1% 都是非相关多样化的。

进入 20 世纪 80 年代,面对日本等新兴工业化国家的竞争压力和经济全球化的浪潮,美国政府放宽了对同行业竞争者并购的监管,投资银行家也为此推波助澜。结果,恶意接管膨胀。在 20 世纪 60 年代和 20 世纪 70 年代是高度不相关多样化经营的企业,到 20 世纪 80 年代又纷纷通过重组实行"集中化经营"。

税法对多样化经营的影响不仅包括个税的影响,也包括公司税的影响。一些公司(特别是成熟的公司)拥有大量的超过利润再投资后的现金。这些"自由现金流"(就是从经济的角度看在目前的企业中投资不再可行的液态金融资产)应该以红利的形式再分配给股东。然而在 20 世纪 60 年代和 20 世纪 70 年代,红利税要比普通的个人所得税要高得多。结果,股东更愿意公司留有这些资金用于购买和新建业务前景好的公司。如果经过一段时期后股票升值了,股东可以从这些资金中收到比红利更好的回报。

然而在 1986 年,美国最高的个人所得税税率从 50% 降低到 28%,而且特殊的资本利得税也发生了变化,资本利得被看做是普通收入。这些变化预示着股东不必再为了多样化经营的目的鼓励公司保留资金。这些税法的变化使 1984 年以后很多企业开始剥离不相关业务。

 **知识链接**

一般说来,并购增加了公司固定资产折旧的抵扣,增加的折旧(非现金流费用)降低了应纳税收入。这种公司税也是多样化并购的一个推动因素。

# 第5章 多样化战略

(2) 为企业的低效益寻找新的生长点。很多情况是，当企业效益好的时候，企业倾向于集中化经营；而当企业效益不好的时候，则倾向于通过多样化经营寻找新的生长点。然而，更耐人寻味的是一些研究者发现，效益与多样化经营之间存在着一个怪圈：效益越不好，就越希望多样化；而多样化常常并不能改善企业的效益，反而使企业更加低效；这使得一些公司又转过头来降低了多样化经营的步伐，甚至通过重组对企业进行较大的剥离手术。与上面的情况相类似的，有些处在行业生命周期成熟期以后的企业，由于未来的不确定性，他们也会通过多样化来试图寻找新的生长点。

研究及众多的经验表明，在多样化和企业绩效之间可能存在有如图5.1描述的曲线关系。尽管低绩效可能成为多样化的动机，但过度多样化的企业的总体绩效可能会比其竞争对手更低。

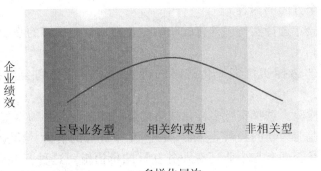

图5.1　多样化程度与效益的可能关系

(3) 多样化经营的管理者动机。多样化经营的管理者动机也是一个重要因素，包括管理层希望通过多样化经营降低工作风险和增加收入。例如，管理层能够通过多样化使企业经营比较平稳，哪怕是盈利很少或是微利。而集中于某一业务，虽然可以使企业获得更大的利润，管理者也可能一时收入很高，但从长期来看，风险也很大。

多样化经营被作为一种成长战略，意味着通过多样化经营可以很快地扩大企业的规模。随着公司规模的扩大，管理者的薪金也就会相应地随着增加。这样，多样化经营大公司的管理者就可以获得更高的薪金补偿。结果，多样化经营成了一种增加管理者薪金的手段。

当然，并不是所有的管理者在多样化经营时都存有这样的个人动机。实际上，成就感和名声对管理者更为重要。如果说好的口碑易于获得权力，那么差的名声也就会减少权力。我们应当鼓励管理者建立良好的道德规范并身体力行，同时在政策上给管理者以应有的待遇，除此，也应当建立既能鼓励管理者创业精神，又能使多样化投资更加科学、规范的管理体系。

在经历了20世纪70年代的多样化发展高潮之后，到了20世纪80年代，企业参与竞争的环境发生了巨大变化，有些企业的过度不相关多样化非但没有分散风险，反而由于进入了完全不熟悉的经营领域而增大了经营风险。多样化战略开始受到人们的质疑，多样化浪潮有所回落。特别是1990年，普拉哈拉德与哈默尔(C. K. Prahalad and G. Hamel)在《哈佛商业评论》上发表的《公司核心能力》一文，更是加剧了这种势头，很多企业开始降低多样化程度，追求"本业回归"。

**特别提示**

近年来出现新的有关多样化动机的理论,和共享活动这种动机不同,它强调企业多样化主要是基于对非实物资源的考虑,如管理诀窍、经验以及智慧等。这种经营上的范围经济来源被称作企业核心竞争力。

### 5.2.2 多样化战略的选择方法

1. 多样化判断检验

企业是否应该采用多样化战略,首先要进行多样化战略价值的判断和检验。判断和检验主要包括以下三个方面的内容。

(1)吸引力检验。选择实行多样化战略的行业必须具有足够的吸引力,能够使投资得到持续的良好回报。

(2)成本检验。选择实行多样化战略的行业成本不能高到会侵害较高获利潜力的地步。

(3)状况改善检验。选择实行多样化战略的新的经营业务必须增加企业现有经营领域的竞争优势,或企业能为新的经营业务带来一些竞争优势的潜力。检验有潜力的新的经营业务,以决定它们是否拥有与企业现有业务互补的价值链,这种互补可以提供削减成本、将技能和技术从一种经营转化为另一种经营的机会,或者能提供创造价值的新生产能力或有效利用现存资源的机会。

一般来说,能满足以上三种检验的多样化经营决策对于提高企业盈利水平和长期营建股东价值具有很大潜力,如果只能通过一项或两项检验的多样化决策则可能失败。

2. 时机选择

实施多样化战略的时机选择部分取决于企业在现有行业中的增长机会,部分取决于企业在其他市场领域综合利用其资源、能力和专有技能的机会。最适合采用多样化战略的企业是那些在当前经营中增长乏力并拥有可以转向其他经营领域的能力以及扩展到其他行业领域所需的资源和管理水平的企业。

**特别提示**

在考虑业务发展的同时,企业还必须注意风险的规避,尤其在复杂多变的超动态环境下,防范风险、保持企业存续发展显得尤为重要。近年来出现的实物期权思想尤其值得关注。在以往的观点中,风险是一种不利的因素,但依实物期权理论来看,高风险意味着巨大的机会。业务的波动性越大,该业务的期权价值越高,企业获得超常规发展的可能性就越大。恰到好处的业务组合能够在控制风险的基础上把握这种超常发展机会的权力。

只有当企业拥有在其他行业进行成功竞争所需的核心能力、竞争能力和资源力量时,企业才可以考虑实施多样化战略。而最不适合实施多样化战略的企业是那些正全力投入到具有较大增长机会的现有行业的企业及初创企业。

# 第5章 多样化战略

## 5.3 企业并购与重组

### 5.3.1 并购的含义

并购就是兼并和收购（merger & acquisition，M&A），二者都是企业产权交易，它们的动因极为相近，运作方式有时也很难区分，因此人们常常将它们作为一个固定的词组来使用，简称并购。在西方国家公司法中，并购主要分为吸收合并、新设合并和收购控股三种形式。当收购或合并不是出于双方共同的意愿时可以称其为接管或恶意接管。

**特别提示**

一个企业通过兼并其竞争对手成为巨型企业，是现代经济史上的一个突出现象。没有一个美国大公司不是通过某种程度、某种方式的兼并而成长起来的，几乎没有一家大公司主要是靠内部扩张成长起来的。

——乔治·斯蒂伯格

**1. 吸收合并**

吸收合并即兼并，是指两个或两个以上的公司相合并，其中一个公司因吸收兼并了其他公司而成为存续公司的合并形式。在合并中，存续公司仍然保持原有的公司名称，有权获得其他被吸收公司的资产和债权，同时承担其债务，被吸收的公司从此不复存在。

**2. 新设合并**

新设合并又称创立或联合，是指两个或两个以上公司通过合并同时消亡，在新的基础上形成一个新的公司，即新设公司。新设公司接管原来几个公司的全部资产、业务和债务，重新组建管理机构。例如，美国两大飞机制造商波音公司和麦道公司合并成为规模震撼全球的民用、军用飞机和太空系统制造商。

**3. 收购控股**

收购控股是指一家企业购买另一家企业的股权并达到控股程度的一种并购形式。例如，A公司购买B公司股份的70%，于是A公司成了控股公司或母公司，B公司成为附属公司或称子公司。

并购的优点：强强合并可以扩大企业规模，增加产品品种，提高竞争力，实现垄断；强弱合并则强者可利用弱者的生产线、设备、人员和销售渠道，实现低成本扩张，弱者可以使现有资源得到合理利用，尽快摆脱困境。

并购的缺点：合并双方会发生利益、心理和文化的冲突，若选择对象不当，强者会背上沉重包袱，弱者会感到沉重压抑。

**特别提示**

协同就如同古董，非常罕见。无论是理论研究还是公司实践都表明：战略协同并不容易发生。

### 5.3.2 并购的功能

**1. 并购能够加强市场力量**

并购的一个主要动因就是取得较大的市场力量。许多企业拥有较强的能力，但缺乏进一步扩展市场力量的某些资源和能力。在此情况下，通过并购同行业的企业和相关行业的企业，可以达到加强市场力量的目的。对同行业竞争者的并购称为水平并购，对高度相关行业中企业的并购称为相关并购。

**2. 并购能够克服进入行业的壁垒**

进入壁垒是指为了进入某一领域所要克服的困难。例如，在一个已经有很多较大的竞争者的市场上，很难再建立一家新企业，如果想进入这样的市场，新进入者为了取得规模经济效益并达到以竞争价格销售产品，就必须在生产设施、广告和促销活动方面进行大量的投资；为了达到足够的市场覆盖率，还要求企业拥有高效率的销售体系和销售网络；如果消费者已经对某一品牌形成忠诚，市场进入就更为困难。这时，通过并购市场上现有企业而进入特定市场就成为一种最佳选择。虽然并购可能投入很大，但并购企业可以立即进入特定市场，并且可以获得具有一定顾客忠诚度的现成的企业及其产品。实际上，进入的壁垒越高，就越应当考虑动用并购战略进入特定市场。

**3. 并购能够降低成本和风险并提高速度**

通常，在企业内部开发新产品和建立新企业需要大量的投资和相当长的时间，而通过并购能够降低成本和风险，并提高速度。

**4. 并购能够实现多样化经营**

实现多样化经营战略的最常用的方法之一就是进行并购。事实上，企业认为在现有的市场内开发新产品和建立新企业是比较容易的，这是因为企业的管理者对产品和市场都非常了解。然而，企业要开发与现有业务完全不同的新产品以及进入一个新市场，管理者就会感到很困难。因此，多样化经营很少是通过内部化来实现，尤其是跨行业的非相关多样化，一般都是通过并购来实现的。

**5. 并购能够避免竞争**

许多企业通过并购来降低在某一市场上的竞争，或是在更大范围内增强竞争的力量。

### 5.3.3 并购战略选择的方法

一宗企业并购能否成功，关键在于采取的方法。由于各目标公司的股东、管理层的要求、财务结构和资本结构不同，因此要针对不同企业的特点实施不同的并购方法。

**1. 现金并购**

现金并购是一种单纯的并购行为，即并购者支付一定数量的现金，从而取得被并购企业的所有权，一旦被并购企业的股东得到了对所拥有股份的现金支付，就失去了任何选举权或所有权。一般而言，凡不涉及发行新股票的并购都可以视为现金并购。

### 2. 股票并购

股票并购,即投资者通过增加发行本公司的股票,以新发行的股票替换被并购公司的股票来完成并购。股票并购区别于现金并购的主要特点是:一方面,不需要支付大量现金,因而不会影响并购后的现金状况;另一方面,并购完成后,被并购公司的股东并不会因此失去他们的所有权,只是这种所有权由被并购公司转移到并购公司,使他们成为新扩大的公司的股东。也就是说,并购完成后,被并购公司纳入了并购公司,并购公司扩大了规模。扩大后的公司所有者由并购公司的股东和原被并购公司的股东共同组成,但并购公司的原股东应在经营控制权方面占据主导地位。

### 3. 综合证券并购

综合证券并购又称为混合证券并购,是指并购公司对目标公司或被并购公司提出并购要约时,其出价不仅有现金和股票,而且还有认股权证和可转换债券等多种形式。

#### 5.3.4 企业并购成功的关键

为使并购卓有成效,企业应当注意以下几点。

### 1. 资产互补

为使并购有效,并购企业与目标企业应当拥有互补的资产资源。只有这样,当两个企业一体化时,才能产生正的协同作用和强化企业的能力。实际上,两个企业合为一体常常可以产生独一无二的资源,建立所需要的战略竞争能力。

### 2. 创新

企业进行成功并购的另一个要点就是,重视产品创新以及继续把在研究与开发的投入作为公司整体战略的一部分。

### 3. 实行友好并购

要实施友好并购而不是恶意接管,这样并购后的企业才能很快地产生正的协同作用,并达到预期的生产能力。通常情况是,友好并购使两个企业能够比较容易产生一体化,并获得正价值的协同作用;而恶意并购常常会使双方人员充满敌意,由于合作不愉快,就会失去许多被并购企业中的重要人才,留下的那些人还会阻碍两个企业一体化和建立协同作用所必需的改革。

#### 5.3.5 选择并购战略应注意的问题

在实施并购战略时特别要注意它的适用条件,这些条件包括:能够满足企业寻求低成本扩张的需要,合并的对象与企业有功能互补的作用,企业有能力对合并对象很快地进行改造,企业有能力处理合并中的冲突,合并后能够提高企业的竞争能力,企业拥有必要的资金和管理人员。

虽然并购可以给企业带来益处,但也可能随之产生一些问题,有时这些问题还可能抵消或超过获得的益处。这些可能存在的问题包括:超值购买、过度多样化经营、过高估计协同作用的好处、规模不当、失去创新能力、消耗管理者的大量精力、为并购承担过高的成本和过多债务以及并购完成后被并购企业与并购企业难以进行一体化经营等。以上这些问题都是并购者必须给予高度注意的问题。

### 5.3.6 重组及其效果

重组(restructuring)与并购是一个相对的概念。它指的是对企业一系列业务或财务结构的变革。大多数重组是收缩规模和剥离某些业务。在重组期间，企业主要从事内部整顿，很少进行并购活动。重组的基本动机是整顿经营业绩不佳的业务或是对过度多样化进行清理。例如，美国最大的零售公司之一西尔斯公司面对严重的亏损状况，在1993年进行了大规模的资产清理，关闭了113家零售店，有5万员工失去工作。

#### 1. 重组的主要方法

(1) 收缩规模。重组的一个最普通方法就是收缩规模。通常是减员或减少业务单位。在20世纪80年代末和90年代初，由于企业重组，导致美国大量失业人口出现。通用汽车公司在4年的时间内关闭21家工厂，减员达74000人。在IBM、柯达、宝洁以及其他许多公司中也有大量的减员。这些收缩规模的意图就是要"给企业减肥"。然而，调查结果表明，许多收缩规模的公司并没有实现他们的目标。所调查公司的89％表示收缩规模的目的是减少费用，但是只有46％实现了这个目标；另一项调查中，71％的企业表示，他们的目的是改善生产力，但是只有22％回答者说他们实现了增加生产力的目标；还有一项调查中，67％的企业表示他们重组的目标是增加竞争优势，但是只有19％表示实现了这个目标。由此可知，收缩规模几乎没有达到预想的目标。而且，可能还会有其他的没有想到和可能是负面的后果，例如，优秀员工流失等。

(2) 收缩范围。收缩业务范围在一些企业获得了一定的成功。收缩范围就是指通过剥离、变卖等方式取消一些与企业的核心业务无关的业务。即在战略上向公司的核心业务集中。收缩范围的公司常常也收缩规模。然而，它不减少可能导致丧失核心竞争力的主要业务的重要员工。公司通过减少业务组合中业务的种类而缩小它的规模。由于收缩了业务范围，高级管理人员可以更有效地管理公司。

(3) 杠杆购买。尽管收缩范围是一个重要的、并且总的来说是一个成功的重组战略，但是另一个重组战略"杠杆购买"已经引起了多方面的密切关注。杠杆购买(Leverage Buyout，LBO)主要是关于公司内部的或外部的管理者如何购买企业的全部资产(其中大部分是通过借贷融资进行购买)以及如何使该公司私有化的一个重组行为。通常的情况是，买主在获得企业的所有权后会大量变卖一部分资产，归还借贷，只留下可以盈利的部分。从此意义上看，杠杆购买通常要进行重组。

尽管杠杆购买在公司财务重组中作为一个重要的创新方法受到了欢迎，但是也存在消极的作用，首先，大量的借款增加了公司的财务风险。这可由许多20世纪90年代破产公司所提供的证据中得到证明。其次，意欲增加公司的效率和在5年～8年内卖掉资产的想法有时产生短期的和反风险的管理倾向。结果是，许多这样的企业没有在研究与开发方面投资，也没有在保持和改善公司的核心能力上采取行动。这种行为很可能对这些公司的战略竞争能力相对于国内和国际的竞争对手来说产生消极的影响。

研究表明，杠杆购买对成熟业务较为适用。在这样的企业中，如果存在效率低下，并且在R&D等方面不需要太大的投资就可保持战略竞争力，那么通过杠杆购买，就可以在短期内提高效率。

**特别提示**

管理层收购(MBO)、职工收购(EBO)和公司整体收购是杠杆购买的三种方式。

2. 重组的后果

最成功的重组行动应当有助于公司的高级管理者重新获得对公司经营的战略控制。这样，收缩公司的经营范围是最成功的，因为它重新把重心集中在公司的核心业务上。管理者可以控制这些业务的战略行为。

我们知道，大多数非相关多样化经营战略是不成功的，要求公司重组和收缩规模以追求较好的经营效益。然而，一些公司成为事实上的非相关多样化的原因是由于他们剥离了相关的业务。而且，一些原本希望通过重组剥离非相关经营的企业，后来又回过头来继续进行非相关多样化经营。通常的方法是对其他非相关的业务进行并购。换句话说，他们卖出又买进的目的是对企业的业务进行"洗牌"和再组合。事实表明在某种情况下，非相关多样化经营可以对股东产生较高的经营效果。

## 本 章 小 结

企业实施公司层战略的主要原因是增加价值。除非公司能在多个业务中产生规模经济或财务经济，或者通过加深多样化增强市场影响力，否则公司更愿意选择单一或主导业务的公司层战略来寻求发展。企业的公司层战略从中度多样化向高度多样化转变时，规模经济和市场影响力可能是为其创造价值的主要因素。

相关多样化公司层战略可以帮助企业通过行为共享和传递核心竞争力来创造价值。

行为共享通常包括各业务间有形资源的共享。传递的核心竞争力包括将某一业务已获得的核心竞争力传递到另一个业务，还可能包括核心竞争力在公司总部与业务单位间的传递。

行为共享常和相关约束型多样化公司层战略相联系。行为共享的执行和合作是要耗费成本的，因此可能会使各业务单位间利益不均衡，从而可能导致管理人员尽量避免承担风险。

尽管企业可以同时进行行为共享让核心竞争力的传递，但传递核心竞争力通常和相关联系型多样化相联系。

企业实行多样化有时是为了一些价值不确定的因素。税收、政府反垄断政策、业绩不佳、对未来现金流的不确定性都是公司选择进行多样化的因素。

管理者推行多样化的动机(包括提高薪资福利)可能会导致过度多样化和企业创造价值能力的降低。但是，事实证明，大部分的高层管理人员会选择对公司资产有利的战略并拒绝实施会损害公司价值的多样化措施。

由于全球化、各行各业放松管制以及更合理的立法和其他各种原因，国内以及跨国间的收购行为在数量上和价值上都持续增长。

并购战略通常采用现金并购、股票并购、综合证券并购等方式。

企业通过重组纠正无效管理所引起的各种问题，以改善其运营状况。重组的主要目的是达到或重建有效的公司战略控制体系。在三种重组战略中，收缩战略与建立和使用战略控制手段联系最紧密。

# 复习思考题

1. 选择题

(1) 公司在创立初期一般采取的公司战略是(    )。
A. 相关多样化      B. 非相关多样化      C. 单项经营

(2) 企业原有产品的品牌转移给一个新产品或服务，这属于哪种公司战略？(    )
A. 相关多样化      B. 非相关多样化      C. 垂直一体化

(3) A公司购买B公司所有股票，A公司继续经营，继承B公司所有资产和负债，B公司不复存在。这属于哪种企业合并的方式？(    )
A. 兼并            B. 统一              C. 母子公司

(4) 某罐头食品厂投资建设农副产品生产基地，以解决生产所需要的原料问题。该厂实施是这种战略属于(    )。
A. 前向一体化战略  B. 向后一体化战略    C. 横向一体化战略

(5) 某制药厂利用原有的制药技术生产护肤产品、运动保健产品，这种战略属于(    )。
A. 纵向一体化战略  B. 横向一体化战略    C. 同心多样化战略

2. 填空题

(1) 单一业务的多样化战略（single-business diversification strategy）是指当企业_____％的销售收入都来自某一核心业务时所使用的公司层战略。

(2) 为使并购有效，并购企业与目标企业应当拥有_____。只有这样，当两个企业一体化时，才能产生正的协同作用和强化企业的能力。

(3) 两个或两个以上公司通过合并同时消亡，在新的基础上形成一个新的公司，即新设公司称为_____。

(4) _____就是企业在内部投资或对外投资的过程中，通过提高财务资源分配的有效性而实现的成本节约。

(5) _____常使双方人员充满敌意，由于合作不愉快，就会失去许多被并购企业中的重要人才，留下的那些人还会阻碍两个企业一体化和建立协同作用所必需的改革。

3. 判断题

(1) 企业是否应该采用多样化战略，首先要进行多样化战略价值的判断和检验。           (    )
(2) 政府法规对企业的多样化经营有重要的影响，它们是企业多样化经营的外部推动因素。 (    )
(3) 企业的公司层战略从中度多样化向高度多样化转变时，创造价值的主要因素不可能是规模经济和市场影响力。                                                              (    )
(4) 并购战略通常采用现金并购方式。                                             (    )
(5) 重组的主要目的是达到或重建有效的公司战略控制体系。                         (    )

4. 问答题

(1) 公司在实施不同的公司层战略时可以选择哪些不同水平的多样化？
(2) 在实施相关多样化战略的过程中，公司是如何创造价值的？
(3) 哪些动机和资源能促使公司进行多样化？

(4) 为什么有很多参与国际竞争的公司都竞相采用收购战略？
(5) 企业重组有哪些常见的形式？

# 战略训练

1. 案例研究

## 三九陷落

**创业与崛起**

赵新先，1964年毕业于沈阳药学院，随后进入解放军第一军医大学南方医院工作。1985年，赵新先带着他参与研制的"胃泰"等三个科研成果和500万元借款，带着几个年轻人，在一片荒芜的笔架山上，创办了深圳南方制药厂。创业之初，赵新先就表现出了卓越的企业家创业能力，高速度高效率地建设厂房，研制和上马工艺先进的中药自动化生产线，推出拳头产品"三九胃泰"。

创业初期，赵新先亲自率领团队在全国各大城市召开学术研讨推介会，所到之处都刮起了"三九旋风"。在中国企业的营销史上，赵新先还开启了聘请名人代言产品的先河，在中央一套的黄金时间播放的由著名演员李默然代言的三九胃泰的广告，使三九胃泰在全国一炮打响，成为公认的名牌产品。在随后的发展过程中，三九逐步开发了以"三九胃泰"系列、"三九感冒灵"系列、"三九皮炎平软膏"等为代表的一批国家名优产品。自1998年起，在国家经贸委公布的"年度全国制药工业100强"的三项经济指标排序中，三九的销售收入、利润、利税三项指标都排在行业第一位。

1991年，解放军总后勤部出资一亿元从解放军第一军医大学买下了南方制药厂，然后把总后下属的位于深圳的酒店、物业、贸易公司等资产与南方制药厂组合在一起，正式创建了三九企业集团，仍由赵新先担任负责人。当时，在总后勤部下发的《组建三九集团纪要》中，三九集团的发展方向被描述为"跨行业、多功能、外向型"。这为三九此后的多样化扩张埋下伏笔。

**多样化和兼并扩展战略**

三九的多样化最早可以追溯到1989年，当时南方制药厂为了解决产品包装印刷问题，决定与香港越秀公司合资创建九星印刷厂。1990年6月，九星印刷厂正式投产，当年实现产值达3000多万元，第二年就实现年产值6000多万元。九星印刷厂后来成为三九多样化扩张的母体之一，并取得了很好的经济绩效。20世纪90年代前半期，三九进行的一些收购兼并基本上是在医药行业内进行的。比如，1991年三九以70%的股权控股了广东惠州中药厂，把该厂改名为九惠制药厂。

三九早期的多样化和购并，更多的表现为半推半就。作为总后直属的企业，三九不得不承担起一系列兼并注资、扶持总后系统内其他企业的责任。在三九集团成立后的几年时间里，仅仅因为总后的"拉郎配"，三九就在很短时间里收编了一大批来自不同行业的企业。早期的多样化也让三九尝到了甜头。首先，三九集团得以用非常低的成本兼并总后勤部下属的很多医药企业，这使三九在医药主业的资产实力得以壮大。

20世纪90年代中期，赵新先开始认真考虑多样化和兼并战略了。1995年，赵新先正式提出了"第二次创业"的口号，其中心思想是要大张旗鼓地通过兼并实施多样化扩张的战略。当时，国家出台了一系列优惠政策鼓励国有企业之间进行整合，比如规定国有企业兼并可以挂账免息、三年以上的呆坏账可视情况予以冲销等。这为三九的低成本扩张提供了绝好的机会。事实上，有不少地方政府由于仰慕三九的大名而愿意将企业白白奉送。1996年在一次战略动员会上，赵新先提出不要盲目上新项目，而要通过兼并收购，盘活存量壮大自己。还说社会上的这么多资产闲置，是三九下山摘桃子的大好机会，千万不

## 企业战略  管理

要错过,过了这个村,就没了这个店。

在一定意义上,四川雅安制药厂是三九下山摘的第一个桃子。雅安制药厂建于1958年,是最早从事中药针剂药品生产的厂家之一,年产上亿支中药针剂,但是却因为体制落后和经营不善而奄奄一息。1995年底,赵新先主动出击,迅速以80%控股的方式拿下雅安制药厂。通过引进三九管理机制,使雅安在一年之内实现大翻身,1996年实现利税2000多万元,在而后的几年里更是扶摇直上,1997年5000多万元,1998年7500万元,1999年9000万元。雅安成了三九并购扩张的成功样本。

在实施多样化和并购扩张战略的初期,三九还把兼并锁定在属于"进口的"——与食用相关的行业,可是不久就变成"市场需要什么产品,就兼并生产这些产品的企业",其并购对象从医药扩展到食品、酒业、进出口贸易等。1998年,三九甚至决定把汽车项目作为未来投资和发展的一个新重点,其扩张的多样化程度可见一斑。从1996年到1999年,三九以承债方式收购了近60家企业,迅速成为一个跨多个行业多个地区的大型企业集团。当时的三九集团,俨然是盘活国有资产的先头部队,一时间赢得了政府和媒体的广泛赞誉。而赵新先,也成为中国医药产业化的第一人,一个具有传奇色彩的创业者、企业家和战略家。

1999年,赵新先有了一次与美国通用电气CEO韦尔奇先生对话的机会。对话后,他明确地提出了使三九成为"500强"的愿景。一时间,"韦尔奇怎样,我们也要怎样"的句式成了三九内部的口头语。当了解到通用电气旗下的金融机构对通用电气的多样化战略发展起了关键作用之后,赵新先很快就与光大银行、深圳中行等金融机构达成联合协议,出资1.55亿元控股了深圳租赁公司,并将其改名为深圳金融租赁有限公司,意图通过该公司为三九集团的多样化战略继续融资。

2000年,三九集中了集团的医药部分的优质资产在深圳证券交易所以"三九医药"的名字挂牌登陆A股市场,首发融资17亿元。资本市场的强大力量让赵新先眼睛一亮。从此,三九开始通过资本市场的运作来为集团的产业扩张助力。在短短两年之内,三九又先后借壳两家境内上市公司——胶带股份和宜春工程,将它们置换为"三九发展"和"三九生化"进行融资。

2001年,为了给汽车项目等多样化的后续活动注资,三九集团累计占用下属上市公司资产资金高达25亿元,其中三九医药的大股东占款竟然达到了上市公司净资产的96%。大股东占款事件遭到了证监会的通报批评和立案稽查。当年审计署在对三九集团审计中发现,三九集团的银行负债按初步估计就已经高达50亿元,而这一数字在2003年则扩大到了100亿元。

尽管当时三九的扩张策略已经受到质疑,其负债情况也被广为关注,三九依然没有停下扩张的步伐。就在2003年,三九还收购了一家日本企业,作为实现赵新生"中药国际化"的重要战略步骤。与此同时,三九还在连锁药店经营领域大举投资,并且宣称要在五年内将全国的三九连锁药店数目提高到1万个(2003年还只有1000个)。

2003年年底,三九集团已经开始遭遇由21家债权银行组织的追债。此后形势急转直下,2004年三九遭遇四大主要债权银行起诉,许多资产被冻结;同年5月,身兼四职的赵新先突然因年龄原因免职离退;三九旗下的上市公司股票纷纷跌停。好像只在一瞬间,三九,这个多年来一直是中国公认的最有影响力的医药综合集团,大厦将倾。

2005年底,赵新先被拘押并进而以渎职罪被检察机关起诉。

**结局还是开始?**

2004年以来,国资委一直寻找拯救三九的办法。2007年3月16日,国资委发布通告,华润集团被最后选定为三九集团重组的战略投资者,这意味着对三九集团的债务清偿和全面重组开始启动。对于三九集团的员工来说,这既是一个好消息,也可能是一个坏消息。三九未来的整合结果,无法预料。而每个人的命运,仍然悬而未决。

三九集团所属的深圳南方制厂坐落的深圳笔架山西南侧的山坳里,有一个看守所叫深圳梅林看守所。

此时，三九集团的创始人、曾经的当家人赵新先生正在此处被关押着。当华润入主三九进行重组的消息传来，不知道赵新先会不会感慨万千。历经22年的三九，也许才刚刚开始……

参考文献：徐明天．三九陷落．北京：企业管理出版社．2006．

**问题：**

(1) 从三九案例能得出多样化战略是一种危险的战略这样的结论吗？

(2) 请跟踪最新发展情况，评价华润对三九的整合战略与效果。

(3) 企业在什么情况下选择相关多样化，在什么情况下选择不相关多样化？以三九集团为例进行讨论。

### 2. 文献查询作业

找出一家实行垂直一体化，但结果似乎是降低多样化价值而不是创造价值的企业。识别出造成这种情况的原因，指出该企业应当如何采取措施纠正这种情况。

### 3. 小组学习与讨论

将全班分成几个3~5人的小组，推举一名成员作为小组发言人，代表小组报告本组学习下列资料后的讨论结果。

许多研究人员评论说，比亚迪汽车的核心竞争力是垂直一体化。的确，相对于通用、福特等，比亚迪的外包业务比例极低，比亚迪汽车几乎所有的组件（至少70%），除了轮胎和挡风玻璃等通用组件外，包括模具、转向、减震、散热、坐椅、刹车，甚至自动DVD都是自制的。这种垂直一体化，意味着比亚迪在进入汽车制造业务之初，需要承担巨大的初始资本。虽然比亚迪从电池和IT业务中已经赚得足够的利润，但如何能使这种昂贵的生产方式变得富有竞争力依然是一个不解之谜。

唯一的答案是，对于比亚迪而言，自制比外包更加便宜。于是问题就演变为：比亚迪如何能够有效地自制这么多种汽车组件？

### 4. 阅读材料

如下内容节选自J. B. BARNEY教授的《战略管理：获得与保持竞争优势》第三版。上海人民出版社，2011年8月出版。

## 不确定性与纵向一体化：实物期权视角

期权（option）是以预定的价格在预定的期限内购买或者销售一项特定的资产的一种权力，而不是一种义务。金融期权（financial options）是以金融资产（如股票）为标的物的期权。因此，股票期权（stock option）给予人的是权力而不是义务去以预定的价格在预定的期限内购买或销售特定的股票。实物期权（real option）是以有形资产为标的物的期权，如工厂分销网点或者是技术。例如，当企业建设新的工厂时，它不仅有机会经营该新工厂，还有权力，而不是义务，在未来将工厂扩大到一定程度。扩大工厂的期权在这种意义上就是实物期权。

实物期权逻辑关注的是企业在未来适应其战略的能力，该能力取决于未来的不确定。考虑到在未来调整战略的重要性，实物期权关于治理机制的分析暗示着，关于一项特定投资是否最终有价值存在严重的不确定性时，应选择最大化战略灵活性的治理机制。

一般地，层级化较低的治理机制比起层级化较高的治理机制更具灵活性。这是因为，解除构建层级治理机制所必需的投资的成本高于解除构建非层级治理机制所必需的投资的成本。为了解除非层级治理机制，合约可以很简单地解除；为了解除层级治理机制，商业职能必须被外包，而员工会被解雇，管理人员会被重新签约或解雇，未意识到的投资价值将被一笔勾销。所有这些都比解除非层级治理机制花费要高。这一逻辑导出了如下建议。

建议：为了保持灵活性，具有高度不确定性特征的交易不应该被纵向一体化。

要注意的是，实物期权所强调的不确定性是关于某项投资的未来价值的不确定性。这与交易成本逻辑所强调的不确定性不一样。交易成本逻辑强调的不确定性是关于交易中无法预测的机会主义威胁的不确定性。尽管在特定的交易中有可能两种不确定性都存在，但它们并不总是同时存在。当交易中的不确定性是关于机会主义的可能来源时，交易成本逻辑占主导并且应选择更高层级化的治理机制；当交易中的不确定性是关于投资价值的不确定性时，实物期权逻辑占主导并且应选择较低层级化的治理机制；当两种不确定性都存在时，最小化机会主义威胁并保持灵活性的价值决定最优的治理机制决策。

有关着眼于未来交易价值不确定条件下的治理机制选择的经验研究与实物期权逻辑相一致。在这些条件下，企业更易于选择中间治理机制而不是层级治理机制，尽管交易中的机会主义威胁可能非常严重。在这些不确定条件下，保持以低成本迅速改变治理机制的灵活性价值很高。

考虑这样一个例子，一家制药企业打算通过应用生物工艺生产一种新药而进入生物制药行业。新药的研发，总体上来说，是一件非常不确定的事。是否能研发出新药，新药是否如预期的那样有效，它是否有未预见的负面影响，它是否能够得到政府的批准，其他企业是否生产与之竞争的药品，这些都具有不确定性。这些不确定性在生物工艺被应用于研发这种新药的过程中又会增加数倍，因为生物工艺还处于新的未被开发的阶段。

进入生物制药行业，制药企业至少有两种可选择的治理机制：第一，企业可以以培养生物工艺能力以及投资生物工艺研究以便开发新药的方式纵向一体化该行业。尽管这种管理该投资的方式有一些优势，其主要的缺点是，让一个制药企业专注于一个或小数目的药物研发项目。在更为成熟的研发环境下，企业能够估计某一研究项目获得正收益的可能性。然而，在生物制药行业中，任何一个项目是否能够产生成功的新药物的可能性是不确定的。通过纵向一体化投资相对较小数目的研发项目，这对企业来说或许是非常轻率的行为，该行为可能不会创造价值。第二，企业可能决定不进行纵向一体化生物工艺，而是与几个，甚至是上百个小型生物工艺企业建立关系。逐渐地，这些关系会典型地成为某种类型的战略联盟。通过建立这些关系，制药企业避免了过度草率的特定行动方案，而是保持灵活性只寻求那些显得最有希望的研发项目。一旦某一个小企业的研发项目显示出不寻常的成功希望，制药企业可能决定通过并购该小型企业而纵向一体化该项目。因而，比起一开始就决定纵向一体化生物工艺的制药企业，这一纵向一体化决策是在面临更低的不确定性条件下制定的。

从历史上看，大多数寻求生物工艺机会的制药企业都采取了第二方式。在不能提前预知应投资哪些特定项目时，制药企业往往与数百个小型生物工艺企业建立关系，这些企业中的每个都进行多个生物工艺研发项目。这就产生了大型企业只投资于那些最有可能得到报酬项目的灵活性。只有当该行业内的不确定性都得以解决之后，这些大型企业才做出其纵向一体化的最终决策。

# 参 考 文 献

[1] [美]查尔斯·希尔(Charles WF. L. Hill)，G. R. 琼斯(Careth R. Jones). 战略管理. 孙忠，译. 北京：中国市场出版社，2007.

[2] [美]杰伊·巴尼(J. B. Barney). 战略管理：获得与保持竞争优势. 3版. 朱立等，译. 上海：格致出版社，2011.

[3] [美]迈克尔·希特(Michael A. Hitt). 战略管理：竞争与全球化. 8版. 吕巍等，译. 北京：机械工业出版社，2009.

[4] 王玉. 企业战略管理教程. 2版. 上海：上海财经大学出版社，2005.

[5] 张秀玉. 企业战略管理. 2版. 北京：北京大学出版社，2005.

[6] 王铁男. 企业战略管理. 哈尔滨：哈尔滨工业大学出版社，2005.

[7] 史世鹏. 愿景管理——企业塑造未来的战略方法. 北京：中国物价出版社，2004.

[8] [美]格里·约翰逊，凯万·斯科尔斯. 战略管理案例. 6版. 王军，译. 北京：人民邮电工业出版社，2004.

[9] 杨锡怀，冷克平，王江. 企业战略管理理论与案例. 北京：高等教育出版社，2004.

[10] [美]罗伯特·格兰特(Robert M. Grant). 公司战略管理. 胡挺，张海峰，译. 北京：光明日报出版社，2004.

# 第 6 章　国际化战略

**教学要求**

通过本章的学习，了解企业实施国际化战略的动机，明确企业成功实施国际化战略能获得的主要优势，理解"国家优势钻石"模型，熟悉全球化战略、多国化战略、跨国化战略的具体形式，对企业进入海外市场的方式有所了解。

> 我们在美国设厂本身就是自找苦吃，只有这样才能真正提高我们的国际竞争力。你不去大海行驶，你就永远不知道风浪的险恶。
>
> —— 张瑞敏

国际化战略　区位经济　"国家优势钻石"模型　全球化战略　多国化战略　跨国化战略

## 腾讯：从中国到印度

腾讯公司成立于 1998 年 11 月，是目前中国最大的互联网综合服务提供商之一，也是中国服务用户最多的互联网企业之一。成立十年多以来，腾讯一直秉承着一切以用户价值为依归的经营理念，始终处于稳健、高速发展的状态。目前公司主要产品有 IM(instant messenger，即时通讯)软件、网络游戏、门户网站以及相关增值产品。

用互联网的先进技术提升人类的生活品质是腾讯公司的使命。腾讯 QQ 的发展深刻地影响和改变着数以亿计腾讯网网民的沟通方式和生活习惯，它为用户提供了一个巨大的便捷沟通平台，在人们生活中实践着各种生活功能、社会服务功能及商务应用功能，并正以前所未有的速度改变着人们的生活方式，创造着更广阔的互联网应用前景。

目前，腾讯以"为用户提供一站式在线生活服务"作为自己的战略目标，并基于此完成了业务布局，构建了 QQ、腾讯网、QQ 游戏以及拍拍网这四大网络平台，形成了中国规模最大的网络社区。

2008 年 7 月，腾讯借助印度环球网络公司(India Global Internet，MIH)进入印度互联网市场。腾讯选择在印度发展的原因：

## 第6章 国际化战略

- 互联网市场在印度发展迅速,其发展模式与中国类似,因此有利于在印度扩张。
- 印度的即时通信业务公司数目并不特别大,这使得腾讯看到了进入印度市场的机会。
- Naspers有限公司是南非有95年历史的老牌传媒巨无霸,通过其旗下的MIH中国拥有腾讯34.65%的股份。在Naspers开拓新兴市场的举措中,腾讯既是不可或缺的商业伙伴,也是最重要的一枚棋子。Naspers有限公司已持有MIH印度和MIH中国股票,由于这种潜在的利益,腾讯决定投入其在印度的业务。
- 与中国一样,印度是一个拥有大量互联网用户的国家。据报告显示,目前印度有6000万互联网用户,增长率高达7.8%,在世界上是最高的。更重要的是65%的互联网用户使用即时通信工具。这是腾讯进入印度的互联网业务难得的一个机会。

MIH在印度当地除了网上社交平台ibibo,还拥有几个名不见经传的,分别与搜索、教育、找工作、旅行、网络拍卖相关的网站。同时,MIH还在印度拥有一家移动增值服务商ACLW30%的股份。理论上,腾讯能从这些分享权益。然而近两年时间后,腾讯借助MIH仍然没有进入印度主流公众视野。即使在印度互联网圈子里,也没有几个人真正了解腾讯和MIH。腾讯QQ的印度版也在当地遭遇水土不服。

腾讯曾对媒体表示,这项投资是跟大股东协商决定的,仅是对印度市场的探视。而这次合作目的:一是进行面向海外的技术转移的尝试;二是熟悉印度当地网民的消费习惯和偏好,而在营收和盈利方面则暂无考虑。

在腾讯宣布入股MIH的同年9月,南非媒体ITWeb报道称,腾讯与MIH携手进入印度无线市场。当时的MIH试图把腾讯的移动QQ移植在ibibo之上,做一个吸引用户的杀手锏。于是一个除了名字叫ibibo messenger,里外都和QQ一样的即时通讯软件出现在了ibibo网站的左下角。遗憾的是,这项服务并没有为ibibo吸引到更多的人气,更多的印度人仍选择使用MSN、雅虎通、Gtalk这样的聊天软件。

"在印度,使用互联网的人都非常精通英语,崇尚美国来的先进玩意。他们都愿意选择美国网站的印度版本,而不是其他。"印度英文商业类畅销书《这发生在印度》(It Happened in India)的作者Dipayan Baishya这样对《中国企业家》分析,"印度至今没有成功的本土互联网公司。"

腾讯在中国有4.48亿来自不同阶层、收入水平活跃用户的支持,而在印度,互联网仍是精英小众的爱物。一项来自Forrester调研数据表明,拥有12亿人口的印度,目前只有1410万上网用户,这些用户多来自城市地区,以高收入、高学历的男性为主流。

并且,刨除印度使用英语的精英人群,还有更大一部分的印度人操持着各种各样的当地语言(仍在使用的约有200多种),腾讯怎么能保证设计出满足各种人群的即时通讯界面?要知道,诺基亚为了进军印度市场,曾设计出10种印度方言的手机界面。

虽然烧掉了许多钱,但似乎MIH和腾讯买回了不少经验和教训,也许对他们而言,之前走的弯路和耗费的银子是在一个完全陌生的市场上探路的必然代价。

MIH现在似乎已经明白,山寨Facebook在印度永远成为不了Facebook,拼命打广告也无法带来真正的粘性用户。与中国大相径庭的国情,也造就不了另一个凭借即时通讯软件和无线增值服务就聚拢起大量人气的腾讯。这并不是一个像中国那样均值化程度非常强的市场。

ibibo现在摇身一变,从娱乐为基础的互联网社交平台,旗帜鲜明地重新定位成互联网社交游戏平台,并立足于精英阶层以外的二线城市市场。在其网站上,提供偷菜、抢车位这样中国人再熟悉不过的社交游戏,还有在线扑克跟撞球这种大众游戏。

"这在印度是个独特卖点,还没有网站这么为自己定位。而且,我认为做游戏类网站才能更好的利用腾讯的优势。"Dipayan说道。

考虑到印度的互联网市场还是刚刚起步,其中仍孕育着巨大的机会,Dipayan对于ibibo的未来还是持有乐观态度。

在印度,移动互联网比传统互联网有更大的市场,这里有4亿人拥有手机,进入3G时代,更多印度人将通过手机而非电脑接入网络。目前在印度，支持社交网络平台的手机已经开始热卖，有趣的是，廉价的中国手机正是这股智能手机风潮的主要助推者。

（注：此案例由作者根据多方面资料汇编而成。）

 **案例点评： 好的战略铸就好的未来**

国际化战略的实施要点是企业能敏锐识别国际化机遇，将其具有价值的产品与技能转移到国际市场并创造价值。

企业多样化、兼并和收购、战略联盟是公司利用在某一项业务活动中的资源和能力优势来获得其他战略相关的业务活动的优势的不同战略形式。资源和能力是公司实施不同战略形式的基础和条件。

然而，公司同样可以通过进行多区域性市场经营活动来利用其资源和能力。本章着重论述公司如何在多区域市场利用其资源和能力，特别是当其发展跨国公司时，这种跨地区经营的战略对企业的绩效和竞争力有怎样的影响。在多个国家中运营的公司采用的是国际化战略(international strategies)。而国际化战略事实上是多元化战略的一种特殊形式，第五章讨论的大部分内容同样适用于国际化战略。在本章中，我们将着重讨论国际化战略的相关内容，分析国际化战略的独有特点。

## 6.1 识别国际化机遇

### 6.1.1 企业国际化战略的动机

国际化战略(international strategy)是指让企业在本国市场以外销售产品或服务的战略。企业实施国际化战略的一个主要原因是国际市场存在新的潜在机会。

雷蒙德·弗农(Raymond Vernon)阐述了企业进行国际多元化的典型原理。他认为通常是一个公司在本国(尤其是类似美国这样的发达经济体)市场上推出了一项新产品，其他国家对这项产品的需求随之产生，于是企业开始将本地制造的产品出口。当国外市场上的需求增长到一定程度时，该公司就会开始国外运营，特别是为了挤出国外竞争者。由此，弗农认为企业实行国际多元化战略的原因之一是为了延长产品的生命周期。

 **知识链接**

雷蒙德·弗农(Raymond Vernon)：美国经济学家，1931年出生，二战以后国际经济关系研究方面最多产的经济学家之一。他于1966年发表《产品周期中的国际投资和国际贸易》一文，提出了著名的产品生命周期理论。

进行跨国经营的另一个传统动机(traditional motive)是要获取所需资源。在一些行业中，重要原材料的供应，特别是矿物和能源的供应至关重要。而在另一些行业，例如服装、电子、钟表制造等则将一部分业务转移到国外以降低生产成本。显然，中国企业国际化扩张的原因之一是获取重要资源。

## 第6章 国际化战略

虽然这些传统动机持续存在,但是其他一些新兴动机也同样促进了企业进行国际化扩张。例如,对产品的需求促使企业进行全球运营一体化的要求与日俱增。随着国家工业化进程的发展,对一些产品和商品的需求也越来越相似。这种对国际化品牌产品的无差异需求可能是由于发达国家生活方式相似性造成的。全球化的通信媒介的发展也方便了不同国家的人们想象和模仿不同文化背景下的生活方式。例如宜家在全球自己拥有或通过经销商运营300多家商店,在44个国家销售家居产品,成为全球化品牌。2010年它的销售额达到319亿美元。它销售的家居产品都是以部件形式,便于进行扁平包装,由顾客购买后自己组装。这比组装好的家居产品更便于运输,对其全球化品牌的发展至关重要。

 **知识链接**

宜家(IKEA)是瑞典家具卖场。大部分的卖场位于欧洲,每年印刷量高达一亿本的IKEA商品目录中,收录有大约12000件的商品。

在一些行业中,技术驱使企业进行全球化,因为要通过规模经济将成本降到最低水平。企业还承受着削减成本的压力,因而需要从全球供应商中选择价格最低的。例如,对于一项新兴业务来说,国内可能没有相应的研发人员。

由于货币汇率的波动,企业为了减少一个国家货币贬值的风险,更倾向于将工厂分布在包括新兴经济体在内的多个国家。然而新兴经济体的独特性同时带来了机遇和挑战。例如印度,虽然在文化、政治、经济体制等方面与西方国家有诸多差距,它却有一个非常有潜力的庞大市场,并且政府也对外国直接投资越来越表现出支持态度。然而中国和印度与西方国家之间巨大的差异给西方国家企业的成功范式也带来巨大挑战,强调企业必须拥有必要的技能来管理财务、经济和政治上的风险。

在国际化市场中,各个国家或地区的雇佣合同及劳动力的差别也相当大。例如,由于雇佣政策的差异,在解雇员工方面,在欧洲国家就要比在美国更困难。很多时候东道国政府要求外国公司在进行本地运营时与当地公司合营,这样可以免除关税;另外还经常要求大部分的采购、制造和研发运用当地资源。这样的情况增加了对本地投资的需求和义务,而非寻求全球化的规模经济。

### 6.1.2 成功的国际化战略能获得的主要优势

企业成功采用国际化战略能从中获得四项主要优势:①扩大市场规模;②对于较大的资本投资或新产品开发和流程投资,获得更高的投资回报;③较大的规模经济、范围经济和学习效应;④选定特定区域而具有的竞争优势(如是否能够获得低成本劳动力、关键资源或客户)。

**1. 扩大市场规模**

通过进入国际市场,企业能够有效扩大潜在市场的规模,有时相当可观。

 **知识链接**

大量外国医药企业对中国进行直接投资,是因为看中其庞大的市场。一位研究人员发现其所研究的医药企业中大约85%通过与中国本土企业合资的方式进入中国市场,剩下的则是在中国成立全资子公司。

美国的软饮料业一段时间以来努力发掘国外市场。其中最大的两个竞争者百事和可口可乐这些年来在美国市场有相对固定的市场份额。近来百事开始在日本推出本土化改造后的软饮料,以在日本市场获取更高的销售额和利润。例如它推出了限量的 Ice Cucumber 饮料并在退出市场前销售出 480 万瓶。除 Ice Cucumber 外,百事还推出了草莓味汽水 Pepsi Blue 并获得巨大成功。限量版的饮品就是为日本消费者量身设计的。

国际市场的规模大小也影响到公司是否愿意在这个市场进行研发投资,以在该市场中创建竞争优势。较大的市场通常意味着较高的潜在投资回报和较低的投资风险。目标国家的科技设施同样也影响企业的投资决策。大多数公司都倾向于在科技知识和人才较多的国家进行投资,目的是通过其研发活动创造高价值的产品或流程。德国的跨国企业越来越多地投资于国际化研发,这主要是为了进行原材料开发和学习,而不是出于寻找市场的动机。

**特别提示**

要改变与消费者文化价值取向或传统习俗相关的品位和爱好并不是一件容易的事。然而对于只有有限成长机遇并在本国市场进行激烈竞争的企业来说,国际化战略是一个更具吸引力的选择。

2. 投资回报

对于想从巨额投资(如建立生产基地、购买资本设备或进行研发)中获得收益的企业来说,大规模的市场容量是至关重要的。于是,许多行业如电子方面的研发密集型行业,都要实施国际化战略。除需要大规模市场以回收在研发上的大量投资外,新技术的发展一直呈快速增长趋势,导致新产品淘汰周期(产品的生命周期)越来越短,因此需要更快回收投资。另外,企业开发新技术的能力不断提高,而国家之间专利法的差异导致竞争对手的模仿速度越来越快,通过剖析新产品的特点、技术以获得该产品的核心技术,进行逆向工程(reverse engineering),通过改进重新开发出与企业产品相似的改进产品。由于竞争对手能相对较快地进行产品模仿,于是企业需要更快地收回新产品的开发成本。因此对于如医药业等行业来说,企业通过国际化扩张获得更大市场具有强烈的吸引力,因为这使企业有更多机会快速回收大额资本投资和大规模研发费用。

**知识链接**

逆向工程(reverse engineering),也叫反求工程、逆向技术。是根据已有的某种产品的结构、功能、运作进行分析、分解、研究,推导出具体的实现方法。

然而,尽管还有其他方面的原因,企业在国际市场中进行投资的主要原因还是能够获得高于平均水平的投资回报。

3. 区位优势

全球化可帮助企业取得区位的优势,以降低产品与服务的成本。例如有些国家的人力资源或生产的原材料很便宜,因此若在该地设厂,可以取得比较成本优势。除了成本上的优势外,有些地点由于位置接近主要的顾客或供应商,因此可以就近服务于重要的顾客。

当企业通过地点的选择，而可以掌握重要原材料或服务于重要的顾客，这时便可以产生区位经济(location economies)。

知识链接

区位经济(location economies)是指将某一价值创造活动安排在最适合活动的地点进行，因而所产生的经济效益。

区位经济主要来自两种效果：首先是降低价值创造的成本，帮助企业实现低成本战略；其次是使企业可以进行产品的差异化，来创造最独特的价值，以便取得相对于竞争者较高的差价。一般而言，将所有的价值创造活动分散到合适地点，以实现区位经济的企业，其绩效会比将所有价值创造活动放在同一地点的企业绩效要佳。例如，耐克运动鞋可能在意大利和美国设计产品，但主要的生产活动在中国大陆进行，而整个全球市场的营销战略则在美国掌控。当企业所面对的竞争压力增加时，这样的区位经济对于企业生存尤为重要。

4. 规模经济和学习效应

全球化可以帮助企业很快地取得经济规模与学习效果，特别是生产上的经济规模与学习效果。借助标准化的产品与相似的生产设备，企业可以在全球市场的基础上，实现更佳的经济规模与学习效果。同时，通过全球化，也可以将核心竞争力扩散至其他国家，因此一些重要的资源、能力与知识，便可以在不同国家间分享。同时，这也有助于不同国家间的学习。

由于全球市场的规模远比单一国家或地区的市场规模要大，因此，若将全球的需求量集中在某单一工厂来生产，如此便很容易将经验曲线降低，以产生规模经济。如果该工厂所在的地点，刚好也是它能实现最佳经济效益的地点，也就是同时能实现区位经济和规模经济，这时所获得的总经济效益将会更高。

全球化的一个最重要的利益，就是加强企业的学习能力，并将它们所学到的新的能力、知识和技术转移到其他的市场中。例如一项针对不同国家的 90 个新产品导入个案所进行的调查发现，跨国家的新产品导入的能力取决于企业能否转移或运用关于海外市场的知识，通常使用由不同国家的人们组成的团队，在跨国家新产品导入方面的能力较强。另外，文化差距也会阻碍企业的学习。

特别提示

研究发现，进入一个海外国家的成功与否与过去进入同一国家或相同文化国家的经验呈正相关。

## 6.2 国际化战略的选择

### 6.2.1 影响国家竞争力的因素

为什么某些国家及其产业更具竞争力？在我们讨论了某些国家及其产业胜过其他国家

的原因之后，就能更好地分析企业在进行国际化扩张时，为了创造竞争优势所能采取的各种不同战略。

哈佛大学的迈克尔·波特与30位研究者组成的一个研究小组历经4年研究，考察了10个领先的贸易国家成功的竞争模式。他的结论是，四个主要的国家特征既各自独立、又系统地组成了所谓的"国家优势钻石"模型。实际上，这些特征共同决定着每个国家产业建立和运行的活动范围。主要包括以下几个因素。

（1）要素条件。国家在生产要素方面的地位，如技术性劳动力或基础设施，这是参与特定产业竞争所必需的。

（2）需求条件。国内市场对工业产品和服务的需求特征。

（3）相关产业和支持产业。国内存在或是缺少参与国际竞争的供应商产业和其他相关产业。

（4）企业战略、结构和竞争对手。国家对公司成立、组织和管理的治理状况，以及国内竞争者的特征。

下面我们首先简要地讨论每一种要素。

1. 要素条件

古典经济学指出，土地、劳动和资本等生产要素是创造可使用消费性产品和服务的基本组成部分。但当我们思考全球范围的经济增长时，这一原理就只有部分是正确的，发达国家的公司为了寻求胜过其他国家企业的竞争优势，创造出很多生产要素。例如，依赖于科技创新的国家或产业必须拥有可利用的技术性人力资源。这种资源不是继承来的，它是通过投资于产业特定知识和能力而创造出来的。一国的支持性基础设施也很重要，如交通运输和通讯系统，以及金融体系。

为了实现竞争优势，必须开发出特定于产业和企业的生产要素。另外，归一个企业或国家支配的资源存量，没有配置这些资源的速度和效率重要。因此，在一国内部创造出的企业特定知识和技能是稀缺而珍贵的，很难模仿，并且能被快速而有效地配置。这种生产要素最终导致了一国的竞争优势。

例如，岛国日本几乎没有大陆块，只得限制贮存存货的昂贵仓库空间。但通过首创JIT(just—in—time)库存管理，日本公司努力创造出一种具有竞争优势的资源，并战胜了其他国家有大量库存的公司。

2. 需求条件

需求状况指顾客对某一产业物品和服务的需求。那些需要高度特殊性和复杂性产品、服务的顾客迫使公司为满足这种需求，创造出创新性、先进性的产品和服务。这种顾客压力对一国的产业提出了挑战，但这些挑战导致的结果通常是改进现有产品和服务，并创造出竞争优势战胜别国企业。

过于苛求的顾客会推动企业超越别国的公司，而后者国家中的顾客不怎么苛求，更满足于现状。拥有苛刻顾客的国家会推动本国企业为满足高标准而更新现有产品与服务、创造创新性产品与服务。因此，顾客需求状况影响企业如何看待市场，更为苛刻的顾客激励着产品和服务的进步。这反而有助于一国产业更好地预期未来全球的需求状况，并在参与竞争的国家意识到这种产品和服务的需求之前就抢先对产品和服务需求作出回应。

**知识链接**

丹麦以环保意识闻名于世。消费者对环保产品的需求促使丹麦制造商在控制水污染设备方面取得了领先地位，它成功地将这些产品出口到了其他国家。

3. 相关产业和支持产业

相关产业和支持产业能使企业更有效地管理投入。例如，拥有雄厚供应商基础的国家通过增加下游活动的效率得到了收益。竞争性供应商帮助企业获得的投入具有成本高效和生产流程快捷的特征，这样就降低了制造成本。而且，与供应商的密切工作关系很有可能发展出竞争优势，所采用的联合研发和持续知识交流对供应商和制造商都有益处。

相关产业通过企业间的联合努力提供了类似的机会。另外，相关产业有可能创造出进入市场的新企业，通过加剧竞争迫使现有企业采取各种方法变得更具竞争力，如成本控制、产品创新和新的分销方法。总之，这使本国产业比缺乏竞争的国家多了一个竞争优势的源泉。

意大利制鞋业的支持产业显示出这种产业如何能够产生国家竞争优势。在意大利，鞋类制造商在地理上位于供应商的附近，制造商与皮革供应商之间存在持续的交互作用，当一种鞋还处在原型阶段，厂商就学会了新的纺织、染色和制造技术。早在其他国家的公司意识到新式样之前，制造商已经能够预测到未来的需求，并调整工厂适应新产品。

与此相似，在瑞士，相关的制药产业（如染色产业）在地理上的邻近使这个国家的企业在市场中占有了领先地位，如霍夫曼·拉·罗奇公司（Hoffman LaRoche）和桑多兹公司（Sandoz）在很多药物产品中使用了本地制造商的染料。

4. 企业战略、结构和竞争对手

在拥有强大消费需求、强大供应商基础和来自相关产业的高度新进入潜力的国家中，竞争特别激烈。这种对抗性竞争将提高企业的效率，企业正是以此在本国市场进行开发、营销、分销产品和服务。这样，国内竞争强烈地推动企业进行创新和寻找新的竞争优势源泉。

有意义的是，这种激烈的竞争会迫使企业为寻找新市场而走出国界，参与全球竞争。在波特"国家优势钻石"模型的所有要点中，国内竞争似乎是全球竞争成功的最重要指标。经历过激烈的国内竞争的企业最可能拥有规划好的战略和结构，这会使它们在世界市场上成功地竞争。

另外，波特还指出了其他两个重要因素：第一，政府的角色。政府可以通过补助金、法规和在教育方面的投资来对上述四因素中的任何一个起作用。第二，偶然性事件的角色。偶然性事件可以用不可预见的方式转变竞争形势，如战争、重大发明等。

如图6.1所示，迈克尔·波特的"钻石"模型（"diamond" model）主要描述了在主要的全球行业和与特定国家或地区环境相关的企业中，企业取得竞争优势所需要的要素。模型中的四个维度强调了国家经济的环境和结构属性，它们影响着国家的竞争优势。

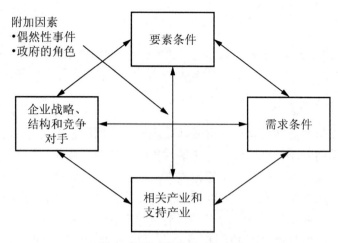

图 6.1 国际优势的决定因素

 **特别提示**

波特以 100 多个产业中的企业案例记录为基础得出了他的结论。尽管成功的全球竞争者所运用的战略很不相同,但还是存在共同之处:在全球市场上获得成功的企业首先在本国市场的激烈竞争中取得了成功。由此,我们可以得出这样的结论:国际化战略企业的竞争优势是从不懈而持续的改进、创新和变革中成长起来的。

### 6.2.2 国际化战略的分类

如果企业有跨行业、跨国家或地区的业务时就需要实施国际化战略。企业选择的国际化战略类型以公司生产的产品及地理多元化为重点,分别为多国化战略、全球化战略和跨国化战略,如图 6.2 所示。

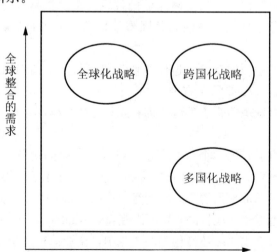

图 6.2 国际化战略的选择

### 1. 多国化战略

多国化战略(multi-domestic strategy)是指企业将战略和业务决策权分配到各个国家的战略业务单元，由这些单元向本地市场提供本土化的产品。多国化战略注重每个国家或地区之间的竞争，认为各个国家市场情况不同，于是以国界来划分市场区域。多国化战略采用高度分权的方式，允许每个部门集中关注一个地理区域、地区或国家。换句话说，每个国家的消费者的需要与需求、行业状况(如竞争者的数量和类型)、政治法律制度和社会标准都各不相同，多国化战略让各子公司的管理者有权将企业产品个性化来满足本地消费者的特殊需求和爱好，因此该战略能使企业面对各个市场的异质需求时的反应最优化。

选择多国化战略通常会扩大本地市场份额，因为企业能关注当地顾客的需求。但是不同国家的业务单元在不同的市场上采用不同的战略，将增加公司整体的不稳定性。此外，本土化战略不利于公司实现规模效应，因此成本更高。于是采用本土化战略的公司将战略和业务决策权分散到各个国家的业务单元。大型欧洲快速消费品企业联合利华曾使用高度分权的方法管理它的国际业务。该方法让分区经理有高度自治权，可根据市场需求来调整产品。

### 2. 全球化战略

与企业的多国化战略相反，全球化战略(global strategy)认为不同国家市场上的产品会日趋标准化，因此全球化战略更加集权，强调由母国总部控制。不同国家的战略业务单元相互依存，而总部试图将这些业务单元整合。企业采用全球化战略是指在不同国家市场销售标准化产品并由总部确定竞争战略。采取全球化战略的企业注重规模经济，有更多机会在公司层进行创新或将一国的创新应用于他国市场。

虽然全球化战略降低了企业所承担的风险，但也可能带来一些负面影响，如放弃本地市场的一些发展机遇，或者因为这些市场难以辨识，或者因为该机遇要求产品进行本土化。全球化战略对本地市场的反应相对迟钝，并且由于企业需要跨越国界的协调战略和业务决策，所以难以管理。雅虎和eBay在进入亚洲市场时就面临这些挑战。例如，eBay在试图将它在北美的商业模式和方法引进日本和中国市场时并不成功。后来eBay再次进入中国市场，但是CEO梅格·惠特曼(Meg Whitman)说她目前没有计划再次进入日本市场。雅虎在中国也曾经步履维艰，换了好几任CEO，试图找到在中国市场进行有效竞争的正确模式。

**知识链接**

梅格·惠特曼(Meg Whitman)，美国eBay公司前首席执行官。她拥有普林斯顿大学经济学学士和哈佛商学院工商管理硕士学位。

雅虎(Yahoo!)是美国著名的互联网门户网站。其服务包括搜索引擎、电邮、新闻等，业务遍及24个国家和地区，为全球超过5亿的独立用户提供多元化的网络服务。

通过全球化战略达到有效率的运营，需要跨国的资源共享以及协调合作，这又需要集权与总部控制。研究进一步认为，在类似欧盟这样的地区开展一体化进程的地方，全球化战略的效用将得到提升。

西迈克斯集团(Cemex)是全球第三大水泥制造商，仅次于法国的拉法基集团(Lafarge)和瑞士的霍尔森集团(Holcim)，并且是最大的混凝土生产商。这种产品将水泥制品需要的各种成分按照配比包装好，方便现场使用。

西迈克斯在美洲和欧洲的市场势力很强，它为50多个国家的客户服务，在全球拥有50000多名员工。因为西迈克斯有效采用全球化战略，它的集权过程促进了在美国、欧洲和亚洲收购的几个业务部门的整合。为了整合全球业务，西迈克斯利用互联网改进了物流运作并管理着一个庞大的供应网络，从而增加销售额并降低成本。对不同国家运营与统一标准之间的对接是其主要途径。由于全球竞争的加剧以及同时提供高质量差异化产品时对低成本的需求，许多企业开始寻求跨国化战略。

3. 跨国化战略

跨国化战略(transnational strategy)是让企业可以实现全球化的效率和本土化的敏捷反应的一种国际化战略。要达到这一目标显然并非易事，因为一方面需要全球的协调并紧密合作，另一方面需要本地化的灵活性。于是，实施跨国化战略需要"弹性协调"(flexible coordination)，即通过一体化的网络来建立共同的远见和各自的职责。这样的一体化网络让企业可以更有效地管理与顾客、供应商、合作伙伴及其他各方的关系，而不局限于简单的近距离互动。从积极的角度来看，有效运用跨国化战略可以得到比多国化战略和全球化战略更高的业绩回报。

像全球化战略和多国化战略一样，跨国化战略存在一些独特的风险和挑战。

(1) 选择一种看似最优的定位并不能保证要素投入(如劳动和原材料)的质量和成本是最优的。管理者必须确保区位的相对优势能真正实现，不要因为生产率和内部运营质量方面的弱点而被浪费。例如，福特汽车公司已经通过在墨西哥从事制造经营获得了收益。虽然有些人认为低工资率收益会部分地被低生产率抵消，但这不是绝对的。由于墨西哥的失业率高于美国，福特在墨西哥生产经营中的雇用更具有选择性。而且，墨西哥员工的人员流动率较低，福特公司能够放心地在培训和发展方面进行投资。这样，最终结果不但是较低的工资率，而且拥有比美国还高的生产率。

(2) 虽然知识传递可能成为竞争优势的一个重要源泉，但这不会"自发地"产生。因为知识传递发生在子公司之间，重要的是知识源泉、目标企业和公司总部认识到这种独特技能知识的潜在价值。假如重要的地理、语言和文化差异会隔离开子公司，那么要实现知识传递的潜力就变得非常困难。企业必须创造出一些机制，去系统地、惯例性地揭示知识传递的机会。

虽然跨国化战略实施起来颇具挑战性，但其在国际市场竞争中的必要性越来越明显。全球竞争者的增多，增加了对成本削减的需求。拥有更多信息流(例如通过互联网传播)的市场复杂程度不断提高，生产针对顾客需求的个性化产品的压力越来越大，这些都要求企业将产品差异化，甚至是针对本地市场进行本土化。文化与制度环境的差异，也要求企业根据当地环境调整产品和运营方式。近年来的实际研究结果表明，越来越多的企业开始运用跨国化战略。

表 6-1  全球化战略、多国化战略、跨国化战略的相对优势和局限

| 战 略 | 优 势 | 局 限 |
| --- | --- | --- |
| 全球化战略 | • 不同事业领域间强有力的整合。<br>• 标准化导致高度规模经济，进而降低成本。<br>• 在全球范围内有助于创造统一的质量标准。 | • 适应当地市场的能力有限。<br>• 经营活动的集中化可能增加对单一设备的依赖。<br>• 单一区位可能导致较高的关税和运输成本。 |
| 多国化战略 | • 能够使产品和服务适应当地市场条件。<br>• 能够在既定市场中发现潜在的、有吸引力的市场空间。 | • 缺乏利用规模经济去实现成本节约的能力。<br>• 跨国传递知识的困难较大。<br>• 由于环境变化可能导致对本地化需要的过度反应。 |
| 跨国化战略 | • 能够实现规模经济。<br>• 能够适应当地市场。<br>• 能将事业活动定位于最优区位。<br>• 能增加知识流动和学习。 | • 在决定事业活动的最优区位时面临独特的挑战。<br>• 知识传递时面临独特的管理挑战。 |

## 6.3  进入海外市场的方式

当企业决定向国际市场扩张时，它有很多可利用的选择。如果这种进入具有挑战性，多数企业会从小规模做起，然后随着他们积累起更多海外市场经验，再增加他们的投资和风险程度。

图 6.3 阐明了很多不同的进入海外市场的方式，包括出口（exporting）、许可证（licensing）、特许经营（franchising）、合资企业（joint venture）、战略联盟（strategic alliance）和全资子公司（wholly owned subsidiaries）。如图中所示，各种不同进入类型形成了一个连续统一体，从出口（低度投资和风险，低度控制）直至全资子公司（高度投资和风险，高度控制）。

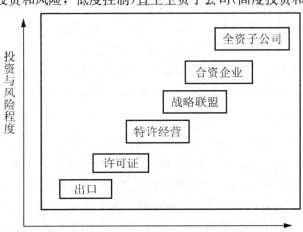

图 6.3  海外市场的进入方式

不可否认，当企业的国际战略从出口向更具扩张性的类型（包括全资子公司）演变时，不时地会出现挫折和倒退。

下面我们依次讨论每一种国际进入模式。

1. 出口

出口指在一个国家生产出产品，到另一个国家进行销售。这种进入战略能使企业根据其产品、组织和总体公司战略投入最少量的资源。毫不稀奇，很多东道国不喜欢这种进入战略．因为它与其他进入模式相比为当地提供的就业机会较少。

从产品出口起步的跨国公司常带会不经意间发现一种向市场渗透的阶梯式战略。这通常会为了增加销售收入而导致一系列无计划的行为。随着这种模式在进入一系列市场过程中被重复应用，这种称为"步步为营战略"的方法在很多组织中变为了正式的政策。

这种方法肯定有自身的优势。毕竟，当企业进入新市场时，在销售和分销方面要从零做起。因为很多外国市场受国家管制，并由当地市场力量控制着，企业需要同当地分销商合作，以从他们有价值的技能和本地市场知识中获益。跨国公司最终认识到它们如果不能掌握当地的商业习惯、满足限制性要求、雇用和管理当地员工，或是不同当地合作就无法接近潜在的消费群体。

除了需要与当地企业合作外，跨国企业也想使它们的风险最小化。它们通过雇用当地的分销商和在事业上几乎不投资来实现这一目标。其实，与企业愿意在本国市场上放弃的控制权相比，企业放弃了更多对当地合作者在战略营销决策方面的控制。

可能出口是进入外国市场的一种比较廉价的途径，但是，它也存在重要的不利因素。在一项包括 250 个案例的研究中，跨国企业利用当地分销商执行它们的出口进入战略，结果并不理想。在多数情况下，分销商或者被跨国企业加强了控制，或者被解雇。成功的分销商都具有两个特征：

第一，他们经营与跨国企业形成互补的产品，而非竞争性产品。

第二，他们的行动表现为跨国企业的商业伙伴。他们与公司分享市场信息，他们在自己的和邻近的市场中表现出主动性。另外，这些分销商为了增加跨国合作者的业务，自己承担风险在一些领域投资，如培训、信息系统、广告和促销。

关键之处在于双方认识到发展协作性双赢关系的重要性。

为了不引发大的风险，并确保对业务有更多控制，很多企业已经使用许可证和特许经营作为一种进入模式。我们现在讨论这两种方法及其优势和局限。

2. 许可证与特许经营

许可证作为一种进入模式能使公司用自己的商标、专利、商业秘密、或其他有价值的智力资产的使用权作交换，获得特许权使用费。在国际市场上，这种方法的优势是，发放许可证的企业只招致非常小的风险，因为它无须亲自向那个国家投入任何重要资源。反过来，被许可的企业获得了商标、专利等，能够潜在地创造竞争优势。在很多情况下，该国也从本地制造出的产品中获得了收益。例如，位于法国 Sodima 的通用食品公司许可 Yoplait 酸奶酪在美国销售。

当然，这类进入方式也存在一些重要局限。例如，许可证发放者放弃了对产品的控制和潜在的收入与利润。而且，被许可企业可能最终非常熟悉专利和商业秘密，以至成为企业的竞争对手。也就是说，被许可企业可以对产品和制造作出部分修改，再脱离许可证发放者独立销售，而不用付许可使用费。在知识产权保护法律相对欠缺的国家，这种情况更为严重。另外，如果跨国企业授予许可的企业被证明是一家劣等企业，产品的品牌和名声可能受到损害。

虽然许可证与授权经营是两种契约安排方式，但授权经营合同一般包括更多经营方面的因素，合同的有效期更长久。授权经营的优势是，限制了在外国市场上所冒风险，并扩展了母公司的收入基础。不利的一面是，跨国企业只以特许费的形式得到了一部分收入，而不是全部收入，除非企业通过直接投资亲自从事经营活动。

公司为了增加收入、降低成本，以及通过技术扩散提高学习能力，通常期望与其他企业进行密切合作。为了实现这一目标，他们进入了战略联盟或合资企业。我们下面将讨论这两种进入模式。

3. 战略联盟与合资企业

近些年来，合资企业和战略联盟越来越成为企业进入外国市场并取得成功的流行方式。这两种合作形式不相同，因为合资企业需要创建第三方法律实体，而战略联盟不需要。另外，与合资企业相比，战略联盟集中于较小规模内的创新。

合资企业和战略联盟的方式能够有效地帮助企业增加收入、降低成本，以及增强学习和技术扩散，都能使企业分担风险、分享潜在的收入和利润。而且，通过接触新的知识、技术来源，这种合作方式可以帮助企业发展出核心能力，从而产生市场竞争优势。最后，与东道国企业开展这种合作可以获得非常有用的信息，如当地市场偏好、竞争条件、法律状况和细微的文化差异。

微软公司在进入东亚市场的过程中，不断与当地公司成立战略联盟和合资企业。微软通过与移动电话运营商 NTT DoCoMo 开展合作，进入日本市场。微软通过在全球的合资企业和战略联盟，运用超前思维实现双赢合作关系。凭借此举，它成功地输出公司的影响力，把在美国确立的地位推向全球。

尽管存在这些潜在的收益，管理者必须认识到与战略联盟和合资企业相关的风险，并使之最小化。首先，这种战略要得到明确的界定，还需要合作双方强有力的支持，否则，企业的努力会发生错位，任何目标都不能实现。第二，与第一个问题密切相关，双方必须清楚地理解处于合作中心的能力和资源。缺少这种清晰性，将很少出现能产生竞争优势的学习与能力发展机会。第三，信任是一种重要因素。逐步引入联盟合作关系能让双方更好地了解对方和建立信任。参与了多种国际合作的福特汽车公司前副总裁菲利普·本顿（Philip Benton）认为："两个公司首次合作时，成功的机会非常微弱。而一旦你找到合作共事的方法，所有机会都出现了。"例如，缺乏信任，一方可能只是利用另一方，拒绝提供共享资源，并通过不道德的方式（或非法手段）获取特权性信息。第四，文化问题可能潜在地导致冲突和失常行为。组织文化是一套影响雇员行为和目标的价值观、信念和态度。因此，承认存在文化差异，并为合作而努力开发"共同文化"要素至关重要。没有统一的文化，要整合和杠杆化运用那些知识密集型组织中日益重要的资源将变得非常困难。

出于各种原因，并非所有合作都能成功。近代商业史上一个著名的事件是美国通用汽车公司(GM)和大宇汽车公司组建的合资企业。

在20世纪80年代，通用汽车公司在韩国寻找廉价劳动力，而韩国大宇公司则想出口汽车。于是两家公司在1986年开始联合生产Pontiac LeMans汽车，但事情没有按预期那样发展。1988年—1990年间，LeMans汽车的销售额下降了39%，1990年下滑更大，之后不久便终止了合作。

问题出在哪里呢？第一辆汽车就存在质量问题，GM不得不派工程师到韩国进行纠正。韩国的廉价劳动力也没有变为现实，因为经济进步、美元贬值，以及新成立的工会组织强烈要求提高工资。但是，最大的问题是两个企业的目标不同。大宇为了取得更大的国内市场份额，想要更新车型，而GM则想降低成本。

事实上，联盟从一开始就失败了，因为双方对彼此的目标并不了解，当问题出现后也不努力对计划进行重新评估。

企业联盟的成功不能完全靠运气。为了提高成功的机会，很多公司通过建立公司纲领和手册，认真地解释联盟管理知识。这有助于它们管理整个联盟生命周期的一些特定方面，如选择合作者、联盟协商和订立合同。

**特别提示**

惠普公司开发出60种不同的工具和模板，它们被包括在300页的工作手册中，用于指导特定联盟环境中的决策。工作手册包括的工具有：一个为联盟制作商业案例的模板，一个合作者评估表，一个概述不同部门功能与责任的协商模板，一张衡量联盟绩效的方法表，一个联盟终结清单。

当企业想高度控制它的国际化运营，它就发展全资子公司。虽然全资子公司能创造最多收入，但也伴随着高度的投资和风险。

4. 全资子公司

全资子公司是跨国公司对之拥有100%股份的事业部。企业可以通过两种途径建立一个全资子公司，即收购一个现成的公司或开发一个全新的公司。后者通常称为"Greenfield venture"。在各种不同进入方式中，建立全资子公司的费用和风险最高。但是，它也能产生最高的回报。另外，它使跨国公司对制造、市场营销、分销和技术开发等所有活动拥有最高程度的控制。

当企业已经拥有最适当的知识和能力，并可以在多个国家的多个地区轻松地进行杠杆化运用时，全资子公司或直接投资就是最适当的进入方式。这方面的例子包括从餐饮到IT制造的很多产业。例如，为了降低成本，英特尔公司的半导体工厂遍及全球——实际上所有工厂都使用同一蓝图。在建立全资子公司的过程中，通过雇用本国的管理者和专家（通常是竞争对手那里的人才），知识能够进一步得到杠杆化运用。

**特别提示**

在进入国际市场的不同方式中，全资子公司是一种费用和风险最高的方式。

## 第6章 国际化战略

对于特许经营、合资企业或战略联盟而言，它们的风险是与合作者共同承担。对于全资子公司，全部风险都由母公司承担。通过雇用当地人才能够降低在新国家中经营事业的风险（如政治、文化和法律上的细微差别）。

沃尔玛公司在韩国的扩张指出了创建全资子公司的一些挑战和风险。

在沃尔玛进入韩国之前，当地竞争者害怕这一巨型零售商会运用它的扩张性财务资源和全球购买力来"吞掉当地企业"。但是在最初的侵袭过后，竞争者现在开始谈论沃尔玛初期的努力错在哪里。财务分析家Song Kye－Hyon认为："这是沃尔玛的一个战略性缺陷。它最初采用了西方的会员政策，顾客若想得到购物优惠，必须交纳会员费，而且商店不销售食品（只有货物）。"而在韩国，新鲜、优质的食品是成功的一个重要组成部分，它能给商店创造出一半收入。使情况变得更糟的是，沃玛特的竞争者依玛特（E－Mart）拥有几千个当地食品供应商，它已经与他们培养起长期合作关系。依玛特甚至自己拥有农场，可以为商店供货。

当地竞争者已经发展出一套机制来建立高度的顾客忠诚。他们雇用一些年轻人帮助顾客把购物车推到停车场内顾客的车前。他们还在周边地区运营往返公交车，先把顾客接上车，购物结束后再把他们送到家门口。

沃尔玛立即改变了经营方针，采用了沃尔玛特大购物中心的理念，包括废除会员制和引进食品。沃尔玛及其竞争者已经决心要进一步扩大它们的经营，攫取更大的折扣零售市场。

我们把从出口到建立全资子公司作为进入海外市场战略的一个连续系列进行了讨论。但是，很多企业未必遵循这种演变方式。相反，像哈根达斯（Haagen－Dazs）这种企业采用的是一种独特的进入战略。

哈根达斯是一家生产冰淇淋和酸奶酪的公司。它采用了一种独特路线制定跨国进入战略。位于纽约布朗克斯（Bronx）的这家公司没有沿袭传统的进入海外市场方式，它采用一种非传统方式走出了美国。

公司使用了一种"三步走"的战略：首先，它让高端零售商引进品牌。接着，它寻找交通繁忙地区建立专卖店。最后，在便利店和超市里销售哈根达斯的产品。

哈根达斯很快就适应了当地需求。例如，欧洲某些商店的冷冻装置由于性能不可靠而名声不佳。显然，冷冻装置工作失常将损害商店里哈根达斯的库存产品。所以，哈根达斯为那些愿意保留它品牌的商店购买了高品质冷冻装置。诸如此类的小小付出已经使公司从布朗克斯的一家小冰淇淋生产商发展为世界级经销商，截至2011年年底，哈根达斯在中国、比利时、法国、日本、英国等超过50个国家拥有900多家商店。

## 本 章 小 结

> 国际化战略的使用不断普及。传统的原因包括延长产品生命周期，拓展关键资料来源和获取低成本劳动力。新兴的原因包括互联网和移动通信的整合，方便了全球交易。当不同国家的商品需求趋于一致，本地迅速反应的要求越来越高时，全球整合的压力也越来越大。

国际化战略通常是为了实现四方面目标：市场规模扩大；获取高额投资回报；规模经济和学习效应；地域优势。

波特模型强调了四个要素：生产要素，需求状况，相关行业和支撑性行业以及公司的战略、结构和竞争状况。

国际化战略有三种：多国化战略、全球化战略和跨国化战略。多国化战略集中在公司参与竞争的各个不同国家内。采用多国化战略的公司将战略和业务决策权分散到每个国家的战略业务单元，由这些单元向当地市场提供本土化的产品和业务。全球化战略认为不同国家市场的产品更趋于标准化，于是竞争战略更集中，由本国总部控制。而跨国化战略试图将多国化和全球化结合起来，既强调本地反应，又强调全球整合和协调。由于需要一体化的网络和各自尽责的文化，实施这种战略很困难。

尽管实施跨国战略很困难，环境趋势仍迫使很多跨国公司考虑全球化效率和本地化反应的需要。很多大的跨国公司，特别是那些有多元化产品的公司，在一些产品线上实施多国化战略，另一些则使用全球化战略。

进入国际市场有几种不同模式，包括出口、许可证与特许经营、建立战略联盟与合资公司、新建全资子公司，也称全新的企业。由于低成本低风险，出口、特许经营一般是最先采用的模式，然后扩大到战略联盟和收购。进入新的国际市场代价最高，风险最大的模式是新建全资子公司，但另一方面，这样的子公司也有优点，如拥有最大控制权，如果成功，回报也最大。

## 复习思考题

1. 选择题

(1) 下列原因中不属于企业国际化经营的主动原因的是（　　）

A. 优化资源配置　　　　　　　　B. 降低成本，提高产品竞争力

C. 扩大及寻求新市场　　　　　　D. 贸易壁垒

(2) 下列内容中属于实施全球化战略的使用条件的是（　　）

A. 当地市场强烈要求根据当地需求提供产品和服务并降低成本

B. 成本压力大而当地特殊要求小

C. 能够运用经验曲线的效应，形成区位效益，能够满足当地市场的需求，达到全球学习的效果

D. 成本较高；子公司过于独立，难以控制。

(3) 在进入国际市场的不同方式中，（　　）是一种费用和风险最高的方式。

A. 建立合资企业或战略联盟　　　B. 特许经营

C. 战略并购　　　　　　　　　　D. 建立全资子公司

(4) 多国化战略是指（　　）

A. 根据不同国家的不同市场，提供更能满足当地市场需要的产品和服务

B. 向全世界的市场推广标准化的产品和服务，并在较有利的国家集中地进行生产经营活动由此形成经验曲线和规模经济效益，以获得高额利润

C. 在全球激烈竞争的情况下，形成以经验为基础的成本效益和区位效益，转移企业内的核心竞争力，同时注意当地市场的需要

D. 将公司提供的产品或服务标新立异，形成一些在全产业范围内具有独特性的东西来取得竞争优势的一种战略

(5) "国家优势钻石"模型四要素不包括（　　）
A. 生产要素　　　　　　　　　　　B. 资金状况
C. 相关行业和支撑性行业　　　　　D. 公司的战略、结构和竞争状况。

2. 填空题

(1) 进行跨国经营的两个传统动机（traditional motive）是_____、_____。
(2) 全球化的一个最重要的利益，就是加强企业的_____能力。
(3) 进入一个海外国家的成功与否与过去进入同一国家或相同文化国家的经验呈_____相关。
(4) _____是指将某一价值创造活动安排在最适合活动的地点进行，因而所产生的经济效益。
(5) _____模型主要描述了在主要的全球行业和与特定国家或地区环境相关的企业中，企业取得竞争优势所需要的要素。

3. 判断题

(1) 跨国经营的主体是跨国公司。（　　）
(2) 二十世纪九十年代，中国为国际化公司带来了巨大的市场机会。（　　）
(3) 企业进行国际化的一个理由就是：消费者的需求日益趋同了。（　　）
(4) 很多追求成本领先的公司可以选择在诸如墨西哥、土耳其等劳动力成本低廉的地方开展业务。（　　）
(5) 因为解雇合同的不同，一般而言，在欧洲处理解雇问题比在美国更容易。（　　）

4. 问答题

(1) 推动企业国际扩张的传统和新兴的原因是什么？
(2) 国际化战略的四个主要收益是什么？
(3) 国际化战略有哪些？它们的区别是什么？引起它们发展的因素是什么？
(4) 当前影响国际化战略的环境趋势是什么？
(5) 企业进入海外市场有哪些方式？通常它们的应用结果如何？

# 战 略 训 练

## 1. 案例研究

### 华润电力的国际化战略

我国的发电行业有其高度的特殊性：对于煤炭的高度依赖、较高的初始投入成本、回报周期长、零库存、下游电力输送环节由国家垄断、行业集中度高，这些特质都决定了一家建立刚刚十年的发电企业想要快速成长是何等不易。

然而华润电力自2001年成立以来，迅速成长为规模与五大传统发电集团旗鼓相当、经营效益最好的公司。对于价值链的高效整合、对于低成本战略的坚持、对于内部管控机制的不断完善是华润电力高速成长的不竭动力。

与中国国内五大国有发电集团相比，华润电力的经营管理和生产效率拥有明显的优势。与此同时，华润电力在总装机容量、区域分布、资源共享等方面和五大发电集团之间仍有一些差距。简而言之，我

们可以将华润电力的特点概括为"小而优"。这一特点对于其国际化战略有着重大的影响。

**华润电力实施国际化的外部环境分析**

PESTEL模型审视外部因素对组织的影响,每个字母代表了一种主要的因素,分别是政治、经济、社会、技术、环境和法律因素。

根据政治因素,电力产业通常被视为影响国家安全敏感性的产业,并且对主权而言有着十分重大的作用,这给华润电力的国际化战略带来了巨大的障碍。同时,中国在东南亚的邻国:泰国、越南和缅甸的政治通常不稳定,这也给华润电力的国外投资增加了不确定性。

考虑经济因素,电力投资拥有较长的建设周期和利润回报周期,并要求大量的投资。同时,根据以上提到的,政治不稳定性增加了投资的不确定性,最终会影响华润电力的经济利益。

对于社会因素,电力作为基本产业对于公共生产和居住有着直接影响,因此社会给予作为公共品的电力供给更多关注。如果一个国家的电力市场被外国公司控制,必将引起本国的巨大关注。这种反应给华润电力实施国际化路线带来巨大的压力。

考虑技术因素,华润电力在火电技术上处于全球领先地位。然而,华润电力在风能、太阳能、核能和其他新兴能源发电方面并无优势。因此,在一些比较落后的需要发展新能源发电的国家和地区,华润电力不会被作为一个优先考虑的目标。

考虑环境因素,火力发电技术不可避免地会对环境产生一定的影响。因此,缺乏清洁能源技术会限制华润电力国际战略的步伐和执行。

在全世界扩展业务时,由于各个国家都有不同的法律体系,华润电力必然会遭遇一些法律障碍。华润电力应该了解目标国的规章制度,以备发生相关法律诉讼之需。尊重外国客户和法律的同时灵活地采取某些有益的行动,能够为公司带来好处。

**华润电力的国际化战略**

华润电力自2001年成立之初仅是一个发电能力21万千瓦的小电厂,在不到10年的时间内,成长为继五大发电集团之后紧随其后的行业内备受瞩目的大企业,并且荣获《亚洲货币》周刊评选的最佳管理企业。在2008年全行业亏损的大背景下,华润电力一枝独秀,保持着17.17亿港元的利润额。在这一期间内,华润电力专注于内部管理绩效的提高和国内市场的扩张。虽然大张旗鼓的国际化工作尚未展开,但作为我国目前经济效益最好的发电企业,华润电力为未来走国际化道路做足了准备工作。

(1) 为确保原材料的供应华润电力积极地扩展国内煤炭资源,同时也尝试通过在国外拥有自己的煤矿来满足不断增长的煤炭需求。

(2) 2009年8月,华润电力与中国海运(集团)公司进行战略性合作,联合重组旗下的海运公司,其目的在于增强海运能力。通过对联合海运公司的重建,华润电力将确保持续稳定的海外煤炭供应。公司将通过海外煤炭供应和海运扩展其国外业务。

(3) 布局新能源。我国目前70%的电力来源于火力发电,这与降低碳排放、提高新能源利用率的全球行业趋势存在一定程度的相悖。未来新能源的高速发展是不可逆的趋势,基于这样的战略考虑,华润电力近年来一直在新能源领域积极布局,降低公司火力发电量的比率:目前,华润电力的风电装机能超过100万千瓦,短期目标是将装机能提高到800万千瓦,保持在国内前三甲的水平。

行业内普遍预期未来核电装机将占到中国总装机容量的30%。正因为此,华润电力正在积极参与核电,计划通过直接投资获取核电厂的控股资质。关于直接与核电的前期项目储备,正在华润电力紧锣密鼓地开展。

积极参与风电和核电项目被视为华润电力迎合国际新能源大潮、开展下一步国际化工作的重要前奏。

**华润的国际化战略经验**

作为国内电力行业国际化走在最前端的华润集团,我们通过分析华润的国际化过程总结经验。

大量进口煤需求使得华润对收购海外煤矿的兴趣日增。而华润最早的海外项目则要追溯到2003年年底,华润集团以2.27亿美元,成功竞标收购拥有澳大利亚昆士兰州两大发电厂权益的OzGen公司50%的股权,成为第一家在发达国家收购电力资产的中国电力企业。在2008年7月1日,华润集团拥有的中新电力100%的股权转让给华润国际工作已基本完成,从而拥有新加坡大士能源100%股权,华润国际拥有的权益发电装机容量增加2 670兆瓦,光大证券分析师崔玉芹向新民网记者表示,虽然收购大士能源对华润国际装机容量和业绩的贡献不大,但华润国际迈出了国际化拓展的第一步,打开了未来发展的空间,并获得了成熟市场的电力运营经验,对其具有重要的意义。另外,在2009年4月28日,华润参与投资的缅甸瑞丽江一级水电站最后一台机组正式投产发电,使得中国在缅甸投资最大的水电BOT项目圆满建成。

由于对上游能源材料的依赖和传输的不便,发电行业直接以贸易输入的形式实现国际化格外困难,极少数的电力出口只发生于邻国之间,华润电力作为行业内的后起之秀,难以从这些国家间的战略合作直接获益;同时,我国少数资金雄厚、历史悠久的老牌发电企业如华能已开始在全球范围内展开对煤矿及电厂的并购。在这些领域,华润电力的国际化程度不高,但其正在积极整合海内外煤炭供应链、强化海运能力,布局新能源,我们相信,作为目前国内经营绩效最好的发电企业,华润电力的国际化道路有着美好的未来。

参考文献:吴佩勋. 中国企业国际化战略案例. 北京:北京大学出版社. 2011.

**问题:**

(1) 华润电力在高速成长过程中为其未来的国际化之路奠定了哪些基础?

(2) 理解发电企业国际化战略的特殊性,了解我国发电业目前国际化之路的一般状况。

(3) 华润在国际化过程中可以借鉴哪些公司的发展模式?你认为这些模式中哪种是未来发展的方向?

**2. 文献查询作业**

2010年10月,中国社会科学院城市与竞争力研究中发布了2010年《国家竞争力蓝皮书》。

蓝皮书指出,20世纪90年代以来,中国国家竞争力稳步上升,进入近代以来发展最快的时期。1990—2008年这跨世纪的近20年间,中国的国家竞争力发生了显著的变化。1990年,中国的国家竞争力在全球100个国家中排名仅列第73位,到了2008年,排名上升到第17名。

蓝皮书认为,中国的国家竞争力伴随着中国发展而艰难地盘旋上升,中国的努力与成就举世瞩目,再次证明了中国的改革开放事业居功至伟。同时,蓝皮书也指出,一个国家的竞争力是一国实力的综合体现,不仅表现在经济总量方面,而且还表现在经济效率、经济结构、发展潜力以及一国的创新能力等多方面维度上。

该蓝皮书围绕提升中国国家竞争力问题,探讨了在经济全球化的背景下,我国应对全球化竞争格局所面临的机遇和挑战,探索了国家之间学习借鉴、借力合作以及追赶合作的内容与力度。并提出了中国提升国家竞争力的战略和对策。

请你利用网络资源查找并阅读该蓝皮书。针对你感兴趣的产业,如何利用波特的"国家优势钻石"模型解释中国国家竞争力的排序变化?

**3. 小组学习与讨论**

将全班分成几个3~5人的小组,推举一名成员作为小组发言人,代表小组报告本组学习下列资料后的讨论结果。

## 印度与"国家优势钻石"模型

请看下列事件:

甲骨文公司(Oracle)目前在印度的软件产业投资了5000万美元。

通用电气公司计划在印度的班加罗尔投资1亿美元,雇用2600名科学家,创建世界最大的研究开发实验室。

《财富》杂志中的1000家公司中，1/5以上企业将软件需求外包给了印度企业。

麦肯锡公司预计，印度的软件和服务业产值到2008年将达到870亿美元，其中500亿美元来自出口。

在过去十年中，印度软件产业的年增长率达到50%。

在印度，800多家企业将软件服务业作为主打业务。

印度的软件和信息技术企业预计，到2008年将雇用220万员工。

虽然印度被很多人视为欠发达国家，但每年有437亿美元的外国直接投资流入印度，过去十年中印度的GDP年增长率超过了10%。

什么促成了印度软件服务产业的这种全球性收益？波特的国家优势钻石模型有助于澄清这一问题。

首先，要素状况导致了印度软件产业的兴起。通过在人力资源开发上进行投资和集中于产业特定知识，印度的大学和软件企业已经真正地创造出这种重要的生产要素。例如，印度是世界第二大年生产科学家和工程师的国家，仅次于美国。在软件等知识密集型产业中，人力资源开发是取得国内和全球成功的基础。

第二，需求状况要求软件企业停留在技术创新的前沿。印度已经走向了软件产业的全球化。德国、丹麦、部分东南亚国家和美国等发达国家的顾客需求状况所创造出的顾客需求，对推动印度软件制造商走向先进的软件解决方案是必需的。

第三，印度拥有的供应商基础和相关产业可以推动对抗性竞争和提高竞争力。特别是，IT的硬件价格在20世纪90年代已经迅速下降了。而且，IT硬件中快速的技术变迁意味着像印度这样的后来者不会被锁定于老一代技术。因此，IT硬件和软件产业都能"跃过"较老的技术。另外，在这些IT硬件和软件产业中，知识工作者之间的关系为持续的知识交流和推动现有产品进一步升级换代提供了社会结构。

第四，印度的软件服务业有800多家企业，激烈的竞争迫使企业去发展竞争战略和结构。虽然TCS、Infosys和Wipro等企业已发展得很强大，但仅仅在五年前它们还很弱小。许多小型和微型公司正信心十足地进行追赶。正如波特"国家优势钻石"模型所预测的那样，这种激烈的竞争是推动印度软件企业开发海外分销渠道的一个主要因素。

资料来源：D. Kapur and R, Ramamurti," India's Emerging Competitive Advantage in Services," Academy of Management Executive 15，no. 2(2001)，pp. 20－33；World Bank, World Development Report (New York：Oxford University Press，2001)

结合本章案例中腾讯进军印度市场的内容，讨论波特的"钻石"模型如何有助于解释一国产业的相对成功程度。

4. 阅读材料

如下内容节选自 Alan M. Rugman："Forty Years of the Theory of the Transnational Corporation"，Transnational Corporations, Volume8，Number2，August 1999. 由刘云遏、张矢的、张丽芳翻译。

## 约翰·邓宁与雷蒙德·弗农

约翰·邓宁(John Dunning)1958年的著作首开先河，它是关于美国对外直接投资在东道国经济中业绩表现的第一项重要研究。该书运用了1953年的调查数据，对美国FDI(外国直接投资)在英国的利益和成本做了实证分析。雷蒙德·弗农(Raymond Vernon)1966年的文章建立在寡头垄断行业中创新周期的时机选择上，它为美国的FDI流出提供了理论基础，因此它是邓宁著作的最佳补充。这两大贡献都同今天的全球化问题高度相关，但又有一些不同之处。尽管跨国公司依然是当今的研究对象，但是如今的跨国公司不仅仅只有来自美国的，还有来自三个国家(美、日、欧)的。今天，单向的FDI流出和东道国经济被他国掌控的管理问题，已经被双向的FDI和相关的管理及公共投资政策(自由化)问题所取代。最后，

## 第6章 国际化战略

虽然现代跨国公司理论(内部化/生产折中理论)将重点在公共政策上而忽略了公司管理的影响,但是它仍同邓宁和弗农先前的理论是有联系的。

邓宁著作作为对外直接投资对东道国经济影响的最早实证研究之一,其中有许多内容无论是在20世纪50年代还是今天,对于东道国制定针对FDI的政策来说都具有指导意义。弗农的文章是文献资料中重要的理论文章之一,它可以指导母国和东道国制定针对FDI的政策以及公司战略。

### 邓宁1958年国别实证研究

邓宁(1958)研究的基本目的是建立一份美国FDI在英国制造业现状的客观记录,由此评价美国FDI对英国经济的影响。它是在出于宏观公共政策而不是微观管理政策的考虑下产生的,是评价FDI对东道国经济贡献的首次研究。在马歇尔计划的资助下,经历了两年多的非常详细的实地考察工作,邓宁实地走访了115家美国机构,和45家美英公司(美国拥有25%以上的控股权),此外还有45家公司通过邮件向他提供信息。245家美国制造公司在英国的分支机构共雇佣了100多名工人,这其中只有40家公司没有与邓宁合作。最后(同他合作)的205家公司占了美国设在英国的所有子公司雇佣工人总数的90%到95%。邓宁通常对每家公司进行两次访问。他获得了客观的数据,并从主观上评价了跨国公司对于英国经济的贡献。

邓宁回顾了美国流入英国的FDI的历史性增长(开始于1852年柯尔特(Colt)和1867年辛格(Singer)的研究),并对它们在20世纪50年代的重要性做了评价,之后,他公布了这一FDI在地理位置、规模大小、所有权类型、财务状况、经营和管理结构等方面的重要特征。在第五章,他首次试着衡量了从美国母公司到英国子公司的技术转移(的规模)。弗农(1966)的研究是关于母公司创新和知识型资本在外国机构中的生产时机问题的,它是上述邓宁观点的很好补充。当然,邓宁关注的是FDI总效应及其公共政策意义,而弗农更多的是出于微观和公司层面的考虑。邓宁着眼于美国FDI对英国制造业的生产力产生的影响,而弗农假设了寡头垄断集中的情形,还有产品进入某一行业或国家的时机选择问题。

邓宁在其著作的后半部分运用他的数据和"平衡决定法",评价了美国流入英国的FDI给英国经济发展带来的贡献,他分析了美国流入英国的FDI对于英国竞争、研发、制造、管理技能、消费者和经济的整体效率的影响方式。其中有一章着眼于美国制造业部门和英国零部件、原材料供应商之间的经济关系,并讨论了这对英国政府采购和生产政策方面的影响。他也考虑了美国FDI是如何影响英国经济的"国内"部分的,尽管这一"国内"部分仅仅是间接地受到了外国投资的影响。

虽然邓宁在其1998年的著作中"事后更新"这一章中称,他区分了国家(区位因素)和公司(所有权)在生产能力上的不同(邓宁,1998,第248页),但是1958年的书并没有使用邓宁的折中范例,这主要是因为1958年的书把重点放在了经济政策制定和技术转移而不是跨国公司理论上,所以它是从宏观和标准层面上进行分析。事实上,正如邓宁(1998)书中评价的,在1958年,跨国公司还没有被认为是一个学术名词,更不用说被作为正式的研究对象了。

### 弗农1966年的产品周期模型

弗农(1966)把他的产品生命周期理论融入同一时期美国FDI历史特征当中。他将重点放在作为独立变量的知识、区位因素以及创新的时机上,这都引出了这样的观点,即美国的跨国公司拥有一个能开发并生产新产品的强大的国内基地。在产品成熟时期,加拿大和西欧国家那些拥有完全所有权的公司中会生产这种产品。在产品生命周期的最后阶段,也就是公司特有的技术优势消失且特许生产不再是必需时,产品就会用最低的要素成本在世界上任何一地生产。

弗农在其论文中,假设美国的平均工资是西欧的两倍,这样拥有相对高工资率的美国市场便成为创新的发源地,尤其是通过创新,美国市场可以维持相对较高的劳动力成本。那些处在富裕的美国市场上的公司有动力去研究开发新的节省劳动力的产品。但是为何是在美国市场而不是在其他外国市场上生产这些产品呢?弗农说答案存在于行业区位的外部经济中。新产品还没有标准化,又因为该产品是用来交易的,所以厂商需要通过靠近市场来节省交易成本。产品在美国生产,任何外国的需求都得靠进口美国的产品满足。当产品成熟后,它变得标准化了,依据相关的母国和东道国的生产和运输成本的比较,生产就可以在完全拥有所有权的外国子公司中进行了。一旦一家美国厂商立足于一个主要的外国市场,则该行业会有寡头垄断的反应,因为其他的美国厂商会试图维持或保护他们的世界市场份额。在弗农(1966)论文中最具历史局限性的经验论点是,他假设日本和中国的台湾省为不发达国家地区,这些地区处于产品周期的最后一个阶段,因此只能生产完全标准化的产品。

# 参 考 文 献

[1] [美]查尔斯·希尔(Charles W. L. Hill),G. R. 琼斯(Careth R. Jones). 战略管理. 孙忠,译. 北京:中国市场出版社,2007.

[2] [美]杰伊·巴尼(J. B. Barney). 战略管理:获得与保持竞争优势. 3版. 朱立等,译. 上海:格致出版社,2011.

[3] [美]迈克尔·希特(Michael A. Hitt). 战略管理:竞争与全球化. 8版. 吕巍等,译. 北京:机械工业出版社,2007.

[4] 黄丹,余颖. 战略管理研究注记与案例. 北京:清华大学出版社,2005.

[5] [美]罗伯特·格兰特(Robert M. Grant). 现代战略分析——概念、技术、应用. 4版. 罗建萍,译. 北京:中国人民大学出版社,2005.

[6] 王铁男. 企业战略管理. 哈尔滨:哈尔滨工业大学出版社,2005.

[7] 史世鹏. 愿景管理——企业塑造未来的战略方法. 北京:中国物价出版社,2004.

[8] [美]格里·约翰逊,凯万·斯科尔斯. 战略管理案例. 6版. 王军,译. 北京:人民邮电出版社,2004.

[9] 杨锡怀,冷克平,王江. 企业战略管理理论与案例. 北京:高等教育出版社,2004.

[10] [美]罗伯特·格兰特(Robert M. Grant). 公司战略管理. 胡挺,张海峰,译. 北京:光明日报出版社,2004.

# 第 7 章　战略联盟与战略外包

## 教学要求

通过本章的学习，了解战略联盟的类型以及战略联盟所带来的竞争优势，掌握战略联盟的合作范围和挑选联盟伙伴的原则。同时，理解战略联盟的组织结构设计和战略外包的模式。

> 在任何场合，企业的资源都不足以利用它所面对的所有机会或回避它所受到的所有威胁。因此，战略基本上就是一个资源配置的问题。成功的战略必须将主要的资源用于利用最有决定性的机会。
> ——威廉·科恩

**基本概念**

战略联盟　股权式战略联盟　契约式战略联盟　接受型战略联盟　互补型战略联盟　垂直型战略联盟　产品层次联盟　事业部层次联盟　公司层次联盟　竞争优势　组织设计　联盟伙伴　战略外包

**导入案例**

### 潍坊恒信建设集团与皇明集团达成碳战略合作联盟

2011 年 10 月 30 日，潍坊恒信建设集团与皇明集团签署低碳战略合作协议，正式结成低碳战略合作联盟。本次低碳战略合作协议的成功签约，标志着双方将在绿色发展、低碳建筑、未来生态人居等方面全面展开深度战略合作，将先进的可再生能源技术推广应用到建筑领域，实现低碳微排，走资源发展型、环境友好型的绿色发展之路。

潍坊恒信建设集团是集房地产开发、市场营销、物业管理、投资担保及金融服务等六大门类为一体的集团化公司。近年来，恒信地产以"低碳生活引领者"为企业目标，在开发建设的诸多楼盘中大量使用低碳技术和绿色节能环保材料，建设健康、绿色生态人居。恒信建设集团一直秉承绿色环保的理念打造精品楼盘，取得了良好的社会效益和经济效益。2010 年，恒信建设集团又明确提出了'恒信地产—低碳生活的引领者'的企业理念并努力落实到行动中，在房地产行业做出了表率。为了推广低碳理念，集团建造了低碳生活展示馆和低碳生活体验馆。在房地产开发建设项目中，大量运用低碳施工技术，应用节能材料、绿色工艺，来提升建设品质，打造长寿命住宅。

皇明集团是中国太阳能产业化的启动者、世界太阳能工业体系的开拓者、中国能源环境立法的推动者、中国太阳能热利用标准的制定者。所开发建设的太阳谷是目前世界上最大的可再生能源检测中心、低碳生态人居示范中心，是世界太阳能"硅谷"和全球"低碳微排"中心，其综合节能率达到88%，成为"国家级可再生能源建筑应用示范工程"。

在"十二五规划"的开局之年，面对能源、环境、生态等人类共同的危机，合作双方共同意识到要肩负中国和人类发展的责任，走绿色发展之路，并以社会企业公民的道德和为未来负责的良知向人们提供健康、绿色的生态人居。

潍坊恒信建设集团董事长、总裁张玉强表示："我们决心与皇明集团紧密合作，共同探讨未来绿色生态人居模式，并把皇明集团的科研成果转化为生产力，在开发建设中积极使用低碳、绿色、节能、环保技术，颠覆传统的建筑模式，打造未来健康、绿色生态人居的标杆，引领中国未来生态人居的发展。"

（注：此案例由作者根据多方面资料汇编而成。）

**案例点评：** 绿色战略联盟的建立

在推行低碳经济的环境下，潍坊恒信建设集团与皇明集团结成低碳战略合作联盟，通过在绿色发展、低碳建筑、未来生态人居等方面全面的全面战略合作共筑绿色企业形象。双方不仅通过该战略联盟提升了企业品牌形象和品牌价值，并必将获得经济上的互益以及竞争优势。

# 7.1 战略联盟和竞争优势

## 7.1.1 战略联盟的概念

战略联盟的概念最早由美国DEC公司总裁简·霍普兰德（J. Hopland）和管理学家罗杰·奈格尔（R. Nigel）提出，其含义为两个或两个以上有着共同战略利益和对等经营实力的企业，为达到共同拥有市场、共同使用资源等战略目标，通过各种协议、契约而结成的优势互补或优势相长、风险共担、生产要素水平式双向或多向流动的一种松散的合作模式。

在竞争激烈的全球化市场环境中，战略联盟已经成为企业最广泛使用的战略之一。每年都有越来越多的战略联盟在企业之间形成，它可以使来自不同国家的企业共同分担风险、共享资源、获取知识和进入新市场，从而实现快速成长。

**知识链接**

关于战略联盟的定义，学术界存在着多种解释：布劳易斯等人将稳定的联盟称之为"准一体化"。交易成本经济学的代表人物廉姆森称之为"非标准商业市场合同"。波特将联盟称之为"企业间达成的即超出正常交易，又达不到合并程度的长期协议"。

战略联盟是对经济活动、技术发展和经济全球化所带来的市场迅速而巨大变化的及时和理性的反应。各联盟企业在追求长期竞争优势过程中为达到阶段性企业目标而与其他企业结成联盟，通过相互交换互补性资源形成合力优势，共同对付强大的竞争者。它可以表现为正式的合资企业，即两家或两家以上的企业共同出资并且享有企业的股东权益；或者表现为短期的契约性协议，即两家公司同意就某个项目，例如开发某种新产品等问题进行的合作。

例如，无锡小天鹅公司与广州宝洁公司在营销管理方面就产品推广和宣传两个环节建立了联盟。双方共同组建了"小天鹅碧浪洗衣房"；另外，双方还在产品包装上都推荐宣传对方的产品，扩大了双方品牌影响，实现了双赢的效果。同时，小天鹅还与法国西门子公司合资组建博西威家电有限公司生产滚筒洗衣机，与松下公司合资生产绿色冰箱，使企业竞争力大大加强。

### 7.1.2 战略联盟的特征

1. 组织关系松散

由于战略联盟各成员所建立的并非一定是独立的公司实体，因此联盟内部存在着松散的协作关系。面对共同的市场机会，战略联盟将迅速组成，联盟中各成员鼎力合作；随着市场环境的变化以及基于竞争需要，战略联盟会立即解散，联盟中各成员为了各自的目标各奔前程，或与其他企业组成新的战略联盟。因此，战略联盟本身是一个动态的、开放的体系，是一种松散的组织形式。

2. 合作关系平等

战略联盟中的各方具备对等的经营实力，且合作是基于资源共享、优势相长、相互信任和相互独立的基础之上，因此各联盟方形成的是一种平等的合作关系。联盟内各成员遵循自愿、平等、互利、互惠的原则进行独立决策，不存在合资企业间基于股权多少或其他控制能力的强弱来制定决策的不平等关系。

3. 行动灵活高效

战略联盟组建过程十分简单，无需大量附加投资。而且合作者之间关系十分松散，解散方便，所以战略联盟能够适应环境的变化迅速作出调整，具有战略灵活性。同时，各联盟企业将自己的核心资源和独特优势加入到联盟中来，使各自的优势结合，形成互补，从而实现单独任何一个企业都无法实现的收益。

**特别提示**

战略联盟要求共同承担责任，相互协调，精心谋求各类活动的相互合作，因而模糊了公司的界限，使得各个公司为了实现联盟的共同目标而采取一致或协同的行动。

### 7.1.3 战略联盟的类型

1. 根据联盟成员之间参与程度的不同划分

1) 股权式战略联盟

股权式战略联盟是由各成员作为股东共同创立的，其拥有独立的资产、人事和管理权限的联盟，股权式联盟中一般不包括各成员的核心业务，具体分为对等占有型战略联盟和相互持股型战略联盟。

对等占有型战略联盟是指合资生产和经营的项目分属联盟成员的局部功能，双方母公司各拥有50%的股权，以保持相对独立性。例如丰田汽车公司与通用汽车公司的合资企业,通用电气公司和法国国营飞机发动机研制公司的合资企业均是对等占有型战略联盟的典型例子。

相互持股型战略联盟中,各成员为巩固良好的合作关系,长期地相互持有对方少量的股份。这种形式的联盟不涉及设备和人员等要素的合并,目的在于与联盟成员建立良好的合作关系。例如IBM曾经购买200家西欧国家的软件和电脑服务公司的少量股份,借此与当地经销商建立起良好的联盟关系,从而利用经销商的现有渠道顺利进入西欧市场。

**特别提示**

股权式战略联盟的价值在于它强调了合作人之间的重要责任与义务,使盟友间联系更加紧密,为双方建立长期合作关系奠定了基础。不利之处在于公司的经济成本和风险较大,有时甚至会影响公司经营的独立性。

2) 契约式战略联盟

当联盟内各成员的核心业务与联盟相同、合作伙伴又无法将其资产从核心业务中剥离出来置于同一企业内时,或者为了实现更加灵活地收缩和扩张、合作伙伴不愿建立独立的合资公司时,契约式战略联盟便出现了。契约式战略联盟以联合研究开发和联合市场行动最为普遍。这种联盟形式不涉及股权参与,而是借助契约形式,联合研究开发市场的行为。

**知识链接**

契约式战略联盟的主要表现形式包括:
(1) 技术交流协议:联盟各成员之间相互交流技术资料,通过知识的学习以增强竞争实力。
(2) 合作研究开发协议:联盟各成员分享现有的科研成果,共同使用科研设施和生产能力,在联盟内注入各种优势,共同开发新产品。
(3) 生产营销协议:通过制定协议,联盟各成员共同生产和销售某一产品。目的在于通过订立协议对合作事项和完成时间等内容作出规定,联盟各成员的资产规模、组织结构和管理方式并不发生变化,成员之间仍然保持各自的独立性,可以在协议规定的领域外相互竞争。
(4) 产业协调协议:联盟各成员间建立全面协作与分工的产业联盟体系,多见于高科技产业。

2. 根据联盟成员在价值链上位置和对等性的不同划分

1) 接受型战略联盟

这种联盟又称为互惠联盟,多产生于差异性显著的企业之间,处于联盟的低级阶段。其目的在于实现对一方的市场进入而不是为了应对市场竞争,属于非对抗性的联盟。发达国家企业通过转让技术和设备、发展中国家通过提供市场和劳动力或支付技术转让和人员培训费用等,所结成的联盟就属于此类。

2) 互补型战略联盟

该联盟形式处于联盟的高级阶段,多出现于同行与同等发展水平的企业之间,其特征为强强联合。企业之间形成横向互补型战略联盟,意味着联盟成员同意共享彼此的资源和能力,从而在价值链的同一层次创造价值。联盟的出发点在于取得优势互补,提高市场竞争力，以期在对抗性极强的市场竞争中立于不败之地，属于对抗竞争导向型联盟。通常，企业之间形成这种联盟主要是注重其长期的产品或服务的技术发展。同时，也存在一些原本相互竞争的企业形成这种联盟来共同开发其共同的产品或服务的市场。

3）垂直型战略联盟

它是指位于行业价值链上不同位置的联盟企业同意将其所拥有的技术和能力进行共享而形成的联盟。制造商与代理商（或经销商）的联盟、企业与供应商或客户的联盟、广告主与广告公司的联盟均属此类。这种联盟的特点在于联盟主体是价值链中处于上下游不同环节的企业。例如波音公司在开发新机型时，会与位于设计和制造波音飞机价值链中不同位置的企业结成垂直型联盟，为波音飞机提供机型设计和部分零部件。

## 7.1.4 战略联盟和竞争优势的分析

企业竞争优势，是指企业在产出规模、组织结构、劳动效率、品牌、产品质量、信誉、新产品开发以及管理和营销技术等方面所具有的各种有利条件。企业竞争优势是这些有利条件构成的整体，是企业竞争力形成的基础和前提条件。

企业通过建立战略联盟，可以实现企业各自价值链环节之间的合作，将创造价值的重点从企业内部转向跨越企业组织边界的外部关系。通过联盟伙伴间深入的价值链环节链接关系，企业战略联盟能够实现价值链环节之间链接的低成本和快速度，为企业创造更多价值以及创造传统组织结构所无法比拟的竞争优势。

1. 快速获取所需资源，谋求不断扩展

对于任何企业而言，若想在竞争中获胜，首先要谋求不断的扩展，这需要企业有能力获得源源不断的资源作为后盾。一旦企业所要实现的目标超出现有资源所能承载的范围，那么从外部获取资源就势在必行，可供选择的传统途径无非独立扩展和对外兼并或收购。如果仅仅依靠独立扩展，不仅需要较长的时间，而且很多资源无法通过市场交易的方式有效的获得。通过兼并或收购的方式可以较快扩大企业规模，但并购的双方都要付出一定的代价，在获取有用资源的同时为无用的资源付出较大的收购成本，同时适应新的管理方式也需要较长时间。

战略联盟，由于更为灵活和有效，为企业的扩展以及全球战略目标的实现提供了一条新的途径。通过战略联盟，企业可以根据自身需要，选择拥有自己所需资源的企业作为自己的合作伙伴，因而更容易实现资源获取上的多样性，保证不断地发展和扩大，赢得竞争优势。

德国奔驰公司与日本三菱集团的战略联盟就是企业实现战略目标、扩大生存和发展空间的典型案例。三菱集团由160家公司组成，其中4个最大的企业分别是三菱公司、三菱重工、三菱电气和三菱汽车。奔驰公司是德国最大的企业集团之一。两大集团开始仅在汽车领域进行合作，双方在西班牙共同制造商用车辆，三菱在日本销售德国奔驰公司生产的"梅赛德斯"牌轿车。经过几年的良好合作，两个集团目前已在国防、电子和通讯领域相继建立了联盟。而最令人瞩目的是双方打算在航天领域进行合作，挑战美国在民用航空领域的主导地位。

**知识链接**

基于资源的战略管理学派的格兰特等人把企业资源分为对所有企业有着同等意义的同质资源以及因含有活性因素而富于变化、呈现千差万别的形态的异质性资源。他们认为，正是这些资源形态各异的异质性资源造就了企业持久的竞争优势，也正是这种异质性为企业"独占"某些资源提供了可能，从而造就了其他企业所难以模仿的资源位障碍。

### 2. 增强企业竞争实力，构建竞争优势

通过联盟，企业可以扩大企业规模，获得规模经济、范围经济和共生经济效应。同时也可以通过提供差异化的以及更迅速的产品或服务，构建起相对于竞争对手的竞争优势，打造和提升自身核心竞争力。例如IT产业中最大的两家企业微软和英特尔之间结成的 wintel 联盟。由于IT产业中软件和硬件之间存在着相互依存的关系，微软公司开发出功能更强的软件后，英特尔集成芯片需求量才会大量上升；同时也只有在英特尔生产出更快的集成芯片后，微软的软件才会更有价值。因此，双方通过联盟方式在技术领域进行分工协作，强化了各自拥有的竞争优势，而彼此竞争优势的叠加既强化了它们在行业中的领先者地位，同时也为消费者提供更为优质价廉的产品和服务。

同时，企业可以通过战略联盟制约并削弱竞争对手。例如 IBM 和苹果电脑公司曾进行合作，联合开发一批软件，以便使在网络中运行的两家电脑更容易进行连接。两家公司还组建一个合资公司，共同开发新的操作系统软件，为个人电脑提供基本指令，从而削弱微软公司在行业中的主导地位。

### 3. 促进研究与开发，获取技术和产品优势

先进的技术是在国际经济竞争舞台上获取成功的关键。企业通过建立战略联盟，可以共同承担技术开发风险，共同支付技术开发费用，共同享有技术开发成果，从而提高研究和开发的成功可能性。例如在航空领域，波音公司就与实力强大的富士、三菱及川崎重工结成战略联盟，共同投资40亿美元联合开发新型的波音777喷气客机。同时，在某些行业，例如计算机、电子和航空业，企业只有通过建立战略联盟才能承担巨额的研究开发费用。比如，开发新一代记忆芯片至少需要10亿美元，建一家生产新一代芯片的工厂还需10亿美元，研制一种新车型的费用通常高达20多亿美元，开发一种新药需要5亿美元。如此高额的研发费用是任何一家企业，即使是大公司也无法承担的。

企业通过结盟可以互相学习，进行技术优势互补，提高产品的竞争能力。福特公司与马自达公司的联盟始于1979年，通过十几年的合作，福特和马自达彼此教会了对方不少"绝活"：福特学到了重要的制造技术，作为回报，它向马自达提供了发动机废气排放电脑控制系统的技术，并提供了一些用于测量噪音和振幅的精密计算机程序。

战略联盟已经成为发展中国家获得关键技术的捷径。在无法通过市场方式购得技术的前提下，以战略联盟的方式与技术先进的公司合作，通过组织学习的方式加以消化吸收，是发展中国家企业发挥后发优势、迅速提升自身水平的重要手段。例如我国汽车产业中上汽与德国大众的合作，在以往生产层面合作的基础上正向核心的技术层面拓展。上海大众技术中心的造型设计，已经纳入德国大众全球的设计体系，同时上海大众的技术骨干，也被选派到德国大众本部最核心的技术开发中心，进行汽车全过程开发培训。

**4. 积极开拓国际市场，实现长足发展**

建立战略联盟是开拓国际市场的有效方法之一。很多跨国公司在进入海外市场时，都会选择与当地企业建立联盟关系，从而迅速高效的进入当地市场。例如美国通用汽车公司与日本丰田汽车公司建立了战略联盟，它们在加州旧汽车工厂的厂址上，合资成立了新的联合汽车公司（NUMMI），由丰田公司负责管理。通过与通用汽车建立联盟，丰田使自己在美国建成汽车生产基地的时间提前了3～5年，同时也顺利地冲破了美国对日本汽车出口的限制要求。在这次联盟中，丰田仅仅投入了1亿美元就获得了在美国从事汽车制造所需的全部知识和经验，特别是学到了如何更好地与工会和地方政府打交道的经验。因此，战略联盟已经成为克服市场进入壁垒，快速了解海外市场的有力武器。

对于缺乏国际营销经验的中小型企业来说，以联盟方式向海外扩张能够更好地适应国际市场上复杂多变的环境；同时，通过和当地企业建立联盟关系，可以帮助弥补自身国际市场知识和经营经验的不足。战略联盟的建立，有助于充分发挥联盟中单个企业的优势，使联盟体具备更强的把握市场机会和抵御风险的能力。

**5. 实现知识共享和创新，推进企业革新**

战略联盟是组织学习的一种重要方式，其核心在于学习联盟伙伴的经验性知识。由于企业在技术创新中持久的竞争优势更多的是建立在企业拥有的经验性知识基础之上，而经验性知识存在于组织程序与文化中，其转移是一个复杂的学习过程。联盟则是解决经验性知识转移的有效途径。通过缔结战略联盟，创造一个便于知识分享、移动的宽松环境，采取人员交流、技术分享、访问参观联盟伙伴的设施，增强联盟各方的联系频率等办法，可以使经验性知识有效地移植到联盟各方，进而扩充乃至更新企业的核心能力，真正达到企业间合作的目的。以学习为中心建立的战略联盟不是被动地适应环境，而是主动去创造环境，因而极具生命力；同时，围绕以知识的不断创新为基础建立的战略联盟，能够适时地调整企业间的关系，促进不同价值观、知识和异文化在企业中的融合，使之成为企业革新的重要推动力。

经验性知识是隐含的，深植于企业文化或人的大脑和身体中，很难系统的编辑和交流，只能通过某一特定情景中的行动、承诺和涉及程度来表达，并且也只能通过观察、模仿和实践经验才能获得。

## 7.2　战略联盟的组织设计

### 7.2.1　确定战略联盟的合作范围

战略联盟的合作范围决定着联盟的深度和广度，关系到联盟各方获取资源和能力的范围，并最终影响联盟效果。企业的战略范围选择分为三个层次：产品层次的联盟、事业部层次的联盟和公司层次的联盟。

### 1. 产品层次的联盟

这是仅针对某一种产品的业务范围展开的联盟，获取的是同该产品的设计、生产和销售直接相关的资源和能力。同样，企业对合作伙伴开放的也只是同该产品有关的资源和能力。根据获取资源和能力的类型不同，产品层次的联盟可以分为三类：(1)市场型联盟，即企业旨在获取同市场有关的资源，如销售渠道、品牌等；(2)产品研发联盟，这类联盟主要的目标是综合利用联盟双方在技术和开发方面的优势，开发新产品，开拓新市场。这类联盟将随着其所开发出的产品退出市场（即产品生命周期的终结），或优势的丧失而告终；(3)产品扩展型联盟，即一种联合进行产品系列开发和市场拓展的战略联盟，显然这种联盟关注的目标已不再是单一种类的产品，而是扩展的产品组合，或者说是有关于产品深度发展的战略联盟。

产品层次的联盟涉及的联盟范围是最窄的，其优点是联盟比较简单，合作目标明确，有利于企业保护自己的关键性资源和核心竞争力。缺点是联盟的范围狭窄，不利于综合利用合作伙伴之间的资源和能力，可能同企业的其他业务发生冲突，使联盟陷入困境。

### 2. 事业部层次的联盟

这种联盟是双方在某一市场或某一经营领域内的联盟，资源和能力的获取和开发范围扩展到多个相关的产品范围，其规模和合作范围都远远大于产品层次的联盟。根据期望获取资源和能力的不同，事业部层次的联盟可以进一步被分解为两类：(1)事业开发型联盟。这是合作伙伴在某一领域中就技术和生产工艺方面所结成的联盟，即企业期望从合作伙伴处获得技术、财务或生产方面的专业知识，并寻求某个事业领域的发展。必须强调的一点是：事业层次的联盟并非只关注某一种产品或技术的创新，而是倾力于某一个经营领域产品系列的技术和工艺创新，以迅速提高企业在整个事业领域的竞争力；(2)事业推广型联盟，即企业期望从合作伙伴处获得有关销售渠道和市场推广方面的资源和能力。事业推广型联盟中企业往往已经具备了较强的开发、生产的能力，为了进一步占领市场或者开发新的市场领域，同合作伙伴结盟以获取同市场推广有关的资源和能力。

事业部层次的联盟不仅仅是局部资源和能力的聚集，而是涉及各种类型的资源和能力，其联盟的深度和范围都比产品层次的联盟要大得多。其优点是有利于资源和能力的综合利用。当企业需要进入陌生的领域或者开发新的市场时，往往把联盟的范围界定为事业层次。但是，事业层次的联盟对合作伙伴开放的资源和能力更多，如果控制不好可能使今天的合作伙伴成为明天强有力的竞争对手。

### 3. 公司层次的联盟

这种联盟的范围涉及整个公司的资源和能力。通常这种联盟的目标是要就企业现有资源、能力做出全面的调整，从而根本性地提升企业竞争力。企业期望就各种战略资源，如生产、经营上诀窍或独特的企业管理文化等，同联盟伙伴进行全面协作，帮助企业进入某崭新的领域，并带动整个企业的变革。这里需要明确的是尽管这种类型的联盟的范围是整个企业，然而并不是说这类联盟的活动中不存在各种各样产品层次或事业层次的技术协作、市场协作等合作形式。事实上，公司层次的联盟往往是由大大小小各种形式的合作所组成，只是相互之间具有有机的联系，通过一种协同效应实现企业竞争力的提升。

# 第7章 战略联盟与战略外包

战略联盟的合作范围的选择会受到三个主要因素的影响：第一，会受到企业的资源和能力缺口的影响，一般来说资源和能力缺口越大，联盟的范围越宽。第二，联盟范围还受到目标资源和能力的性质的影响。对于显性的资源和能力，联盟的范围可以集中在产品层次上，而对于隐含性的资源和能力，联盟就主要集中在事业部层次和公司层次上了。第三，影响联盟范围选择因素是联盟双方的战略目标一致性，如果一致性高，联盟的范围可以广泛一些，如果一致性低，就只能从产品层次的局部合作开始再逐渐扩大范围。

联盟范围决定了联盟各方共同从事经营活动的区域大小。范围窄小的联盟一是减少了协调和整合的需要；二是共同经营的范围有限能够降低合作伙伴之间的核心资源和能力泄露的风险；三是对联盟各方合作能力的要求低，联盟实施起来难度也低。即使是在文化、管理制度等方面有差异和冲突的企业也可以谋求局部范围的战略联盟。但是，范围狭窄也可能成为联盟失败的根源。局部的合作可能与企业更高层次的战略构想产生严重冲突，这种冲突是联盟本身不能自行克服的，最终只能是联盟服从于更高的战略要求，导致联盟关系的恶化。

**特别提示**

范围宽泛的联盟对各方的合作能力提出了更高的要求，它与企业整体的战略更容易保持一致，同时可以为各方的成员进行交流、沟通和学习提供更多的机会，对于获得合作伙伴的隐含性的资源和能力更有效。

## 7.2.2 挑选联盟伙伴的原则

战略联盟的目的在于通过联盟伙伴获得企业所缺乏的资源和能力，或者通过双方或多方现有资源和能力的聚合有利于企业创造出新的资源和能力。因此，联盟伙伴的选择原则主要是从有利于企业资源和能力积累的角度出发，考察潜在合作对象的资源和能力状况，合作的意愿以及双方资源和能力体系整合的可能性高低。

一般来说，好的合作伙伴应该是具备弥补企业资源和能力缺口的互补性的资源和能力，有强烈的合作意愿，同时合作双方的资源和能力体系要能够兼容和融合。具体来说，企业选择联盟伙伴可以依据下面五种原则。

### 1. 能力互补原则

潜在的合作伙伴必须拥有企业所需的互补的资源和能力。战略联盟的优势在于可以在不改变企业独立性的条件下，汇聚不同企业所拥有的高质量的资源和能力，通过资源和能力的充分使用和相互作用，产生协同效应，达到单个企业资源和能力系统所不能达到的目标。资源和能力的互补性是战略优势发挥的关键因素之一。潜在合作伙伴必须具备企业所需要的资源和能力，合作才有价值。能力是企业选择战略联盟伙伴最重要的标准之一。无论是来自资源丰富的发达国家的大公司，还是资源较为贫乏的新兴市场中的小公司，选择合作伙伴时能力标准非常重要。潜在合作伙伴对企业有吸引力的资源和能力主要包括以下四类。

（1）先进的技术标准、新产品以及生产技术方面的优势。技术开发联盟已经成为联盟的主要内容，企业的目的就是获取合作伙伴的先进技术。如果潜在的合作伙伴拥有生产技术方面的优势，企业就可以借用或学习这方面的能力，提高竞争力。学者研究发现，享有领导性技术的大公司被认为是非常值得合作的，尤其是对于那些不具有得到这种技术的资源的较新、较小的公司来说更为重要。

(2) 强大的品牌和声誉。借助另一家公司的品牌和声誉有助于弱小和不知名的企业形成强大的竞争力。很多国内企业海外经营的第一步就是通过与国外著名的制造商或者经销商联盟，利用它们的品牌销售产品。

(3) 价值链不同环节的关键性的资源和能力。合作伙伴之间互补性的资源和能力聚合起来可以将价值链的不同环节联合起来，帮助企业开发全新的市场，为顾客带来新的价值。

(4) 隐含性的资源和能力。隐含性的资源和能力存在于组织程序与文化中，其获取是一个复杂的学习过程，因此必须在长期的学习和实践中才能掌握。如果潜在合作伙伴由企业所需要的有价值的隐含性资源和能力，对企业而言就是一个非常有吸引力的合作伙伴。

2. 合作态度积极原则

潜在合作伙伴的合作态度是否积极，直接影响到企业能否达成联盟目标。态度至少在三个方面对企业联盟绩效产生影响：(1)影响潜在的合作伙伴的资源和能力的投入水平。合作伙伴必须有积极的合作态度，强烈的合作意愿，才能向联盟投入必要的资源和能力，帮助企业改善现有的资源和能力体系。如果合作伙伴不愿向联盟投入必需的资源和能力，企业战略联盟的目标就不可能实现。反之，如果合作伙伴的合作态度积极，就会投入较多的资源和能力，从而有利于联盟目标的实现，而目标的实现将进一步坚定双方对联盟成功的信心，在联盟的下一阶段加大投入，形成良性循环。例如，苹果公司、摩托罗拉、IBM公司成立 PowerPC 联盟共同开发新一代的计算机芯片。由于 IBM 一直不愿意舍弃英特尔公司的芯片产品，合作态度不积极，导致联盟最终失败。(2)影响联盟伙伴之间的信任关系。没有强烈的联盟意愿，各方在联盟的设计和运行管理过程中就会表现出强烈的机会主义倾向，会破坏相互间的信任，产生严重的冲突。反之，如果联盟各方的态度积极，投入较多的资源和能力，专用性强的投入不能轻易收回，产生较高的联盟退出壁垒。较高的退出壁垒使得企业实际被"套住"在联盟体系中，不能轻易撤出，这种"套住"效应将对联盟中的机会主义行为产生约束。在 IBM 同苹果公司和摩托罗拉公司结盟的案例中，如果 IBM 已经向联盟投入了大量的资源，退出壁垒很高，可能就不会轻易放弃 PowerPC 项目，重新转向采购英特尔公司的芯片了。(3)影响联盟伙伴间的沟通。战略联盟具有很强的不确定性，外部环境的变化、联盟成员的变化甚至竞争对手的变化都可能对联盟产生根本性的影响。所以，成功的联盟不可能仅仅靠若干完备的协议或者结构可以设计出来的，真正的成功来源于合作方对联盟具体运作过程中的灵活性，在保持提升企业竞争力这个最终目标不动摇的前提下，对具体的目标实现途径的创造性的探索和实践。联盟成员相互间充分的沟通是对联盟进行调整的前提和保证。而只有双方都表现出积极的合作态度，才可能有坦诚的，富有建设性的沟通。

3. 文化和战略相容原则

成员间企业文化和战略的相容是一个成功的联盟所必须具备的最重要的条件之一。每个企业都有各自的历史、经历、观点与信仰,有其独特的人力资源管理传统和实践,独特的行政系统和经营管理风格。合作企业间如果缺少文化相容性,那么无论他们的业务关系在战略上多么重要,也不管它们各自资源多么丰富,都将很难经受时间的考验,也很难应付市场和环境的变化,因为他们首先要做的事情是能够在一起工作。合作伙伴之间在组织文化方面的差异可能会导致流程的混乱,沟通的失效,最终导致联盟的失败。

联盟各方往往会带着不同的动机进入企业,期望从联盟中获得的利益也不尽相同。实际上,所有的联盟参与人员都认识到战略的相容性在合作关系中的重要性。人们常常用婚姻来形容联盟,这并不是说战略联盟是件很浪漫的事,而恰恰相反,这是说明了合作双方在战略上的"志同道合"对于解决分歧与冲突,保持联盟双方良好关系的重要性。

兼容原则并不意味着绝对的一致,没有任何差异。公司在选择联盟伙伴时,不能苛求对方一定具有相同或相似的文化,实际上公司之间文化相同或相似的情况并不多见,战略就更不可能相似了。从另一方面讲,伙伴之间完全相同或过于相似也不利于双方互相学习、取长补短,只要合作双方有合作的基础并且相互尊重,它们就能解决分歧。文化上的兼容性代表联盟各方在基本价值观上有一致的看法。联盟管理专家里格斯比指出:对于一个成功的联盟来说,善于合作、勇于冒险、客户至上以及富于创新是必备的文化特性。联想集团则认为,价值认同是联盟各方能否做到算大账不算小账的基础,也就是说联盟企业必须坚持"双赢原则",否则非但得不到超额的利益,而且还影响联盟团结。战略上的兼容性主要是企业与潜在的合作者能够找到共同的利益。具有共同的利益是保持联盟关系的纽带和桥梁。没有共同利益,联盟就会失去价值和动力。

以阿尔扎公司(Alza)和汽巴嘉基公司(Ciba-Geigy)公司合作研制先进的药物输送系统为例。阿尔扎公司的文化是倡导人人平等,提倡发挥个人的创造性。而汽巴嘉基公司是瑞士的一家大型制药集团,有两百多年历史。它是典型的传统、严格、专业化的欧洲公司,其组织机构健全、办事讲究程序。两家企业在联盟的过程中由于企业文化水火不容,导致大量的沟通障碍。文化方面的冲突还发展为业务流程的不匹配,阿尔扎公司操纵着一个由多学科专业人员构成的研制队伍,他们毫无计划随意地解决研制过程中出现的各种问题。而汽巴嘉基公司则有一个要求明确、组织严密的药物研制流程,专家一个接一个地依次进入。双方最后发现,很难在文化不相容的条件下开展合作。

4. 市场非重叠性原则

市场非重叠性是指企业与潜在合作伙伴间在核心业务、重点地域市场或者专业能力方面不存在高度的相似性。如果具有高度的相似性,企业间关系中竞争将压倒合作,成为主旋律。选择直接竞争对手而非互补性企业作为联盟成员,往往导致联盟最终走向失败。所以,企业要避免同直接竞争对手合作,而是尽量选择有互补关系的企业。即使选择竞争对手为合作伙伴,前提也必须是联盟的业务同联盟母体的业务可以用产品类别和地理区域进行明确的区分。

5. 联盟成熟度原则

联盟管理的成熟度是指潜在的合作伙伴过去的联盟管理经验的多少。联盟中总是充满矛盾和冲突,联盟管理的逻辑也与传统的合资经营有很大区别,从"竞争"思维转向"合作"思维对管理人员提出了巨大挑战。研究表明,合作伙伴先前拥有的合作经验有助于联盟的成功。如果潜在伙伴有较多的联盟管理经验,能够理解并具体实施联盟的目标,对联盟的绩效会有很大的帮助。相反,如果它没有或缺乏经验,就很可能在变化的联盟环境中丧失信心,最终导致联盟失败。

**特别提示**

一旦决定要组建一个战略联盟,首先要做的事就是考虑选择合作伙伴的各种因素和标准。一般而言,这些标准的核心可以归为兼容、能力和投入。这三个原则是公司寻找合作伙伴的关键条件。

### 7.2.3 联盟伙伴选择的过程

联盟伙伴的选择过程是一个不断深入了解并分析可能的合作伙伴的信息、资源和能力价值的过程。选择的依据是前面谈到的五个原则,即能力互补原则、合作态度积极原则、文化和战略相容原则、市场非重叠性原则和联盟成熟度原则。每一个原则都是综合性的指标,对这些指标的评价开始于了解对方的浅表层信息,然后是对浅表层的信息进行深入加工,在此基础上得出比较全面的指标值。这一过程还是一个根据潜在合作伙伴评价指标逐步优化,不断筛选的过程。从基础的指标出发,分阶段从若干个潜在的合作伙伴中将不符合条件者剔除,最终剩下能够帮助企业弥补资源和能力缺口的合作伙伴。同时,选择过程还是一个加强沟通,为可行的联盟方案进行协商的过程。联盟伙伴的选择过程可以分为以下三个环节。

第一步:资源能力评价。该阶段主要分析若干潜在合作伙伴的资源和能力体系,寻找出能够提供企业所需资源和能力的企业,作为候选联盟企业。其目的主要是筛选出对企业有战略联盟价值的企业。如果这一步没有一个企业能够通过,就需要扩大联盟成员的搜寻范围,发现更多潜在合作伙伴,重新选择。

第二步:合作可能性评价。该阶段主要分析候选联盟企业与本企业的兼容性和市场非重叠性指标,考察战略合作的可能性。其目的在于选择能够在文化和战略方面和本企业相容,没有直接竞争关系的企业,作为联盟伙伴。如果这一步没有一个企业能够通过,有两种方法进行调整:(1)扩大联盟成员的搜寻范围,发现更多潜在合作伙伴,即从第一步重新开始选择。(2)调整本企业的战略目标,再考察联盟伙伴的兼容性。

第三步:合作意愿和合作能力评价。该阶段主要分析准联盟伙伴的态度和联盟成熟度,寻找对联盟意向反应积极的企业和合作能力强的企业。最终通过筛选的企业就是理想的联盟伙伴。如果没有一个企业能够通过,应该与准联盟伙伴进行充分沟通,改变其对联盟的态度;或者通过沟通加深其对联盟的认识,弥补成熟度低的不足。

### 7.2.4 联盟的组织结构设计

联盟的组织结构基本上可以分为三种:契约式结构、股权参与式结构和合资企业式结构。

1. 契约式结构

这是一种合作伙伴之间通过签订契约性协议建立的联盟结构。在契约式结构中,联盟母体的资产规模、组织结构和管理方式都不发生变化，联盟的治理主要通过订立协议规范，协议的内容包括约定合作事项和合作时间，以及联盟成果的分配方案等。作为协议的补充，联盟伙伴可以成立专门的合作委员会，协商联盟事宜。

契约式结构的特点是：(1)契约是维持联盟关系的主要纽带。(2)联盟内部的约束力不强，成员间达到相互信任难度较高。这是因为联盟成员的投入少，没有采取真正的"承诺行动"，而合作契约的约束是不完全的，导致信任度较低。(3)联盟关系的不稳定性特征明显。契约的不完备性决定了联盟的不稳定性。要发展成为有效的联盟，需要成员在合作过程中不断建立信任关系。(4)合作的范围有限。为了明确双方的权利义务，需要在协议中较为明确地提出合作范围。如果想扩大范围，就需要重新谈判。(5)协调成本高。由于没有采取股权式的结构形式，契约成为约束联盟各方行为的主要手段，在联盟成立和发展的每一个重要阶段都需要进行周而复始的谈判，企业需要为谈判付出较多的时间、精力和费用。

契约式结构强调联盟伙伴间的相互协作，经营的灵活性强，联盟母体的自主权大，联盟组建相对简单。但是，这样的治理结构也有不足，联盟母体对联盟的控制力差，联盟组织松散，缺乏稳定性，容易产生机会主义行为。

2003年7月，攀钢、重钢、昆钢等七家钢铁企业组建的西南钢铁战略联盟采用的是契约式组织结构。联盟以"一个高峰会议、五个专门委员会"的形式运作。高峰会议每年定期召开一次，参会人员为各企业高层领导(董事长或总经理)，重点就战略合作项目的推进与安排进行交流磋商，讨论决定联盟重大事宜，确保合作落到实处。联盟下设五个专门委员会：(1)大宗原料、燃料采购合作委员会。负责研究跟踪市场，协调采购价格和节奏，制定应对措施；对铁矿石、煤炭等大宗原料、燃料进行协同、联合采购，降低各单位采购成本；(2)市场营销合作委员会。职责定位：实现市场资源协调配置，避免恶性竞争，维持本区域市场经营秩序，提高联盟各单位营销效率、市场控制力和经济效益；(3)科研开发合作委员会。负责搞好新产品、新技术和新工艺的联合研发，缩短开发周期，降低开发成本，提升产品的附加值和技术含量。适应市场需要，促进各企业可持续发展；(4)国际贸易合作委员会。通过共享国际贸易渠道、市场、信息等，降低进口矿石、设备及备品备件采购成本，扩大联盟内企业产品出口；(5)发展战略合作委员会，负责发展战略规划、产业结构调整、战略联盟的更高层次合作等方面展开交流和探讨，促进企业实现可持续发展。

2. 股权参与式结构

这是一种合作伙伴之间存在少量资本投入的组织结构。股权参与式结构可以是成员间双向的持股，也可以是单向持股。

股权参与式结构的优点在于：(1)突出了联盟伙伴间的长期义务，使双方能够兼顾短期目标和长期目标。施乐公司的一位董事曾指出，只有购买合作伙伴一部分的股权，才能使你真正进入企业内部，了解它究竟在做什么；(2)股权参与为合作伙伴间扩大合作范围创造了机会；(3)购买合作伙伴的股权向市场发出了联合信号，增强了防御联盟外部竞争的能力。股权参与式结构的缺点是会降低联盟母体的独立性，如果持股的比例太低，不能起到协调联盟各方利益的作用。

### 3. 合资企业式结构

合资企业的联盟结构义可以分为三种：一方管理、双方共同管理和联盟自我管理。

（1）一方管理，即以联盟伙伴中的一家企业掌握管理权，由其负责联盟合资企业的生产经营。一般来说，掌握控制权的联盟母体也是对联盟贡献最大的企业。这种治理结构的优点是可以做到联盟目标同掌握控制权的联盟母体目标的高度一致性，有利于联盟母体提高对联盟的投入力度。但是，由于其他的联盟母体没有控制权，可能对联盟信心不足，如果出现信息沟通不畅或者合作者有机会主义行为，就可能破坏合作伙伴间相互的信任，导致联盟的失败。现在这种治理结构一般很少采用。

（2）多方共同管理，即联盟伙伴共同掌握合资企业的管理权，共同负责生产经营。多方共同管理的优点是既可以使联盟母体的目标同联盟的目标保持一致性，又能够使合作各方都积极参与到联盟的经营管理中。共同管理有利于增加合作方的沟通和交流的机会，为组织学习创造更多的"接触点"。但是，多方共同管理的协调工作难度较大，决策的速度慢，可能成为联盟母体各自独立利益的牺牲品，受母体的战略影响较大，不利于合资企业的自我发展。

（3）联盟自我管理，即合资企业作为一个独立的实体独立承担经营管理的职责，联盟母体仅仅作为投资方投入资源，不直接干涉合资企业的生产经营。自我管理的优点是有利于合资企业的自我发展，有利于强化合资企业利益。缺点是实现联盟母体自己的战略意图难度大，母体与合资企业的接触面有限，不利于将联盟的成果扩散到母体中。

根据大量的实证调查研究，成功的联盟基于三个管理原则：
1. 为联盟确定早期的目标；
2. 在联盟伙伴之间建立一种个人基础上的密切关系；
3. 保持一种良好的能跨越职能的信息沟通渠道。

## 7.3 战略外包

全球化的优势正在被越来越多的企业领悟。在意大利设计，在中国染色和缝制后销往法国，这是世界上许多服装企业都梦寐以求的流程，因为这样无疑会带来最大程度的开源节流。但问题是，很少有公司能拥有这样全球化的资源，而重新去建立这样的网络难度不说，投入也会不计其数，而时下正在流行的战略外包就很好地解决这些令企业左右为难的问题。

### 7.3.1

战略外包是一种经营策略，是指企业从战略的角度出发，将一些非核心的或者成本处于劣势的业务，转移到企业之外，使企业将有限的资源用于可以期望取得长期成功，能够创造出独特价值，或者能使企业成为行业领先者的核心业务领域。外包具有整合利用其外部最优秀的专业化资源,从而达到降低成本、提高效率、充分发挥自身核心竞争力和增强企业对环境的迅速应变能力的本质属性。美国著名的管理学家彼得．德鲁克曾预言:"在10~15年内,任何企业中仅做后台支持而不创造营业额的工作都应该外包出去"。

究其本质,战略外包不仅是企业业务流程和管理范围的重新调整,而且是企业价值链中关键环节的重新组合。它使企业在内部资源有限的情况下,仅保留其最具竞争优势的功能,而把其他功能借助于整合、利用外部最优秀的资源予以实现。外包的实质是实现智力资源、服务资源、市场资源和信息资源的共享和优化配置,通过产生巨大的协同效应,使企业最大限度地发挥自有资源的效率,获得竞争优势,提高对环境变化的适应能力。

### 7.3.2 战略外包的优势

外包作为企业战略的一部分,能够为企业创造以下优势。

#### 1. 并行作业,产生先动优势

外包企业实行的是一种并行的作业模式。实行外包的企业由于把非特长的经营活动交给了其他企业去完成,这使得传统企业运作方式中的实践和流程上处于先后关系的有关职能和环节得以改变。企业的各项活动在空间上是分离的,但在时间上却可以并行。比如,企业在研究与开发的同时,合作伙伴可能正积极地生产或营销该企业的产品。又如,企业正在为了巩固和发展客户关系而投入大量资源,而企业的合作伙伴则忙于对企业的人力资源进行管理。这种并行的作业模式提高了企业的反应速度,有利于企业形成先动优势。

#### 2. 业务精简,提高组织应变能力

对实行"外包"的企业来讲,由于大量的非特长的业务都由合作伙伴来完成,企业可以精简机构而变得更加精干。中层经理传统上的监督和协调功能被计算机网络所取代,金字塔状的总公司、子公司的组织结构让位于更加灵活的对信息流有高度应变性的扁平式结构,使企业能够实现扁平化组织结构所带来的快速反应的优势。这种组织结构将随着知识经济的发展越来越具有生命力。

#### 3. 实现生产方式和生产组织方式飞跃

实行"外包"的企业以信息网络为依托,选用不同公司的资源,与具有不同优势的企业组成以电子网络联系的经营实体,企业成员之间的信息传递、业务往来和并行分布作业模式都由信息网络提供技术支持。在企业协调方面,计算机支持群体协同工作环境,为"外包"企业提供全新的协调管理方式。协调系统综合应用计算机和通信技术、分布式技术、人工接口技术,提供系统服务、基本协同服务和任务协同服务三种基本的协调功能。在企业决策方面,实行"外包"的企业采用基于并行工程环境的群体决策模式,包括充分利用INTERNET信息服务和CLIENT/SERVER模式、利用INTERNET建立企业决策支持系统以及利用多智能决策模式等。

#### 4. 突出核心竞争力

外包的目的在于巩固和扩张企业的核心竞争力,以建立突出优势。"外包"是规模减小的过程,既实现了充分利用外部资源,也没有增加企业的管理难度。而且,企业在外包

中利用的是外界已经存在的资源，不需要企业再做更多的工作和消耗更多的企业自身资源，这种内部化过程不需要对核心竞争力要素的长期积累，直接把原有的资源应用于巩固、发展核心竞争力上，从而迅速地建立核心竞争优势，实现快速反应的优势。因此，外包是建立核心竞争力的最有效途径。

5. 倡导技术创新

在知识经济时代，形成竞争优势流的关键环节是技术创新，因为技术创新是企业发展的最终源泉。同时，在技术创新周期和产品生命周期不断缩短的情况下，进行外包的企业注重以柔性技术为基础保持技术领先。企业能够在满足新产品的快速开发、降低成本和产品质量保障的前提下，重视高新技术应用和敏捷制造，外包战略所实现的对外部资源的整合也是为了满足企业实现对技术创新的要求，更好地将资源应用于技术开发，从而建立和维持技术的领先地位。

### 7.3.3 战略外包的模式

战略外包有以下几种模式。

1. 生产外包

最早出现的生产外包就是劳动密集型产业生产部分的外包。生产外包（Manufacturing Outsourcing），习惯上又称之为"代工"，是指客户将本来是在内部完成的生产制造活动、职能或流程交给企业外部的另一方来完成。这个定义中的"客户"是作为买主的公司，通常称为委托制造企业。"企业外部的另一方"是作为供应商，通常称为代工企业。"代工企业"和人们平时讲的原材料等有形产品的供应商不完全相同，它提供的服务功能原本由买方公司在其本身内部完成，并且服务的内容涵盖了所有有形和紧密关联的服务，如部分设计和物流配送等。

 知识链接

按照代工企业是否完成产品研发设计活动，生产外包可分为 OEM 与 ODM 等合作形式。

OEM（Original Equipment Manufacturing）是指："具有生产组装能力的企业，在买主提供产品规格、制作技术规范、产品品质规范，甚至指定部分或全部零组件的情形下，提供买主所指定之产品的分工形态"。

ODM（Original Designing Manufacturing）是指："产品生产者在不需买主提供产品与技术相关规范下，同时提供产品开发设计与生产组装的能力，生产符合买主所需功能（Features）的产品，同时在买主所拥有的品牌下行销"。OEM 仅涉及产品的生产组装，而 ODM 则涉及产品设计开发及生产组装等两种活动。

2. 信息技术外包

IT 外包服务是指企业战略性选择外部专业技术和服务资源，以替代内部部门和人员来承担企业 IT 系统或系统之上的业务流程的运营、维护和支持的 IT 服务。企业信息技术的来源总体上可以分为两种，即企业自主研究开发和从外部获取。前者称为内制（Insourcing）、后者称为外包（Outsourcing）。信息技术外包是指用户在规定的服务水平基础上，将一部分或全部信息技术（（IT）、信息系统（IS）和相关服务委托给服务商。由其管理并提供用户所需的信息服务。严格意义上的信息技术外包伴随着企业的信息技术部门整体交由信息技术服务商管理。常见的信息技术外包涉及信息技术设备的引进和维护、系统网络的管理、数据中心的运作、信息系统的开发和维护、备份和灾难恢复、信息技术培训等。

知识链接

根据McKinsey的调查，印度是迄今为止最受离岸外包业务青睐的地区，据称至少80%的全球外包业务都去了印度，这主要得益于其在成本和质量上的综合优势。其他外包目的地则遍及亚洲、欧洲、非洲和南美洲，包括中国、菲律宾、俄罗斯、墨西哥、新加坡、爱尔兰、北爱尔兰、以色列、南非、东欧和巴基斯坦等。这些国家的排序比较模糊，因为每个国家都有其自身的优势和缺陷。

3. 业务流程外包

业务流程外包合同的内容通常是企业中的某项职能，比如，人力资源、采购、物流等，也可能是业务职能内的某些离散活动，如福利管理、战略采购、仓库。因此，我们可以把业务外包合同分为两类：BPO和处理服务。按照外包业务的业务性质可以将业务流程外包分为销售服务外包、人力资源外包、物流外包、财务管理外包、智力资源外包、资产管理外包、呼叫中心外包、行政管理外包。下面介绍几种普遍采用的业务流程外包类型。

1）销售外包

销售外包，又称之为外包营销。它是指突破企业自身的行政界限，扩大企业营销资源的优化配置范围，借用外力加速自身发展的一种营销形式。销售外包在实践运作过程中，根据承包方式的不同，又可以具体分为以下三种。

（1）代理销售。

如果生产企业在全国、甚至全球各地投资建设营销分公司或办事处，往往投资巨大，管理难度也很大。而现在，更多的企业开始用招募总代理、经销商的方式构建经销渠道。国外品牌如IBM、微软、康柏等著名厂商进入中国市场都是采用总代理的方式来实现的。

（2）特许经营。

特许经营，是一种更虚拟化的销售外包形式。特许经营最成功的典范就是麦当劳，庞大的麦当劳帝国在全球拥有数万家特许专营店，每年完成数百亿美元的销售额，而其中的绝大部分，是麦当劳并不拥有产权的特许店所完成的。

特别提示

在全球市场，特许经营已越来越受到人们的青睐。在美国，零售收入的40%来自于特许经营；在英国，零售收入的32%来自于特许经营；在澳大利亚，这个数字为25%。

（3）解放下属销售公司的产权。

公司总部对下属销售网络解放"产权"关系，使其成为拥有独立法人资格的销售公司。这样首先可使总部无需为下属办事处承担人员及管理费用，同时节省了市场开拓费用；其次，各销售公司成立后，均利用关系积极为公司募集资金；再次，这种方式可以吸引大批的销售人才汇集到总部的旗下。

### 2）人力资源外包

人力资源外包（HR Outsourcing Managed Service）即企业将人力资源管理中非核心部分的工作全部或部分委托人才服务专业机构管（办）理，但托管人员仍隶属于委托企业。这是一种全面的高层次的人事代理服务。人才服务机构与企业签订人事外包协议以规范双方在托管期间的权利和义务，以及需要提供外包的人事服务项目。

目前通行的人力资源外包服务项目，包含了很多方面，有些企业甚至将所有和人事管理方面相关的服务都外包出去。一般来看，主要有以下几种人力资源外包方式。

（1）员工招聘：即代企业寻找、招聘合格员工。

（2）员工培训：代企业进行相关的各种培训。

（3）人事代理：代发工资、福利、四金交纳、人事档案管理、员工证明、护照等。

（4）人员外包：即人才租赁或人才派遣。

（5）人事相关咨询：包括薪资调查、政策咨询、离职面试（国外通行的方法，以了解员工满意度）、员工满意度调查、组织规划等。

**特别提示**

人力资源外包可使专业机构规模化社会运作，降低单个企业成本；可使企业减轻基础性工作，更关注促进企业竞争力的核心工作；人力资源外包可促使社会分工进一步细化，有利于社会整体运作效率。

### 3）物流外包

所谓物流外包即生产或销售等企业为（需方）集中精力增强核心竞争能力，而将其物流业务以合同的方式委托于专业的物流公司（第三方物流，3PL）运作。物流外包是一种长期的、战略的、相互渗透的、互利互惠的业务委托和合约执行方式。

物流已经成为新经济时代企业模型的一个不可缺少的部分。然而，市场对物流系统的要求超越了目前许多公司物流机构的分配资源的功能和能力。因此，物流外包，即由外部公司提供所需要的功能和服务，作为物流系统的一个可行选择已经得到广泛应用。

**知识链接**

第三方物流企业通常提供的服务包括：仓库管理（Warehousing Management）、集中托运（Shipment Consolidation）、物流信息系统（Logistics Information Systems）、车队管理或运输管理（Fleet Management/Operations）、运费谈判（Rate Negotiation）、协助客户选择承运人（Carrier Selection）、订单履行（Order Fulfillment）、进口或出口服务（Import/Export）、退货处理（Product Returns）、订单处理（Order Processing）、产品组装或安装（Product Assembly/Installation）等。

# 本 章 小 结

战略联盟是指两个或两个以上有着共同战略利益和对等经营实力的企业，为达到共同拥有市场、共同使用资源等战略目标，通过各种协议、契约而结成的优势互补或优势相长、风险共担、生产要素水平式双向或多向流动的一种松散的合作模式。按照不同的划分标准，战略联盟可划分为股权式战略联盟和契约式战略联盟,接受型战略联盟、互补型战略联盟和垂直型战略联盟。企业通过建立战略联盟,能够快速获取所需资源,谋求不断扩展;增强企业竞争实力,构建竞争优势;促进研究与开发,获取技术和产品优势;积极开拓国际市场,实现长足发展;实现知识共享和创新,推进企业革新。

在决定建立战略联盟后,联盟各方首先要确定战略联盟的合作范围,其次根据挑选合作伙伴的原则,遵循选择联盟伙伴的三个环节,资源能力评价→合作可能性评价→合作意愿和合作能力评价,对合作伙伴进行综合评判,并最终选择合适的联盟企业。联盟的治理结构基本上可以分为契约式结构、股权参与式结构和合资企业式结构。

战略联盟通过与其他企业结成盟友获取自身缺乏的资源和技术赢得竞争优势。战略外包则通过剥离非核心业务获得核心竞争力,它是指企业从战略的角度出发,将一些非核心的或者成本处于劣势的业务,转移到企业之外,使企业将有限的资源用于可以期望取得长期成功,能够创造出独特价值,或者能使企业成为行业领先者的核心业务领域。战略外包的模式主要包括生产外包、信息技术外包和业务流程外包。

# 复习思考题

1. 选择题

(1) 战略联盟的特征主要有（    ）。
A. 组织的松散性　　B. 行为的一致性　　C. 合作的平等性
D. 合作关系的长期性　E. 行动的高效灵活性
(2) 根据联盟成员在价值链上位置和对等性的不同可分为（    ）。
A. 接受型联盟　　B. 价格联盟　　C. 互补型联盟
D. 促销联盟　　E. 垂直型联盟
(3) 联盟伙伴的选择原则包括（    ）。
A. 平等　　B. 能力　　C. 承诺
D. 合作　　E. 兼容性
(4) 战略外包的模式包括（    ）。
A. 生产外包　　B. 信息技术外包　　C. 业务流程外包　　D. 物流外包
(5) 仅针对某一种产品的业务范围展开的联盟,获取的是同该产品的设计、生产和销售属于（    ）。
A. 品牌联盟　　B. 分销渠道联盟　　C. 产品层次联盟　　D. 促销联盟
(6) 联盟伙伴的选择过程是一个不断深入了解并分析可能的合作伙伴的信息、资源和能力价值的过程,其过程包括（    ）。
A. 资源能力评价　　B. 合作意愿　　C. 合作可能性评价　　D. 合作能力评价

2. 填空题

(1) 战略联盟是指两个或两个以上有着_____和_____的企业,为达到共同拥有市场、共同使用资源等战略目标,通过各种协议、契约而结成的优势互补或优势相长、风险共担、生产要素水平式双向或多向流动的一种松散的合作模式。
(2) 股权式联盟中一般不包括各成员的核心业务,具体分为_____和_____。

(3) 合资企业的联盟结构义可以分为_____、一方管理和_____。

3. 判断题

(1) 战略联盟本身是一个封闭的体系，是一种联系紧密的组织形式。　　　　　（　）
(2) 人力资源外包属于战略外包中的一种形式。　　　　　　　　　　　　　（　）
(3) 契约式战略联盟组织结构的优点在于联盟体的目标同掌握控制权的联盟母体目标高度一致。
　　　　　　　　　　　　　　　　　　　　　　　　　　　　　　　　　（　）
(4) 联盟伙伴的选择过程是一个不断深入了解并分析可能的合作伙伴的信息、资源和能力价值的过程。
　　　　　　　　　　　　　　　　　　　　　　　　　　　　　　　　　（　）
(5) 战略外包不仅是企业业务流程和管理范围的重新调整，而且是企业价值链中关键环节的重新组合。
　　　　　　　　　　　　　　　　　　　　　　　　　　　　　　　　　（　）
(6) 成员间企业文化和战略的相容是一个成功的联盟所必须具备的最重要的条件之一，因此联盟伙伴的企业文化必须保持绝对的一致，不能存在任何差异。　　　　　　　　　　（　）
(7) 战略联盟的合作范围选择会受到联盟双方的战略目标一致性的影响。　　　（　）
(8) 当联盟内各成员的核心业务与联盟相同、合作伙伴又无法将其资产从核心业务中剥离出来置于同一企业内时，或者为了实现更加灵活地收缩和扩张、合作伙伴不愿建立独立的合资公司时，相互持股型战略联盟便出现了。　　　　　　　　　　　　　　　　　　　　　　（　）

4. 问答题

(1) 结合企业实践，说明战略联盟能为企业带来哪些方面的竞争优势。
(2) 如何挑选合适的战略合作伙伴？
(3) 战略联盟的组织结构设计有哪些类型？
(4) 运用企业真实案例说明战略外包的意义，并分析战略外包的不同模式。
(5) 阐述企业战略合作范围的不同类型。

# 战 略 训 练

## 1. 案例研究

### 海尔联手奔驰推进精益生产

一个汽车产业世界顶级品牌，一个家电产业中国顶级品牌，两个看似毫无合作可能的企业竟结成了战略合作伙伴。海尔联手奔驰在洗衣机产业推进精益生产，成为国内白色家电企业首家对传统制造业进行改造和优化的企业。

**精益生产**

据不完全统计，世界五百强企业中超过50%以上的企业都在推行精益生产。可以说，精益生产是企业茁壮发展，走向强者的必由之路。

精益生产的终极目标是企业利润的最大化。它通过一系列方法来消除生产及业务流程中的浪费，实现成本的最低化。精益思想认为不良品的加工只能是浪费，且掩盖了生产中隐藏的问题，造成进一步的浪费。精益生产的核心是最大程度的减少浪费。这种方式综合了大量生产与单件生产方式的优点，力求在大量生产中实现多品种、高质量、低成本生产。

精益生产体系中，并行工程与全面质量管理的目标更偏重于对销售的促进。拉动式准时化生产则是精益生产在计划系统方面的独创，既向生产线提供良好的柔性，符合现代生产中多品种、小批量的要求，又能充分挖掘生产中降低成本的潜力。

**重塑竞争力**

海尔用了20多年的时间成为了世界第四大白色家电制造商和中国100强企业。海尔在全球拥有240个子公司，全球员工数超过5万人。海尔洗衣机已经大批量出口美国、日本、欧洲等100多个国家和地区。在欧洲，海尔洗衣机已成为KESA等著名家电连锁渠道主推品牌。

通常企业在出现问题之后寻求解决办法。而海尔洗衣机是主动求变。面对如何冲刺全球前两强以及如何迅速地与全球消费者的需求变化相对接等问题，海尔彻底地将自己置身于全球化的大环境当中，在全球范围内进行资源和能力的配置。

2007年海尔集团首席执行官张瑞敏曾说："世界就是我们的研发部，世界就是我们的一切。"与GE、爱默生、VDE、三洋等全球各行业顶级公司展开的无边界协作，标志着海尔开始了一场竞争力的重塑。

而与梅塞德斯奔驰的深层次合作，更是将世界优秀的制造工艺思想和体系引入到海尔洗衣机研发、生产体系的内部。海尔洗衣机中国区市场总监丁来国表示："用全球最好的生产工艺体系保证海尔洗衣机拥有全球最好的品质，进而赢得全球消费者的青睐。"

**战略合作**

2008年7月3日青岛海尔国际培训中心，海尔洗衣机全球企划部部长吕佩师与梅塞德斯奔驰代表蒙腾联手启动了合作水晶球，标志着双方从此在精益生产方面展开深层次的合作。戴姆勒—奔驰旗下的MBtech集团是一家先进的汽车工程和精益生产管理咨询跨国公司，有着丰富的精工制造经验和顶尖的精益专家。该集团负责将精益生产原理引入海尔洗衣机的生产优化程序。这意味着奔驰技术与海尔洗衣机在青岛正式结为战略合作关系，合作第一步是向海尔洗衣机输出精益管理。

海尔洗衣机相关负责人7月8日表示，这次战略合作，要把奔驰在汽车方面的制造体系移植到海尔洗衣机制造中，体现在现场生产制造流程的优化、生产效率的提高、员工精工制造观念的培养、产品零缺陷和产品品质的提升等方面。

奔驰技术已经派来一位精益管理专家指导海尔精益管理的推进，在第一个工厂开始精益生产导入，接下来会启动第二个工厂。"海尔在生产管理方面还有较大的改进和提升空间，可以有更好的发展。"奔驰方面表示。

奔驰技术将派2~3名精益专家小组，帮助海尔组建12人左右的项目推进小组，定期指导，3个月或半年进行一次评估，副总裁亲自跟踪。

海尔洗衣机企业文化办公室负责人刘维瑜表示，奔驰与海尔虽然分属不同行业，企业合作注重的是资源而非行业，合作没有边界。

"海尔提倡360度整合思维方式，此前就已经与GE、爱默生、VDE、三洋等全球各行业顶级的公司展开无边界的协作。而且精益生产是一个系统，可以跨行业进行。"刘维瑜说。

海尔之所以选择与奔驰合作，"一是在工业制造体系当中，梅赛德斯—奔驰是目前汽车制造产业中最典型的精工制造代表之一；二是奔驰产品在全球第一的竞争力。"海尔洗衣机中国区市场总监丁来国表示。

制造与技术服务是奔驰目前的两大主业。制造是传统产业，而技术服务是新兴产业，以输出车辆工程、动力总成解决方案、电子解决方案和精益生产为主产品。

奔驰技术成立之初，主要为汽车企业提供技术服务，为了扩大业务范围，奔驰技术开始向汽车以外的更多行业的企业提供技术服务。提供精益管理输出服务，海尔还是首例。

**精益之变**

业内人士分析认为，海尔与奔驰的强强联合，将为中国乃至世界洗衣机行业的跨界协作掀开新的一页。"创造品质生活方式"一直是海尔洗衣机的核心竞争优势，同样，梅赛德斯奔驰也是以"卓越的产品性能和无与伦比的乘坐享受"而深入人心。这一跨界协作将牵引整个洗衣机产业链向产品精工品质导向转移。

也有专家对海尔能否"应精益生产而变"表示担忧，海尔经过多年的发展已经形成自己特有的模式和风格，当应用精益生产时如果与原有的模式发生冲突时，如何保证企业生产的均衡与平衡是一大问题。为改善生产流程和员工培训项目所做的努力通常能激起最大的热情，但也最容易引起争议。引导员工思想的"精益之变"无疑是关键。

（资料来源：http：//www.sina.com.cn，2008年07月13日14：16，经济观察报）

**问题：**

（1）海尔与奔驰所结成的战略联盟属于什么类型？

（2）从合作双方的角度试分析海尔与奔驰建立战略合作伙伴关系的原因。

（3）谈谈你对该联盟的看法并对双方的合作前景进行展望。你对该战略联盟的管理有何建议？

## 2. 文献查询作业

查阅报纸、杂志或其他文献，找出一家最近实施了战略联盟的公司。分析该公司进行战略的原因、所组成的战略联盟的类型和范围，以及该战略联盟价值创造的体现。

## 3. 小组学习与讨论

*练习：设计战略联盟*

将全班分为3~5人的小组。推举一名成员作为小组发言人，代表小组向全班报告本组的讨论成果。

假定你们是一家规模中等的软件开发企业的高管。你们公司的产品为教学软件，主要销往各高校的实验室。随着全国各大高校对实验课程开设的日益重视，你们公司的市场份额日益扩大，客户不断增多。

现在，你们公司希望与其他企业建立战略联盟伙伴关系，从而进一步扩大市场影响力。请设计出一个组建战略联盟组织的过程。其中包括建立联盟的范围、合作伙伴的选择、战略联盟的结构模式和管理等具体内容。另外，考虑你们公司是否需要实施战略外包，并说明理由。

## 4. 阅读材料

以下内容摘自美国学者伊夫·多兹和加里·哈默尔的著作《联盟优势》，机械工业出版社，2004年出版。该著作主要阐述了战略联盟的价值创造规律。

**联盟创造价值的基本原理**

大多数战略联盟都有一个或几个战略目标。对于一个参与世界竞争的公司，也就是要充分利用全球商机的公司来说，结成战略联盟的目的就是去完成依靠自身力量所无法完成的任务。联盟的战略目标通常有：

成为全球或某一新兴市场中举足轻重的大型公司。

迅速了解和掌握陌生市场成为内行。

获得其他国家或地区的专门技能（比如，意大利的服装设计技能，美国的软件设计技能等）。

要在世界竞争中获胜，这些都是最常见的必备条件。对于联盟及其伙伴公司，每一条都蕴含着价值创造的商机。

对于为了保持长久的竞争优势而结成战略联盟的公司，联盟还有其自身独特的价值创造途径：

以创造新的价值为目标，巩固在联盟中的主导地位。

技能与资源相结合，创造新的商机。

快速形成新的能力，比内部努力更快一筹。

在竞争世界和竞争未来的过程中，战略联盟的运用方式从表面上看相差很大。但是，我们发现在深层"规律"中它们却有着共同之处。认识这些规律大有裨益，管理人员在设计联盟、设置目标和计分程序以及指导日常的经营活动中应该加以把握。共同的、深层次的价值创造规律有：

1. 通过选择合作伙伴提升竞争能力。
2. 充分发挥资源综合利用的杠杆作用。
3. 通过消化学习成果形成新的能力。

毫不奇怪,这些都是促使公司走向联盟的根本动力,公司需要通过选择竞争对手和互补性公司作为合作伙伴来占据有利的战略地位,提升竞争能力;需要借助综合利用整合各种资源,从而进入新的市场领域,创造或争取新的商机,这是依靠自身力量难以实现的;需要借助联盟来学习提高,既克服技能方面的不足,又形成新的能力。

参与世界竞争需要达到一定的规模和在全球具有一定的影响,联盟使具备这两个条件成为可能。英国航空公司在努力进入联合航空公司和美洲航空公司占据的美国和拉丁美洲市场的过程中,对此有深刻认识。英国航空公司在提出与美洲航空公司建立合作伙伴关系时,希望首先在美洲市场形成一定的规模,进而部分扩大自己在全球联盟中的影响力,成为更受欢迎的合作伙伴。英国航空公司通过联盟和收购,已经在欧洲大陆网罗了一些实力较弱的航空公司,并且进入了另外一些交通枢纽,比如美洲航空公司也使用的法国奥利机场。同样,富士通公司寻求 ICL、Amadahl 和西门子公司作为合作伙伴,部分原因是为了获得"虚拟的市场份额",也就是说,要形成一定的规模与 IBM 抗衡。在 20 世纪 80 年代,富士通名下可见的市场份额只相当于 IBM 所占市场份额的 1/10。但是,如果其合作伙伴所占的市场份额也包含在内,其实际的市场份额大约是 IBM 公司的一半。很显然,富士通公司采用的就是联盟战略,其基础就是"敌人的敌人就是朋友"的思想。

竞争未来也同样要求公司在某一些方面必须达到一定的实力。它需要有竞争动力和联盟技术优势才能领先,而且只有极少数公司胜出。这是一种"胜者为王,败者为寇"式的竞争,通常可追溯到技术标准的制定以及由此而引发的网络效应。此时,联盟有两种基本的招法:一是在某一行业形成足够的实力,制定"事实"上的标准;二是与相邻行业形成互补优势(由相邻行业提供互补产品和服务,提高自身产品的价值)。当前的媒体联盟浪潮就是例证,如梦工厂—微软联盟,美国休斯公司的卫星直播电视等都是如此。在这些新的联盟中占主导地位的公司都试图巩固自己的核心地位,以期在未来的行业重组中保持优势。

# 参 考 文 献

[1] 郑伟雄. 国际外包—国际外包全球案例与商业机会. 北京:经济管理出版社,2008.
[2] 何畔. 战略联盟:现代企业的竞争模式. 广州:广东经济出版社,2000.
[3] 李蕾. 企业战略联盟与竞争力提升. 北京:中国工商出版社,2007.
[4] [美]伊夫·多兹,加里·哈默尔. 联盟优势. 北京:机械工业出版社,2004.
[5] [美]迈克尔·A. 希特. 战略管理. 北京:机械工业出版社,2005.
[6] 孟卫东等. 战略管理:创建持续竞争优势. 北京:科学出版社,2004.

# 第 8 章　竞争定位与业务层战略

### 教学要求

通过本章的学习，了解竞争定位与业务层战略的主要观点，掌握竞争定位、商业模式、业务层战略的相关理论。同时，掌握竞争定位与商业模式、竞争定位与业务层战略之间的关系。

> 战略竞争可以被看做是发现新定位的过程，或者吸引老客户放弃旧的定位，或者吸引新客户进入市场。
>
> ——迈克尔·波特

**基本概念**

竞争定位　迎头定位　避强定位　赶超定位　竞争优势　商业模式　价值网络　价值定位　业务层战略

**导入案例**

### 西南航空的不老传说

在整个民用航空界有一个"不老的传说"——美国西南航空公司的成长壮大的历程，不但被全球比喻成低成本航空运营模式的鼻祖，而且能够在美国民航领域中连续保持盈利。那么到底什么是该公司成功的秘诀？

美西南航空公司已连续 36 年保持了赢利——这在航空历史上也是前无古人的记录。现在许多航空公司在低成本低票价领域展开竞争，试图模仿该公司成功经历，但美西南航空仍保持着领先的优势。消费者之所以选择美西南航空公司，这是因为公司持之以恒地提供他们所希望的——低票价、可靠的服务、高频度和顺便的航班、舒适的客舱、了不起的旅行经历、顺利的候机楼登机流程以及友善的客户服务。因此，西南航空公司创造出了比美国五大航空公司总和还高的市值，是"9·11"事件后美国航空业唯一不受政府补贴且保持盈利的公司，1997—2006 年连续十年获评"美国最值尊敬公司"。

西南航空作为后来者，无法以运营效益和美国航空等领先公司展开全面竞争，它也无需这样做。更好的方式是定位制胜，西南航空公司的宗旨很直截了当：向顾客提供低廉的、俭朴的和专一化的航空运输服务。公司决心成为航空运输产业中成本最低的经营者。为了实现这一宗旨，公司向顾客提供不加虚饰的服务。

"的确,你在飞机上像被放牧一样对待,并且确实你只享受到花生和饮料,"俄克拉荷马州塔尔萨的一家石油研究企业的副总裁理查德·斯皮尔斯说,"但是西南航空公司尽一切努力使你准时到达所要去的地方,这是最重要的。"

西南航空公司低廉的票价带来了飞机的满员和顾客的忠诚,并且使竞争者纷纷退出市场,不再与西南航空公司便宜透顶的票价竞争。

(资料来源:《西南航空公司定位于"单一经济舱飞行",创造同业最高市值》http://www.trout.com.cn/case/southwest.htm)

**案例点评:**

美国西南航空公司能够在竞争中站于不败之地,在于它找到了自己的竞争优势,确立了自己独特的竞争定位:向顾客提供低廉的、俭朴的和专一化的航空运输服务,并选择了合适自己的商业模式。可见竞争定位对于一个企业制定业务层战略有着非常重要的作用。

不论企业的规模、类型、地域甚至名声如何,都要面临竞争。在某一业务上面,企业如何确立自己的独特竞争定位,选择合适的商业模式,从而在市场竞争中获得长久的竞争优势,是业务层战略需要解决的问题。本章我们将从企业间竞争的角度来介绍企业竞争定位、商业模式和业务层战略。

## 8.1 竞争定位和商业模式

业务层战略要解决的是在选择了一个特定的产业后,如何开展竞争的问题。正像迈克尔·波特在《什么是战略》一文中指出的:企业有两种选择,一是选择与竞争对手做一样的事情,并通过提高运营效率来战胜竞争对手;二是通过作出与对手不同的选择来塑造企业的竞争优势,也就是选择不同于竞争者的经营方式,在这里强调的是竞争定位,前者是很容易模仿的,后者却因为不同企业对活动选择的不同,造成了模仿竞争者对手活动与自身活动的冲突,降低了模仿性,从而优势更有可能持续。在业务层战略中,我们主要研究的正是后者。

### 8.1.1 竞争定位

现代企业兴衰成败的关键,在于企业是否能正确估量自己在市场当中的分量地位,从而为企业的未来发展制定战略规划,设定合理的商业模式,进而选择有效的业务层战略,这也就牵涉到企业在市场当中的竞争定位问题。

**1. 什么是竞争定位**

关于竞争定位已有大量的文献和理论,最具代表性的应属迈克尔·波特、杰克·特劳特和菲利普·科特勒分别对竞争定位的不同理解。在迈克尔·波特的战略理论体系中,十分强调竞争定位的重要性,关于业务层战略的低成本和差异化本身就是企业对于未来发展态势的刻画。波特认为战略就是在竞争中做出取舍,战略的本质就是选择不做哪些事情,没有取舍,就没有选择的必要,也就没有制定战略的必要。20世纪90年代,波特曾经批评日本企业普遍缺乏战略,实际上是指日本企业过分关注运营效益的提升,尤其是达到生产率边界后仍然忽视企业的方向选择,大量企业的战略趋同。所以,在波特的战略体系中，竞争定位实际上就是企业选择应该做什么，这个竞争定位的内涵是关注企业在公司层面如何发展。

 **知识链接**

杰克·特劳特是定位之父，被摩根士丹利推崇为高于迈克尔·波特的营销战略家，也是美国特劳特咨询公司总裁。他于1969年以《定位：同质化时代的竞争之道》论文首次提出了商业中的"定位（Positioning）"观念，1972年以《定位时代》论文开创了定位理论，1981年出版学术专著《定位》。1996年，他推出了定位论落定之作《新定位》。2001年，定位理论压倒菲利普·科特勒、迈克尔·波特，被美国营销协会评为"有史以来对美国营销影响最大的观念"。

杰克·特劳特关于"竞争定位"的概念则聚集在企业具体的产品服务层面。特劳特在具体产品营销方面强调利用社会消费心理学塑造获得消费者心理认同的独特产品定位，利用消费者已有的观念构筑差异化的产品形象，也就是如何在目标受众的头脑中占据一席之地的方法。

菲利普·科特勒在其营销理论中提出了著名的STP工具，也就是细分市场——Segmentation；确定目标市场——Targeting；定位，对于供给进行独特设计以在目标消费者心目中占据特定位置——Positioning的三步曲。在这里，定位包括了该如何设计产品的特色，该如何定价等。很明显，定位实际上也就成为了营销的核心工作。

本书结合以上学者的观点，认为竞争定位是指在目标市场中为产品找到一个与其他竞争产品相比，具有明确、独特而又恰当的位置。也就是说，竞争定位要根据所选定目标市场上的竞争者产品所处的位置和企业自身条件，从各方面为企业和产品创造一定的特色，塑造并树立一定的市场形象，以求在目标顾客心中形成一种特殊的偏爱。

因此，竞争定位的实质是要想办法找出本企业产品与其竞争对手产品之间的差异，这些差异应是消费者所需要的且对他们来说是重要而又较少或没有满足的，并使这些差异有效到达消费者。

 **特别提示**

竞争定位是找到自己的生存与发展空间，在这个空间中，企业非常清楚自己将做出什么样的诉求，也非常清楚自己要满足客户哪些需求和欲望。

2. 竞争定位的主要方式

竞争定位方式的确定及表达（沟通）是直接地瞄准竞争对手，或者说它的定位依据就是竞争对手。它所要得到的结果就是寻求在消费者心目中感知的本企业相对于竞争对手的位置差异化或地位提升，旨在通过从竞争角度的定位来实现企业的市场定位总体目标。竞争定位的主要方式如下所述。

（1）迎头定位。是指企业根据自身的实力，为占据较佳的市场位置，不惜与市场上占支配地位的、实力最强或较强的竞争对手发生正面竞争，而使自己的产品进入与对手相同的市场位置。这是一种以强对强的定位方法，即将本企业形象或产品形象定在与竞争者相似的位置上，与竞争者争夺同一目标市场。如肯德基与麦当劳就属于迎头定位。这种定位在竞争过程中往往相当引人注目,甚至能产生所谓轰动效应,企业及其产品可以较快地为消费者或用户所了解,易于达到树立市场形象的目的,但其具有较大的风险性。

(2) 避强定位。是指企业力图避免与实力最强的或较强的其他企业直接发生竞争,而将自己的产品定位于另一市场区域内,使自己的产品在某些特征或属性方面与最强或较强的对手有比较显著的区别。这是一种避开强有力的竞争对手进行定位的模式。企业不与竞争对手直接对抗,而是致力于发展目前市场上尚不存在的特色产品,积极开拓新的市场领域。这种定位能使企业较快地在市场上站稳脚跟。并能在消费者或用户中树立形象,与迎头定位相比其风险也较小。但避强往往意味着企业必须放弃某个最佳的市场位置,很可能使企业处于最差的市场位置。

(3) 赶超定位。是指企业通过打破市场原有的竞争地位排序,使后进品牌迅速成为行业领导品牌的竞争定位新方式。如 1999 年创立的蒙牛在短短 9 年时间已位居全国同行业之首。

特别提示

赶超定位能让企业在同行业中迅速脱颖而出,并获得较大的市场份额,但是较之前两种定位,其面临的风险也是最大的。

3. 竞争定位的关键——竞争优势

竞争定位的关键是企业要设法在自己的产品上找出比竞争者更具有竞争优势的特性。

竞争优势是企业在竞争性的市场环境中,依靠其资源、核心能力、核心产品和品牌产品,通过低成本或差异化等途径,获取的在同行业中业绩出众的能力,或赚取的超过同行业平均利润率的能力,进而为相关利益主体创造更多的价值。竞争优势一般有两种基本类型:一是价格竞争优势,就是在同样的条件下比竞争者定出更低的价格。这就要求企业采取一切努力来降低单位成本。二是偏好竞争优势,即能提供确定的特色来满足顾客的特定偏好。这就要求企业采取一切努力在产品特色上下工夫。正确理解竞争优势,必须把握以下几点。

(1) 竞争优势产生的环境。企业竞争优势产生于竞争性的市场环境之中。这种竞争性的市场环境包括市场结构和企业群聚。

知识链接

所谓企业聚群,系指在一定的区域文化、制度背景下,有相互联系的企业(这些相关企业可能共存于某种特定产业),由于专业分工、资源互补等原因,依靠合作协议、承诺与信任,在某一地理区域动态聚集,从而实现产业或产业链的动态平衡的企业集合体。企业聚群的出现使其所在的区域具有较强的竞争优势,并在区域经济发展中起着重要的作用。

(2) 竞争优势的具体表现。企业竞争优势具体表现为企业获取的在同行业中业绩出众的能力,超常水平的金融业绩或赚取的超过同行业平均利润率的能力。

(3) 竞争优势获得的途径。企业竞争优势是通过低成本或差异化等两种基本途径获取的。

（4）竞争优势根本的来源。企业竞争优势来源于企业所控制的关键资源、核心能力、核心产品和品牌产品。

（5）竞争优势带来的好处。企业竞争优势能为与企业相关的利益主体——顾客、股东、员工、供应商、政府和社会创造更多的价值。

### 8.1.2 商业模式

#### 1. 什么是商业模式

商业模式的概念最早出现在信息技术领域，是人们对企业内部为建立信息系统而设计的业务模式和信息流通作出的种种描述。20世纪90年代互联网兴起以后，商业模式成为企业界的时髦术语，并引起了理论界的关注，其内涵也扩大到企业管理领域的广阔空间。面对快变的竞争市场，商业模式的重要性开始凸显，并快速成为信息时代企业获取竞争优势的关键。商业模式的成功，造就了许多伟大的企业，如沃尔玛、Intel、星巴克咖啡、Google、阿里巴巴等。正如著名管理学大师彼得·德鲁克所说："未来企业之间的竞争，不是产品之间的竞争，也不是产品服务的竞争，而是商业模式之间的竞争"。现在企业之间的竞争已进入商业模式竞争的时代。

**知识链接**

彼得·德鲁克（Peter F. Drucker）（1909.11.19—2005.11.11）一生共著书39本，在《哈佛商业评论》发表文章30余篇，被誉为"现代管理学之父"。他文风清晰练达，对许多问题提出了自己的精辟见解。杰克·韦尔奇、比尔·盖茨等人都深受其思想的影响。德鲁克一生笔耕不辍，年逾九旬还创作了《德鲁克日志》，《纽约时报》赞誉他为"当代最具启发性的思想家"。

企业的实质是组织和利用各种资源创造适合用户的使用价值，从而获得合理利润，使自身能够持续成长壮大。企业的生存与发展，固然与资本、人力、产品、市场、技术等因素相关，但更重要的，其实是将这些资源组织起来创造价值的方式与逻辑。而这种方式与逻辑，就是商业模式。

具体来说，商业模式又叫商业运营模式，是一种包含了一系列要素及关系的概念性工具，用以阐明某个特定实体的商业逻辑。它描述了公司所能为客户提供的价值以及公司的内部结构、合作伙伴网络和关系资本等借以实现（创造、推销和交付）这一价值并产生可持续盈利收入的要素。直观地说，商业模式就是企业竞争优势、客户关系、产品与服务、收入模式的总和，是具体体现在公司经营层面和发展层面上的一种优化整合。

商业模式就是企业家为了最大化企业价值而构建的为企业利益相关者提供服务的交易结构。商业模式解决了企业战略中的怎么做问题：一个好的商业模式最终总是能够体现为获得资本和产品市场认同的独特企业价值；商业模式为企业的各种利益相关者，如供应商、顾客、其他合作伙伴、企业内的部门和员工等提供了一个将各方交易活动相互联结的纽带。

#### 2. 商业模式的类型

商业模式可以划分为运营性商业模式和策略性商业模式两大类。

(1) 运营性商业模式。企业运营机制讲的是一个企业持续达到其主要目标的最本质的内在关联。企业以赢利为目的,它的运营机制能够解释这个企业怎样持续不断地获取利润,基于企业运营而设计的模式称为运营性商业模式,简而言之,就是如何解决企业的持续盈利问题。它重点解决企业与环境的互动关系,包括与产业价值链环节的互动关系。运营性商业模式创造企业的核心优势、能力、关系和知识,主要包含以下几个方面的主要内容。

① 产业价值链定位:企业处于什么样的产业链条中?在这个链条中处于何种地位?企业结合自身的资源条件和发展战略应如何定位?

② 赢利模式设计(收入来源、收入分配):企业从哪里获得收入?获得收入的形式有哪几种?这些收入以何种形式和比例在产业链中分配?企业是否对这种分配有话语权?

(2) 策略性商业模式。策略性商业模式讲的是在运营性的商业模式之上,公司如何应对多变的环境,指导公司未来的发展方向,如何扩展和应用企业的竞争优势等。因此,策略性商业模式是对运营性商业模式加以扩展和利用。应该说策略性商业模式涉及企业生产经营的方方面面。它包括以下几个方面。

① 业务模式:企业向客户提供什么样的价值和利益,包括品牌、产品等。

② 渠道模式:企业如何向客户传递业务和价值,包括渠道倍增、渠道集中、压缩等。

③ 组织模式:企业如何建立先进的管理控制模型,比如建立面向客户的组织结构,通过企业信息系统构建数字化组织等。

运营性商业模式解决的是企业的生存问题,策略性商业模式解决的是企业的发展问题。运营性和策略性商业模式,作为两个商业模式必须统一成一个整体的系统,必须联系起来才能保证企业的良好发展。

3. 商业模式构成要素

理论界一直对商业模式的构成要素众说纷纭,但是在商业模式是企业用来创造和经营价值的逻辑这一观点上,各学者都有相同的认识。因而对商业模式的构成要素表述基本上是围绕着价值创造体系和价值获取体系,以及与这两个体系有关的价值网络所组成的。企业商业模式的构成要素(图 8.1)大致包括:价值定位、价值获取、价值网络、价值维护和价值实现等。几乎所有企业的商业模式都是以某一两个要素为核心的各要素不同形式的组合。

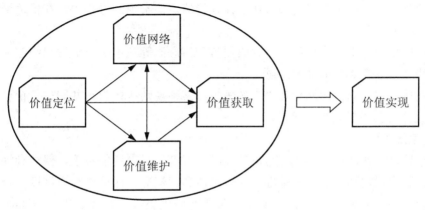

图 8.1 商业模式构成要素

1) 价值定位

价值定位是指企业了解顾客的需求，确定提供什么样的产品和服务、进入什么样的市场、为什么样的客户服务、深入行业价值链的哪些环节等。选择正确的价值定位是商业模式构建中至关重要的一步。价值定位包括以下三个要素。

(1) 价值主张。即公司通过其产品和服务所能向消费者提供的价值。企业必须确立要通过产品或服务向顾客传递何种价值观念。

(2) 客户选择。是指企业的产品或者服务的针对对象。每个客户都有着不同的需求，需求的个性化决定着客户购买不同的产品，企业的资源有限，也决定企业无法满足所有客户的需求。此外，不是所有的购买者都能给企业带来收益。因此，企业价值定位与目标顾客必须保持一致，即企业提供的产品和服务必须针对正确的顾客群。

(3) 价值内容。企业必须确认将通过何种产品和服务为顾客创造价值。价值内容包括产品或服务提供的功能价值，顾客在消费产品或服务过程中获得的体验价值，产品或服务传递给顾客的信息价值及产品或服务中包含的某种文化价值。

2) 价值获取

价值获取是指企业通过正确的机制，使企业有吸引力的价值定位产生利润。它要解决的是企业如何获得收入、分配成本、赚取利润的问题。价值获取主要包括以下三个要素：

(1) 收入来源。收入来源要解决的根本问题是企业从何处获取收入。

(2) 成本管理。即企业管理成本和资产优化的方式，它所要解决的是企业在创造价值过程中如何安排成本结构和进行成本控制。

(3) 价值创新。即企业探寻新的价值创造逻辑，它所要解决的是企业如何开创新的市场空间，实现获利性增长。

3) 价值网络

价值网络是企业为创造资源、扩展和交付为目标客户提供的价值内容而建立的系统。它要解决的是哪些价值活动必须完成、由谁去完成以及如何去完成的问题。价值网络包括以下四种因素。

(1) 业务范围。即决定为实现企业的价值定位，哪些活动必须完成，由谁去完成等。

(2) 角色分配。即企业自身与合作伙伴在价值定位实现的过程中，在价值网络中所处的位置和承担的角色。

(3) 价值配置。即企业要将物流、收益流和信息流等基本价值活动组织起来。它要解决价值创造活动最有效率流动的问题。

(4) 连接规则。即价值网构建中，各角色以某种规则连接起来共同进行价值活动。它要解决的是各角色相互关系的问题。

4) 价值维护

价值维护是企业通过加强顾客与供应商的忠诚度来阻隔竞争对手，保护利润的控制手段。这些控制手段包括掌握行业标准；注重价值品牌塑造；保护顾客忠诚度；与供应商保持紧密伙伴关系；创新产品或服务设计；保证价格优势等。企业必须随着市场环境的变化，不断优化自己的价值维护机制。

5) 价值实现

企业商业模式追求的价值实现,不是企业价值的独享,更不是建立在对顾客欺诈和合作伙伴压榨的基础上的。这种长久价值的实现应当是以多赢为前提的,它包括了顾客价值、伙伴价值和企业价值的实现。顾客价值的实现,即顾客从企业所提供的产品和服务中获得了超过预期的体验和效用,这是企业价值实现的基础。伙伴价值的实现,即企业与合作伙伴共同通过优化价值链,减少费用,提高运作效率,共享增加的收益,这是企业价值得以实现的保障。最后企业才能实现最终赢利,实现企业价值。

4. 竞争定位与商业模式

竞争定位与商业模式之间关系极为密切。首先,竞争定位与商业模式都是企业战略中不可或缺的部分。其次,竞争定位是商业模式体系的起点。一个企业要想在市场中赢得胜利,首先必须明确自身的定位。竞争定位就是企业应该做什么,它决定了企业应该提供什么特征的产品和服务来实现客户的价值。竞争定位是企业战略选择的结果,也是商业模式体系中其他有机部分的起点。企业的竞争定位直接体现在商业模式所需要实现的顾客价值上,强调的是商业模式构建的目的。其次,企业对于自身的竞争定位直接影响到企业需要构筑何种形式的商业模式。当企业的定位发生改变时,商业模式也会相应随之改变。但并不是说竞争定位与商业模式的匹配是唯一性的,同样的竞争定位可以有不一样的商业模式,同样的商业模式也可以实现不一样的竞争定位。

虽然竞争定位与商业模式之间有着上述的紧密联系,但两者之间仍存在着差异,竞争定位关注的外部环境和竞争优势,是时间序列化、纵向的行动,是面向未来的、动态的、连续地完成的过程;而商业模式关注内部结构和价值实现,是空间分布化的、横向的状态,是面向现实的、(相对)静态的、(相对)离散的经营方式。我们需要将两者结合,才能制定出适合企业发展的业务层战略。

## 8.2 竞争定位与业务层战略概述

对于现代社会一个典型的企业来说,它的企业战略可以包括公司层战略、业务层战略和职能层战略。为了实现高于平均水平的盈利能力,在制定和实施商业模式过程中,企业必须运用能够为其带来特定的竞争地位的业务层战略。

### 8.2.1 什么是业务层战略

业务层战略也称竞争战略、事业部战略,是指企业参与市场竞争的策略和方法,即经营单位在给定的某一业务或行业内获取竞争优势的部署与方法。业务层战略是使企业在竞争发生的产业宏观舞台上追求一种理想的地位,它涉及竞争活动中的本质问题,主要决定怎样在市场上实现可持续的竞争优势,是竞争者在相当长的一段时期内发展的总体目标。业务层战略的选择关系着企业的成败,关系着企业未来的成长。

**特别提示**

业务层战略实质上是选择以不同于竞争对手的方式采取行动或者选择与采用不同于竞争对手的能力去行动。

### 8.2.2 业务层战略的基本特征

业务层战略的基本特征可归结为以下几个方面。

1）顾客满意度驱动型

组织要成功就必须满足顾客的需求。需求是指顾客想要购买产品或服务的好处和特征。所有顾客的一个基本需要就是购买能为其提供有价值的产品或服务。企业必须满足顾客需求的关键原因在于从顾客关系中获得回报，它是任何组织的生命源泉。因此，业务层战略首先要决定所要服务的顾客是谁，其次是决定所要满足的顾客需求，最后就是企业通过核心竞争力来实施其能创造价值的战略。

2）承上启下

业务层战略是在总体性的公司战略指导下经营管理某一个特定的战略经营单位的战略规划，是公司战略之下的子战略。业务层战略执行的好坏直接关系到公司战略全局。与此同时，业务层战略可以为生产、财务、研究与开发、营销、人事等经营活动的组织和实施提供直接的指导。现在顾客正变得日益成熟，具有知识，而且易变。从企业内部来看，为了对那些影响企业成败的市场因素的变化，如顾客需求多样化等作出正确反应，需要协调和统筹安排企业经营中的生产、财务、研究与开发、营销、人事等业务活动。因此，业务层战略成败的一个关键因素是应当明确从哪些方面提高企业的竞争能力，从而获得经营的成功。

3）追求竞争优势

业务层战略与企业竞争对手在行业中所处的位置有关。那些在行业内定位准确的企业通常能更好地应付五种竞争力量，即现有竞争对手的竞争、买方的讨价还价能力、供应商的讨价还价能力、潜在进入者和替代产品等。要想找准定位，企业必须决定其准备采取的行动能否使其以不同于竞争对手的方式开展活动或开展完全不同于竞争对手的活动。这样，那些在行业中占据有利地位的企业就可能拥有一种相对于竞争对手的竞争优势。在选择业务战略时，企业可以通过开展成本领先战略、产品差异化战略、集聚战略，分别在与五种力量的较量中形成自己的竞争优势。当然，企业在行使这些战略享受竞争优势的同时也存在一定的风险。需要指出的是，上述几种业务层战略没有哪种比其他几种更好，每种战略的有效性取决于企业外部环境中存在的机会和威胁，以及企业基于自身独特的资源、能力和核心竞争力的可能性。第9、10、11章会对这几种战略进行详细介绍。此外，业务层战略的特征还表现在其他方面，如业务层战略的明确程度、可衡量程度、制定业务层战略的频率、承担的风险、盈利能力、灵活性等。

**特别提示**

五力模型对企业战略制定产生全球性的深远影响。用于竞争战略的分析，可以有效地分析客户的竞争环境。

### 8.2.3 竞争定位与业务层战略的分析

业务层战略决定了企业在特定的产业或细分市场上争夺顾客的方法。在根据竞争对手和顾客对企业进行定位的过程中,有几种工具是特别有用的。下面我们对其中的三种进行讨论。

#### 1) 战略群组分析

战略群组分析帮助企业识别产业内竞争对手的战略。在绝大多数产业内存在着战略群组,一个战略群组中的企业追求相似的基本战略。产业内所有追求低成本战略的企业构成一个战略群组,所有追求广泛差异化的企业构成另一个战略群组,其他追求集聚化的企业又组成自己的战略群组。

战略群组的概念对于企业业务层战略具有多方面的含义。首先,战略制定者可以根据对手所选择的基本战略进行竞争分类,他们可以由此判断竞争对手的不同选择:满足顾客的哪些需求,开发什么样的独特企业竞争力。接下来他们可以运用这些知识来更好地接近顾客并且同竞争对手拉开差距。再次,企业最接近的竞争对手是那些同属于一个战略群组、追求类似战略的企业。在顾客眼中,这些企业的产品往往是可以直接可替换的。因此,企业赢利能力的主要威胁之一可能就来自企业所在的战略群组,而不一定是产业内追求不同业务层战略的其他企业。例如大众汽车的竞争来自于本田和福特,而不是现代和劳斯莱斯。

#### 2) 业务层投资战略的选择

业务层战略的另一项主要选择是支持业务层战略的投资战略。

在决策投资战略时,企业必须评估投资于基本业务层战略的潜在回报与成本之间的关系。在这一意义上,它需要确定追求某一特定战略的赢利前景,以及产业竞争变迁如何影响赢利能力的变化。在选择投资战略时,有两个要素是非常关键的:同竞争对手相比本企业在产业内的地位和产业生命周期所在的阶段。

相对竞争地位主要取决于市场份额和独特的企业竞争力。市场份额大表明未来投资回报更大,因为这样的企业顾客忠诚度高,竞争地位强。与此相似,企业独特竞争力如制造、研发或营销方面的能力模仿起来越难,则企业的相对竞争地位越强。这两方面的属性互相强化,例如,市场份额大的企业更有机会创造和开发独特的企业竞争力,因为巨大的需求有助于迅速沿经验曲线下降,降低成本结构。同样,市场份额大的企业可以创造出巨大的现金流,也就有更多的资金可以投入开发研发或其他方面的企业竞争力。一般而言,市场份额最大、独特竞争力最强的企业最有机会建立和保持竞争优势。市场份额小、难于开发独特企业竞争力的企业则处于软弱的竞争地位。

影响基本战略投资的第二个主要因素是产业生命周期所在的阶段。产业生命周期的每一阶段具有不同的产业环境,表现出不同的机会和威胁。每一阶段获得竞争优势所需要投入的资源是不一样的。在震荡阶段,竞争最为激烈;在萌芽阶段,竞争温和。不同战略选择的风险在不同阶段也不一样。风险的不同可以解释为什么业务层战略的潜在投资回报取决于产业生命周期所在的阶段。

3）业务层战略与竞争博弈

为了获得更多的顾客，企业总是处于同产业内和战略群组内的竞争对手的不断竞争之中。观察这种竞争的有效的方法之一，是将它们理解为企业间的竞争博弈，即企业不断地运用竞争行动和战术来实现产业内的有效竞争。理解竞争博弈的本质的企业通常能够作出更好的战略行动，提高业务层战略的赢利能力。例如，它们可以找出更好的追求成本领先或产品差异化战略的方法。

 知识链接

博弈论(Game Theory)，亦名"对策论"、"赛局理论"，属应用数学的一个分支，博弈论已经成为经济学的标准分析工具之一。目前在生物学、经济学、国际关系、计算机科学、政治学、军事战略和其他很多学科都有广泛的应用。博弈论主要研究公式化了的激励结构间的相互作用。是研究具有斗争或竞争性质现象的数学理论和方法。也是运筹学的一个重要学科。博弈论考虑游戏中的个体的预测行为和实际行为，并研究它们的优化策略。

按照博弈论的观点，产业内的企业可以被视为一组参加博弈的选手，它们在市场上同时作出基本战略的选择以获得最高的赢利能力。战略决策者们面对的问题是每一种战略的潜在赢利能力并不是固定的，它既取决于企业本身的选择，同时也受到其他企业选择的影响。

# 本 章 小 结

> 竞争定位是指在目标市场中为产品找到一个与其他竞争产品相比，具有明确、独特而又恰当的位置。竞争定位的主要方式有迎头定位、避强定位、赶超定位。竞争定位的关键是企业要设法在自己的产品上找出比竞争者更具有竞争优势的特性。竞争优势是企业在竞争性的市场环境中，依靠其资源、核心能力、核心产品和品牌产品，通过低成本或差异化等途径，获取的在同行业中业绩出众的能力，或赚取的超过同行业平均利润率的能力，进而为相关利益主体创造更多的价值。
>
> 商业模式又叫商业运营模式，是一种包含了一系列要素及关系的概念性工具，用以阐明某个特定实体的商业逻辑。商业模式可以划分为运营性商业模式和策略性商业模式两大类。企业商业模式的构成要素包括：价值定位、价值获取、价值网络、价值维护和价值体现。几乎所有企业的商业模式都是以某一两个要素为核心的各要素不同形式的组合。竞争定位与商业模式之间关系极为密切：首先，竞争定位与商业模式都是企业战略中不可或缺的部分；其次，竞争定位是商业模式体系的起点；再次，企业对于自身的竞争定位直接影响到企业需要构筑何种形式的商业模式。但两者之间仍存在着差异，竞争定位关注的外部环境和竞争优势，而商业模式关注内部结构和价值实现，我们需要将两者结合，才能制定出适合企业发展的业务层战略。
>
> 业务层战略也称竞争战略、事业部战略，是指企业参与市场竞争的策略和方法，即经营单位在给定的某一业务或行业内获取竞争优势的部署与方法。业务层战略具有顾客满意度驱动型；承上启下；追求竞争优势与波特的五力模型等基本特征。在根据竞争对手和顾客对企业进行定位的过程中，可以使用战略群组分析、业务层投资战略的选择、业务层战略与博弈论等工具。

# 复习思考题

## 1. 选择题

(1) 主要解决企业如何参与某一产业领域的竞争，以获得超越竞争对手的竞争优势的战略是（　　）。
A. 总体战略　　　B. 职能战略　　　C. 业务层战略　　　D. 发展战略

(2) 在《竞争战略管理》一书中（　　）提出了著名的五种竞争力量模型。
A. 波特　　　B. 钱德勒　　　C. 魁因　　　D. 安索夫

(3) 企业为占据较佳的市场位置，不惜与市场上占支配地位的、实力最强或较强的竞争对手发生正面竞争，而使自己的产品进入与对手相同的市场位置，这种定位为（　　）
A. 避强定位　　　B. 迎头定位　　　C. 应对定位　　　D. 赶超定位

(4) （　　）是企业为创造资源、扩展和交付为目标客户提供的价值内容而建立的系统。
A. 价值定位　　　B. 价值维护　　　C. 价值获取　　　D. 价值网络

(5) 商业模式可以划分为（　　）和策略性商业模式两大类。
A. 运营性商业模式　　　　　　B. 投资性商业模式
C. 渠道性商业模式　　　　　　D. 业务性商业模式

## 2. 填空题

(1) _____是企业通过加强顾客与供应商的忠诚度来阻隔竞争对手，保护利润的控制手段。

(2) 竞争定位的关键是企业要设法在自己的产品上找出比竞争者更具有的_____。

(3) _____关注的外部环境和竞争优势，而_____关注内部结构和价值实现。

(4) 选择投资战略时，有两个要素是非常关键的：同竞争对手相比本企业在产业内的地位和_____所在的阶段。

(5) _____是指企业通过打破市场原有的竞争地位排序，使后进品牌迅速成为行业领导品牌的竞争定位新方式。

## 3. 判断题

(1) 事业部战略与业务层战略有着本质的区别。　　　　　　　　　　　　　（　　）

(2) 在制定业务层战略中，竞争定位与商业模式之间的匹配是唯一性的。　　（　　）

(3) 业务层战略是在总体性的公司战略指导下经营管理某一个特定的战略经营单位的战略规划，是公司战略之下的子战略。　　　　　　　　　　　　　　　　　　　　　　　　　（　　）

(4) 业务层战略决定了企业在特定的产业或细分市场上争夺顾客的方法。　　（　　）

(5) 战略群组分析帮助企业识别产业内竞争对手的战略。　　　　　　　　　（　　）

## 4. 问答题

(1) 什么是业务层战略？

(2) 什么是竞争定位？

(3) 请结合一个你熟悉的企业，分析其商业模式体系。

(4) 请描述成功企业的业务层战略的特征。

(5) 竞争定位的关键是什么？

企业战略  管理

# 战略训练

## 1. 案例研究

### PPG的商业模式创新

2005年,PPG进入男士衬衫行业时,发现竞技台上已经站满了重量级选手,如雅戈尔、杉杉、罗蒙、洛兹……

这些传统的衬衫企业,都在做"加法",它们往往拥有:原材料生产基地、上游印染、棉田棉纺厂、制造厂、物流中心、专卖店,等等。这些传统衬衫企业在战略上相信,控制完整的产业链是获得竞争优势的关键。其中的代表就是雅戈尔,它从上游的印染厂、棉纺厂、到中游的生产制造以及下游的物流中心、渠道分销等环节,实行全面的产业链纵向一体化模式。

PPG是一个新进的后继企业,要去建立传统的销售渠道需要很漫长的过程,而且即使那样,也不可能变得和重量级选手一样重。在这样的情况下,该如何去挑战重量级?PPG只有另辟蹊径,那么,该怎样去另辟一条新的道路呢?

按照商业模式的利润理论,产业链各环节中,哪里存在没有被满足的需求,哪里就存在着利润池。PPG发现了传统服装行业的三个致命的问题,而且这三个问题正是服装行业始终存在的未被满足的需求。

第一,由于中国是纺织服装大国,拥有从产棉到加工制造的完整产业链,而且,中国服装行业生产能力过剩,大量的产能找不到消化的出口。

第二,PPG发现,中国零售渠道的效率不高,如果说一件男士衬衣的成本价是1元的话,通过零售渠道传达到消费者手里时就变成了10～15元,通常一件衣服的零售价格是其出厂价的7倍到10倍。大量的价值被沉积在渠道环节,众多企业很难承受从实体生产厂到实体销售门店这样沉重的压力。

第三,对于服装行业来说,库存管理一直是一个大问题,它直接关系到企业的成本控制。一个传统服装销售企业,因为要把货物发到全国各地不同的零售点、不同的批发商处,一般需要三个月的库存时间,至少需要60天的库存。这60～90天的库存,既会占用企业和渠道大量的资金,又会产生很多的浪费和不合理的成本。按照郎咸平的说法,时装产品每天贬值0.7%左右,只要提前10天卖出,就少贬值7%,毛利率就可以增加13%。(注:衬衫与时装产品有较大差别,在这里以时装产品比喻,只是为了讲清楚库存对成本的浪费)。

针对这三个服装行业的顽疾,PPG给出的答案是:商业模式创新,走轻公司模式的直销道路,就是要去除传统产业里的一些浪费和不合理的成本,找回服装业失去的利益,即找回男士衬衫的很多被库存和销售成本消耗掉的那一部分利润,将它通过优质低价的方式还给消费者。PPG商业模式如图8.2所示。

PPG的商业模式,是PPG自己没有工厂、没有实体的分销渠道、没有店铺,省掉了传统服装企业大部分的固定资产投资,却将PPG品牌衬衫交给位于长三角地区的七家合作企业贴牌生产,PPG只负责供应链和呼叫中心的管理,消费者通过广告和邮件目录获得产品信息,然后通过无店铺的在线直销和呼叫中心订购产品。这样,PPG就实现了不通过传统的零售渠道,而直接将产品交到消费者手里,其最直接的结果就是降低了产品成本并减小了库存压力,在给企业自身减轻了负担、形成了优势的同时,也把真正的实惠留给了消费者。

这一商业模式有几个方面的好处:

第一,在传统企业越来越多地向上下游发展做加法,控制上游面料厂、制衣厂和下游终端时,PPG

# 第8章 竞争定位与业务层战略

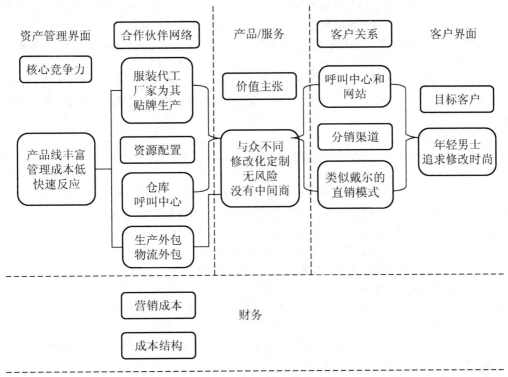

图 8.2　PPG 商业模式

却反其道而行之,开始在行业内做减法,将面料生产、成衣加工、物流、质检等环节完全外包出去,PPG 把传统服装企业一切能省的环节(实体生产、实体渠道)都省掉,实现"轻公司"模式,这样,PPG 在成立之初,就节省了大量的建立工厂、建立实体渠道的高额成本,通过整合社会资源,实现了低廉的制造成本,实现了企业从一起步,就站在低成本、低投入的起点上,为 PPG 产品的低价格创造了必要的基础;

第二,PPG 通过互联网和呼叫中心这种简单直接的订单购买,摒弃了冗长而效率低下的实体渠道体系,免去了开专卖店的铺货及库存,省去大量的库存成本,降低了生产、销售和管理成本,削减了渠道中间环节的利益递加,实现了对传统服装经营模式渠道成本积压过高问题的突破;

据业内人士计算,按照 PPG 产品的实际情况估算,一件衬衫的原料成本在 10 元到 25 元之间,加工成本 5 至 10 元,整体成本在 30 元左右。如此算来,一件售价 99 元的衬衫,企业利润高于传统的服装生产企业数倍,而且,消费者也得到了低价的实惠;

第三,PPG 的直销商业模式的核心,在于通过缩短生产者到消费者之间的"生产链",以提高生产效率和市场反应速度。

PPG 的做法是,在 OEM 的基础上,将仓储系统、物流、采购和生产都用 IT 系统互联互通,信息在这个闭环的供应链里得以快速流转,形成一条快速反应的供应链。PPG 在建立之初,便致力于建立一个强大的 IT 网络平台,将前端的呼叫中心和后台的采购、设计、仓库管理等系统连接在一起。如此一来,从采购到发货的所有流程,都可以通过系统看得一清二楚。

PPG 宣称,在其采购部门发出生产指令后,原料将在 24 小时内被送到加工厂,每家代工工厂会在 96 小时内批量加工,然后送到 PPG 等待打包发放。这种被称之为即时生产的模式,把 PPG 的生产周期从传统制造企业的 90 天节省到 7 天,这条供应链的最大好处就是只有 7 天的库存,节省了大量的库存资金的流转资金(注:PPG 实际做到的库存周期约为 45 天)。

## 企业战略  管理

从完整的商业模式上看，PPG颠覆了传统服装行业中以七匹狼为代表的代理制、以雅戈尔为代表的直营制和以美特斯邦威为代表的特许加盟制这三大渠道模式。在该商业模式中，最核心的优势是减少了中间商的环节，并通过IT技术控制住了上游供应商，打造出一条快速发展的供应链，下游是轻资产的无店铺的营销方式。

PPG整个公司没有任何形式的门店，也没有厂房和流水线，只有3个小仓库，员工不到500人，组织架构只有5个部门：市场部、呼叫中心、IT部、库房部门和财务部门，实现了低成本运作。具体做法和流程：

（1）在上游面料和生产环节。

PPG没有工厂和研发部门，PPG老板直接抓上游采购，所有的布料由他负责购买，向外包工厂下订单。

（2）质量控制环节。

PPG将上游供应商生产出来的产品的质量监督，外包给SGS－CSTC(通标标准技术服务有限公司)执行。PPG自己的质检人员也会在衬衫生产的前期、中期、后期去查看生产线和流程。

（3）产品研发设计环节。

PPG宣称，PPG的产品设计理念源自国外经典的服装风格。而实际上，开发什么产品，完全是PPG李亮根据美国市场的一些经验，来确定具体生产什么样的产品；

（4）接受订单和处理订单环节。

PPG建立起260人的呼叫中心队伍，通过互联网和呼叫中心接收消费者的直接订单，实现直接销售。

（5）物流管理体系。

PPG在物流管理方面，也进行外包，如与"联邦快递"、"宅急送"等紧密合作，以解决物流问题。

（6）PPG企业自己控制的核心环节。

PPG将产业链的两端，即生产和物流外包，而控制中间的运营环节，进行深耕。中间的这些核心运营环节，主要包括产品管理、供应链管理和品牌的打造，这三个环节的成败，决定着PPG商业模式的成败。而最终，PPG就是在产品管理方面首先出现大的纰漏，然后，又在供应链管理和品牌打造方面马失前蹄，最终败下阵来。但是PPG商业模式是创新的，有可取之处，PPG商业模式正在被学习、模仿和借鉴，在实践中获得成功。PPG对于中国服装界来讲，其最大的意义在于为我们点燃了一个火种——创新的火种，商业模式创新的火种，它开拓了我们企业家的经营思维。

（本案例是依据悦达资讯网相关资料改编而成）

问题：

（1）PPG直销模式的特点和优点是什么？

（2）PPG直销模式成功的关键因素和条件是什么？

（3）PPG直销模式给我们的启示有哪些？

### 2. 文献查询作业

通过查阅报纸、杂志、网站等，了解上海大众汽车的业务层战略。并尝试用战略群组分析工具找出上海大众汽车的主要竞争对手，并分析其竞争优势，适合其发展的商业模式。

### 3. 小组学习与讨论

将班级成员分为若干小组，每组3～5人，采用组长负责制，组员合理分工，团结协作。搜集非常可乐发展状况及竞争对手的相关资料，为非常可乐制定详细的竞争定位和商业模式策略方案。经充分讨论，认真分析，形成小组报告，具体任务要求如下：

（1）竞争定位模块

① 了解非常可乐的主要竞争对手

② 了解非常可乐的竞争优势

(2) 商业模式模块

① 了解非常可乐的现行商业模式

② 了解非常可乐的现行商业模式存在的问题

(3) 竞争定位及商业模式设计模块

① 根据所掌握的情况，结合该行业外部环境、企业内部资源状况等各约束条件，给出非常可乐竞争定位的方式及详细的策略

② 制定适合非常可乐的商业模式

报告完成后，在班级展示，由各组互评成绩（理论运用、资料翔实、文字表达60分，小组代表的语言表述和台风30分，团队协作和报告形式10分）。最后由指导教师进行综合评定和总结。

4. 阅读材料

## 战略定位的基点

下面的内容是从迈克尔·波特的著作《什么是战略》中的节选，主要说明了战略竞争定位的不同方式及如何选择。

战略定位出自三个不同的基点，它们并不相互排斥，而是经常重叠。首先，定位可以基于提供某行业的某个子类产品或服务。我把它称为基于品类的定位(variety-based positioning)，因为这是基于产品或服务品类的选择而不是基于客户细分进行战略定位。当企业针对外部市场竞争，形成独特的内部运营活动而提供出最好的特定产品或服务时，基于品类的定位就具有经济上的合理性。

比如，捷飞络国际公司(Jiffy Lube International)就专营汽车润滑油，不提供其他的汽车维修与保养服务。与综合汽修店相比，其价值链是以更低的成本提供更快捷的服务，这个组合非常有吸引力，以至于许多顾客进行分开购买，即从业务聚焦的捷飞络那儿购买更换润滑油的服务，剩下的就找其他竞争公司。选择捷飞络公司的客户，是对它们在某一特定服务领域的卓越价值链作出了回应。基于品类的定位可以服务于广普的顾客，但是大多数情况下，这种定位只能满足他们需求中的一个小类。

定位的第二个基点是满足某类特定客户群的大部分或者所有需求。我把它称为基于需求的定位(needs-based positioning)，这和瞄准某个客户细分市场的传统概念相接近。当客户群各有不同的需求，而一套与竞争对手不同的运营活动能够最佳地满足这些需求时，基于需求的定位就成立。有些客户群比其他客户群对价格更敏感，需要不同的产品特性，需要不同量的信息、支持和服务。宜家家居的顾客就是这类顾客群的一个很好例子。宜家家居力求满足其目标客户的所有家具布置方面的需求，而不只是其中的某个子类。

当同一个客户在不同场合或面对不同的交易类型产生不同需求时，基于需求的定位就出现了一个变体形式。比如，同一个人在商务旅行时和家庭旅游时可能有不同的需求。再比如，饮料罐的购买者(如饮料公司)对第一供应商的需求和对第二供应商的需求也可能不一样。

大多数管理者都是从满足客户需求的角度来看待他们的业务，这是他们的直觉。然而，基于需求的定位的关键因素根本就不是直觉，而它常常被忽略了。需求上的差异不可能转化为有意义的定位，除非最佳满足这些需求的一套运营活动同样存在着竞争性差异。如果不是这样的话，市场中每个竞争对手就都能满足同样的需求，那么定位就毫无独特性和价值。

定位的第三个基点是依据不同的接触途径细分客户。虽然这些客户的需求是相似的，但是接触他们的最佳运营活动配置具有竞争差异性。我把它称为基于接触途径的定位(access-based positioning)。接触途径可以根据客户地理位置或客户规模来设定，或者根据需要一套不同的运营活动才能最佳地接触到顾客的其他因素来设定。

根据接触途径进行市场细分比前两种战略定位少见，相比之下也未被很好地理解。比如，美国卡麦克院线(Carmike Cinemas)只在人口不到20万的小城镇运营电影院。在规模如此之小且不能承受大城市票价的市场中，卡麦克是如何实现赢利的呢？那就是通过一套能实现最低成本结构的运营活动。它通过标准化、低成本的影院设施为小城镇的观众提供服务，这种影院所需的银幕比大城市电影院少得多，所需的放映技术也不用那么高级。公司专有的信息系统和管理流程，使得每一个影院仅需一名经理，而无需其他行政管理人员。此外，集中采购、廉价的租金和劳动力成本（由于影院都在小城镇）以及极低的经营管理费用（仅为2％，而行业平均水平为5％）也为卡麦克创造了优势。

定位不仅仅是开拓利基市场。定位无论源自上述三个基点的哪一个，都可宽可窄。实施聚焦的竞争者，如宜家家居，瞄准的是某个小类的客户群的需求，并相应地设计自己的运营活动。目标客户宽泛的竞争者要么对客户服务过度（因此常常定价过高），要么对客户服务不足（因此定价常常过低），因此实施聚焦的竞争者可以赢得这些客户而获得发展。比如，像先锋集团或达美航空公司(Delta Air Lines)这样针对广普客户的竞争者，就要实施一套满足客户的共同需求的运营活动。于是，它要么忽视了某一客户群体的特殊需求，要么只能部分满足。

# 参 考 文 献

[1] 王旭. 战略管理：理论与方法. 北京：清华大学出版社，2010.
[2] [美]库尔特. 杨坤等，译. 战略管理：实践导向. 4版. 北京：电子工业出版社，2009.
[3] [美]迈克尔·波特. 竞争战略. 陈小悦，译. 北京：华夏出版社，2004.
[4] 李玉刚. 战略管理研究. 上海：华东理工大学出版社，2005.
[5] 苗莉. 企业战略管理. 北京：清华大学出版社；交通大学出版社，2010.
[6] 黄丹，余颖. 战略管理. 北京：清华大学出版社，2005.
[7] 徐佳宾. 企业战略管理. 北京：经济管理出版社，2004.
[8] 李振勇. 商业模式——企业竞争的最高形态. 北京：新华出版社，2006.
[9] 揭筱纹. 战略管理——概论、案例与分析. 北京：清华大学出版社，2009.
[10] [美]希尔，琼斯. 战略管理：第六版精要版. 北京：中国市场出版社，2007.

# 第 9 章 成本领先战略

**教学要求**

通过本章的学习，了解成本领先战略的概念、特点及适用条件，掌握成本领先战略的经济价值及其竞争抵御作用。同时，要求掌握成本领先战略持续竞争优势的建立以及成本领先战略的实施和可能面临的风险。

> 没有"尽善尽美"的战略决策。人们总要付出代价。对相互矛盾的目标、相互矛盾的观点及相互矛盾的重点，人们总要进行平衡。最佳的战略决策只能是近似合理的，而且总是带有风险的。
>
> ——彼得·德鲁克

企业竞争战略　成本领先战略　竞争优势　成本领先者　成本管理　企业核心能力　经济利润　成本优势　规模经济　规模不经济　顾客价值　价值链

## 格兰仕的成功之道

格兰仕前身是 1978 年成立的广东顺德桂洲羽绒厂。1991 年，格兰仕最高决策层普遍认为，羽绒服装及其他制品的出口前景不佳，并达成共识：从现行业转移到一个成长性更好的行业。经过市场调查，初步选定家电业为新的经营领域，当时格兰仕所在地广东顺德及其周围地区已经是中国最大的家电生产基地；进一步地，格兰仕选定小家电为主攻方向，因为当时大家电的竞争较为激烈；最后确定微波炉为进入小家电行业的主导产品，这是由于当时国内微波炉市场刚开始发育，生产企业只有 4 家，其市场几乎被外国产品垄断。

1993 年，格兰仕试产微波炉 1 万台，开始从纺织业为主转向家电制造业主为。自 1995 年至今，格兰仕微波炉国内市场占有率一直居第 1 位，且大大超过国际产业、学术界确定的垄断线（30%），达到 60% 以上，1998 年 5 月市场占有率达到 73.5%。格兰仕频频使用价格策略在市场上获得了领导地位。1996 年到 2000 年，格兰仕先后 5 次大幅度降价，每次降价幅度均在 20% 以上，每次都使市场占有率总体提高 10% 以上。2008 年，特别是金融危机以来，格兰仕产品销量不断逆市攀升，多个产品实现行业唯一增长。其中，微波炉销售完成650万台，创历史新高，同比增长超过50%，生活电器更是猛增300%，电烤箱、电磁炉等多个产品成为行业的销售冠军。2009年"五一"小长假3天，在近乎惨烈的促销大战中，格兰仕全线产品销量猛增，其中格兰仕微波炉销量达到18万台，同比增长近50%；格兰仕空调、生活电器销量同比更激增100%以上。

格兰仕集团在微波炉及其他小家电产品市场上采取的是成本领先战略。格兰仕的规模经济首先表现在生产规模上。据分析，100万台是车间工厂微波炉生产的经济规模，格兰仕在1996年就达到了这个规模，其后，每年以两倍于上一年的速度迅速扩大生产规模，到2000年底，格兰仕微波炉生产规模达到1200万台，是全球第2位企业的两倍多。生产规模的迅速扩大带来了生产成本的大幅度降低，成为格兰仕成本领先战略的重要环节。格兰仕规模每上一个台阶，价格就大幅下调。当自己的规模达到125万台时，就把出厂价定在规模为80万台的企业的成本价以下。此时，格兰仕还有利润，而规模低于80万台的企业，多生产一台就多亏一台。除非对手能形成显著的品质技术差异，在某一较细小的利基市场获得微薄赢利，但同样的技术来源又连年亏损的对手又怎么搞出差异来？当规模达到300万台时，格兰仕又把出厂价调到规模为200万台的企业的成本线以下，使对手缺乏追赶上其规模的机会。格兰仕这样做的目的是要构成行业壁垒，要摧毁竞争对手的信心，将散兵游勇的小企业淘汰出局。格兰仕虽然利润极薄，但是凭借着价格构筑了自己的经营安全防线。格兰仕的微波炉在市场上处于绝对的统治地位，成本领先战略是其发展壮大的战略组合中的重要一环。

（资料来源：http://www.examw.com/cpa/company/106749）

 **案例点评：** 好的战略铸就好的未来

格兰仕通过价格战略，建立了微波炉行业的生存屏障，制定了以格兰仕为中心的游戏规则，并使那些有实力雄厚的洋品牌退出了中国市场的竞争。同时，通过价格战略，格兰仕在获得行业垄断地位的过程中实现了品牌经营，成为微波炉行业的"龙头老大"。

## 9.1 成本领先战略的内涵和价值

成本领先战略是美国著名管理学家、哈佛大学商学院著名教授迈克尔·波特（Michael E. Porter）在其著作《竞争战略》（1985年）中首次提出的。波特认为企业获得竞争优势来源于总成本领先、差异化、目标集聚三种基本战略。其中，总成本领先战略是三种通用战略中最基本、最明确的战略。

 **特别提示**

企业竞争战略在大型企业中是SBU战略的一种，属于事业部级的战略。在中小企业中若其仅生产一种产品，它也可以称为竞争战略。

### 9.1.1 成本领先战略的内涵

**1. 成本领先战略的概念**

成本领先战略，又称低成本战略，是指企业为了在竞争中占据有利地位，通过在内部加强成本控制，在研发、生产、销售、服务和广告等领域把成本降到最低限度，以低成本作为向价格敏感的顾客提供产品或服务的主要竞争手段,使自己在激烈的竞争中保持优势,获取高于平均利润水平,成为产业中的成本领先者的战略。成本领先战略的战略逻辑,一是要求企业成为产业内真正的成本领先者,而不仅仅是若干领先企业之一;二是要求企业较竞争者有明显的成本优势,而不只是微小的领先。这种竞争战略可以说服竞争对手不再采用相似的战略方针。

值得注意的是:采用成本领先战略意味着企业可以通过其低成本地位来获得持久的竞争优势,从而成为行业中的高水平经营者,但它与一般的削价竞争并不相同,后者往往以牺牲企业利润为代价,有时甚至亏本运营。但是,成本领先战略并不意味着仅仅获得短期成本优势或者仅仅是削减成本,它是一个"可持续成本领先"的概念,即企业通过其低成本地位来获得持久的竞争优势。

对成本领先战略的理解需要注意以下几个方面。

(1) 对全面成本控制与目标顾客的理解。全面成本控制意味着在企业内部全面加强研发、生产、销售、服务、广告等领域的成本控制,从而成为行业中的成本领先者。对目标顾客的理解强调对价格敏感的目标顾客的选择。如果顾客对价格的敏感度较低,则成本领先战略的作用就会大大降低。如对于商务旅行者而言,方便、舒适、快捷是他们对航空服务的关键要求,而价格并不是他们考虑的重点问题。因此对这部分顾客而言,航空公司采用成本领先战略是不合适的。

(2) 对成本控制与顾客价值关系的理解。低成本供应商的战略目标应是获得比竞争对手相对低的成本结构,而非绝对的低成本。成本领先战略的实施并不能以牺牲顾客价值为前提,绝不能片面追求低成本而忽视顾客的需要,或降低对产品质量的要求。

(3) 对成本领先地位的理解。成本领先战略一般要求企业成为整个行业内唯一的成本领先者,而不是众多低成本生产商中的一员。如果一个行业中有许多企业都成功降低了各自的成本,那么他们面临的可能会是更加激烈的竞争局势。

(4) 成本领先与产品特色的取舍。如果企业的产品在某些方面具有不可替代的特色,那么他应当慎重考虑是否采取成本领先战略。因为成本领先战略通常是与大批量生产联系在一起的,这种生产方式会有产品的独特性。

(5) 关于低成本是否对应最低市场价格的理解。低成本的生产者未必要以最低的价格出售产品或提供服务。相对于竞争对手,他可以选择相同或稍低的价格,从而由于更低的成本而获得更多的收益。降价应考虑由此带来的销售增长是否能够抵消利润的损失。有时降价会带来竞争对手的连锁反应,加大竞争强度,得不偿失。正如2001年到2002年,中国彩电企业全线实施价格战,结果导致全行业亏损,没有真正的赢家。

2. 成本领先战略的基本思想

成本领先战略的基本思想产生于达到成本领先的相关因素中。

(1) 保持竞争优势思想是成本领先战略的动因。从竞争的角度看,不论企业采取何种战略,成本问题始终是企业战略制定、选择和实施过程中需要考虑的重点问题。如何为企业赢得成本优势和竞争优势,是企业战略管理的重要内容,也是成本领先战略的动因。

(2) 节约思想是成本领先战略的动力。节约可以以相同的资源创造更大的价值,可以使有限的资源延长使用时间。在市场经济条件下,节约不仅是卖方所追求的,也是买方乐

(3) 全员参与思想是成本领先战略的基础。在影响成本的诸多因素中人的因素占主导地位，人的素质、技能、成本意识以及降低成本的主动性都对成本产生重要影响。并且，在企业的经济活动中，每一个人都与成本有关。因此，降低成本必须全员参与。树立起全员的成本意识，调动全员在工作中时刻注意节约成本的主动性，这是成本领先战略的基础。

(4) 全过程控制思想是成本领先战略的保障。成本产生于企业经营活动的各个环节，从产品设计、材料采购、产品制造到产品销售及售后服务的全过程中，时刻都有成本发生。因此，控制成本不是控制哪一个环节的成本，尤其不能误解为只控制制造成本，必须全过程控制，从而达到综合成本最低。只有综合成本最低，才能保障成本领先战略的实施。

3. 成本领先战略的特点

成本领先战略是企业在激烈的市场竞争环境中为谋求长远发展、提高自身的竞争优势而实施的成本管理方略。成本战略的制定基于企业的合理定位、核心专长、竞争优势和竞争对手等各项因素。但成本战略的实现则取决于企业先进的成本管理理念和方式，企业前瞻性的指导性的竞争战略与企业先进的管理方法相互交融，才可能保障企业战略的实施。成本领先战略的特点主要体现在以下几个方面。

首先，企业必须固守自己的成本竞争优势，在行业乃至整个市场大打价格战时，能够独领风骚，获得预期收益。同时，通过固守成本优势，阻止新加入者的进入，防范替代品的冲击。

其次，低成本、低价格产品的价值取向并非是低性能、低质量。相反，为拥有高的市场占有率，实施成本领先战略的企业面对的应该是众多的消费者。消费者认可的产品性能、质量和服务应当是实施成本领先战略的企业战略实施的前提，就此而言，企业同样存在不断提升产品品质、档次的需要。

最后，为保证规模经济，实施成本领先战略的企业的产品多为标准化产品，但标准化产品并不意味着企业产品类型单调，技术落后。

实施成本领先战略的企业在创造竞争优势的同时，会存在战略上的风险和劣势。随着消费者不断追求消费的个性化、时尚化，必将对传统意义上多数量、少品种类型的规模经济带来一定的冲击。随着新产品、替代品的不断涌现，竞争对手和新加入者也严重威胁着企业的生存。既要推陈出新、迎合市场、挑战对手，又要固守成本价格优势、增强竞争实力成为实施成本领先战略的企业面临的主要问题。一些企业的成本优势正在被逐渐稀释和分解，原因是多方面的，但认识和观念上的偏差、管理方法的滞后是导致这种局面的重要因素。只注重当前产品生产成本的削减，而缺少对新产品特别是新产品成本的开发设计；强调对直接成本、有形成本的控制，而忽视潜在成本、无形成本对企业的影响；强化管理影响成本的各项直接因素，而无视影响成本的一些技术性隐含因素等。最终结果必然导致企业成本隐患增加，竞争实力下降。因此，实施成本领先战略的企业必须实施成本的持续改进。

4. 成本领先战略的原则

企业在实施成本领先战略时，必须注意以下几点，才能使成本领先战略得到更有效的发挥作用。

(1) 企业的低成本必须是企业进行的所有生产经营活动的成本累计低于竞争对手的成本，仅仅是生产成本的降低不一定能够给企业带来好处。所以，企业不仅要降低企业的生产成本，还要降低企业的管理成本、营销成本、财务成本，等等。

(2) 企业必须成为行业内的低成本领先者，也就是成为行业内成本最低的，而不是这个位置的众多企业中的一员。因为如果不是成本最低，企业会面临成本更低的竞争对手的威胁，甚至被对方打垮，低成本就不会给企业带来好处。渴望成为成本最低的企业绝对不止一家，竞争通常是极其激烈的。因此，企业在实现该战略时必须认识到这一点，否则将会铸成大错。

(3) 低成本要具有持久性。低成本优势只有在企业维持它时才能产生高于平均水平的收益。如果不能持久的改善企业的相对成本地位，那么企业不仅难以取得高于竞争对手的利润，更严重的是在价格大战中难以坚持很长时间。企业要获得低成本优势就必须要找到能持久地降低成本的方法，并且使得企业的低成本优势对于竞争者而言是难以模仿和复制的。很多企业因为没有认识到这一点而不能把成本领先战略贯穿始终，当硝烟弥漫的恶性价格战进行得十分激烈时，不少企业才认识到降低成本的重要性，往往已为时已晚。

虽然成本领先战略有利于企业在价格大战中保持强有力的竞争优势，但是，成本领先战略的最终目的绝不应该是价格战。成本领先战略的关键是在于利用其成本上的领先地位来取得竞争的优势，这与在市场销售采取的低盈利低价格的策略是截然不同的。高明的企业经营者会把成本领先战略作为先发制人的一种竞争手段，也就是说低成本的企业不会主动发起大规模的价格战，而是进行有节奏的可预期的价格下调。这种价格下调会强有力地迫使其他竞争对手自觉放弃其成本战略。要么选用其他的竞争手段，要么无可奈何地退出本行业的竞争。如此赢得市场竞争，才是真正的战略高手。

**特别提示**

战略制定者的任务不在于看清企业目前是什么样子，而在于看清企业将来会成为什么样子。

5. 成本领先战略的适用条件

不是所有的企业都适合采取成本领先战略，企业应该根据自己所处的行业和企业的自身条件来决定是否应该实行成本领先战略。就行业特点来说，最适合采取成本领先战略的条件有以下几点。

(1) 产品利润空间小，价格弹性高。利润空间很大的企业，应该设法扩大市场份额，通过提高销售量来提高企业的盈利。如果价格弹性不高，也不适合采取成本领先战略，因为价格的降低不会对企业销售量和市场份额产生明显的影响，也不会给企业带来盈利的增加和竞争地位的提高。

(2) 现有竞争企业之间的价格竞争非常激烈。由于成本是价格的主要决定因素之一，在价格竞争激烈的行业，企业有必要尽量降低自己的成本，否则在其他成本更低的企业仍然有盈利的情况下，自己却是亏损，因此陷入被动的境地。而且只有在现有竞争企业之间的价格竞争非常激烈的情况下，企业降低成本所造成的价格上的优势才能够成为企业的竞争优势。如果现有企业之间的竞争是质量和品牌的竞争，而不是价格上的竞争，那么企业就不应该采取成本领先战略。

（3）短期内创新难度大。如果企业所处行业的产品基本上是标准化或者同质化的，实现产品特色化的途径很少，难以利用产品特色化来吸引顾客，这时产品的价格就是决定企业竞争力的唯一因素。因此，在这种情况下，适合采取成本领先战略。

（4）现有市场份额大。如果企业的市场份额很大，也适合采取成本领先战略。由于利润总额等于单位产品的利润和销售量的乘积，因此销售量很大，即便成本降低不多，也会给企业带来绝对数字很高的利润增加。

在上述条件下，成本的稍稍降低，都能产生巨大的竞争优势；反之，不具备这些条件，采取成本领先战略就不会赢得战略性优势。

企业的内部条件也对企业是否适合采取成本领先战略具有决定性的作用。成本领先战略要求企业必须具有实施战略所需用的资源和技能，具有降低成本的能力和条件。比如，持续的资本投资和获得资本的途径、对员工的良好的监督、企业与原材料供应商之间的牢靠关系、产品的设计必须便于制造和生产、保持相对较宽的产品线从而可以分散固定成本，等等。企业还要考虑建立严格的成本控制系统，必须有详尽的控制报告，合理的组织结构和责任制，以及完善的激励管理机制。

6. 成本领先战略的类型

根据企业获取成本优势的方法不同，可以把成本领先战略概括为如下几种主要类型：①简化产品型成本领先战略；就是使产品简单化，即将产品或服务中添加的不重要的功能和花样全部取消。②改进设计型成本领先战略；③材料节约型成本领先战略；④人工费用降低型成本领先战略；⑤生产创新及自动化型成本领先战略。

7. 成本领先战略的目标层次

成本领先战略在不同的企业和同一企业的不同发展阶段，所追求和所能达到的目标是不同的。企业应当根据自身的具体情况，整体筹划，循序渐进，最终实现最高目标。

1）成本领先战略的最低要求是降低成本

以最低的成本实现特定的经济目标是每个企业都应当追求的，当影响利润变化的其他因素不变时，降低成本始终是第一位的。但成本又是经济活动的制约因素，降低成本意味着对企业中每一个人都有成本约束，而摆脱或减轻约束是人的本性所在。因此，实施成本控制、加强成本管理，在企业中是一个永恒的话题。在既定的经济规模、技术条件和质量标准条件下，不断地挖掘内部潜力，通过降低消耗、提高劳动生产率、合理的组织管理等措施降低成本，是成本领先战略的基本前提和最低要求。

2）成本领先战略的高级形式是改变成本发生的基础条件

成本发生的基础条件是企业可利用的经济资源的性质及其相互之间的联系方式，包括劳动资料的技术性能、劳动对象的质量标准、劳动者的素质和技能、企业的管理制度和企业文化、企业外部协作关系等各个方面。在特定的条件下，生产单位产品的劳动消耗和物料消耗有一个最低标准，当实际消耗等于或接近这个标准时，再要降低成本只有改变成本发生的基础条件。通常可通过采用新设备、新工艺、新设计、新材料等，使影响成本的结构性因素得到改善，为成本的进一步降低提供新的平台，使原来难以降低的成本在新的平台上进一步降低，这是降低成本的高级形式。这一点在一些对安全和质量要求高的产品上，显得尤为重要和困难。如航空产品的制造和维修，降低成本的困难在于承担技术革新的风险；又如建筑行业，由于终身追究质量责任，过剩设计的现象已是不争的事实，而设计的浪费恰恰是最大的浪费。

3) 成本领先战略的最低目标是增加企业利润

在其他条件不变时，降低成本可以增加利润，这是降低成本的直接目的。在经济资源相对短缺时，降低单位产品消耗，以相同的资源可以生产更多的产品、可以实现更多的经济目标，从而使企业获得更多的利润。但成本的变动往往与各方面的因素相关联，若成本降低导致质量下降、价格降低、销量减少，则反而会减少企业的利润。因而成本管理不能仅仅着眼于成本本身，要利用成本、质量、价格、销量等因素之间的相互关系，以合适的成本来维系质量、维持或提高价格、扩大市场份额等，使企业能够最大限度地获得利润。同时成本还具有代偿性特征，在不同的成本要素之间，一种成本的降低可能导致另一种成本的增加；在成本与收入之间，降低成本可能导致收入下降，通过高成本维持高质量可提高收入，也有可能获得高利润。

4) 成本领先战略的最终目标是使企业保持竞争优势

企业要在市场竞争中保持竞争优势，在采取诸多的战略措施和战略组合中，成本领先战略是其中的重要组成部分，同时其余各项战略措施通常都需要成本管理予以配合。战略的选择与实施是企业的根本利益之所在，降低成本必须以不损害企业基本战略的选择和实施为前提，并要有利于企业管理措施的实施。成本管理要围绕企业为取得和保持竞争优势所选择的战略而进行，要适应企业实施各种战略对成本及成本管理的需要，在企业战略许可的范围内，在实施企业战略的过程中引导企业走向成本最低化，这是成本领先战略的最终目标，也是成本领先战略的最高境界。

 **知识链接**

迈克尔·波特认为："赢得总成本最低的地位通常要求具备较高的相对市场份额或其他优势，诸如良好的原材料供应等。或许也可能要求产品的设计要便于制造生产，保持一个较宽的相关产品系列以分散成本，以及为建立起批量而对所有主要客户群进行服务。由此，实行低成本战略就可能要有很高的购买先进设备的前期投资、激进的定价和承受初始亏损，以攫取市场份额。高市场份额又可进而引起采购经济性而使成本进一步降低。一旦赢得了成本领先地位，所获得的较高的利润又可对新设备、现代化设施进行再投资以维护成本上的领先地位。这种再投资往往是保持低成本地位的先决条件。"

## 9.1.2 成本领先战略的价值

### 1. 成本领先的经济价值

成本差异对企业绩效具有重要影响，其经济学解释见图 9.1。

图 9.1 假定企业是价格接受者,即产品价格由市场供需条件而不是由个别企业决定,这意味着该市场不存在有效的产品差异,且没有支配企业。由于企业是价格接受者,个别企业所面对的需求曲线是水平的。企业通过生产使边际收入等于边际成本(MC)的产出数量(Q)而使利润最大化。在这种情况下,企业取得经济利润的能力取决于生产决定价格(P*)与企业所选择生产数量下平均总成本(ATC)之间的关系。

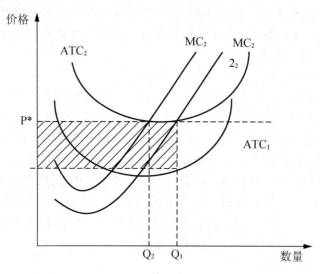

图 9.1 成本领先与经济绩效

上图中的企业分为两类:有一个企业的平均总成本曲线为 $ATC_1$,边际成本曲线为 $MC_1$;除该企业之外的所有企业的平均总成本曲线为 $ATC_2$,而边际成本曲线为 $MC_2$。在这两类企业所生产的利润最大化产量(分别为 $Q_1$ 和 $Q_2$)下,$ATC_1$ 低于 $ATC_2$。图 9.1 所示的例子中,具有相同平均总成本曲线的企业经济利润为零,而低成本企业的经济利润为图中阴影部分面积。还可以构造出其他情况:成本领先企业取得经济利润,而其他企业发生亏损;成本领先企业取得大量经济利润,而其他企业取得少量经济利润;成本领先企业发生较小的亏损,而其他企业发生较大的亏损,等等。在所有这些情况下,成本领先企业的绩效都高于该行业中其他企业的绩效。

### 知识链接

在标准成本制度下,成本差异,是指一定时期生产一定数量的产品所发生的实际成本与相关的标准成本之间的差额。成本差异按照不同标准可分为以下类型:①用量差异与价格差异。用量差异是反映由于直接材料、直接人工和变动性制造费用等要素实际用量消耗与标准用量消耗不一致而产生的成本差异。价格差异是反映由于直接材料、直接人工和变动性制造费用等要素实际价格水平与标准价格水平不一致而产生的成本差异。②纯差异与混合差异。从理论上讲,任何一类差异在计算时都需要假定某个因素变动时,其他因素固定在一定基础上不变。把其他因素固定在标准的基础上,计算得出的差异就是纯差异。与纯差异相对立的差异就是混合差异。混合差异又叫联合差异,是指总差异扣除所有的纯差异后的剩余差异。③有利差异与不利差异。有利差异是指因实际成本低于标准成本而形成的节约差。不利差异则指因实际成本高于标准成本而形成的超支差。但这里的有利与不利是相对的,并不是有利差异越大越好。④可控差异与不可控差异。可控差异是指与主观努力程度相联系而形成的差异,又叫主观差异。它是成本控制的重点所在。不可控差异是指与主观努力程度关系不大，主要受客观原因影响而形成的差异，又叫客观差异。

2. 成本领先战略的竞争抵御作用

竞争战略的目的是指导企业采取进攻或防守性行动，帮助企业在产业内建立进退有利的地位，从而为企业赢得超常的投资收益。任何从战略管理自身的角度看，有效地实施成本领先战略可以抵御各种竞争力量。波特认为，身处任何产业的企业都面临以下五种竞争威胁。

1) 现有对手间的竞争

成本领先地位可以减轻来自对手的竞争压力。由于对手知道自己无法与成本领先企业比拼价格，他们可能会选择不打价格战，因为那样做正中成本领先企业下怀。他们或许会考虑采取其他的竞争手段，比如差异化来与成本领先企业竞争。这样，企业就可以避开结果最为惨烈的价格大战。

成本领先企业在定价策略上具有更大的选择权：第一，将价格定得与竞争对手相同。这样虽然会牺牲销售量和市场份额，但是可以得到更高的毛利，并且隐瞒企业具有成本优势的信息，从而减少模仿者。第二，将价格定得低于竞争对手。这样可以吸引大量对价格敏感的顾客，从对手那里抢得市场份额，同时，依靠低成本和高销量仍可盈利。不过，这将降低毛利，也会泄露成本可以作为竞争利器的信息，引发对手模仿。究竟采用哪种策略取决于企业对市场情况、自身成本优势可模仿性和对手反应能力的判断。

2) 潜在进入者

通过不断降低成本，成本领先企业积累了丰富的高效运作经验。成本领先战略有助于通过建立基于成本的进入壁垒而减少潜在进入者。而任何新的进入者要赶上成本领先企业的成本水平，必须进行大量的投资并花费很长的时间。通常，新进入者将采用另外的战略，如产品差异化战略或合作战略进入，而不是试图在成本和价格上进行竞争。

此外，成本领先企业将价格定得利薄如纸，会大大降低对进入者的刺激。由于格兰仕的成本地位和定价策略，微波炉行业的进入者远远少于其他家电行业。

3) 供应商

成本领先企业往往大量生产、大量购买，对供应商具有很强的议价能力，常常能够压低供应品采购价格。即使供应商涨价，成本领先企业也比其他企业具有更大的空间去消化高的供应成本而仍能盈利，特别是当成本领先企业的成本优势主要来源于内部效率提高的时候。当然，如果成本优势主要依靠从供应商那里低价买得原材料和零部件，成本领先企业就较容易受到供应商所采取行动的伤害。

4) 购买者

强有力的购买者可能会索要低价或要求更高的质量而对企业形成威胁。但是，在价格被压价之后，成本领先企业虽然收入减少但是仍能盈利；这些企业还能消化由于质量提高所带来的高成本。不过，如果购买者仅能从少数企业那里购买产品，他们的压价提质要求往往不能如愿。即使少数异常强大的购买者能够做到这一点，他们可能也不愿做得太过头。在极低的价格下，其他企业可能纷纷倒闭而只剩下成本领先者，成本领先者的地位会变得更强，对购买者反而不利。

购买者还可能因为后向一体化而成为一种威胁。但由于成本领先企业的存在，购买者往往不能也不愿意进行后向一体化。之所以不愿，是因为从成本领先者那里购买比较便宜，购买者自己生产反而不划算。

5）替代品

相对于竞争对手，成本领先企业在应对替代品威胁方面具有更大的灵活性。为了争取顾客，成本领先者可以有更大的空间降低价格。足够低的价格可能会保持现有产品对于替代品的吸引力。在低价格下，成本领先企业仍能生产并盈利。

## 9.2 成本领先和持续竞争优势

企业采用成本领先战略，要求其积极地建立起达到有效规模的生产设施，在经验基础上全力以赴地降低成本，抓紧成本与管理费用控制，以及最大限度地减少研发、服务、推销、广告等方面的成本费用。企业尽量对质量、服务及其他方面不能忽视，但贯穿于整个战略中的主题是确保产品成本低于竞争对手。

20世纪初福特公司推广T型车时，采取了典型的成本领先战略。福特公司通过限制车型的种类以提高每个车型的产量，并采取高度自动化的生产设备，建立了严格的成本管理制度。通过这些措施，T型车的成本低于其他所有厂家的汽车。因此，具有较低的价格，这在美国汽车刚刚开始普及的当时具有很大的竞争优势，结果福特成为20世纪最重要的汽车制造商之一。

### 9.2.1 成本领先战略的优势

1. 设置进入障碍

提高本行业的进入门槛，阻碍其他企业进入本市场领域。企业的成本往往与成熟的生产技术和大规模生产是分不开的，已经在市场上站稳脚跟的企业在这两个方面无疑处于优势地位。而那些想新进入本市场领域的企业，由于在生产技术上尚不成熟，在经营上缺乏规模经济，难以达到和本企业相同的生产经营成本。如果进入本行业，要么达不到理想的盈利水平，要么很容易被已经进入的企业的价格攻势击退，因此很难进入此行业。企业在成本领先的基础上，可以实施较低的价格，为行业的潜在进入者设置了较高的进入障碍。这就使得那些在生产技术上不成型和经营上缺乏经验的企业，或者未能形成规模经济的企业，面对诱人的利润也无力进入此行业。

**特别提示**

企业所采用的战略应能够打破正常的产业发展进程并创造不利于竞争者的新的产业条件。

2. 降低替代品的威胁

企业具有成本领先的优势，在与替代品进行竞争时，即便竞争对手推出和本企业相同的产品和服务,但由于企业的成本非常低,因此仍旧可以凭借其产品和服务的低价格稳定和吸引大量顾客,降低或缓解替代品的威胁,树立与替代品的竞争优势,保持自己的竞争地位。

3. 增强企业的讨价还价能力

由于企业具有成本领先优势,所以企业会提高对顾客的讨价还价能力,因为低成本可以使得企业和顾客进行讨价还价时提供部分的利润保护。顾客的讨价还价能力只能使价格下降到效率居于其次的竞争对手的水平。如果顾客的讨价还价的能力强大到让企业盈利很低的地步,那么其他企业由于成本较高必然会陷入亏损的境地,有可能被迫退出竞争市场,这样就提高了企业的垄断水平,仍然可以提高企业的讨价还价能力。成本领先战略还能够使得企业应付原材料供应商的提价行为,当供应商提高原材料的价格时,具有较低成本的企业能够更加轻松面对。

4. 保持领先地位

由于企业成本领先优势主要体现在与行业内的竞争对手的比较上,这样的优势确保企业在行业发展前景看好时能获得较大的利润;在行情一般时也能获利;在行情低迷时仍有较强的生存能力。从而在行业中能不断地扩大市场份额,获得高于行业平均水平的利润,保持企业在行业中的领先地位。

事实上,对于某些行业,成本优势是获得竞争优势的重要基础。如果一个企业的产品是日用品或一般商品,那么,避开成本而在其他方面竞争的机会是非常有限的。即使对重视差异化因素的产品市场,日益激烈的竞争同样使成本效率成为获利的重要前提。在20世纪90年代,更多的行业开始追求成本效率,而这些行业,如电信、医疗和航空等,过去主要不是依赖价格竞争。

只要企业通过某种方式取得了在行业范围内的成本领先地位,一般情况下就会有较高的市场份额,同时赢得较高的利润。而较高的收益又可加速企业的设备更新和工艺变革,反过来进一步强化企业的成本领先地位,从而形成一个良性循环。反之则可能形成一个恶性循环,如图9.2所示。

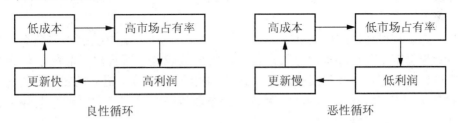

图 9.2　两种循环

### 9.2.2 开发成本优势

成本领先战略的重点和关键在于通过各种方式提高效率,降低成本,建立起相对于竞争对手的成本优势。一个企业的成本优势主要来源包括:与经营规模有关的成本优势和与经营规模无关的成本优势以及与交易组织有关的成本优势。

与经营规模有关的成本优势来源有以下几点。

### 1. 规模经济

规模经济是指某种产品的单位生产成本随着产量的增加而下降的现象。规模经济的主要来源有以下几种。

1) 固定成本的不可分割性和分摊

规模经济最主要的来源是随着产量的增加,固定成本被更大的产量所分摊,使单位产品的平均成本降低。有些一次性投入是不可分割的,它不会因为产出规模减小而降低,从而就形成固定成本。比如,即使只有一位乘客,也需要一架飞机、一个机组以及机场、导航等设施,并承担相应的成本。一般而言,专用设备和流水线生产方式的效率远比通用设备和非流水线生产方式的效率高。但只有大型企业的高产量才能分摊高昂的购置成本,让它们不受约束地购买能节约成本的机器设备,并在很短的时间内收回投资,由此而建立起来的效率和成本优势令中小企业望而兴叹。管理、研发等固定成本的分摊也是同样的道理。

2) 与专业化有关的变动投入生产率的提高

亚当·斯密早就指出,分工和专业化能带来劳动生产率的提高。随着企业规模的增大,企业内部可以进行更细的专业化分工。由于工人专门从事单一重复的工作,会变得越来越有效率,企业也不必高薪聘请能胜任多项工作的更高素质的员工,所花培训费用也会降低,从而使得企业的人工成本下降。而在小企业中,高度专业化的员工可能没有足够的工作可做,单位人工成本反而会上升。在能源利用方面,双倍产能的机器设备并不需要耗用双倍的能源。这样,随着产量的增加,单位能耗也会下降。

3) 平方-立方法则(或2/3次方法则)

在许多行业,建造大型生产设施的单位产量成本常常低于小型生产设施。这样,由于高产量而能建造大型生产设施的企业的单位产能建设投资较低,其平均生产成本就会较低。在化工、酿造、炼钢、仓储等企业,生产能力与生产容器的体积成正比。比如,球罐的容积(生产能力)与半径的立方成正比,而表面积(建设成本)与半径的平方成正比,因此,其容积与表面积之间的比例呈平方-立方关系,这就是所谓的平方-立方法则。这就意味着,随着产能增加,平均建设成本会因此而降低。

4) 存货

企业为把缺货可能性维持在可以接受的水平,必须保持一定的存货。缺货会带来缺货成本,存货也会带来存货成本。总的来说,存货比例越大,所售出产品的平均成本就越高。排队论告诉我们:当存货损耗比例一定时,达到比例越高,需要的超额存货比例就越低。这就是说,当缺货水平一样时,大业务量企业所必需的存货比例比小业务量企业要小,这就降低了大业务量企业的平均成本。

5) 营销经济性

我们通常用潜在顾客收到单位有效信息的成本来衡量产品的营销成本。当企业的经营规模大,市场范围广时,营销费用会因更大的销量而分摊,营销成本会因顾客的广泛性而降低。

6) 采购经济性

大规模经营必然伴随着大规模采购,而大批量采购通常都能够得到批量折扣,同时,单位采购成本也会降低。因此，大买主比小买主具有天然的成本优势，这正是沃尔玛这样的大型连锁超市的制胜法宝之一。

2. 产能利用率

生产能力利用率的提高可以使分摊固定成本的生产量增大，从而降低单位固定成本。企业的资本密集程度和成本结构中固定成本所占比重越高，产能利用率的作用就越明显。在这种情况下，尽力寻求生产能力在整个年度中满负荷运转是获取成本优势的一个重要源泉。具体途径有：选择需求稳定或与正常的需求峰谷周期相反的客户，以形成能使生产能力全年处于最高产量的客户组合；寻找能间歇性利用企业剩余生产能力的贴牌生产客户；寻找产品在淡季时的用途，或与企业内有不同生产季节模式的兄弟单位共享生产能力。

3. 学习曲线

学习经济是一种普遍存在的现象，即随着不断地学习和经验的积累，单位成本会随之下降。而经验是相当抽象和主观的概念，难以直接度量。不过，我们可以用累积产量的高低来间接地衡量经验的多寡：一个企业生产某种产品的经验会随着该产品的累积生产数量增加而增加，这就产生了所谓的学习曲线。学习曲线是指某种产品的平均生产成本会随着该产品累积产量的增加而下降（如图9.3所示）。

我们通常用进步率来衡量学习效果。图9.3中，假设厂家的累积产量为$Q_x$，单位成本为$AC_1$；若累积产量为$2Q_x$，单位成本为$AC_2$，则进步率为$AC_2/AC_1$。如果进步率小于1，就会产生学习效应。人们估计了数千种产品的进步率，平均进步率为0.8。这意味着，如果企业的累积产出增加一倍，单位成本将下降20%。当然，不同企业的进步率是不一样的，一般而言在0.7～0.9之间波动。同时，随着累积产量进一步增加，进步率会逐步趋向于零，学习效应会趋于停滞。

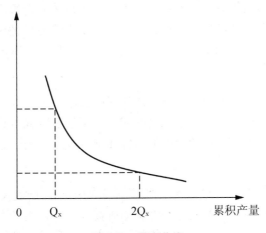

图9.3 学习曲线

学习曲线表明，至少在一个企业开始生产某种产品初期，企业可以通过尽力提高累积产量来增加经验，降低成本。即使在企业规模及累积经验相同的情况下，这些成本驱动力也使企业的单位成本比竞争对手低。也就是说，这些成本驱动力的作用是使企业的平均成本曲线向左下移动，而不是沿着原平均成本曲线向右下移动（如图9.4所示）。

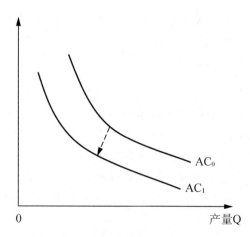

图 9.4　与规模无关的成本优势来源的作用（从 $AC_0$ 下移至 $AC_1$）

与规模无关的成本优势来源主要有以下几点。

1. 投入价格

投入是一个企业从事经营活动所需的各种生产要素，包括劳动力、资本、土地、原材料等。如果一个企业拥有特别的要素来源渠道，就会在生产类似产品的同行业企业中形成成本优势。比如，如果某一企业通过某种方式以很低的价格得到一块地段优越的土地，在上面开发房地产项目，或者以非常优惠的条件取得某处优质矿藏的开采权，进行资源开发和加工，将会产生对手无法比拟的成本优势。

2. 地理位置

不同的地区在工资水平、能源成本、原材料价格、运输费用、税率、基础设施、协作条件、竞争环境等方面存在差异，从而影响成本。沃尔玛的成功很大程度上归功于其早期的选址策略。将商场开设在偏远的中小城镇，沃尔玛不光降低了地价、工资成本，还避免了激烈的竞争，取得了丰厚的利润，并由此奠定了进一步发展的基础。

3. 密度经济

密度经济是由于更大的顾客地理密集度能带来的成本节约。如某一航线有更多的顾客乘坐会降低航空公司的单位成本，用户稠密的城市电网的运营成本远低于地广人稀的农村电网的运营成本。这都是由于人口的密度的增加而降低成本的例子。

4. 技术优势

技术进步会提高生产率，降低成本。这里所称的技术包括硬技术和软技术。先进设备、新技术、新工艺这样的硬技术固然会带来相应技术优势，而劳资关系、企业文化、管理水平这样的软技术的作用也不可忽视。能将硬技术与软技术有效结合的企业可以更加有效地降低成本，保证质量。例如，国内企业往往从纯技术角度推行信息化，但投巨资建成的先进信息系统常常不能发挥应有作用，原因之一就是忽视了信息化运行的组织因素。

5. 时机因素

有时候，先动者会取得某些优势。如以较低成本取得重要资源，实现技术领先，建立品牌认知度等。有时候，后动者也会得到一些好处。如直接购买第二代、第三代设备，可能运作效率更高，价格更便宜，而第一代用户可能会因技术尚不成熟而承担额外的成本。在新产品开发方面，开拓者可能会因进行先导性的研究和市场开发而承担额外的成本。有研究表明，追随者的开发成本可能会低60%左右，当然，也要承担错失先机的风险。

6. 自主政策选择

企业除通过以上途径提高效率、降低成本以外，还可以通过选择所生产产品或所提供服务的种类而进一步降低成本，树立低价格形象。一般而言，以成本领先作为基本战略的企业总是选择生产结构简单、质量以可接受为度、特色不多、大众化的标准产品，并尽可能地减少产品品种和所提供的服务。比如，家乐福、麦德龙、沃尔玛这样的连锁超市总是给人以价格便宜的印象，除了它们由于规模化经营、高效的运作管理所降低的成本和价格之外，还有一个重要的原因是它们从不销售价格昂贵的高档豪华商品。美国西南航空公司在激烈竞争的航空业中独辟蹊径：取消头等舱和商务舱，只设经济舱；不提供正餐，只供应花生米和可乐；取消行李转运服务，等等，从而大大降低了成本和票价，吸引了大批对价格和便捷敏感的乘客，公司不大而盈利却居于行业前列。

7. 政府政策

政府政策也是影响成本的外部因素。有时，政府会对某些行业或一个行业中的某些企业提供某些特殊的优惠政策。如对进驻开发区的企业提供两免三减的税收优惠，为有的大型国有企业提供债转股机会，等等。在国际贸易中，政府政策的影响可能更加明显。如对进口商品征收高关税，进行反倾销调查和制裁等。这些做法都会使受惠企业的成本低于竞争对手。

**特别提示**

在任何场合，企业的资源都不足以利用它所面对的所有机会或回避它所受到的所有威胁。因此，战略基本上就是一个资源配置的问题。成功的战略必须将主要的资源用于利用最有决定性的机会。

与交易组织有关的成本优势来源如下所述。

1. 纵向一体化/资源外包

一件产品从原材料投入到送到最终用户手中，需经过若干过程，也就是企业价值链中的各项活动。但是，一个企业并不一定非要进行价值链中的所有活动。企业有三种基本的选择：自行从事所有的活动；与其他企业密切合作；在市场上购买所需的供应品。换句话说，企业的交易活动有三种基本的组织形式：一体化、合作、外部市场。如果外部市场的不确定性很高，不能以理想的条件在需要的时候买到所需的供应品，或者合作者机会主义的倾向很大，容易产生要挟、道德风险、逆向选择等问题，那么企业进行一体化可降低交易成本。同时，企业部分或全部后向一体化生产供应品，或者前向一体化进入销售领域可以使企业避开强有力的供应商或购买者。如果一体化能够带来重大的成本节约，进行一体化从事更多的价值链活动就是恰当的。相反，如果从具有专有技能和规模的外部厂商处购买产品或服务质量更高，价格更便宜，则以外部获取资源可能成本会更低。

2. 合作

1) 外部合作

有时，与供应商或分销商建立密切的合作联盟更能发挥合作各方的优势，保持生产活动的稳定性，生产出优质低价的产品。日本企业与供应商和分销商往往结成紧密的伙伴关系，形成所谓的企业网络。网络中的企业互相给予支持和优惠，当伙伴遇到困难时也不会离弃而是给予救助。日本企业所创造的精益生产方式是它们经济地生产优质产品的法宝，而这很大程度上依赖于企业间的协调合作，如保证零部件质量、按时交货等。外部合作与联盟具有降低成本的潜力，当然也可能会产生机会主义问题。企业在进行合作时必须增强协调与控制能力，并随时权衡合作与一体化的成本和收益。

2) 内部合作

一个业务单位内部各职能部门间的合作能够提高效率，降低成本。传统的新产品开发过程是设计部门将产品设计好后交给生产部门，生产部门接着进行工艺设计，然后开始制造。如果发现设计有问题，无法生产，或者成本太高，就给设计部门重新设计。这种做法显然费时费钱。如果两个部门协调配合，生产部门一开始就介入设计，就可能避免产生这种现象。

一个企业内部不同的部门共享某些活动，也会节约成本。比如，冰箱和空调事业部共用压缩机生产线，可以分摊成本，提高产能利用率，转移核心能力，使两个事业部的成本都大大降低。这种活动共享会带来协同效应，形成范围经济。

3. 组织效率

由于组织结构、管理控制体系、报酬制度、企业文化等方面的差异，企业之间的决策效率可能相差很大。在 20 世纪 80 年代和 90 年代，由于 IBM 的"争议制度"和固步自封，造成一系列决策滞后甚至决策失误，使其付出了高昂的代价。而微软、戴尔等公司则由于创新的组织和正确的决策崭露锋芒。

成本优势是降低成本的原因和条件。这些原因和条件通常来自于组织的地理位置、已获得的优惠政策、运行机制、管理体制、经济规模、经济实力、市场优势、价格优势、产品优势、资源优势、战略优势、技术优势、供应链优势、开发和创新能力、技术和装备的水平、人员意识和能力（人才优势）、高生产效率和整体管理效率等方面。发挥和保持成本优势是降低成本工作的重要任务，也是实现成本领先战略的主要途径。组织的成本优势是客观存在的，如何识别、确定和发挥这些成本优势取决于管理者的认识程度。作为客观实在的成本优势在发挥其效率上组织应与竞争对手相比较。

9.2.3 开发成本优势、建立可持续竞争优势

1. 竞争优势

竞争优势指企业所处的这样一种状态，即：以自身的资源或组织能力（活动）为基础，能够提供被用户认为是物有所值的产品或服务，比竞争对手更好地创造顾客所需的价值。

顾客价值＝顾客认知利益－顾客认知价格

# 第9章 成本领先战略

即顾客的价值为感觉到的利益和其付出成本(包括货币成本和非货币成本,如体力成本,脑力成本,时机成本等)的差额,只有当顾客价值为正值时,顾客才会体会物有所值,甚至物超所值,才会对此商品或服务满意。

竞争优势的构建需围绕创造顾客价值展开。可通过以下两方面的努力来获得:一为降低顾客的认知价格,通过构建和完善价值链,节约经营成本,达到最终降低顾客支出的目的。二为增加顾客认知利益,通过完善核心产品,增加附加产品和服务,达到提升顾客利益的目的。

成本优势是企业可能拥有的竞争优势之一。企业的成本行为及其相对成本地位产生于企业在一个产业里竞争时所从事的价值活动。每种价值活动都有其自己的成本结构,其成本行为有可能受到与企业内外的其他活动之间的联系和相互关系的影响。如果企业在从事价值活动中取得了低于其竞争者的累计成本,成本优势就应运而生。

处于低成本地位的企业可以在竞争激烈的市场中获得高于产业平均水平的收益。成本优势可以使企业在与竞争对手的争斗中受到保护,因为它的低成本意味着当别的企业在竞争过程中失去利润时,这个企业仍然可以获取利润。低成本地位有利于企业在强大的买方威胁中保卫自己。低成本也构成对强大的供方的防卫,因为低成本在对付卖方产品涨价中具有较高的灵活性。导致低成本地位的诸多因素通常以规模经济或成本优势的形成建立起进入壁垒。

2. 可持续竞争优势

波特在《国家竞争优势》一书中认为,持续竞争优势取决于三个重要条件:第一是特殊资源的优势。资源的重要性有层次之别,低层次优势很容易被模仿取代,如廉价的劳动力和便宜的原料等;高层次的竞争优势是比较稳固牢靠的竞争优势,包括:高级技术的所有权、在单一产品或服务上的差异,等等。第二是竞争优势的种类与数量越多越好。第三是最重要的一个,即竞争优势的持续力是一种持续的改善和自我提升。

一种基本战略如果不具有相对于竞争对手的持久性,就不能为企业带来优于产业平均水平的经营业绩。成本领先,差异化,目标聚集这三本基本战略的持久性决定了企业的竞争优势抵御竞争者行为或产业发展带来的侵蚀。一种基本战略的持久性要求企业具有增强战略模仿困难的壁垒。然而,既然仿制的壁垒并非不可逾越,那么企业通过投资不断地改善其地位以提供给竞争对手一个移动的目标是非常必需的。

因此,成本领先战略要求企业在进行成本竞争优势开发的同时,必须树立不断自我完善和自我提升的思想,只有不断改善各项硬实力和软实力,企业才能在激烈的市场竞争中保持领先地位,才能获得可持续竞争优势。

 **知识链接**

持续竞争优势定义为企业特有的,针对竞争对手发掘的,能给企业带来持续的超越竞争对手的能力。企业持续竞争优势既可以是内生的,由内部核心能力决定;也可以是外生的,由外部环境条件赋予,因而它是企业系统化的综合能力,具有持久的生命力。在经济和管理研究领域中,由于具体的分析角度不同,对企业可持续竞争优势的研究也出现了一些不同的观点。对持续竞争优势研究的理论可分以下四种:①产业结构决定理论模型为代表的持续竞争优势观;②资源基础观为代表的企业可持续竞争优势观;③基于核心能力的企业可持续竞争优势观;④动态可持续竞争优势观。

**特别提示**

可持续竞争的唯一优势来自于超过竞争对手的创新能力。

## 9.3 成本领先战略的实施

### 9.3.1 成本领先战略的实施条件

企业在考虑能否选择实施成本领先战略时，一般要考虑企业内部与外部两方面条件。

从企业内部条件看，只有在削价幅度及产品销量增加足以使在降低单位销售产品利润率的情况下增加总利润的前提下，才能考虑实施成本领先战略，具体要看企业能否具备下述资源或能力。

（1）有效的生产规模；
（2）完善的成本管理制度和高效的管理构架；
（3）必需的资源和技能；

从企业外部条件看，成本领先战略需要具备以下情形：

（1）竞争厂商之间的价格竞争非常激烈；
（2）行业产品差异化途径有限，基本是标准化的；
（3）绝大多数购买者使用产品的方式相同；
（4）所属行业本身固有的属性允许。

**特别提示**

制定正确的战略固然重要，但更重要的是战略的执行。

### 9.3.2 成本领先战略的实施细则

波特认为，"每一个企业都是在设计、生产、销售、发送和辅助其产品的过程中进行种种活动的集合体，所有这些活动都可以用一个价值链来表示，而一个企业的价值链又处在一个范围更广的一连串活动中"，波特称之为价值系统。这样一个企业的自身活动和通过与上下游企业的供需联系组成一个环环相扣的链条，这个链条决定着企业为顾客创造价值的大小和盈利的多寡。由此可见，企业的成本领先战略源于其价值链的效率。

提高价值链效率有两种途径：一是从宏观上改善整条价值链，二是在价值链基本不变的前提下，对单个价值链活动的效率予以改善。因此，企业实现成本领先的主要途径有两条：一是重组价值链，企业可以采用一种与众不同而且更有效的方法来设计、生产、销售产品；二是控制价值活动的成本行为，企业可以在总成本中占有很大比例的价值活动的成本驱动因素方面获得成本优势。

1. 重组价值链

重组价值链是指企业对现有价值链进行大幅调整或重新设计，以不同于竞争对手的方式更高效地进行设计、生产、分销和销售，省略或者跨越那些创造极少价值而成本高昂的价值链活动，更经济地为顾客提供基本的东西，以带来更大地优势成本。比如，戴尔公司的客户直销模式就省去了中间商环节，不但降低了价格，同时直接与顾客接触又降低了库存，减少了库存成本。

价值链的重组随时都可能发生。一方面，企业改善成本结构的内在动力会引发价值链重组；另一方面，不断发生变化的技术或市场环境也会给企业施加压力，迫使其进行价值链的重组。例如，新工艺、新技术与新材料的出现，会迫使企业对价值链的生产环节进行重组；顾客购买行为的变化，会迫使企业对价值链的销售与分销环节进行重组；供应商的变化以及厂房设施的改变，会迫使企业对价值链的采购环节进行重组；宣传媒介的改变与消费者信息接收方式的变化，也会促使企业对价值链的广告宣传环节加以重组。

与针对单个价值活动的局部改善相比，重组价值链具有两大优点：一是可以为企业从根本上改善其成本结构提供机会，企业相对成本地位的显著提高来自采用与众不同的价值链；二是可以通过价值链体现出企业的资源与能力特色，从而将成本优势植根于企业最为擅长的领域。重组价值链主要有两个方向：一是使价值活动的组合与排序更为合理；二是对价值活动的内容及性质做出大幅度的合理调整。具体而言，企业通过重组价值链来获得成本优势的最主要方式有以下几点。

（1）在产品的设计阶段，可以采取的重组价值链的手段包括将产品简单化和改进产品的设计。将产品简单化是取得低成本的一种比较直接的改造价值链的方式。产品简单化就是将产品中那些对顾客来说毫无价值或者价值不高的花样取消。比如，仓储型的百货超市就是将大型商场那种不必要的豪华装饰和高档柜台取消，以便降低成本向顾客提供价格更加低廉的商品。简化产品的方式很多：包括减少零部件，将产品或服务中不必要的附件全部取消；将各种模型和款式的零配件标准化，采取容易制造的设计方式。

但是，简单产品的设计创新却需要增加前期的投入，而且产品的简单化可能会影响到产品的性能，企业在进行产品设计时要注意到这些。另外，企业通过对产品进行设计的改进也可以达到降低成本的目的。比如，企业寻找到一种性能同样能够满足要求但是价格更低廉的原材料，又比如，企业通过改进设计使得产品更容易制造，等等。

（2）在产品的生产阶段，采取更简单的，资本密集度更低的，或者更简便、更有灵活性的生产工艺。比如计算机辅助设计和制造，既能够包容低成本效率，又能够包容产品定制性的柔性制造系统。将企业的生产车间布置在更靠近供应商和消费者的地方，以减少运输成本。另外，企业还应该注意生产技术的创新，生产技术创新是降低成本的有效方法。

一场技术革新或革命会大幅度地降低成本，生产组织效率的提高也会带来成本的降低。如福特汽车公司通过传送带实现了流水生产方式而大幅度降低了汽车生产成本，进而实现了让汽车进入千家万户的梦想。

（3）在产品的销售阶段，尽量减少产品从企业到用户的中间环节最好使用能够直接到达最终用户的销售方式，从而减少批发商和零售商的中间费用。

另外，企业要建立起一整套成本约束机制，如邯钢实行的成本否决制，用成本来否决职工的奖金、工资，不照顾、不迁就、不讲客观，做到在制度面前人人平等，这一系列的管理制度使得邯钢的成本得到有效控制，充分发挥了广大职工的主人翁责任心。制度是企业的软件，能否将企业的各种资源充分调动起来，关键要靠制度。因此，加强制度建设是企业发展中的一个重要课题，随着企业的发展，制度必须与之相适应。包括各种定额制度、财务管理制度、生产管理制度、岗位责任制度、计划制度、奖惩考核制度等都会直接关系到企业的成本。

通过价值链的重组，可以使相对成本地位产生重大的改变。为确定一种新的价值链，企业必须对自己的行为以及竞争对手的价值链进行仔细研究，寻找到以不同方式进行经营的创造性选择，从根本上重新构造优化企业成本体系的价值链。

2．控制价值活动的成本行为

成本领先战略的实现需要企业管理者树立较强的成本观念。企业的成本地位缘于其价值活动的成本行为。在企业的整体成本结构中，各价值活动的地位有所不同。企业控制价值活动成本行为的工作应首先瞄准占总成本比例较大或比例不断增长的价值活动。价值活动的成本行为取决于影响成本的一些结构性因素，即成本驱动因素。因此，控制价值活动成本行为的实质是对相关成本驱动因素的控制。

影响价值活动成本的因素很多，其中最为主要的成本驱动因素共有以下十类：规模经济、学习、产出能力利用模式、活动之间的联系、同其他经营单位的联系、纵向联合程度、时机选择、企业内部政策、地理位置、国家政策法规。

1）成本驱动因素的影响

一项价值活动的成本行为，一般受到多个成本驱动因素的影响。各驱动因素对成本的影响程度，有所不同，且因价值活动而异。以一个耐用消费品生产企业为例，其价值活动与主要成本驱动因素之间的对应关系，可用表9-1表示。

表9-1 价值活动与主要成本驱动因素

| 价值活动 | 主要成本驱动因素 |
| --- | --- |
| 内部后勤 | 地理位置、供应的纵向联合程度 |
| 生产经营 | 学习、规模经济、技术政策、购买资产的时机选择 |
| 外部后勤 | 订货规模、同企业内其他经营单位的关系、地理位置 |
| 市场和销售 | 广告规模、市场大小、销售人员利用率 |
| 服务 | 服务网络规模、同企业内其他经营单位的关系 |
| 企业基础建设 | 地理位置 |
| 人力资源管理 | 人力资源政策 |
| 技术开发 | 纵向联合程度、与其他经营单位的联系、企业内部政策 |
| 采购 | 采购政策、纵向联合程度、购买规模 |

各成本驱动因素并非独立无关，它们之间存在着大量相互影响的关系。当两种驱动因素正相关时，意味着两者相互促进、相互加强、共同提高，如规模经济会促进学习，学习又会

促进规模经济的实现。当两种驱动因素负相关时,意味着改善一种驱动因素将导致另一种驱动因素地位的恶化。比如,大规模或深层次的纵向整合,会导致生产能力利用率的下降;规模扩大,可能导致员工工会化。成本驱动因素之间的相互作用相当微妙,远甚于简单的正相关与负相关。它们往往不为人们所认识,尤其是当它们不断变化时。因此,将对成本驱动因素相互作用的洞察力转化为战略抉择的能力,就成为获取成本优势的持久性来源。

2) 控制成本驱动因素

(1) 规模的控制。活动规模过小,会因固定成本及无形资产的分担范围过小而导致规模不经济;活动规模过大,又会因协调过于复杂而带来规模不经济。因此,规模经济不是以规模的绝对大小来衡量,而是以规模的相对适合程度来衡量。对规模的追求应该有选择性地转向在特定价值活动中能够驱动重要活动的成本的那种规模类型,而且规模的增加程度必须得以平衡。规模控制的内容主要包括以下两点:一是权衡某一价值活动的规模经济性时,应兼顾其他价值活动;二是检验价值活动的规模是否符合企业的资源与能力特点。

(2) 学习的控制。学习在很大程度上依赖于管理层与员工的努力与重视。管理层必须倡导学习并为学习制定目标,努力促使企业向学习型组织发展。学习的范围不仅限于生产运作,而且贯穿于企业价值链的各个环节。学习的对象,不能仅限于经营单位内部,还应向企业内其他经营单位学习,向其他社会组织与个人学习,尤其应注意向竞争对手学习。另外,企业应珍惜学习成果,积极主动地将学习成果在企业内交流,以便学以致用;企业也应保护学习成果,以防学习成果为竞争对手窃取,有损企业的相对成本地位。

**特别提示**

改变战略、结构和体系是不够的,除非它们赖以产生的思维方式也发生变化。

(3) 产出能力利用率的控制。产出能力利用率的高低不仅受企业竞争地位的影响,而且与季节性、周期性及其他供求波动紧密相连。因此,企业应从长期和整体的角度对产出能力利用率进行衡量,而不只是短期、局部的产出能力利用率。

要提高产出能力利用率,就要在对顾客需求量予以保证的前提下降低备用产出能力。它可通过两种途径实现:一是均衡需求,减少需求波动;二是提高产出柔性,增强企业对需求波动的适应能力。均衡需求的途径很多,如实施季节差别定价,在销售旺季时通过提高定价、增加收益、放弃部分市场份额,在销售淡季时加大促销活动投入,重新夺回市场高份额;改善产品的周期性与季节性;选择更具稳定性的长期客户或反季节、反产品周期的客户,以均衡生产量;让竞争对手去占领需求波动大的部分市场等。提高产出柔性的途径也有很多,如提高生产线的柔性、拓宽员工的业务能力、与企业内其他经营单位共享某些活动与资源等。例如在丰田公司,只要对同一条生产线稍加改动,就能生产出7种不同型号的汽车。丰田的员工大多能在两种以上工作间迅速调派。

(4) 控制活动之间的联系。价值链由一系列相互关联的价值活动组成。价值活动之间的联系,导致许多活动之间存在成本相关,如采购与库存、工艺创新与原材料供应、生产控制与质量检验等。认识与控制价值活动间的相关成本,是企业寻求整条价值链成本最低的必要环节。

例如，通用电气公司的研究表明，生产前发现质量问题并加以纠正所花成本只有0.003美元；生产过程中发现质量问题并予以解决则需30美元；产品售出后才发现并加以改正需花费300美元。因此，通用电气公司倡导一次把事情做好，以免造成后续的价值活动受到影响。

（5）控制同其他经营单位的联系。经营单位之间的价值活动共享，可在多个领域展开，如技术开发共享、采购共享、生产作业共享、内部后勤共享、市场营销与销售共享等。价值活动共享为企业提供了降低原有成本的机会，同时也带来了增加新的成本的可能。

成功的价值活动共享具有两大特征：一是活动规模扩大有利于降低成本；二是共享费用较低。比如丰田公司在新产品开发时，奉行核心技术共享，首先集结全企业最优秀的技术人员进行产品平台开发，然后由各经营单位在产品平台的基础上研制各自的新产品。在丰田的新产品开发成本中，产品平台的研发成本占据了绝大部分，它被逐步地分摊到其派生出多种车型中，从而降低了新车型的单位开发成本。

（6）纵向联合的控制。纵向联合的实质，是以信息的相互沟通来降低企业间合作的盲目性与不确定性，以相互信赖来消除狭隘的自利行为。在市场环境瞬息万变、竞争残酷激烈的当代，柔性与经营可靠性成为企业极为关注的问题。有效的纵向联合，比纵向整合更具柔性，比纯粹的市场采购更可靠。

纵向联合的合理利用，有可能使合作双方皆受益。比如，施乐公司通过向供应商提供生产进度表，不仅保证了其供货的及时性，而且使供应商的生产计划安排更为合理。

（7）时机选择控制。实证研究表明，企业进入市场的时机与企业获得成本优势密切相关。当一个企业面对着行业中的新兴市场时，先行进入和后期进入的时机选择对成本有很大影响。新兴市场中的先入企业通过占据最佳的地理位置，率先得到最佳员工，同优秀的供应商、销售商取得联系或得到专利等手段，可能会取得持久的成本优势，但同时也会遇到先入的经济成本问题。相反，后入企业通过观察和跟随先入企业，可减少市场开拓的成本和风险，获得后入的经济成本优势。但是后入企业如果时机把握过慢，一旦市场发育成熟，进入壁垒建立起来，企业进入市场的战略窗口也就关闭了。究竟是率先进入市场更有利，还是跟随者更易获得优势，因产业而异。

时机选择不仅涉及市场进入这一重大决策，它还涉及一些其他活动，如购买行为、生产加工等。丰田公司对活动时机的选择，相当深入细致，收益也颇丰。比如计算精确的原材料采购，为丰田节约大量库存费用；完善精准的工序时机安排，为丰田节省大量的工时和在制品占压费用。

（8）企业内部政策的控制。企业内部政策是企业战略意图的集中反映。成本导向的内部政策控制，就是以低成本为出发点来制定和修改企业政策。

丰田公司所遵循的一大原则是"杜绝一切形式的浪费，降低成本"。在该原则的指导下，员工会对每一项价值活动的成本行为进行评估与改善。比如，技术人员不仅考虑技术的可行性，而且会考虑技术开发成果能否促进低成本工艺、低成本产品设计、低成本生产线的获得；生产人员不仅保证生产任务的及时完成，而且会努力避免生产过快，以减少过量生产造成的在制品积压；质检人员不仅严把质量关，而且会思考用统计抽样检验取代全数检验，以便降低检验成本。

（9）地理位置的控制。价值活动发生的位置，以及企业与供方和买方的相对地理位置，通常对诸如工作效率、后勤效率和货源供应效率等具有显著的影响。活动的最佳地点，并非一成不变，而是因内外环境的影响而不断变化。控制地理位置，即是使上述位置最优化。

丰田公司为适应多品种、小批量、均衡化的生产方式，对设备进行了合理布置。传统的设备布置方式是"机群式"，即把功能相同的机器设备集中布置在一起，如车床群、铣床群、磨床群等。这种布置方式的缺陷是，零件制品的流经路线长、流动速度慢、在制品量多、用人多，且不便于小批量运输。丰田采用"U型单元式"布置方式，即按零件的加工工艺要求，把功能不同的机器设备集中布置在一起，组成一个个小的加工单元。"U型单元式"布置方式简化缩短了物流路线，加快了物流速度，减少了工序间的不必要在制品储量，降低了运输成本。

（10）国家政策与法规的控制。企业在国家政策与法规面前，并非完全被动地接受，企业完全可以对其施加积极的影响。从一定意义上讲，国家政策与法规也属于可控因素。美国的枪支泛滥已成为一大公害，控制枪支的生产与销售是民心所向，但美国国会却迟迟无法通过该类法案，可见军火生产商对美国国家法规的强大控制力。

### 9.3.3 成本领先战略的风险

在与竞争对手对抗的过程中，企业只能依赖两种途径来获取竞争优势：一是低成本，二是差别化。因此，成本领先战略的风险也体现在两个方面：一是企业的成本领先地位丧失，二是企业的成本优势难以弥补差别化劣势。

**1. 丧失成本领先地位**

实行成本领先地位的企业面临最大的挑战是必须始终保持产业内最低的成本地位，而要做到这一点，比获得成本领先地位更加困难。

1）技术上的变化可能将过去用于低成本的投资与积累的经验相抵消

处于成本领先地位的企业，通常拥有相对先进与完善的技术体系。其竞争对手深知，基于现有的技术体系来开展竞争，难以取得突破性进展。所以，他们会千方百计地寻求以新的技术体系来取代旧的技术体系。一旦某产业的技术体系发生质变或部分质变，原有领先企业在技术领域的投资与努力将大大贬值，成本优势也将不复存在。同时，这种投入成本对企业在退出行业经营时，会形成较高的退出壁垒，表现在过于专一化和适应性差等方面，影响企业经营决策的自主性和自由度。如美国的德克萨斯仪器公司，率先开发并采用半导体技术，用晶体管代替电子管，极大地动摇了通用电器公司在电子领域的领先地位。20世纪80年代以来，产品技术更新的周期越来越短，奉行成本领先战略的企业正在面临日益严峻的考验。

2）成本降低的空间日渐狭小

企业要想维持成本领先，必须不断降低成本以保持对竞争对手的成本优势。但随着技术与产业的成熟，企业降低成本的空间及幅度日渐狭小。随着竞争对手标杆管理的实施，企业之间在技术水平与管理水平方面的差距逐渐缩小，企业成本优势的维持将日渐困难。

3）形成成本和价值之间的冲突

低成本的实施不应以减少或损害顾客价值为前提。如果企业过分地追求低成本，降低了产品和服务质量，会影响顾客的需求，结果会适得其反。企业若是太集中于成本的降低，太热衷于追求低成本，就会使产品或服务太"单一"而无法吸引顾客。低成本供应商的产品必须包含足够的属性以吸引预期的购买者。低成本实质上是价值前提下的低成本。

2．成本优势难以弥补差别化劣势

在市场上，成本领先企业的优势最终表现为价格优势，而其劣势就是产品缺乏个性，当企业产品的价格优势无法弥补其差别化劣势时，企业将市场优势拱手让与实施差别化战略的企业。导致企业差别化劣势过分突出的原因，既可来自企业内部经营不善，也可来自外部市场环境的变化。

1）过度关注企业内部经营效率的提高，忽视消费者的需求和偏好

产品立足于市场的前提是能满足顾客的某些需求。一旦产品无法满足顾客需求，价格的高低就失去了意义。由于实施成本领先战略，高层管理人员和营销人员可能将注意力过多集中在成本的控制上，以致无法看到消费者选择偏好的变化。因此，企业在坚持提高内部经营效率的同时，应始终贯彻顾客导向，坚持对顾客需求的研究与迎合。

2）市场需求发生不利于低成本企业的显著变化

在顾客消费需求发生很大转变的情况下，即使企业仍然能够保持产品的价格优势，由于已无法满足顾客需求，原有的市场也将被实施差别化战略的企业所占领。福特公司出产的黑色T型轿车，由于成功地实施了成本领先战略，曾经在美国风靡一时。但随着消费者收入与购买力的提高，许多高收入家庭开始购买第二辆、第三辆汽车，市场开始偏爱个性突出、风格新颖、质量优良的汽车，顾客愿意为此支付较高的价格。福特汽车公司由于没能及时调整战略，很快丧失了市场主导地位。

此外，实施成本领先战略还存在着其他风险。如为降低成本而采用的大规模生产技术和设备过于专一化，在动态环境下，大的工厂和企业往往比小企业更难适应需求的波动、产品结构和技术的变化；当大企业和工厂通过大规模生产来降低成本时，人员的激励和部门之间的合作问题往往成为重要的制约因素；忽视能形成长期竞争优势的其他战略选择。随着商业环境的日益动荡，企业在实施成本领先战略时，应综合考虑多种因素，找到适合本企业并适应市场需求变化的发展策略。

**特别提示**

从根本上看，采用基本战略的风险有两种：首先未能形成或未能保持这种战略；其次既定战略带来的战略优势的价值会随着产业演变而发生变化。

### 9.3.4 实行成本领先战略时应注意的问题

成本领先战略可以给企业带来巨大的竞争优势，但是如果措施不当，会给企业带来适得其反的效果。在实行成本领先战略时，我们常常需要注意下面一些错误的导向。

1. 重视生产成本而忽视其他

成本的降低使人首先联想到的就是生产成本的降低,但是成本领先战略要求的是总成本降低,生产成本只是总成本的一部分,在某些企业甚至只占比例很少的一部分。因此,企业在降低生产成本的同时,还需要考虑产品的整个成本链,这往往成为成本降低的重要步骤。

2. 因为降低成本而忽视产品的质量

产品的质量是企业信誉的保证,是企业的生命。因此,企业的成本降低不能以产品质量的降低为代价。比如,不能为了降低成本而采用低质的原材料,不能为了降低人工成本而雇佣技能不合格的工人。

3. 低成本与产品特色的取舍

如果企业的产品在顾客面前表现为具有特色的产品,那么在实行成本领先战略时就必须充分考虑这一点。在某些时候,成本的降低可能会影响产品的某些特色,进而会影响到企业产品的销售量,对企业产品的竞争力产生负面影响。降低成本还是让产品保持特色,这是需要仔细权衡的。

## 本 章 小 结

成本领先战略,又称低成本战略,是指企业为了在竞争中居于有利地位,通过在内部加强成本控制,在研发、生产、销售、服务和广告等领域把成本降到最低限度,使自己在激烈的竞争中保持优势,成为产业中的成本领先者的战略。成本领先战略的战略逻辑一是要求企业成为产业内真正的成本领先者,而不仅仅是若干领先企业之一;二是要求企业较竞争者有明显的成本优势,而不只是微小的领先。成本领先战略的价值主要包括经济价值和对五种竞争力量的抵御作用。

成本领先战略的优势主要有设置进入障碍,降低替代品的威胁,增强企业的讨价还价能力,保持企业的领先地位。企业的成本优势的主要来源主要包括与经营规模有关的成本优势来源,与经营规模或经验积累无关的成本优势来源,与交易组织有关的成本优势来源。

企业在考虑能否选择实施成本领先战略时,一般要考虑企业内部与外部两方面条件。企业实现成本领先的主要途径有两条:一是重组价值链,企业可以采用一种与众不同而且更有效的方法来设计、生产、销售产品;二是控制价值活动的成本行为,企业可以在总成本中占有很大比例的价值活动的成本驱动因素方面获得成本优势。成本驱动因素共有十类:规模经济、学习、产出能力利用模式、活动之间的联系、同其他经营单位的联系、纵向联合程度、时机选择、企业内部政策、地理位置、国家政策法规。成本领先战略的风险体现在两个方面:一是企业的成本领先地位丧失,二是企业的成本优势难以弥补差别化劣势。

# 复习思考题

## 1. 选择题

（1）企业通过有效途径降低成本，使企业的全部成本低于竞争对手的成本，甚至在同行业中是最低的成本，从而获取竞争优势的战略是：（  ）。

A. 成本领先战略　　B. 营销战略　　C. 竞争优势战略　　D. 差异化战略

（2）战略目标的基本目标是（  ）。

A. 市场目标　　B. 利润目标　　C. 竞争目标　　D. 产品目标

（3）企业竞争优势的根基是（  ）。

A. 财务能力　　B. 核心竞争力　　C. 营销能力　　D. 科技能力

（4）一般而言，当前以下哪种产品比较适合采用成本领先战略。（  ）

A. 日光灯　　B. 汽车　　C. 手机　　D. 面包

（5）甲企业是国内一家电生产企业，在国内家电市场趋于饱和的情况下，开始向周边的东南亚国家市场扩张，经过市场调研，发现这些国家存在如下情况：目标市场具有较大的需求空间或增长潜力，存在大量的价格敏感用户，这些消费者对品牌并不是很关注，但很多国际家电企业都已经注意到了这个市场，竞争开始加剧。根据以上信息，请判断甲企业最适合的战略是（  ）。

A. 成本领先战略　　B. 集中化战略　　C. 差异化战略　　D. 多元化战略

## 2. 填空题

（1）波特的五种竞争力量模型中的五种力量分别为_____、_____、_____、_____、_____。

（2）波特认为企业获得竞争优势来源于_____、_____、_____三种基本战略。

（3）成本优势的构成主要包括_____、_____。

（4）提高价值链效率的两种途径分别是_____、_____。

（5）成本领先战略的风险体现在_____、_____两个方面。

## 3. 判断题

（1）企业核心能力是指只能由企业中少数人掌握的机密知识和技能。（  ）

（2）成本领先企业的利润率一般较低。（  ）

（3）成本领先战略就是薄利多销战略。（  ）

（4）成本领先战略的优点之一在于，即使外界技术变化，也不会导致风险。（  ）

（5）如果一个产业的进入壁垒比较低，对产业的现有企业的威胁就越小。（  ）

（6）价值链分析的重点在于经营资源活动分析。（  ）

（7）产品进入成熟期后，产量的增长速度下降，各企业还要保持其自身增长率就必须降价。从而使产业内企业竞争加剧。（  ）

## 4. 问答题

（1）试述成本领先战略的概念及其价值。

（2）成本领先战略的竞争抵御作用体现在哪几个方面？

（3）如何建立可持续的竞争优势？

（4）价值链原理在成本领先战略的选择与实施是如何应用的？

(5) 在实施成本领先战略中，会面临哪些风险？如何更好地规避？
(6) 实施成本领先战略应注意哪些问题？

# 战 略 训 练

### 1. 案例研究

## 沃尔玛的成本领先战略

沃尔玛百货有限公司由美国零售业的传奇人物山姆·沃尔顿于1962年在阿肯色州成立。经过四十余年的发展，沃尔玛已成为美国最大的私人雇主和世界上最大的连锁零售商。2002年沃尔玛全球营业收入高达2198.12亿美元，荣登世界500强企业的冠军宝座。目前，沃尔玛在全球15个国家开设了超过8000家商场，下设53个品牌，员工总数210多万人，每周光临沃尔玛的顾客2亿人次。连续三年在美国《财富》杂志全球500强企业中居首。沃尔玛在全球多个国家被评为"最受赞赏的企业"和"最适合工作的企业"之一。沃尔玛何以从一家小型零售店，发展成为全球第一零售品牌？山姆·沃尔顿一语道破——我们为每一位顾客降低生活开支。我们要给世界一个机会，来看一看通过节约的方式改善所有人的生活是个什么样子。也就是说始终如一的坚持成本领先战略，是沃尔玛取胜的法宝。沃尔玛的经营策略是"天天平价，始终如一"，即所有商品、在所有地区、常年以最低价格销售。为做到这点，沃尔玛在采购、存货、销售和运输等各个商品流通环节，采取各种措施将流通成本降至行业最低，把商品价格保持在最低价格线上。沃尔玛降低成本的具体举措如下所述。

第一，将物流循环链条作为成本领先战略实施的载体

1. 直接向工厂统一购货和协助供应商减低成本，以降低购货成本。沃尔玛采取直接购货、统一购货和协助供应商降低成本三者结合的方式，实现了完整的全球化适销品类的大批量采购，形成了低成本采购优势。

(1) 直接向工厂购货。零售市场的很多企业为规避经营风险而采取代销的经营方式，沃尔玛却实施直接买断购货，并对货款结算采取固定时间、决不拖延的做法(沃尔玛的平均"应付期"为29天，竞争对手凯玛特则需45天)。这种购货方式虽然要冒一定的风险，却能保护供应商的利益，这大大激发了供应商与沃尔玛建立业务的积极性，赢取了供应商的信赖，保证沃尔玛能以最优惠的价格进货，大大降低了购货成本。据沃尔玛自己统计，实行向生产厂家直接购货的策略使采购成本降低了2%～6%。

(2) 统一购货。沃尔玛采取中央采购制度，尽量由总部实行统一进货，特别是那些在全球范围内销售的高知名度商品，如可口可乐等，沃尔玛一般对1年销售的商品一次性地签订采购合同。由于数量巨大，沃尔玛获得的价格优惠远远高于同行。

(3) 协助供应商减低产品成本。沃尔玛通过强制供应商实现最低成本来提高收益率，如对供应商的劳动力成本、生产场所、存货控制及管理工作进行质询和记录，迫使其进行流程再造和提高价格性能比，使供应商同沃尔玛共同致力于降低产品成本及供应链的运作成本。

2. 建立高效运转的物流配送中心，保持低成本存货。

为解决各店铺分散订货、存货及补货所带来的高昂的库存成本代价，沃尔玛采取建立配送中心、由配送中心集中配送商品的方式。为提高效率，配送中心内部实行完全自动化，所有货物都在激光传送带上运入和运出，平均每个配送中心可同时为30辆卡车装货，可为送货的供应商提供135个车位。配送中心的高效运转使得商品在配送中心的时间很短，一般不会超过48小时。通过建立配送中心，沃尔玛大大提高了库存周转率，缩短了商品储存时间，避免了公司在正常库存条件下由各店铺设置仓库所付出的较高成本。在沃尔玛各店铺销售的商品中，87%左右的商品由配送中心提供，库存成本比正常情况下降低50%。

## 企业战略  管理

**3. 建立自有车队，有效地降低运输成本。**

运输环节是整个物流链条中最昂贵的部分，沃尔玛采取了自建车队的方法，并辅之全球定位的高技术管理手段，保证车队处在一种准确、高效、快速、满负荷的状态。这一方面减少了不可控的、成本较高的中间环节和车辆供应商对运输环节的中间盘剥；另一方面保证了沃尔玛对配送中与各店铺之间的运输掌握主控权，将货等车、店等货等现象控制在最低限度，保证配送中心发货与各店铺收货的平滑、无重叠衔接，把流通成本控制在最低限度。

第二，利用发达的高技术信息处理系统作为战略实施的基本保障

沃尔玛的高科技信息处理系统不仅包括发达的计算机网络体系，还包括全美最大的私人卫星通讯系统和世界上最大的民用数据库。沃尔玛所有店铺、配送中心的购销调存以及运输车队的详细信息，都可以通过与计算机相连的通信卫星传送到总部的数据中心，数据中心为沃尔玛各店铺、配送中心、供应商和车队进行通讯联系和信息交流提供了便利。

在先进的高科技信息处理系统的支持下，各店铺、配送中心、供应商和运输车队利用空中信息轨道及时联络，使快速移动的物流循环链条上的各个点实现了光滑、平稳、顺畅的低成本衔接。沃尔玛的分销成本因此降至销售额的3%以下，流通费用比竞争对手降低60%以上；另外，资金周转速度也得到大幅度提高。有人做过统计，当沃尔玛店铺数达到一定规模时，其信息处理系统和计算机网络辅助的成本管理，可提高月平均资金周转次数5~6次，使其平均利润提高一到两个百分点。

第三，对日常经费进行严格控制

沃尔玛对于行政费用的控制非常严格。在行业平均水平为5%的情况下，沃尔玛整个公司的管理费用仅占销售额的2%，这2%的销售额用于支付公司所有的采购费用、一般管理成本、上至董事长下至普通员工的工资。为维持低成本的日常管理，沃尔玛在各个细小的环节上都实施节俭措施，如办公室不置昂贵的办公用品和豪华装饰、店铺装修尽量简洁、商品采用大包装、减少广告开支、鼓励员工为节省开支出谋划策等。另外，沃尔玛的高层管理人员也一贯保持节俭作风，即使是总裁也不例外。首任总裁萨姆与公司的经理们出差，经常几人同住一间房，平时开一辆二手车，坐飞机也只坐经济舱。沃尔玛一直想方设法从各个方面将费用支出与经营收入比率保持在行业最低水平，使其在日常管理方面获得竞争对手无法抗衡的低成本管理优势。

（资料来源：沃尔玛成本领先战略的实施对中国零售业的启示 http：//www.studa.net/chengben/090514/16473564.html）

问题：

(1) 思考沃尔玛为什么要实行成本领先战略？
(2) 沃尔玛是从哪些方面着手来降低成本的？
(3) 面对大型连锁超市的日益兴起，沃尔玛的成本领先地位会不会动摇？你有哪些建议？

**2. 文献查询作业**

根据你所掌握的资料，找出一家实施成本领先战略的公司，分析其实施的原因、优势以及途径，在实施中又会面临哪些劣势或风险，并给出你的建议。

**3. 小组学习与讨论**

将全班分为5~6人的小组，推举一名组员作为小组发言人。

假定你们是一家刚成立的小型食品公司，面对市场上琳琅满目的食品，如何在保持自己产品特色的情况下尽可能地降低成本，在市场上站稳脚跟，获得持续发展。请设计出一个降低成本的方案，介绍具体措施和实施方法。同时，要考虑可能面临的风险和威胁，制定一个适宜的成本领先发展战略。

## 第9章 成本领先战略

**4. 阅读材料**

如下内容节选自迈克尔·波特的《成本领先的误区》，中外管理，2003年第2期。

# 成本领先的误区

**当今的管理法则只对了一半**

近20年来，经理人不断学习的各种规则与理念层出不穷，比如：企业必须保持弹性，迅速回应竞争与市场变迁；持续标杆学习以达到最佳表现；积极采取外包方式以达到更佳的效率；为了要在竞争中维持领先地位，企业必须培养自己的核心能力，等等。

以上这些想法是对的，但只对了一半。其原因在于：随着管制放宽与市场的全球化，有些竞争障碍已经不复存在；定位曾一度是策略的核心，现今则因为过于静态，不再适合今天生气蓬勃的市场与快速变迁的技术，遭到扬弃；根据新的交战守则，竞争者能迅速模仿任何市场定位，定位所形成的竞争优势充其量只是暂时性的事。

许多产业出现所谓的超竞争，其实是企业的自我伤害，甚至走上相互毁灭的竞争道路，但它并不是竞争变迁之下无可避免的后果。

**效率与策略的差异正日益混乱**

问题就出在人们将作业效益（operational effectiveness，OE）与策略混为一谈。企业为了追求生产力、品质和速度，而孕育出许多著名的管理工具与技术，虽然改善操作方式的结果通常很惊人，许多企业却因无法把这些进展转换成持续的获利能力而沮丧。

企业的主要目标是达成良好的绩效，而作业效益和策略则是达成优良绩效的重要组成部分。问题是，效益与策略的运作方式并不相同。

企业能在竞争者中脱颖而出，前提是它能建立并持续与竞争者之间的差异。它必须给客户更高的价值，或以更低的成本创造相当的价值，或两者兼备。卓越获利能力的算法是：提供商品更好的价值，让企业可以要求更高的产品单价，或更高的效率可导致更低的平均单位成本。

企业在成本或价格上所有差异，都是源自数百项活动的最后结果。这些活动都是为了开发、生产、销售和运送产品或服务，能否取得成本优势，就看企业在特定活动上是否能比竞争对手表现得更有效率。同样，差异性来自企业选择哪些活动，以及如何进行这些活动。

因此，作业效益意味着，任何能让企业更充分利用资源的作业，使之在进行相似活动时，效益比竞争者来得更佳。反过来说，策略性定位意味着，企业执行不同于竞争者的活动，或是以不同的方式执行类似的活动。

**作业效益正在成为桎梏**

作业效益的差异，是竞争中决定获利程度的重要因素，因为它们直接影响到企业的相对成本地位和差异化的程度。

这里要涉及一个概念——生产力疆界。试着去想象一个能在任何时间，提供所有最佳表现的生产力疆界（productivity frontier），把这个区域当成是企业在既定成本下，运用最佳的科技、技能、管理技巧和原料，提供某项产品或服务所能创造的最大价值。生产力疆界的概念可以应用在个别活动，也能用在如订货流程和制造等一连串配套的活动，乃至于全公司的活动。当企业改善作业效益，它就向着该区域移动。向生产力疆界进军，需要资本投资、不同的员工特质，或只需要新的管理方式。

整个20世纪80年代，日本企业挑战西方企业的核心手腕，就是作业效益上的差异。这段期间，日本人之所以能领先竞争，在于他们提供了品质更佳、成本更低的产品。这一点非常值得注意，因为当前有关竞争的思维，很多都是以此为基础的。

生产力疆界在有新技术和新管理方法或新材料问世后，整个区域会向外推移。互联网重新定义了销售作业上的生产力疆界,创造出将销售与订货流程、售后服务支援等活动之间更丰富的关联性。同样,涉及整个活动的精简生产,也使得制造上的生产力和资产的使用率获得实质的改善。

至少在过去10年间,经理人满脑子都在思考如何改善作业效益。通过类似全面品管、时间竞争、标杆学习等计划,经理人改变活动的表现方式,以淘汰没有效率的部分,改善客户满意度,并达到最佳表现。为了不落在生产力疆界的变动之后,经理人又在持续改善、授权、变革管理和所谓的学习型组织。

**作业效益不可能带来持久的获利**

作业效益上经常性的改进,是达到卓越获利能力的必要条件,但通常并非充分条件。很少有企业能长期以作业效益为基础,而在竞争上大获成功,即使要维持领先竞争对手,都变得愈来愈难。最明显的理由是,最佳务实的做法会快速扩散。竞争者很快就能模仿到相同的管理技巧、新技术、改善材料,以及以更卓越的方式满足客户需求。最一般性的解决方案,也就是那些能运用在多种状况的方法,扩散的速度也最快。由于管理顾问支持这些观点,作业效益的工具更是一路繁衍,百家争鸣。

当作业效益的竞争使得生产力疆界向外推移时,每家厂商面对的问题都是一样的。尽管这种竞争作业效益造成相当大的改善,但也导致无人能有特别突出的表现。就以美国年产值50亿美元以上的商用印刷机产业为例:主要厂商如唐纳利父子公司(R. R Donnelley & Sons Company)、戈贝可企业(Quebecor)、全球彩色印刷公司(World Color Press)和大花印刷企业(Big Flower Press)等,莫不积极竞争,为各类型顾客提供相同形式的印刷技术,大量投资于相同的设备,使印刷速度愈来愈快,但厂商本身并未因此获得更高的获利率。即使这一产业的龙头唐纳利父子公司,20世纪80年代持续维持在7%以上的获利率,到1995年时,却降至不到4.6%。这种现象从一个产业蔓延到另一个产业。即使此种新竞争形态的先驱者,同样受困于持续的低获利。

**作业效益将走向共同毁灭**

单凭以作业效益为基础所形成的竞争,彼此会相互毁灭,而且所导致的耗损战,只有在限制竞争的情况下才能终止。

近年来盛行以合并进行产业整合,从作业效益的竞争观点来看,自然有其道理。但缺少策略的愿景,一味受到绩效压力的驱使,使各企业除了一家接着一家买下竞争对手外,似乎没有更好的点子。然而,能留在市场上的竞争者,往往是那些力图比其他业者在市场中生存更久,而非拥有明显优势的企业。

经过10年在作业效益上的长足进步,许多企业如今都面临着利润下降。持续改善的观念已经烙印在经理人的脑海中,但是所用的工具不知不觉将企业引导到模仿和同质性高的道路上。逐渐地,经理人让作业效益取代了策略。结果造成价格无法提升甚至下降,以及成本的压力,而牺牲了企业长期投资的能力。

# 参 考 文 献

[1] 孟卫东,张卫国,龙勇. 战略管理:创建持续竞争优势. 北京:科学出版社,2004.91—102

[2] 陈继祥,王家宝. 企业战略管理. 北京:清华大学出版社,北京交通大学出版社,2010.198—199

[3] 何彪. 企业战略管理. 武汉:华中科技大学出版社,2008.152—161

[4] 任淑美. 战略管理. 北京:经济管理出版社,2004.98—108

[5] 黄越,王培华. 基于成本领先战略的企业成本持续改进分析. 财会月刊,2004.21—22

# 第 10 章 差异化战略

## 教学要求

通过本章的学习，了解产品差异化战略的内涵与价值，掌握产品差异化战略的驱动因素、持续竞争优势、战略实施适用条件、实施途径、与成本领先战略的耦合等要点。

> 企业成功的关键在于认清哪些特色能使自己免于竞争。你必须强调这些特色，经常重申重要性，绝不能让它稀释淡化。
>
> ——罗蒂克·安妮塔

**基本概念**

产品差异　差异化战略　产品差异化　市场细分　价值链　产品质量　产品可靠性　产品创新　风险　持续竞争优势

**导入案例**

### 屈臣氏(中国)的辉煌

屈臣氏是现阶段亚洲地区最具规模的个人护理用品连锁店，是目前全球最大的保健及美容产品零售商和香水及化妆品零售商之一。屈臣氏在"个人立体养护和护理用品"领域，不仅聚集了众多世界顶级品牌，而且还自己开发生产了1300余种自有品牌。目前其在亚洲以及欧洲的36个市场、1800个城市共拥有18个零售品牌，超过7700间零售店铺，每星期在为全球超过2500万人提供着个人护理用品服务。2009年屈臣氏(中国)在中国开店首超500家之际被评选为中国十大商业大事之一。通过18年的努力屈臣氏成为现阶段中国本土美妆和个人护理用品连锁店领域的第一品牌。屈臣氏的成功是零售业开展差异化竞争战略的集中体现。产品差异化、人员差异化、服务差异化、渠道差异化以及形象差异化等途径的实施是屈臣氏成功的根本原因。

屈臣氏在华发展过程中，产品定位清晰，善于锁定目标客户群。纵向截取目标消费群中的一部分优质客户，横向做精、做细、做全目标客户市场。屈臣氏倡导"健康、美态、欢乐"经营理念，锁定18～35岁的年轻女性消费群，专注于个人护理与保健品的经营。其独特的产品组合，赢得顾客青睐。在屈臣氏销售的产品中，药品占15%，化妆品及护肤用品占35%，个人护理品占30%，剩余的20%是食品、美容产品以及衣饰品等,但是这种产品比例并不意味着屈臣氏每个店里所售卖的产品都大同小异。根据不同的地段,安排店内的摆设和产品的布局,尽量符合当地顾客的习惯和需求。在优雅的购物环境中,消费者不仅可以轻易见证高质低价的承诺,更能从其独一无二的产品组合中,体验屈臣氏独家提供的与世界同步的购物惊喜。其中,丰富的促销产品组合更是让人爱不释手。屈臣氏通过自有品牌的推广,增强其核心竞争力,使其成为差异化战略的有效途径。用屈臣氏的标准与品牌冠名大量商品,货品价格得以降低,屈臣氏店内的大多数商品都是赫赫有名的,因为他们都贴着一个共同的著名品牌标签——"屈臣氏"。目前屈臣氏拥有1300多种自有品牌,单品种类齐全,包括蒸馏水、沐浴露、洗发水等一系列个人护理产品。

屈臣氏产品的差异化还体现在其越来越多的独家商品和品牌。随着门店数量及规模的发展,屈臣氏在采购过程中提升了同供应商和品牌商的议价能力。宝洁、美宝莲、雅芳等品牌均在店内都设有专柜。以统一的标准不断冠名其他企业加盟,屈臣氏从一个终端零售商变成了一个产品直营商,其核心竞争力得以大大增强。掌握了雄厚的上游生产资源,屈臣氏将终端消费市场的信息第一时间反馈给上游生产企业,进而不断调整商品。因此其从商品原料选择到包装、容量直至定价,每个环节几乎都可以最大限度从消费者的需求出发,故所提供的商品就像为目标顾客群量身定制一般。哪怕是一瓶蒸馏水,不论是造型还是颜色,都可以看出屈臣氏的与众不同,无形之中提升了顾客的品牌忠诚度。

屈臣氏从产品价值、企业形象、营销策略三大方向的差异化战略的实施,建立了持续的竞争优势,取得了显著的成效,为零售业的发展带来很大启发。

(资料来源:晋军刚.屈臣氏的差异化竞争战略[J].出国与就业,2011.6)

案例点评:

屈臣氏的成功是零售业开展差异化竞争战略的集中体现。产品差异化、人员差异化、服务差异化、渠道差异化以及形象差异化等途径的实施是屈臣氏成功的根本原因。实施差异化竞争战略,可以最大限度地满足消费者的需求,提升顾客的品牌忠诚度。

## 10.1 产品差异化战略的内涵与价值

### 10.1.1 产品差异化战略的内涵

#### 1. 一般定义

所谓差异化战略,又称标新立异战略,是指企业向顾客提供的产品和服务在行业范围内独具特色,这种特色可以给产品带来额外的加价,如果一个企业的产品或服务的溢出价格超过因其独特性所增加的成本,那么,拥有这种差异化的企业将取得竞争优势。

所谓产品差异,是指同一产业内不同企业生产的同类商品,由于质量、款式、性能、销售服务、信息提供和消费者偏好等方面存在着差异,从而导致产品之间替代不完全的状况。进一步说,产品差异是企业主要的竞争手段之一,也是一种非价格壁垒。产品差异分为水平差异、垂直差异、服务差异、信息差异和策略性差异。通常把得到特定消费者强烈偏好的产品称为差异化产品,而把不具有这种消费者偏好的产品称为非差异化产品。

# 第10章 差异化战略

所谓产品差异化战略是指自己提供的产品和服务与类似产品或者服务的对比中具有独特性,以产品或服务的与众不同的特征作为优势进行竞争的战略,企业采取不同的风格、独特的性征、卓越的服务、便捷的配件、超额的消费者声誉、优良的工程设计与实绩、非凡的质量、可靠的产品、优质的制造、领先的技术、便利的支付、完整的产品线、良好的企业形象等方式进行竞争。例如,在众多的鞋类企业品牌中,提起篮球鞋就会想到耐克,提起足球鞋就会想到阿迪达斯,提起帆布鞋就会想到匡威,这就是产品差异化反应。企业应该在满足顾客基本需要的前提下,率先推出具有较高价值和创新特征的产品,以独特个性的特点争取到有利的竞争优势地位。

## 2. 不同学者观点

美国战略大师迈克尔·波特的三大竞争战略的本质就是一种战略:差异化战略。他在《竞争优势》中指出差异化是指将公司提供的产品或服务标新立异,形成一些在全产业范围中具有独特性的东西,它是竞争优势中的一种。但是,不能仅仅因为它的独特,就说它是差异化,因为一个差异化的战略要能给企业带来具有进入壁垒的利益,一个差异化的产品要能给消费者提供其认可的价值的产品。并且只有当顾客认为一种产品是有价值的,有吸引力的,能满足其特定需求的,才会购买。

 **知识链接**

> 在 2005 年世界管理思想家 50 强排行榜上,迈克尔·波特位居第一。

差异化战略作为一种战略,应当寻求对环境的适应而存在。早在 20 世纪 60 年代初,美国著名管理学家钱德勒在《战略与结构:工业企业史的考证》一书中便提出了"企业经营战略应当适应环境、而组织结构又必须适应企业战略"的主要思想。战略与环境相适应得到了后来学者的普遍认同,它强调了战略决策所依据的环境是一种客观存在,理性的分析技术是基于环境的变量,战略的核心在于对环境的适应,战略能够使组织通过确定外部环境中的机会与威胁,获得组织与环境的协同与适应。

企业差异化战略的成功还在于自身不容易被竞争对手模仿。经济学家潘罗斯在 1959 年出版的《企业成长理论》一书中指出,管理资源是制约企业成长的瓶颈性因素,因此,企业间的差别是一直存在的。由于管理资源产生于团队的互动和通过互动积累的经验,是组织通过长期团队工作、试验、学习和演化而来的组织特殊技能,所以管理资源是在别处无法简单复制的。

 **知识链接**

> 安蒂斯·潘罗斯,约翰霍普金斯大学教授,于 1959 年发表《企业增长理论》一书,该书继承了熊彼特传统,从经济学角度通过研究企业内部动态活动来分析企业行为的经济学著作。潘罗斯提出了一个深刻的问题,在企业的本性中,是否存在着什么内在的力量既促进企业的增长而又必然限制着企业增长的速度?这个问题本身及其回答就是对新古典经济均衡论的颠覆。

潘罗斯的观点被后来的"基于资源"的能力观吸收。"基于资源"的能力观认为企业竞争优势的源泉来自于企业所控制的战略性资源。这种资源可能是经验基础上的企业家资

217

源、产品声誉类难以模仿的无形资产或隐默的知识等,带来持续竞争优势的生产要素是通过在一段时期里所选定时间路径的资产流量所积累起来的战略资产存量。资源具有内生性,有效竞争所必需的资产存量只能通过具有连续性的投资才能积累出来。核心能力理论对企业的启示是企业在实施差异化战略过程中,要努力培育出自身的核心竞争力,使得自身的差异化不会因为竞争对手的模仿或替代而变得"不差异"。

提斯等人将"基于资源"的能力观和演化经济学结合起来,提出了"动态能力"的观点。该理论强调了能力随时间变化的动态发展观。由于竞争优势会随时间的发展而被侵蚀掉,企业必须能够使它们的资源和能力随时间变化而改变,并且能利用新的市场机会来创造竞争优势的新源泉。提斯等用3P(过程、位势和路径)构建了动态能力战略分析框架。动态能力论表现出了一种动态的非均衡状态,认识到在一个变化无常的环境中,企业需要对能力持续不断地维护、培养和开发,从而实现企业持久的竞争优势。

### 3. 产品差异化与市场细分

产品差异化的成功往往取决于独特偏好的各细分市场对其所作的评价。市场细分具有两层相关但又不尽相同的含义:一,以消费者特征为基础的市场细分,如消费者的人口统计学信息,通常并不作为建立差异化优势的基础;二,根据竞争性产品的差异化所做的市场细分,即当顾客选择基于某种差异化变量区别开的产品时,这样的差异化变量就形成了细分市场。根据此种观点,市场细分并不仅仅依据消费者特征,也和产品选择的差异化变量密切相关。在实践中,差异化产品市场细分是上述两层含义的综述,因为只有这样才能使产品正确地适应潜在消费者需求。

有时候产品差异化能够创造一个全新的市场,即作为一种差异化变量最先对应的那部分市场已经逐渐成长为一个拥有自己竞争对手的全新市场,但与之相对应的是,产品差别化或价值的丧失也能够毁灭现存的市场,例如文字处理系统和小型计算机的发展毁灭了打字机的市场。

### 4. 产品差异化与价值链

产品差异化来源于企业进行的公众具体的活动及这些活动对消费者行为的影响方式,来源于企业价值链的任一环节。任何一个价值链上的活动都是一个潜在的独特来源,比如原材料的采购及其他方面的投入可以影响最终产品的性能和可能的差异化。例如,米其林公司在选择轮胎制造所用橡胶等级时比其他竞争对手更为严格。另外,许多成功的差异化企业也是通过其基本活动和辅助活动来创造独特性的。例如,技术开发活动能够推动独特性能的产品设计;生产经营活动会影响产品外观、规格的一致性和可靠性等方面;发货系统能够影响发货的速度和稳定性;销售活动也对产品差异化有一定的影响作用。

价值链中的任何一活动都可以为企业产品差异化的建设提供潜在贡献。即使产品是有形产品,一些活动也可以带来重大的差异化。同样,像维护或进度安排等间接活动也可以如同装配或者订单处理等直接活动一样对产品差异化做出贡献。即使是只占成本极小部分的价值活动也可能对产品差异化造成重大影响。

科学的产品差异化分析要求把一些活动再细分化,把看似无足轻重的其他活动综合利用,共同促进产品差异化,使其能够创造更多的价值。

# 第10章 差异化战略

5. 产品差异化战略的具体内容

1）产品质量的差异化战略

产品质量的差异化战略是指企业为向市场提供竞争对手不可比拟的高质量产品所采取的战略。产品质量优异，能产生较高的产品价值，进而提高销售收入，获得比对手更高的利润。例如，奔驰汽车，依靠其高质量的差异，售价比一般轿车高出近一倍，从而为公司创造了很高的投资收益。再如，海尔集团的海尔电冰箱，以高质量形象进入国际市场，开箱合格率达100%，从而建立起质量独特的形象，赢得国内外用户的信赖。产品质量差异化战略是日本企业占领国际市场的重要战略之一。20世纪50年代前，"日本货"是劣质货的代名词。20世纪50年代中期，日本企业引进美国质量管理专家，开始推行全面质量管理运动。20世纪70年代后，日本企业产品在全球市场上成为优质产品的象征。依靠优质的质量和卓越的市场营销，日本的手表、汽车、彩色电视机、录像机、半导体等产品先后占领了美国、西欧等国家消费市场。

2）产品可靠性的差异化战略

产品可靠性的差异化战略是与质量差异化相关的一种战略。其含义是，企业产品具有绝对的可靠性，甚至出现意外故障时，也不会丧失使用价值。美国坦德姆计算机公司开发了一种多部系列使用电子计算机系统，这种系统操作时，某一计算机发生故障，其余计算机立即可替代工作。该公司这种独特的产品可靠性在市场上影响很大，甚至连国际商用机器公司开发的操作系统都难适应。因此，公司将营销重点集中于那些使用计算机的大客户，如联网作业的金融机构、证券交易所、连锁商店等，满足了这些客户不愿因系统故障而停机的要求。

 知识链接

产品可靠性是指元件、产品、系统在一定时间内、在一定条件下无故障地执行指定功能的能力或可能性，可通过可靠度、失效率、平均无故障间隔时间来衡量产品可靠性。

3）产品创新的差异化战略

拥有雄厚研究开发实力的高技术企业，普遍采用以产品创新为主的差异化战略。这些企业拥有优秀的科技人才和执著创造的创新精神，同时建立了鼓励创新的组织体制和奖励制度，使技术创新和产品创新成为企业的自觉行动。如美国的国际商用机器公司，明尼苏达矿业制造公司，中国的联想集团、四通集团都以高科技为先导，为市场创造新颖、别致、适用、可靠、效率高的新产品，成为世人瞩目的高技术创新企业。实践证明，产品创新差异化战略，不仅可以保持企业在科技的领先地位，而且大大增加企业的竞争优势和获利能力。

4）产品特性的差异化战略

如果产品中具有顾客需要，而其他产品不具备的某些特性，就会产生别具一格的形象。因此，计算机公司可以在计算机中配置一种诊断性程序，以能自动测知故障来源，也可以包括一整套培训服务。有些产品特性的差异化已为广大顾客所共识，例如，在世界汽车市场上，奔驰轿车是优质、豪华、地位和高价格的象征，丰田汽车具有质量高、可靠性强、价格合理的特征。

产品差异化战略是企业广泛采用的一种战略。比如，生产出在性能、质量上优于市场现有水平的产品，或在销售上通过特色的促销活动、获得推销手段、良好的售后服务、在消费者心中树立起不同于竞争对手产品的良好形象。换句话说，差异化战略是指企业为了使产品与竞争对手有明显区别，形成与众不同的异质性而采用的一种战略，这种战略的核心是取得某种对顾客有价值的独特性。如果一个企业能够提供给顾客某种独特性的东西，那么它就把自己与竞争厂商区别开来了，这种区别使得该企业获得溢价，或者使其在一定价格下出售更多的产品，或者使顾客产生忠诚，这就是差别优势。如果该企业获得的溢价高于为了差别化而增加的成本，它就使公司获得较高的效益。差别优势可以来源于企业的价值链上的任何价值活动。

一个企业能否将其产品和服务差异化，与企业的产品特性有密切的联系。例如，汽车和餐馆比一些高度标准化的产品，如水泥等有更大的差异化潜力。一般说来，日用品在物理特性上存在较少的差异化机会，但即使在这种情况下，企业仍然可以通过良好的分销、库存控制、人员培训等突破产品特性对差异化的局限。从主观方面进行分析，差异化也是指超出竞争对手的部分，这体现在质量、服务、渠道或者满足消费者需求速度等方面，但是这些都是可以被模仿的。追本溯源，差异化最终来源于技术实力的高低。如果差异化战略成功地实施了，它就成为一个在产业中赢得高水平收益的积极战略，因为它建立起防御阵地对付外部竞争力量，虽然其防御的形式与其他业务层战略不同。

虽然企业可以通过各种方法实现产品和服务的差异化，但这并不意味着所有的差异化都能为顾客创造价值。差异化的目的是为了增加竞争力和盈利，因此，必须分析顾客需要哪种差异化，这种差异化所创造的价值是否超过它所增加的成本。企业必须研究顾客的需要和选择偏好是什么，并以此作为差异化的基础；研究目标市场细分，并尽量满足相应细分市场的个性化要求；购买者对差别化的喜好程度越高，这些顾客同企业的联系就越紧密，企业所获得竞争优势也越强。差异化战略并不是简单地追求形式上的特点与差异，它所关注的问题也是企业战略要解决的基本问题，即谁是企业的顾客，怎样才能创造价值，在满足顾客需求并盈利的同时，通过什么途径才能获取更大得竞争效率。

实现产品差异化有时会与争取占领更大的市场份额产生矛盾，即这一战略与提高市场份额两者不可兼顾。较为普遍的是，如果建立差异化的活动总是成本高昂，如广泛的研究、产品设计、高质量的材料或周密的顾客服务等，那么实现产品差异化将意味着以成本地位为代价。当企业实施差异化战略，并且采用与竞争对手相当的价格进行销售时，企业获得差异化优势和增加销售市场份额两者就可以兼顾。

由于差异化战略的目的在于创造产品或服务的独特性，因此，很难通过一种简单的标准程序和方法获得差异化优势，这并不意味着在追求差异化优势时科学的系统分析是无效。毫无疑问，为了保证差异化的有效性，必须注意两个方面：企业必须了解自己拥有的资源和能力，以其是否能创造出独特的产品；从需求的角度，必须深入了解顾客的需要和选择偏好。企业所能提供的独特性与顾客需要的吻合是取得差异化优势的基础和前提。

不管在何时，如果产品所获得的额外价格超过了为获得差异化而花费的成本，那么差别化就可以提高盈利能力。如果购买者由于对企业品牌的独特性赋予了价值期望但还去购买竞争对手的产品，或者如果一家企业的差别化方式易于被竞争对手所模仿或复制，那么企业的差别化战略就不会成功。

### 10.1.2 产品差异化战略的价值

1. 提高企业对供应商议价能力。

企业的产品差异化战略使得企业对配件等原材料的需求也具有差异性,提高了供应商对该企业需求的依赖性,增强了企业对供应商的讨价还价能力,进而节约企业的生产成本。

2. 削弱购买商议价能力。

企业通过产品差异化战略,使得购买商缺乏与之可比较的产品选择,降低了购买商对价格的敏感度。同时,通过产品差异化战略,使购买商具有较高的转换成本,使其依赖于该企业。

3. 提高企业利润水平

企业利用成本领先战略,可以极大的扩大市场,但是很难获得长期较高的资产收益率。企业运用产品差异化战略,可以获得消费者更多的对差异部分的较高估价,创造更多的产品价值,为企业带来更多的收益。

4. 形成强有力的产业进入障碍,提高企业竞争能力

企业利用产品差异化战略,可以提高产品的标准,对潜在企业进入该行业设置进入障碍。企业的产品差异性越大,则潜在竞争对手进入该行业的风险越高。

5. 提高顾客对企业的忠诚度

企业的成本优势可以在短期内获得市场优势,但是却不能让消费者保持对企业产品消费的良好忠诚度,因为顾客的消费偏好随时间、环境改变而改变。由于产品差异化战略促进顾客对该企业建立忠诚,使得替代品无法在产品性能上与之竞争。企业运用产品差异化战略,可以满足消费者的差异需求,提升消费者的满意度,提高顾客对企业的忠诚度,企业的产品差异性越高,则顾客忠诚度越高。

### 10.1.3 产品差异化战略的风险

1. 差异化形象无法保持

企业采用产品差异化战略,必须让消费者认可企业持续不断推动产品创新的市场形象。假如企业没有相继可持续产品开发投入和可持续实施产品差异化战略的举措,企业的短期产品差异化战略难以带来较好的效果。

2. 无价值的独特性

盲目地实施差异化战略,创造了微小的没有必要的差异化和独特性,不但不能给使用者带来方便,反而增加了麻烦,这种华而不实的差异化也不会为消费者所接受。

3. 过高的溢价,成本优势地位丧失

企业实施产品差异化战略,就是说企业可能需要更多的投入,包括科研开发投入和广

告宣传投入等方面，差异化产品要求在产品设计、原材料、生产过程方面都与一般产品有所不同。当差异性增加时，这些产品间的协调难度增大，企业的生产成本和营销成本会增加，则企业的产品价格优势地位将丧失。企业对产品的某一方面实施了差异化，但如果这种差异化太过夸张，以至于使消费者觉得承受不起，市场就不会认同这种差异化，那么企业就不能从这种差异化中获益，甚至会亏本。没有市场的差异化产品对企业来说是没有任何意义的。因此，企业提供的差异化一定要考虑市场容量和消费者的接受程度，不能提供与市场不相适应的差异化。

4. 产品差异化战略引起竞争对手模仿

企业实施产品差异化战略，如果获得了有效的市场优势，就容易导致竞争对手采取模仿的策略，从而使得企业产品与竞争对手产品的差异化减少。当产品发展到成熟期时，拥有技术实力的竞争对手很容易复制或者模仿，减少产品的差异。

5. 过度差异化，忽视了产品其他重要方面

企业实施产品差异化战略，可能引起竞争对手相互追求产品的差异化，导致产品出现过度差异化问题。产品过度差异化超出消费者的认知价值标准，消费者不愿意为企业过度的产品差异化买单，同时，企业仍然无法摆脱与竞争对手的价格竞争困扰；差异化战略实施过程中，企业的各个方面要相互配合，企业为产品增添某些有用特色的同时不能忽略产品的其他重要方面，否则会使差异化战略归于失败。因为产品某一方面的差异化虽然可以引起消费者的注意，但如果产品的其他主要方面存在缺陷，影响了产品效用，则差异化的效果就会被消费者所否定。20 世纪 80 年代苹果电脑被廉价的 IBM 电脑 PC 兼容机打败就是一个很好的例子。

6. 差异化混乱

混乱是由于产品差异化的主题过多造成，比如某企业宣传它的汽车具有其他竞争对手产品的一切优点：优质的发动机、低廉的能耗、便宜的价格、优秀的服务等。混乱也可能是由于产品差异化变化太快导致，比如某企业先是宣传它的洗发水具有去头屑的特性，很快又宣传能够营养头发，然后又变成令头发顺滑的特点，其结果是消费者对产品的印象混乱模糊。

7. 消费者对产品差异的需求下降

当消费者对产品特征的差别体会不明显时，他们会意识到这些产品差异无法为他们带来更大的价值效应，可能会发生消费者逐渐忽略产品差异，对实施产品差异化战略的企业带来较大风险。

8. 可能丧失部分消费者

如果采用成本领先战略的竞争对手故意压低产品价格，使其与实施产品差异化战略的企业的产品价格差距拉得很大。在这种情况下，消费者为了大量节省费用，会放弃实施产品差异化战略的企业所拥有的产品特征、服务和形象，转而选择价格低廉的产品。

9. 忽视对信号价值的需要

企业将产品差异化战略置于产品使用标准之上，有时会忽视信号价值的需要。价值信

号的存在是由于消费者不能完全识别或不愿意识别供应商之间的差异造成的。

10．只重视最终产品而忽视整个价值链

部分企业只从实物产品的角度看待差异化，而不能从价值链的其他部分发掘形成经营差异化的机会、降低其他方面的成本，不能长期取得差异化战略竞争优势。

**特别提示**

危机不仅带来麻烦，也蕴藏着无限商机。

## 10.2　产品差异化战略和持续竞争优势

### 10.2.1　产品差异化战略的驱动因素

1．政策选择

企业确定什么样的价值活动以及怎样实施这些活动，就是企业的政策选择，或者说是战略方向的选择。政策选择是一种差别化的最普遍的驱动因素。这些政策包括提供产品的特点、性能、提供的服务、决定实施某项活动的强度，决定在工作中人们行动的程序等政策。

2．价值链中的联系

产品差异性常常来自于价值链中的联系。差别化的宗旨之一是满足顾客的特殊需求，所以寻找可以满足消费者需求的因素是至关重要的。满足消费者的需要经常需要协调各种活动，如交货时间和方式不仅取决于发货系统，还和订单处理速度以及催促提货的电话频率有关。

3．与供应商的联系

企业向消费者提供满意的产品，需要供应商的协调和配合。比如，在供应原材料等基础配件方面，需要和满足消费者的需求结合起来。供应商提供给企业的材料是否具备差异性，是企业保持产品差异化的基础。

4．与销售渠道的联系

销售渠道的选择关系到产品的竞争力。企业与销售渠道的联系能够通过很多方式形成独特性。与销售渠道进行协调或者共同优化企业与销售渠道的分工，可以创造差异性。可以联合培养销售员工的技能或者可以联合进行各种特色营销，企业也可以开展与渠道商的联合营销。

5．时间性

企业实施产品差异化战略，需要时间来渐次形成。可以采取先发制人的产品开发和营销策略，树立企业自身的竞争性差异；同样，也可以采取后发制人的战略，在技术采用和产品生产方面，寻求最好的战略安排。例如，苹果公司推出 Mac mini 后，清华同方也推出一款极其相似的 I mini，但无论品牌、外观还是性能，Mac mini 在顾客心中都是独一无二的。这就是苹果先发制人取得了先机。

6. 位置

企业在营销渠道或生产基地安排方面，可能也具有差异性。比如，企业可以将营销渠道安排在最容易接近客户群体的位置，而竞争对手则难以获取这种最佳的地理位置。同样，将生产基地安排在一些消费者都认为具有较好的商业基础和经济比较发达的地区，消费者可能更依赖来自于大城市和经济发达地区的产品。

7. 相互关系

企业各个业务单位之间的相互关系越紧密，企业可产生的差异性就越明显。比如，各个业务单位在技术的融合、营销的整合和人员的集中，都可以给企业带来不同于竞争对手的差异性。例如，在欧洲，Sony 的掌上游戏机 PSP 往往与 Sony Ericsson 手机搭配，选购一定价格的手机会获赠游戏机，从而达到同时扩大两种产品影响的效果。

8. 学习和创新

企业学习可以加强企业在某些活动中的差异性，而模仿竞争对手可能使企业丧失自己的特色。强调对某些专有性知识和技术的学习，可以很好地强化企业的差异程度。比如，在惠普，企业鼓励员工进行学习和创新，企业为组织学习和个人学习提供便利，较早的实践了学习型组织，为企业创造了差别化收益。

9. 一体化

一个企业一体化的程度可以使之具有差异性。一体化形成的新的价值活动之所以能使企业独具差异性，在于企业能更有效的控制这些活动并使之与其他活动相互协调。一体化可能不仅包括供应商或销售渠道的活动，而且会使消费者参与进来。企业后向或者前向一体化，都可以让企业提供更完善的产品或服务给客户，这也是许多竞争对手没有办法提供的综合产品或服务，因而可以使得企业产品差异性更为明显。比如，苹果公司时刻以顾客需求为准则，把产品中存在的问题及时与顾客沟通，并尽快解决，打消了一些潜在顾客的顾虑。

10. 规模

企业规模大，可以提供更完善的产品系列，能够在营销网点安排和营销人员配备方面都具有分布面广、客户方便获取他们所需要的产品的特点。这也是很多规模较小的竞争对手无法获得的差异化，当然，规模过大，也可能使企业丧失对市场需求的敏感性。

11. 制度因素

企业治理制度，主要是指在产品开发和技术管理中，是否具备充分挖掘企业技术骨干的创新潜能，以及在营销管理中是否给予管理者一定的管理柔性的制度。这些制度可以为企业提供差异化的产品和服务提供制度保障。比如，微软为其员工提供了非常宽松的工作环境，员工可以带宠物上班，就是一种管理的柔性制度要求。

### 10.2.2 产品差异化战略的竞争优势

首先，由于差异化的产品和服务能够满足某些消费群体的特定需要，而这种差异化是其他竞争对手所不能提供的，因而消费者将对这些差异化产品产生品牌忠诚，并降低对价格的敏感性，他们不大可能转而购买其他的产品或服务。也就是说，产品差异化可以使企业缓冲竞争抗衡，降低需求波动的影响和其他品牌的冲击。

其次，差异化产品本身可以给企业带来较高的溢价，这种溢价不仅足以补偿因差异化所增加的成本，而且可以给企业带来较高的利润，从而使企业不必追求成本领先地位。产品的差异化程度越大，所具有的特性或功能越难以替代和模仿，顾客越愿意为这种差异化支付较高的费用，企业获得的产品差异化优势也就越大。

再次，如上所述，由于差异化产品和服务是其他竞争对手不能以同样的价格提供的，因而明显地削弱了顾客的讨价还价能力。很显然，由于消费者缺乏可比较的选择对象，因而不仅对价格的敏感性较低，而且更容易形成品牌忠诚，这是很多名特产品售价虽高却拥有稳定消费群体的重要原因。

最后，采用产品差异化战略的企业在应对替代品竞争时比其竞争对手处于更有利的地位。这同样是由于购买差异化产品的消费者对价格的敏感性较低，更注重品牌和形象，一般情况下不愿意接受替代品。而事实上，很多生产替代品的企业也总是选择那些对价格比较敏感的消费群体作为自己的目标市场。

另外，值得注意的是产品差异化战略的可持续的竞争优势与复制成本高低密切相关。产品的复制成本取决于产品差异化的基础。不同的产品差异化基础具有不同的竞争优势。具体见表10-1。

表10-1 产品差异化基础与复制成本

| | 产品差异化基础 | 复制成本来源 | | |
|---|---|---|---|---|
| | | 历史 | 不确定性 | 社会复杂性 |
| 可能的低成本复制 | 产品特性 | — | — | — |
| 可能的高成本复制 | 产品组合产品定制与其他企业的联系 | * | * | * |
| | | * | — | ** |
| | | — | ** | — |
| 通常的高成本复制 | 内部部门的联系服务销售渠道时机地理位置企业声誉 | * | * | ** |
| | | * | * | ** |
| | | ** | * | ** |
| | | *** | * | — |
| | | *** | — | — |
| | | *** | ** | *** |

a. *表示产品差异化基础的复制成本；
b. 复制成本与产品差异化竞争优势呈正相关；
c. —表示不相关。

### 10.2.3 获取持续竞争优势

 **知识链接**

持续竞争优势是 Dan Schendel 和 Charles Hofer 于 1978 年提出的观点，将持续竞争优势定义为创造的价值方面具有超越竞争对手的能力重构的动态过程；竞争优势不一定只反映在更高的利润率上，因为企业可能将当前利润进行了长远投资（能力及未来所需的资源），以获得能够长期为顾客创造价值的潜能。

采用产品差异化战略的企业获取持续竞争优势存在两种基础途径：一是在现有价值活动中寻找获取独特性的渠道；二是重构价值链，建立企业的差异化优势。具体来说，体现在以下几方面。

（1）产品的实际使用与使用目的紧密一致。确定消费者的实际消费意图，增加产品的便利性，为消费者提供培训。

（2）将产品与信息紧密联系可以产生差异性。对产品的工作、使用和维护进行有效说明，可以将产品的使用意向和实际利用统一起来。

（3）利用价值信号强化使用标准的差异性，企业可以利用产品推介和消费者体验获取企业产品价值不同于竞争对手的部分，强化消费者对企业产品价值的差异性消费。

（4）在价值链中增加独特性来源。在企业每个价值活动中都必须要认真审查，以便找到提高消费者买方价值的方法。

（5）将产品差异性成本作为竞争优势。企业开发产品的差异性，并不意味着企业必须付出额外成本。企业可以寻找很多具有较多差异性但是耗费并不大的渠道。比如，强化企业内部的联系与协调，加强与供应商和分销商的协调等，都可以增加企业产品的差异性。此外，改变企业产品组合的特征，并不需要改变产品的特征，也可以提高企业产品的差异性。

（6）控制成本驱动因素。一方面，减少对企业产品差异性战略的实施并不能带来较大效果的活动；另一方面，充分利用企业规模的分摊和业务单元之间的共享，在技术合作和融合、管理模式借用、品牌营造等方面，降低企业开发产品差异性特质而付出的成本。

（7）重构企业价值链。企业可以先分析消费者的买方价值链，然后将企业的价值链与买方价值链进行对接，以便更好地满足消费者的买方标准，从而提高消费者的满意度。企业还可以在生产工艺流程、供应链管理和销售管理中寻求满足买方价值链的工作程序。企业还可以开发以下几种渠道：新的分销渠道技术、新的生产技术、向前整合提高供应链管理水平、向后整合提高分销渠道的控制力和营销质量。

（8）改变销售规则，强化产品差异性。革新销售人员构建，将部分技术人员纳入销售队伍，改变媒体和广告诉求点，展示未被消费者和竞争对手关注的产品新标准。

 **特别提示**

可持续竞争的唯一优势来自于超过竞争对手的创新能力。

## 10.3 产品差异化战略的实施

### 10.3.1 产品差异化战略的适用条件

企业实施产品差异化战略必须具备下列内部、外部条件。

**1. 外部条件**

(1) 存在多个创造产品差异的途径。创造企业与竞争对手产品之间的差异有很多途径，并且这种差异被顾客认为是有价值的。企业可以利用这些手段不断创造不同于竞争对手产品的差异。

(2) 消费者需求的多样性。消费者对产品的需求和使用要求是多种多样的，即消费需求是有差异的。消费者如果对产品需求存在单一性，则企业创造差异性产品就失去了市场，从而给产品差异化战略的实施带来风险。

(3) 消费者收入具有较大的层次性。企业实施产品的差异化，意味着企业必须承担更多的生产成本，从而使产品相对于不存在差异化的产品具有更高的市场价格。企业实施产品差异化战略，其客户目标市场必须具备较高的收入水平。

(4) 竞争对手采用差异化战略的较少。采用类似产品差异化战略的竞争对手很少，即真正能够保证企业是"差异化"的。如果存在较多实施同样途径进行差异化的企业，则企业实施产品差异化战略的风险就会加大，因为竞争对手的类似差异化战略降低了企业差异化的竞争优势，从而使企业很难获取市场优势。

(5) 技术变革很快。当前的技术变革速度很快，为企业持续不断地应用新技术开发新产品提供了外部生产技术条件。

**2. 内部条件**

除上述外部条件之外，企业实施产品差异化战略还必须具备如下内部条件。

(1) 良好的产品质量或技术领先。企业实施产品差异化战略，除了具备外部条件之外，还需要具备良好的产品质量或技术领先的声誉，这种声誉可以依赖产品的持续创新和差异化形成，同时，产品差异化战略的实施也需要借助这种声誉，因为他们可以极大地提升客户对企业产品的忠诚度。

(2) 较强的研究开发能力。企业在产品开发和生产技术方面，必须具备较强的能力。企业研究人员要有创造性的眼光。企业应有借助国内外科研院所资源的能力。企业研发能力的大小是决定企业实施产品差异化战略成败的关键因素。

> **特别提示**
>
> 一个公司可能获得了差异化优势，但这种产品差异通常只能在某一个价格差范围内才能保持其优势地位。

(3) 吸取其他企业的技能并能自我创新。企业实施产品差异化战略，在实施差异化的方向方面，可以广泛地吸取竞争对手产品开发的优势，对竞争对手产品的优势进行集中整合，而且凸显企业自身的特色和优势。一方面，吸取其他企业的技能可以缩小企业产品与竞争对手的差异性；另一方面，自我创新可以提高企业产品的竞争性优势。

**特别提示**

不创新，就灭亡。

（4）较强的市场营销能力。消费者的收入差异性和偏好差异性，是企业实施产品差异化战略所需要考虑的重要基础条件。但是，企业要想得到消费者的认可和市场认同，还依赖于企业是否具备良好的营销能力。企业必须整合营销渠道，构建各种销售渠道强有力的合作体系。

（5）产品开发部门、生产部门和营销部门等内部部门之间具有较强的协调性，研究与开发、生产部门以及市场营销等职能部门之间要具有很强的协调性。企业实施产品差异化战略，必须依据市场的真实需求来作出相应的产品研发、生产部门必须依据产品开发的要求来改造生产工艺或引进生产技术，从而保证各个部门之间的协调性。

（6）吸引高级研究人员、创造型人才和高技能员工的激励制度。企业实施产品差异化战略，需要依靠高级技术人才、高级管理人才和高级技能员工。同时，企业需要借助具有竞争力的激励制度来吸引这些人才。

（7）组织结构要体现高效跨职能部门的协调和合作。企业组织结构要依据产品差异化战略需求，持续不断地进行组织结构创新，以适应企业产品差异化战略要求，保持不同产品的独立运作。

（8）企业要有内部控制的柔性管理体系。企业要鼓励创新，又从创新失败中获得学习的能力，奖励创新型人才，鼓励承担风险而不惩罚失败。

### 10.3.2 产品差异化战略的制定步骤

制定产品差异化战略必须遵循三条原则：产品必须贴近消费者，了解消费者的偏好；应用现代科学技术，应用于开发新产品，增加产品的高科技附加值；了解产品的发展趋势。这三条原则必须综合考虑，相辅相成，集中体现在产品差异化战略制定中。具体步骤如下所述。

1. 确定企业的目标消费群体

确定企业的消费群体特点，分析他们对产品需求的特征和消费承受能力。这里的"目标消费群体"不仅包括终端消费者，还包括产品分销商。

2. 确定消费群体的买方价值链及企业对他们的影响

企业对消费群体的买方价值链的影响将决定企业通过降价或者提高消费价值的行为。企业需要了解消费群体的买方价值链的内容，以及这种价值链的变化对消费者的影响。

3. 分析消费群体的买方标准

消费群体的消费价值，可以通过产品的使用标准和信号标准来确定。有些客户非常重视产品的使用性能和质量，以及产品消费的便利性等使用标准符号，如果这些可以很好地满足消费者使用标准,则消费群体的买方价值大。有些消费者不仅关注产品的使用标准,他们更在乎产品的信号标准,如产品的品牌价值。

4. 分析企业价值链活动中可以创造差异性的因素

企业在了解消费者买方标准以后,需要充分分析企业价值链活动中哪些因素可以满足消费群体的这些买方标准,特别要分析竞争对手的差异性来源,需要利用企业独特的创新,建立起不同于竞争对手的相对差异性。

**特别提示**

不要把所有的鸡蛋放在同一个篮子里。

5. 分析企业获取差异性的潜在成本

企业确定产品差异化战略,意味着企业可能需要付出比竞争对手更高的成本。短期看来,企业相对成本比较高昂;但从长期来看,企业分摊在单个产品上的成本会逐渐下降。

6. 确定买方价值的差异化成本最大差额的价值链活动

企业确定具体的产品差异化价值链活动的基础,就是要可以为消费者营造更高的消费价值。企业在认识到消费者的买方标准以后,利用特色的价值链活动,满足消费者的需求,特别是满足消费者不同于其他消费者的差异消费需求。产品差异化战略可能让企业承担了更多的成本,但是,如果可以让目标消费群体获得远超过产品成本的买方价值,则企业产品差异化战略相对成功了一半。

7. 确定企业是否具备持久性的差异性竞争优势

企业确定产品差异化战略,需要考虑竞争对手的相应反应。如果竞争对手采取模仿的方式,甚至实施超前的产品差异化战略,则可能对企业造成较大的威胁。企业必须具备实施持续性差异性战略的资源和机制。利用持续性差异化,可以更好地威慑竞争对手。利用学习曲线,还可以进一步降低差异化的成本。

8. 在保持企业的差异化前提下,尽量降低产品差异化的成本

企业力争清除对客户买方价值影响不大,但同时又耗费较多成本的活动。企业在追求产品差异化的前提下,需要进一步降低客户的购买成本,从而进一步提高消费者的满意度,提高以成本为导向的竞争对手的进入壁垒。

### 10.3.3 产品差异化战略的实施途径

企业实施差异化战略,要突出自己的产品或服务与竞争对手之间的差异性,主要有四种基本实施途径:产品、服务、人事与形象。具体的差异化战略变量见表 10-2。

产品差异化战略的实施途径:企业形成产品差异化的途径主要包括产品特征、工作性能、一致性、耐用性、可靠性、易修理性、式样和设计。

(1) 产品特征。产品特征是指对产品基本功能给予补充的特点。产品特征是企业实现产品差异化的极具竞争力的工具。企业可以通过增加新的特征来推出新的产品。

(2) 工作性能。工作性能是指产品首要特征的运行水平。如果联想笔记本电脑具有更快的处理速度，那么就要比惠普电脑的工作效率高，就更容易受到消费者的青睐。但是，这并不意味着产品的质量越高越能适应市场，因为有时候过高的质量不一定给企业带来过高的利润，反而可能因成本过高而降低企业的收益水平。所以，企业的质量水平只要符合目标市场的特征和竞争对手的质量水平即可。例如，为普通家庭设计的计算机系统并不需要像为工程师设计的那样灵敏。

表 10-2 差异化战略变量

| 产品 | 产品特征、工作性能、式样、设计、一致性、耐用性、可靠性、易修理、 |
|---|---|
| 服务 | 咨询服务、送货、安装、修理、顾客培训、其他 |
| 人事 | 能力、言行举止、可靠度，可靠性、敏感度、良好的沟通 |
| 形象 | 标志、传播媒体、环境、项目、事件 |

**特别提示**

质量等于利润。

(3) 式样。式样是指产品给予消费者的视觉效果和感觉。引人关注的式样是很多消费者选择时关注的重要部分。

(4) 设计。设计是一种整合的力量。产品所有的品质都是产品设计的参数。设计包括产品设计、工序设计、图案设计、建筑物设计以及内部设计、企业标志设计等。卓越的产品设计能吸引消费者的注意力，提高产品的质量和工作性能，降低生产成本，并能更好地将产品的价值信息传递给消费者。可以预见，随着竞争的加剧，设计将成为企业对产品和服务实现差异化的强有力的途径。

(5) 一致性。一致性是指产品的设计特征和工作性能与预期标准的符合程度。一致性越高，产品许诺的功能越容易实现，消费者就会感到越满意；反之亦然。

(6) 耐用性。耐用性是指产品的预期使用寿命。一般而言，产品的耐用性越长，消费者愿意为之支付的价格越高，但也并非全部如此。比如，企业宣传个人电脑具有很高的耐用性就并不一定很有吸引力，因为这种产品的特征和工作性能变化很快。

(7) 可靠性。可靠性是衡量产品在一定时期内不会发生故障或无法工作的指标。因为消费者希望避免发生故障而修理所形成的高成本，所以愿意为质量可靠的产品支付高价格。例如，美国某计算机企业开发了一种多部系列使用的电子计算机系统，操作这种系统时，某一计算机发生故障，其余计算机可以替代工作。该企业这种独特的产品可靠性在市场上影响很大，甚至连国际商用机器企业开发的操作系统都很难适应。

(8) 易修理性。易修理性是指当产品失灵或无法工作时，易于修理。当产品出现问题时，消费者自己处理问题的可能性就越大，就会感到产品的使用越方便，从而比较满意；反之亦然。

### 10.3.4 差异化战略的其他实施途径

差异化战略中除了通过产品途径进行差异化外,还存在其他实施途径。

**1. 服务差异化战略的实施途径**

除了对有形产品实行差异化战略外,企业还可以对服务进行差异化。尤其是在难以突出有形产品的差异化时,服务的数量与质量往往成为竞争取胜的关键因素。服务的差异化主要包括咨询服务、送货、安装、修理服务、顾客培训和其他服务等方面。

(1) 咨询服务。咨询服务是指销售商向消费者提供一定的资料,建立信息系统,给予指导等。这些有偿或者无偿的服务能帮助消费者更有利地参与竞争,从而更忠于企业产品品牌。

(2) 送货服务。送货服务是企业如何将产品或服务送到顾客手中,它包括送货的速度、准确性和对产品的保护程度。消费者常常选择能按时送货的供应商。

(3) 安装服务。安装是指将产品安放到计划位置,是指开始运转。例如,海尔会将顾客所购买的产品一起送到指定地点,而不是在不同时间运送不同的零部件。

(4) 修理服务。修理服务是指销售商像产品购买者提供的修理项目。比如,一些企业的保修期内的免费维修。

(5) 顾客培训服务。顾客培训是指对购买者的员工进行培训,让他们能够正确、有效地使用供应商的设备。比如,麦当劳要求其加盟店员工分批次接受员工培训,学习高效工作的方法。

(6) 其他服务。企业还可以发现许多其他途径来区分服务和服务质量。比如设立顾客奖,这在航空企业竞争中很常见。

**2. 人事差异化战略的实施途径**

企业可以通过雇佣、培训比竞争对手更优秀的员工,来赢得强大的持续竞争优势。例如,新加坡航空企业的声誉在大部分市场上都很高,因为他们的航空小姐美丽优雅;迪斯尼企业的员工态度非常乐观也为人乐道。各大商场的电梯旁的导购女士,告知顾客各层销售的商品种类。

**特别提示**

人才是利润最高的商品,能够经营好人才的企业才是最终的大赢家。

**3. 形象差异化战略的实施途径**

即使其他竞争因素都相同,但由于企业或品牌的形象不同,消费者也会做出不同的反应。品牌可以促进形成不同的个性,供消费者识别。

(1) 个性与形象。个性是企业期望向公众展示的特征,而形象则是公众对企业的看法。企业个性设计是为了在公众心目中塑造形象,但其他因素也会影响企业的形象。企业形象不可能在一夜之间在公众心中形成,也不可能凭借一种媒体就可以塑造。形象需要各种可能的沟通与传播,并要不断地扩散。可以通过产品标识、书面与听觉—视觉媒体、环境等各种活动项目途径来表达。

(2) 标志。鲜明的形象应包括易于识别企业或品牌的一个或多个标志。企业可以选择自然物或者人名来突出自己的品质,如苹果、耐克等。口号有时也可能表现相应的形象。

比如宏基在不同时期的口号是"微处理器的园丁","为了明天更美好,缩短差距","为每个人提供现代技术"。进一步的标志还有颜色和特定的声响或音乐。比如蓝色在美国是最受欢迎的企业色彩,而红色则是亚洲使用最多的企业色彩。

(3) 书面与听觉—视觉媒体。在企业或品牌个性的广告宣传中,必须融合已选定的标志。广告要能传播与众不同的信息———条信息、一种情感、一定的质量水平。信息还应在其他的出版物上反复出现,如年度报告、宣传手册和产品目录等。企业的信笺和商业卡上也可以设计企业所宣传的形象。

(4) 环境。生产或运送产品或服务的有形空间正成为另一种有力度的形象宣传工具。比如,KFC要凸显宾至如归的友好态度,就应选择合适的建筑设计、内部设计、布局、色彩、原材料和装饰等。

(5) 活动项目。企业可以通过它所赞助的活动项目的类型来塑造个性。例如,奥运期间,一些企业赞助的体育项目等。

综上所述,企业实施差异化战略的途径分为三个层次:有形差异化、无形差异化和维持差异化优势。很多产品差异化的潜力部分是由其物理特点决定的,对于那些技术比较简单的或者满足消费者简单需要以及必须满足特定技术标准的产品,差异化机会主要受技术和市场因素的影响。有形差异化主要涉及产品和服务的可见的特点,这些特点影响消费者的偏好和选择过程,它们包括产品的尺寸、形状、颜色、体积、材料和所涉及的技术,还包括产品或服务在可靠性、一致性、口味、速度、耐用性和安全性上的差异。另外,延伸产品的差异也是有形差异化的重要来源,包括售前售后服务、交货速度、交货方式的适用性,以及将来对产品进行更新换代的能力等。

对于一般消费品,以上差异化因素直接决定了顾客从产品获得的利益。对于生产资料,上述差异化因素影响购买企业在其业务领域的盈利能力,因此,当这些因素降低购买企业的成本或增强其差异化的能力时,它们将成为差异化的重要来源;当消费者感觉产品或服务的价值并不取决于其有形的特性时,企业可以通过无形差异化来取得持续竞争优势。实际上,消费者仅仅通过可见的产品特性或性能标准选择的产品数量是非常有限的,社会因素、感情因素以及心理因素都影响产品或者服务的选择。对于一般消费品,消费者对专有性、个性化和安全性的追求往往是强有力的刺激因素。当某种质量和性能在购买时难以度量的产品或服务是为了满足消费者较为复杂的需求时,差异化战略的关键在于企业产品的整体形象;虽然传统上战略分析一直将取得成本领先地位作为建立相对竞争优势的基础,但实际上,维持成本领先地位比获取差异化竞争优势更为困难。通过加大研究与开发的力度,潜心研究消费者消费需求特点,维持企业创造独特产品的能力来维持差异化优势,是一种更为有效的方法,尤其是在竞争不断加剧,人们的消费水平日趋升高,同时追求多样化和个性化的经济和社会环境下。

### 10.3.5 产品差异化战略与成本领先战略的耦合

企业的经营目的在于为顾客创造价值,只有为顾客创造更多价值,才能获取和维持竞争优势。要增加提供给顾客的价值,可以采取扩充产品类型功能、提高产品和服务质量等差异化变量,也可以通过削减成本从而降低价格。当然,最好的办法是使这两种方式组合起来,在提高差异化的同时,使成本限制在消费者可接受的范围之内。

# 第10章 差异化战略

耦合是源自物理学的一个概念，指两个（或两个以上的）系统或运动形式通过各种相互作用而彼此影响以至联合起来的现象。实施差异化战略可以使企业获得独特的垄断优势，但这势必会带来企业成本的增加；而单纯的成本领先战略在使成本下降的同时，也会降低产品的区分度，使企业参与到价格战之中，丧失自身的独特优势。如何将二者统一起来，使企业既能做到有效的差别，又能保持低廉的价格，保持一个最佳的耦合度，是实施差异化战略的关键所在。在竞争激烈的市场中，尤其是竞争者的品牌有很高的知名度和顾客忠诚度的情况下，后来者要取得竞争优势，必须进行成本领先战略与差异化战略的耦合。

成本领先和差异化的耦合得益于现代生产管理模式的革命和信息经济时代信息网络技术的发展。在工业经济时代，由于技术原因，产品往往不可能个性化供给，即使可以，其产品价格也不会为大多数消费者所接受。所以，企业只能选择细分市场，把相似的需求假设为相同，选择用大批量生产的方式提供消费者基本满意而不是绝对满意的产品，以谋求消费者效用的最大化。20世纪80年代以来，西方国家进入信息经济时代、知识经济时代，信息网络技术得到了长足发展，在制造领域也发生了深刻的革命，大规模定制模式应运而生。在大规模定制模式下，使企业同时获得成本领先和差异化利润、为顾客创造更大的价值成为可能。所谓的大规模定制是指对定制的产品和服务进行大规模的生产，这种生产模式试图把大规模生产和定制生产这两种模式的优势结合起来，在不牺牲企业经济效益的前提下，了解并满足单个消费者的需求。在大规模生产方式的引导下，企业可以凭借规模优势使生产成本大幅度下降，从而降低价格、刺激需求、创造市场、提高市场份额。信息网络技术的发展促进了大规模定制生产方式的流行。越来越多的企业在网上设立产品平台，让顾客能设计自己想要的产品。大量新技术在生产领域的运用，使在低成本的同时实现差异化变为了现实。

价值创新是企业同时采用差异化和低成本以获取竞争优势的战略逻辑。价值创新通过创造没有直接竞争者的产品或服务，并以较低的价格提供给顾客，在为顾客提供独特效用的同时，又能为企业带来良好的经济效益。只要企业所获得的补偿超过了为实现差异化而花费的成本，企业就能够提高盈利能力。但是创造差异不能以牺牲成本优势为前提，价格上的补偿不能超过价值上的给予。以低成本实现差异化是价值创新的关键。

## 本 章 小 结

产品差异化战略是企业旨在满足顾客基本需要的前提下，推出具有较高价值和创新特征的产品，以独特个性的特点争取到有利的竞争地位。该战略具体包括产品质量、可靠性、创新性和产品特性的差异化。基于不同的差异化变量，采用产品差异化战略对企业而言价值非凡：提高企业对供应商议价能力；削弱购买商议价能力；提高企业利润水平；设置产业进入障碍；提高消费者忠诚度。明确了产品差异化战略的价值之后，企业应当分析该战略的风险，为其实施提供依据。企业推行产品差异化战略应当注意应对下列情形和风险：差异化形象无法保持、无价值的独特性、过高的溢价、竞争对手的模仿、过度差异化、差异化混乱、消费者的产品差异需求下降、部分消费者流失、信号价值被忽视以及忽视整个价值链。制定产品差异化战略必须遵循三条原则：产品必须贴近消费者，了解消费者的偏好；应用现代科学技术，应用于开发新产品，增加产品的高科技附加值；了解产品的发展趋势。企业实施差异化战略，要突出自己的产品或服务与竞争对手之间的差异性，主要有四种基本实施途径：产品、服务、人事与形象的差异化。

## 复习思考题

1. 选择题

(1) 差异化战略提供给顾客的产品被认为具有（　　）。
A. 能接受的特征　　　　　　　　B. 极少价值的特征
C. 一些顾客愿意支付低价格的特征　　D. 不是标准的，满足独特需求的特征

(2) 产品差异化是指（　　）。
A. 顾客争取低价购买的能力　　　　B. 行业内对新进入者的反应
C. 产品独特　　　　　　　　　　D. 产品生产的越多，单位价格越低

(3) 综合商店公司通过（　　）寻求超额利润。
A. 差异化战略　　　　　　　　　B. 成本领先战略
C. 放弃战略　　　　　　　　　　D. 集中化战略

(4) 差异化战略是指企业与（　　）产品有明显区别的战略。
A. 原产品　　　B. 企业对手产品　　C. 本企业产品　　D. 同行业产品

(5) 下列不属于差异化的基本途径（　　）。
A. 产品　　　　B. 服务　　　　　　C. 人事
D. 形象　　　　E. 价格

2. 填空题

(1) 一般竞争战略包括三种战略：_____，_____，_____。
(2) 产品差异分为水平差异、垂直差异、_____、信息差异和策略性差异。
(3) 制定产品差异化战略的三条原则：产品必须贴近消费者，了解消费者的偏好；应用现代科学技术，应用于开发新产品，增加产品的高科技附加值；_____。
(4) 中国企业差异化战略实施的要点：_____，_____，_____，_____。
(5) 形象差异化战略的实施途径：_____，_____，_____，环境，活动项目。

3. 判断题

(1) 产品差异越大，在竞争中优势越大。　　　　　　　　　　　　　　（　）
(2) 产品差异化战略只适用于大型企业。　　　　　　　　　　　　　　（　）
(3) 产品差异化战略与成本领先战略不能一同使用。　　　　　　　　　（　）
(4) 差异化战略实施途径是多样的。　　　　　　　　　　　　　　　　（　）
(5) 产品差异化战略不需要考虑市场情况。　　　　　　　　　　　　　（　）

4. 问答题

(1) 不同类型企业实施产品差异化战略时应注意什么？请举例说明。
(2) 对于垄断竞争企业，产品差异化有什么意义？
(3) 请比较产品差异化战略和成本领先战略的异同。
(4) 产品差异化战略和成本领先战略在什么情况下可以结合使用？
(5) 中小企业应当实施产品差异化战略吗？为什么？

# 战略训练

### 1. 案例研究

## 产品差异化战略：差异化在音乐手机市场

几年前，索爱推出 WS00e、W550e 等 Walkman 音乐手机，迅速在中国手机市场掀起了一场橙色风暴。随着产品差异化优势逐渐丧失，索爱在音乐手机领域的领先地位逐渐被后来居上的诺基亚所取代。

Walkman 曾经是差异化战略下走出来的音乐手机教父，当时，中国市场具备音乐播放功能的手机销量占整个市场的比重还不到 10%，真正音乐概念的手机尚未出现。凭借在市场上所积累的专业敏感，索爱敏锐地嗅到了这一极具成长潜力的市场机会，在当时的市场领导者诺基亚和摩托罗拉在为 30 万像素拍照手机拼得你死我活的时候，发现了"音乐手机"这一蓝海，并果断地推出以 Walkman 为子品牌的系列音乐手机。事实证明，其选择这一时机推出差异化的音乐手机产品十分恰当。

索爱 Walkman 音乐手机的差异化战略的核心是产品差异化，主要体现精准的目标消费群定位、张扬的外壳颜色、特别为时尚男女打造的 Walkman 专属播放器和相对独立的 Walkman 子品牌。在目标消费群的选择上，索爱将重心放在了具备一定收入能力、追求时尚的年轻消费群上。配合目标消费群的特点，索爱在 Walkman 音乐手机外观颜色的搭配上也积极寻求突破，在当时一片银色和黑色的茫茫机海之中，破天荒地采用了橙色。Walkman 音乐手机张扬而个性的颜色，很好地迎合了目标消费群的自我表达需求，成为刺激购买的重要因素之一。在产品设计细节上，索爱费尽心思讨好消费者，为时尚男女精心打造了专属音乐播放器，还专门设计了音乐播放键，用户界面设计也是别出心裁，在使用体验上为用户提供了前所未有的"音乐感"。

Walkman 音乐手机的成功是产品差异化实践的典型，凭借差异化的优势，占得市场先机，登上了音乐手机教父的宝座。首先，凭借产品差异化战略的成功，索爱在音乐手机成长初期获得消费者认可；另外，Walkman 子品牌的建立在以后相当长的一段时间内对其他手机品牌形成了区别，提高了竞争对手进入音乐手机市场淘金的门槛。但是，单纯的产品差异化战略也具有一定的风险，因为产品差异化一旦被竞争对手超越，先前建立的优势地位便岌岌可危。

由于缺乏创新，教父渐入迷途。Walkman 音乐手机的成功与其精准的目标市场定位分不开，其用户群却是最不稳定的消费群。归根结底，Walkman 音乐手机衰落的原因是 Walkman 系列产品已经不能继续满足时尚男女不断变化的需求。具体表现如下：Walkman 手机的功能配置升级节奏缓慢；在对新功能的融合上相对迟钝；在外形设计上，Walkman 也始终未能演绎出独特的风格。摩托罗拉有经典的超薄设计，诺基亚有前卫的扭腰设计，而滑盖类手机则深深打上了三星的烙印。到 2007 年，Walkman 系列手机的同质化程度已经非常严重。

2006 年，诺基亚将战略重心转向移动互联网，对音乐手机的重视程度立即提升到了新的高度。诺基亚和唱片公司签订音乐内容合作协议，着手推出自己的音乐手机终端。2006 年下半年，Walkman 音乐手机销售业绩开始下滑。随即，诺基亚在当年 10 月同时推出 5200 和 5300 两款音乐手机，后者成为之后几年内的"机王"。

诺基亚采用的策略与当初索爱进入音乐手机市场的策略十分相似。一是进入时机的把握，选择了 Walkman 手机开始下滑的有利时机；二是产品避开了 Walkman 偏高端的主流人群定位，在价格策略上采取略低的价格；三是产品设计张扬，在机身两侧显眼的位置设计了音乐播放键，外壳用色大胆，突出红色；四是采用音乐子品牌的策略 XPress Music 对抗 Walkman。

和索爱不同的地方在于，诺基亚读懂了索爱 Walkman 失利背后的原因，因此显得比索爱更了解目标

企业战略  管理

消费群。诺基亚将卖音乐手机仅仅作为实现其移动互联网服务提供商转型的一个步骤。从差异化战略的角度来看,诺基亚是在产品差异化的基础上,辅之以服务差异化,吸引用户加入 XPress Music 的阵营。通过提供音乐内容服务和频繁的接触,用户钻性增加了,用户的忠诚度问题也就迎刃而解,加上正在逐步展开的推广活动,诺基亚成功打造了一个丰满的 Xpress Music 音乐手机形象。

2007 年底,诺基亚与环球唱片结盟。2008 年 3 月百代表示将与诺基亚合作音乐内容,4 月诺基亚牵手索尼 BMG 公司。3 个月后,华纳加入诺基亚音乐服务联盟,至此全球四大唱片公司都与诺基亚建立了合作关系。2008 年下半年,诺基亚在全球范围内浓墨重彩渲染其 Come with Music 的活动,如此节奏,就连苹果电脑公司的 iTunes 也感到了诺基亚的杀气。服务差异化来势汹汹。从诺基亚对 Xpress Music 的运作来看,主要有 5 个关键点:一是为用户提供数字音乐内容;二是搭建粉丝与歌手接触的平台和窗口;三是提供流行音乐排行信息及最新的 MV 试听服务;四是组织粉丝与歌手开展联谊活动;五是建立 Xperss MusiC 用户社区。

索爱成功通过产品差异化的战略掀起了手机市场的橙色风暴,但遗憾的是当音乐手机时代真正来临时,索爱败在了诺基亚之下。音乐手机教父沉浮,曾为产品差异化战略成功经典,为其他企业实施产品差异化战略带来久远启示。

(资料来源:《走下神坛的索爱 Walkman》http://www.ceconlinebbs.com)

问题:

(1) 索爱产品差异化战略具体体现是什么?

(2) 诺基亚服务差异化战略的具体体现是什么?

(3) 音乐手机教父沉浮经历成功之后的失败给其他企业带来了什么启示?

2. 文献查询作业

请登录中国移动和中国联通官网,查询 3G 时期这两家企业的差异化战略,分析产品差异化战略在通信企业中的具体表现,并指出新时期通信企业在实施产品差异化战略时应避免哪些误区。

3. 小组学习与讨论

小组学习:制定企业产品差异化战略分析报告

将全班分为 3~5 人的小组,推举一名同学作为小组发言人,代表小组向班报告本组的学习内容。

假定你们是一家中型食品企业的管理者,你们的企业旨在通过生产绿色食品,以适应市场需求,获取竞争优势地位。在过去 3 年里,你企业从 50 名员工,一度亏损发展到拥有 120 名员工,年收益颇丰的规模。这时,市场上出现了不止一家企业模仿你们企业绿色产品的企业,面临竞争激烈的市场,公司总经理决定分析企业现在是否处于能够实施产品差异化战略的时机。他让你们制定出满足下列要求的分析报告:

(1) 分析自身企业当前的内外部条件。

(2) 确定是否处于实施产品差异化战略的时机。

(3) 明确产品差异化战略实施的可行途径。

(4) 分析企业实施产品差异化战略的风险。

4. 阅读材料

以下内容节选自布鲁斯·格林沃德、贾德·卡恩教授的《企业战略博弈》,北京机械工业出版社,2007 年出版。

## 企业差异化战略构建特征分析

引入战略管理的相关理论对差异化战略进行解释,会使企业对差异化有更深层次的理解,对欲实施

# 第10章 差异化战略

差异化战略的企业也有所裨益。企业差异化战略的构建特征主要包括环境扫描、差异化战略选择、差异化战略实施以及核心能力培育。

环境扫描是指对企业环境的整体作一般性的监视，它包括外部环境审视，内部优劣势分析以及企业经营目标的确定等。环境扫描的目的在于发现可能影响企业发展的周围环境的变化，包括：政策或政府本身的变化，宏观或微观经济的变化，社会发展，科技进步等。内部资源评价则包括分析企业的有形资产、无形资产和组织能力，有形资产是指那些很容易计价，可在企业的财务报表中反映出来的项目。无形资产是声誉、品牌、文化、员工知识、专利以及累计的学习和经验。组织能力是指企业组织调动各种资源，培育出自身不同于其他竞争者的最根本的竞争能力和优势，用以持续的满足受众需求，从而在市场上获得持续竞争优势。环境扫描和企业战略的形成、方案选择、实施和控制组成一个连续、并行的过程，环境扫描贯穿战略过程的始终。应不断根据战略环境的变化来调整以及创新转换，从而动态地形成和实施战略。

差异化战略选择。差异化定位就是为顾客提供与行业竞争对手不同的服务与服务水平。通过顾客需求和企业能力的匹配来确定企业的战略方向。差异化战略是以了解顾客需求为起点，以创造高价值满足顾客需求为终点。因此，在决定整体定位差异化的时候，必须要把顾客的需求、企业的核心能力以及竞争对手的服务水平三个要素综合考虑，做到三者的协调统一。有差异化的顾客就有差异化的需求，有差异化的需求就要提供差异化的服务，因此细分市场，以满足不同顾客群的多样化需求，成了眼下企业经营的着眼点。细分市场的确定，有助于企业找准目标顾客群，并通过差异化的竞争策略来构建自身的竞争优势。一般来说，差异化战略可以分为如下三种：产品差异化，指企业的产品在性能、质量上明显优于竞争对手。形象的差异化，企业通过塑造优势的品牌、成功的CI策划，借助宣传，使企业在顾客心目中树立起优异的形象，从而对该企业的产品形成消费偏好。市场差异化，指由产品的销售条件、销售环境等具体的市场操作因素而形成的差异，包括在定价、分销、售后服务等方面形成自己的差异化优势。

差异化战略实施。一旦具体的差异化战略被选定后，就涉及战略的实施过程。战略通常是由组织高层制定的，但是战略的实施却要触及公司的所有层面。具体来说，这主要包括如下几个方面内容：制订计划、组织结构和组织文化、领导、激励和奖惩。计划包括向组织成员传达该完成哪些具体的目标和活动、谁对这些具体目标和活动负责、何时进行活动及该获得什么资源等。相当于把战略转化为重大方案和项目、职能战略及政策和预算。组织结构和企业文化应当支持制定的差异化战略。此外，领导者应当不断地与组织内外的人们，将信息和意图传达给他人，使组织朝着既定的方向行动。同时，开发适当的激励和奖惩系统鼓励推动战略的员工行为。

核心能力培育。核心竞争力的开发与维护需要企业在长期的差异化战略实施过程中予以提炼归纳、总结、创新。在实施差异化战略来开发与维护核心竞争力时，企业要注意两个问题：第一，失去核心竞争力的差异化其成本是非常大且显而易见的；第二，核心竞争力需要持续的投资和强化，那些不能在差异化上持续经营的企业要想获得核心能力是很困难的。由企业核心竞争力所决定的差异化优势可以形成壁垒，从而有效地阻止别人模仿。企业的持续创新可以产生产品的不可替代性，或者使竞争者反应滞后，来不及反应或做出反应需要很长时间。实施差异化战略而形成的优势地位是能力的体现。

差异化战略是一个动态过程，任何差异都不是一成不变的。随着社会经济和科技的发展，顾客的需求也会随之发生变化。任何差异都不会永久保持，差异化战略的出路只有不断创新，用创新去适应顾客需求的变化，战胜对手的"跟进"，实现企业的"差异制胜"。

# 参 考 文 献

[1] Victor H. Vroom，李剑锋. 企业战略管理[M]. 北京：经济管理出版社，2004. 173—180
[2] 金占明. 战略管理—超竞争环境下的选择[M]. 北京：清华大学出版社，2004. 197—199

[3] 王昶. 战略管理：理论与方法[M]. 北京：清华大学出版社，2010.159—191
[4] 秦晓丽. 浅析企业产品差异化战略[J]. 内蒙古科技与经济，2009，179(1)：1—5
[5] 肖劲松. 中小企业产品差异化战略研究[D]. 中南大学，2005
[6] 产品差异化战略，2010，MBA智库百科
[7] 希尔琼斯. 战略管理[M]. 孙忠，译. 北京：中国市场出版社，2008.70—126

# 第11章 集聚战略

**教学要求**

通过本章的学习，主要理解和学习业务层战略中的集聚战略，

掌握集聚战略的涵义、内容与思想及其优势，同时了解其与持续竞争优势的关系以及如何实施集聚战略等内容。

> 在任何场合，企业的资源都不足以利用它所面对的所有机会或回避它所受到的所有威胁。因此，战略基本上是一个资源配置的问题。成功的战略必须将主要的资源用于利用最有决定性的机会。
> ——威廉·科思

**基本概念**

集聚战略　目标市场细分　市场开发战略　持续竞争优势　产品发展战略　创新战略

**导入案例**

## EMC集团的集聚战略

EMC集团在中国地区2001年的业绩比上一年增长了近200%。2002年2月份以来，EMC开始剑走偏锋，在全国十几个大中城市开始一场"永不停顿"的商业路演，向一些知名的金融、电信、制造业、政府推销EMC的存储理念。这是一场非常艰难的战役，EMC面对的是几支强硬的力量，如IBM、HP、康柏、SUN，相对于竞争对手而言，EMC的遥遥领先得益于它的集聚战略。

"集聚"或者说是"专一"在EMC眼里已经成为一个最重要的规则，在EMC中国总裁郭尊华看来，包括IBM、惠普、SUN、康柏、日立在内的同行，由于进入中国时间比较早，产品面广，在知名度方面都比EMC占优势。与这些IT巨头相比，EMC算是一家小企业，它的总人数是1.6万人，而IBM是50万人，思科也有3万人。但EMC只专注于存储，这也是它制胜的法宝之一。但是，弱点也不可避免，由于它没有其他的资源来补充、协调，康柏可以将存储产品绑在服务器上一起销售，并利用原有的销售渠道，EMC则不具有这样的资源优势。

EMC做法具有以下几个方面特点：

企业战略  管理

1) 专一于做存储产品

回顾 EMC 的历史我们不难发现，由于它专一于存储，使得它曾 4 次引领存储产品的发展趋势。第一次，硬件时代。1990 年推出的 Symmetrix 存储系统，将存储带入了硬件高速发展的时代。Symrnetrix 是一套智能信息存储系统，基于由小型商用硬盘驱动器组成的阵列。EMC 是第一家提供这种产品的企业。1995 年，EMC 又对 Symmetrix 技术进行拓展，推出了第一个独立于平台的存储系统，能同时支持所有主流计算机操作系统。第二次，软件时代。从 1994 年起，EMC 开始将大量精力投入到软件性能上．并于当年推出了 symmetrix Remote Data FaciIity（SRDF）镜像软件，将存储带进了软件时代。现在，EMC 已经拥有 20 多种创造性的软件方案，包括 PowerPath、TimeFinder 和 EMCControlCenter，并成为世界上最大而且成长速度最快的软件企业之一。第三次，网络时代。2000 年，EMC 将注意力转移到网络化信息存储发展趋势上，EMC 又推出了 SAN\\NAs 的解决方案与产品系列，为网络存储的发展带来了动力。用户可以通过它，将不同的存储设备、交换机、集线器和服务器组建成一个易于管理的单一信息基础架构。第四次，管理时代。2001 年末，EMC 针对企业用户需要投入更少的人力、完成更多工作的现状，推出了 AutllS 战略，即自动信息存储 Automated Information Storage 方案，满足企业用户对系统管理简便性的迫切需要。这是一个具有跨时代意义的自动信息存储战略，将存储提升到了重视管理的层面，为用户提供了"自动、简化、开放"的存储环境。

2) 独特而专一的服务链

ENC 在服务上一直推崇的是"成本中心"的服务理念。衡量利润中心的标准首先是它能否获利，一旦企业的经营情况不好，就会转变其经营模式、压缩成本甚至取消该部门；但如果将服务作为成本中心，则即便是正在削减劳动力、不动产、存货方面的成本，但企业仍然会对客户服务部作一如既往的投入。

EMC 在服务上的程序一般是这样的：首先和客户交流，了解他们的需求，将反馈交给研发部门，生产出客户需要的产品。同时，EMC 还会培训面对客户的员工，比如销售队伍和系统工程师们，使他们更有能力为客户提供咨询和意见，更有能力为客户解决问题。而且，EMC 还将员工的薪金与客户满意度挂钩，如果满意度达到了某一水平，员工就能得到相应的奖金。EMC 还为客户服务部门设定了标准，比如到达客户处的限定时间等。EMC 有一个逐级上报的体制，如果出现问题，会根据系统逐级上报，最高可以上报到 EMC 总裁兼 CEO 那里。

EMC 非常专注于存储领域，从未心有旁鹜过。一直到现在，EMC 的市场开拓力量和开展的服务都百分之百地集中在这个领域，研发资源的投入也是专注于此，投资比几个对手的总和还要多。

（注：此案例由作者根据多方面资料汇编而成。）

**点评： 集聚战略提升竞争优势**

EMC 集团非常注重集聚战略的运用，专注于做存储产品，独特而专一的服务链是 EMC 战略的特点。通过全面运用集聚战略，EMC 在存储领域赢得了良好的口碑和竞争优势，专注于特定市场，为特定顾客服务，在存储领域做精做强，从而为企业长久发展奠定了坚实的基础。

## 11.1 集聚战略的含义与价值

集聚战略（Market focus/focus strategy），也称集聚战略、目标集中战略、目标聚集战略、目标聚集性战略。集聚战略的起源并不长久，企业对于其执行的效用也很有差异，很多企业在发展之中过于注重扩大规模，而忽视了企业原有的优势领域，集聚战略能够很好的弥补企业发展中的缺陷。

# 第11章 集聚战略

**特别提示**

通常情况下，集聚战略也可称为集聚战略、集聚战略战略。在很多企业战略层面上都是共通的，现在很多提到的产业集聚化、目标集聚化等都属于集聚战略。

## 11.1.1 集聚战略的含义

集聚战略是主攻某个特殊的顾客群、某产品线的一个细分区段或某一地区市场。集中型战略即聚焦战略，是指把经营战略的重点放在一个特定的目标市场上，为特定的地区或特定的购买者集团提供特殊的产品或服务。即指企业集中使用资源，以快于过去的增长速度来增加某种产品的销售额和市场占有率。

正如差别化战略一样，集聚战略可以具有许多形式。虽然低成本与差别化战略都是要在全产业范围内实现其目标，集聚战略的整体却是围绕着很好地为某一特殊目标服务这一中心建立的，它所开发推行的每一项职能化方针都要考虑这一中心思想。

战略的前提思想是：企业业务的集聚，能以更高的效率和更好的效果为某一狭窄的细分市场服务，从而超越在较广阔范围内竞争的对手们。这样可以避免大而弱的分散投资局面，容易形成企业的核心竞争力。

## 11.1.2 集中型战略与其他战略的比较

集中型战略与其他两个基本的竞争战略不同。成本领先战略与差别化战略面向全行业，在整个行业的范围内进行活动。而集中型战略则是围绕一个特定的目标进行密集型的生产经营活动，要求能够比竞争对手提供更为有效的服务。企业一旦选择了目标市场，便可以通过产品差别化或成本领先的方法，形成集中型战略。就是说，采用重点集中型的战略的企业，基本上就是特殊的差别化或特殊的成本领先企业。由于这类企业的规模较小，采用集中型战略的企业往往不能同时进行差别化和成本领先的方法。如果采用集中型战略的企业要想实现成本领先，则可以在专用品或复杂产品上建立自己的成本优势，这类产品难以进行标准化生产，也就不容易形成生产上的规模经济效益，因此也难以具有经验曲线的优势。如果采用集中型战略的企业要实现差别化，则可以运用所有差别化的方法去达到预期的目的。与差别化战略不同的是，采用集中型战略的企业是在特定的目标市场中与实行差别化战略的企业进行竞争，而不在其他细分市场上与其竞争对手竞争。在这方面，重点集中的企业由于其市场面狭小，可以更好地了解市场和顾客，提供更好的产品与服务。

## 11.1.3 集聚战略的价值

集聚战略对于中小企业的价值较大，在中小企业的发展竞争之中具有较大的作用，相对于低成本战略或多元化战略而言，集聚战略能够强化企业现有的技术领域，无论在于激烈的竞争之中还是在遇到其他危机时，企业都具有较好的抵御能力，其价值的凸显也是有很大作用的。

1. 以特殊的服务范围来抵御竞争压力

集聚战略往往利用地点、时间、对象等多种特殊性来形成企业的专门服务范围，以更高的专业化程度构成强于竞争对手的优势。例如，位于交通要道或人口密集地区的超级商场具有销售优势；口腔医院因其专门的口腔医疗保健服务而比普通医院更吸引口腔病特别是牙病患者。企业选择适当的产品线区段或专门市场是集聚战略成功的基础。如果选择广泛市场的产品或服务而进行专门化经营，反而可能导致企业失败。例如，口腔、牙齿每天都直接影响人们的生活，人们感觉深刻，但口腔、牙齿的毛病一般不致造成生命危险，患者愿意接受这种专门化服务；而人体其他系统互相牵连，治疗中往往需要全面诊断，专门化的治疗就不再具有优势。又如，肯德基、麦当劳满足了工作节奏快、休息时间短的职员或家庭以及旅游者的饮食需要，而迅速发展这一专门市场。

2．以低成本的特殊产品形成优势

例如，可口可乐就是利用其特殊配方而构成的低成本，在饮料市场长期保持其竞争优势。这一优势的实质是差别化优势，能同时拥有产品差别化和低成本优势则一定可以获得超出产业平均水平的高额利润。

3．以攻代守

当企业受到强大的竞争对手全面压迫时，采取集聚战略以攻代守，往往能形成一种竞争优势，特别是对于抵抗拥有系列化产品或广泛市场的竞争对手明显有效。例如，挪威的造船业难以在整体上与欧、美、日等实力强大的造船企业匹敌，但挪威的造船业选择制造破冰船而大获成功。另外，针对多品种糕点企业的广泛市场，专营的蛋糕店常能成功占有一席之地。

4．企业专攻特定细分市场，有助于抵御行业五种竞争力

集聚战略可以增强相对的竞争优势，获取发展空间，因而该战略对中小企业和新建企业具有重要意义；对于大企业来说，采用集聚战略也能避免与竞争对手的正面冲突，让企业获得喘息和修整的机会，为未来的发展获得更好的保障。

5．有利于资源的优化配置

现代的营利性组织和非营利性组织、生产性企业和服务性企业的资源无一不是有限的。经济学上讲的资源优化配置，就是通过集聚配置而获得优化的，这样可以提高资源的利用功效。如果一个企业生产某种产品的相对成本较高，在能源、资本投入以及其他方面花费很大，机会成本就很大。企业完全可以放弃这些业务转而经营其他有比较优势的业务，利用它与其他企业互补或交换。

## 11.2 集聚战略与持续竞争优势

集聚战略是指企业以某个特殊的顾客群、某产品线的一个细分区段或某一个地区市场为主攻目标的战略思想。这一战略整体是围绕着为某一特殊目标服务，通过满足特殊对象的需要而实现差别化，或者实现低成本。集聚战略常常是总成本领先战略和差别化战略在具体特殊顾客群范围内的体现。或者说，集聚战略是以高效率、更好的效果为某一特殊对象服务，从而超过面对广泛市场的竞争对手，或实现差别化，或实现低成本，或二者兼

# 第 11 章 集聚战略

得。例如，专为建筑施工提供脚手架的企业，就是通过脚手架的充足库存、广泛分布服务网点，甚至提供快速送货服务而成功地实行了集聚战略。

## 11.2.1 企业实施集聚战略动因

集聚战略是集中在狭窄的细分市场中寻求成本领先优势或差异化优势。集聚战略能在目标环节获得规模经济，这样就使成本领先有了可能。同时集聚在一个特定的范围内，企业才会体现竞争力，形成差异化优势。此外，也使企业定位在价值链的一部分，与其他企业配套，形成优势互补。尤其在诞生阶段和成长阶段，中小企业力量比较小时。集聚战略不失为一种有效的生存战略。

(1) 资源的稀缺性与配置合理性。现代的盈利性组织和非营利性组织，生产性企业和服务性企业的资源无一不是有限的。经济学上讲的资源优化配置，就是通过集聚配置而获得优化的，这样可以提高资源的利用功效。如果一个企业生产某种产品的相对成本较高，在能源、资本投入以及其他方面花费很大，机会成本就很大。企业完全可以放弃这些业务转而经营其他有比较优势的业务，利用它与其他企业互补或交换。因此，企业必须先确立自己的比较优势，集聚资源形成核心竞争力。如果过多地把资源配置在企业并不擅长的价值链、相关度不高的产品或服务上，那样既分化了资源，又没有获得适当的收益，造成资源浪费的同时也形不成竞争优势。因此，在社会分工深化和竞争加剧的影响下，各企业为了增强市场竞争能力，纷纷将企业的资金、人力、物力集中在核心业务上，来获得核心竞争能力。同时，通过委托外包获得社会分工协作带来的效率和效益，降低了成本。

(2) 完整的价值链的需要。现代社会分工扩大，也越来越精细，这决定了企业必须融入价值链中。一条完整的企业价值链包括：新产品和新技术的研发、原材料及零部件的采购、产品的生产、各项物流活动、各项产品营销活动、产品的销售、产品售出后的客户服务等。各价值链所要求的生产要素互不相同，一个企业不可能在每个价值链上都有优势，只能在某一价值链上有比较优势，而其他企业在另一价值链上有比较优势。出于"利润最大化"的考虑，多数的大型企业都把其企业价值链进行分解，剥离无竞争优势或利润率低甚至为负数的业务，而只保留其相对强势或附加价值大的项目，以最大其利润。世界上许多大型跨国企业利用这一战略，取得了巨大成功。因此，企业必须集中在对企业具有长远战略的，具有较高利润的核心的产品和服务上来，才能以较小的成本获得较大的收益。中小企业参与这些分解了的价值链，应立足于自身的技术特点，找准自己的优势所在，紧紧依附在所选择的价值链上，进行专业化分工生产。

(3) 空间集聚汇集力量。空间集聚是通过对区域内某一特色产业、特色产品的整体形象的塑造和推广，以共性和互补性为纽带，将诸多的小型同类企业捆绑在一起，来获取整体收益。根本特性在于产业上的相近性和地理上的集中性。例如，目前浙江温州的打火机已占世界总产量的70%，永康生产了中国2/3的衡器，海宁许村、许巷的装饰布占领了中国三成以上的市场。广东佛山的陶瓷、虎门的服装、中山的灯饰、顺德的家具，在中国国内乃至国外也都享有盛名。中小企业集群的关联涉及信息关联、技术关联、资金关联、人才关联、政策关联。这种有形无形的关联，有利于企业降低管理成本、促进技术改进、提高资本的周转以及利用率、形成整体的区域品牌、降低企业间的交易成本。这种集群包括一批对竞争起重要作用的、相互联系的产业和其他实体。它有利于人力资源的充分利用，通过正式或非正式的交流与沟通，实现知识资源的共享，无形之中降低人力资源管理成本，使学习曲线效应更加突出，加快创新速度，提高生产率。更重要的是，这种集聚很容易得到政府政策的倾斜与支持。

（4）形成规模经济的需要。中小企业本身规模偏小、资源有限，如果有限的资源什么都做，形成一个"小而全"的企业，必将使企业长期在规模小、成本高的区域经营，毫无规模经济可言；但如果企业专注于一个产业链中的某一个或几个环节，进行专业化生产，就能把有限的资源集中，扩大生产规模，平均成本就会下降，享受到由于本身规模相对扩大带来的好处，从而获得企业内部规模经济。

### 11.2.2 集聚战略的优势

集聚战略运用于很多企业的战略之中，如若运用得恰到好处，对于企业的长期发展将会有巨大的推动作用。

集聚战略追求的目标不是在较大的市场上占有较小的市场份额，而是在一个或几个市场上有较大的甚至是领先的市场份额。其优点是适应了本企业资源有限这一特点，可以积聚力量向某一特定子市场提供最好的服务，而且运用集聚战略，管理简单方便。使企业经营成本得以降低，有利于集聚使用企业资源，实现生产的专业化，实现规模经济的效益。

### 11.2.3 集聚战略的劣势

集聚性营销对环境的适应能力较差，有较大风险，放弃了其他市场机会。如果目标市场突然变化，如价格猛跌，购买者兴趣转移等，企业就有可能陷入困境。集聚单一产品或服务的增长战略风险较大，因为一旦企业的产品或服务的市场萎缩，企业就会面临困境。因此，企业在使用单一产品或服务的集聚增长战略需要谨慎。

 **知识链接**

规模经济(economics of scale)又称"规模利益"(scale merit)，指在一定科技水平下生产能力的扩大，使长期平均成本下降的趋势，即长期费用曲线呈下降趋势。按照权威性的包括拉夫经济学辞典的解释，规模经济指的是：给定技术的条件下(指没有技术变化)，对于某一产品(无论是单一产品还是复合产品)，如果在某些产量范围内平均成本是下降或上升的话，我们就认为存在着规模经济(或不经济)。同边际效益一样，在某一区域里才满足此规模经济性。具体表现为"长期平均成本曲线"向下倾斜，从这种意义上说，长期平均成本曲线便是规模曲线，长期平均成本曲线上的最低点就是"最小最佳规模(minimum optimal scale 以下简称 mos)"。

### 11.2.4 集聚战略与持续竞争优势的分析

Hofer 和 Schendel(1978)将持续竞争优势定义为：企业特有的，针对竞争对手发掘的，能给企业带来持续的超越竞争对手的能力。企业持续竞争优势既可以是内生的，由内部核心能力决定，也可以是外生的，由外部环境条件赋予，因而它是企业系统化的综合能力，具有持久的生命力。

# 第11章 集聚战略

波特(1997)认为一个企业只要能够长时间维持高于其所在产业平均水平的经营业绩，就可以认定这个企业具有可持续竞争优势。

一般而言，企业的竞争优势源于企业异质的资源，这些异质的资源能够给企业带来超额利润。在这种情况下，竞争对手就会想尽一切办法模仿企业的优势，其结果是资源的趋同化，这样就会使得租金减少，直到最后完全消失。因此，竞争优势能否持续是保证租金能否长期被企业拥有的关键。竞争优势的持续要求企业的异质的资源不能被其他企业获得，只能由企业独有。竞争优势能否持续主要依赖于这些异质的资源的不完全模仿性、不完全流动性和不完全替代性。

具体而言，采取集聚战略存在三种途径使企业获得持续竞争优势。

1. 形成专利或者无形障碍，让企业的异质资源形成一定的不完全模仿性

如果要使竞争优势持续，那么企业异质的资源还需要具有不完全模仿性。资源的不完全模仿性有两层含义：第一层含义是这种资源带来的优势根本不可能被竞争对手模仿；第二层含义是虽然竞争对手可以模仿这种资源，但是由于模仿成本很高，如果竞争对手模仿也将无利可图。

在实施集聚战略的过程中，企业集中自身的优势资源，目标是在单一或少数细分市场上获取较大的市场份额。在占领细分市场的过程中，由于投入的集中与对细分市场的重视，企业很可能在研发过程中形成适用于细分市场上的各种专利。这样企业就可以通过法律的赋予的排他性权利在一定时期内获得超额利润。

通过集聚战略企业在细分市场上一定时期内通过一定量的投资所形成资源存量可以形成时间压缩不经济，使竞争对手几乎不可能在更短时间内通过加倍投资而形成，或者在更短时间内加倍投资具有明显的不经济性。当企业在细分市场已有资源存量达到一定水平后，会加速后继资源的形成和积累的进程，形成资源积聚效应，这样也能起到阻碍竞争对手模仿企业竞争优势的作用。同时由于企业专注于细分市场，企业会在细分市场上享有一定的声誉也能与供应商、经销商建立较好的关系，形成持续竞争优势。

2. 通过企业内部积累，降低企业异质资源的流动性

不同的企业拥有的资源是不同的，很多资源具有不完全流动性。一般来说，有形资源基本上是可以自由流动的。但是，企业通过集聚战略在细分市场上的形成无形资源和企业能力就具有不完全流动性，主要有三个原因：其一，企业资源和能力与细分市场之间具有高度关联性，不仅表现在这些资源和能力的形成离不开其他资源和能力与细分市场的作用，还表现在这些资源和能力只有在和企业拥有的其他资源结合使用并作用于特定细分市场时才具有更高的价值。其二，企业通过内部积累的某些资源虽然具有可流动性，但是这些资源的专用性极强，只有在本企业使用在特定细分市场时才能发挥其最大价值，一旦转移到其他企业或者其他细分市场其价值将大打折扣，因此，这类专用性较强的资源也具有不完全流动性。其三，交易成本特别高的资源也具有不完全流动性，因为交易成本太高，通过交易而获得这种资源的总成本也将很高，如果应用这种资源进行价值创造，它的附加值将会比较低，所以通过交易获得这种资源的企业将无利可图。

3. 在实施集聚战略的过程中，使企业的异质资源具备不完全替代性

企业资源的不完全替代性是指某些资源不存在完全的替代物。如果某项资源存在替代资源，即使它具有价值性、稀缺性、不完全模仿性和不完全流动性，那么源于该项资源的竞争优势也只能是暂时的，而非持久的，因为竞争对手可以利用替代性资源实施相同战略，对企业已经获得的竞争优势进行替代，使这种优势不复存在。与不可模仿性一样，企业资源的不可替代性也仅仅是一个程度大小的问题，不存在绝对不可替代的资源。

实施集聚战略则可以使企业的异质资源能够在更长时间内拥有更为显著的不完全替代性。比如企业品牌就是一种存在不完全替代性的异质资源，企业实施集聚战略专注细分市场则可以使企业品牌在细分市场上拥有更强的竞争力并持续更长时间。

上述企业持续竞争优势依赖于企业资源不完全模仿性、不完全流动性和不完全替代性是基于企业在特定的商业模式下，如果企业竞争面临新的商业模式环境，则企业原有的资源效用将大为降低，甚至完全丧失。我们知道英特尔近二十年来成功主导了台式机和笔记本市场，持续占据近80%的份额，这归功于英特尔在内存市场成功实施集聚战略。然而近几年，内存市场向移动发展，传统PC市场面临新的商业模式环境，在移动领域，英特尔芯片制造商的市场份额却不足1%。移动市场是英国芯片设计公司ARM的天下：三星、高通、Nvidia等企业都在使用ARM的架构，世界主要的智能手机和平板电脑几乎概莫能外。因此，英特尔在该市场面临艰巨挑战。这时，英特尔资源原有的不完全模仿性、不完全流动性和不完全替代性的优势在新的商业模式环境中将变得毫无意义。新的商业模式环境是市场需求变化的直接反应，更是企业战略适应的必然选择。新的商业模式环境改变了企业生存和竞争的规则，企业原有的资源优势无法在新的商业模式环境中发挥作用，这是企业战略必须关注的大问题。此外，如果实施集聚战略的企业在某个细分市场狭窄产品线上的规模经济优势被拥有广泛产品线的企业获得的范围经济优势所超越，这时实施集聚战略的企业也难以保持持续竞争优势。如格兰仕微波炉受到美的微波炉的挑战，其竞争优势正在被美的所吞噬，实质就是美的充分利用范围经济优势。

## 11.3　集聚战略的实施

通常来说，集聚战略对于中小企业是最适合的战略，因为中小企业一般不具有规模经济性或丰富的内部资源，难以成功地实行成本领先和差异化两种类型的战略。大企业多数会扩大规模，进行产品多元化与成本领先的战略，但中小企业不可能像大企业那样，让自己的产品针对整个市场或者较大组合市场，但可以通过对自己的优势分析，针对特定的顾客群提供产品或服务，并且利用自己的经营特色，锁定目标顾客群，从而在竞争中取胜。中小企业在实施集聚战略时，首先要考虑市场需求和自身实力，然后依此细分市场，从而进入市场。企业在选择集聚战略时到底如何最有效率的实施是管理者必须面对的现实问题。

**特别提示**

大多中小企业在资金与成本方面都不如大企业，无法形成规模效应，因此在这两方面都处于劣势。

# 第11章 集聚战略

此时，中小企业通常集中资金投资于自己擅长的领域进行集中化发展，也就是采取集聚战略，以维持在市场中的竞争力。

### 11.3.1 集聚战略实施前提

波特提出的低成本与差异化竞争战略寻求在广阔市场上的竞争优势，但是集聚战略的目的是在狭窄的市场区隔上寻求成本优势（成本聚焦），或者差异化优势（差异化聚焦）。换言之，管理者选择产业中特定的市场区隔或顾客群，而不是试图服务于广阔的市场。集聚战略的目标是开发狭窄的市场区隔，这些市场区隔的划分可以是基于产品品种、最终消费者类型、分销渠道或者消费者的地理分布。例如，远大中央空调集团专为大型建筑物提供中央空调系统形成了集聚战略优势，如可口可乐拥有自己独有的、擅长的碳酸饮料产品，顾客对其有一定的忠诚度，那么可口可乐公司可以集聚在碳酸饮料市场，通过强化自己的产品技术与创新，运用合适的市场营销手段，以获取更大的份额市场。

集聚战略是否可行取决于市场区隔的规模，以及企业是否支撑所支出的成本。研究表明，集聚战略对于小型企业来说是更有效的选择，因为它们不具有规模经济性或者足够的内部资源以成功的实施其他两种战略。

企业在实施集聚型战略时，一定要审视自身的状况，看看是否适合集聚型战略。集聚型战略的实施适用条件如下所述。

（1）具有完全不同的用户群。
（2）在相同的目标市场群中，其他竞争对手不打算实行重点集聚的战略。
（3）企业的资源不允许其追求广泛的细分市场。
（4）行业中各细分部分在规模、成长率、获得能力方面存在很大的差异。

当然，上述构成集聚战略的条件需要企业去寻找和创造，已具备集聚战略优势的企业仍须不断改善自身的地位或巩固已有市场。

**特别提示**

集聚战略实施前提主要针对特定环境下的企业，具有一定的局限性，在面对具体问题时企业要进行具体地分析与应用。

### 11.3.2 集聚战略的实施细则

在了解执行战略的前提之后，管理者必须清楚认识如何去实施才能使企业发展效用最大化。

**1. 目标市场细分**

市场细分就是根据顾客明显不同的需求特征将整体市场划分成若干个顾客群的过程。通过市场细分，企业能向目标子市场提供独特的产品、服务及价值链配置。集聚战略的前提是市场细分。企业选择产业中的一个或一组细分市场，如产品线配套、产品品种、最终顾客类型、分销渠道或地理位置，制定专门的战略向此细分市场提供与众不同的服务，目标是独占这个市场。当然，集聚战略是否可行取决于细分市场的规模，以及该细分市场能否支撑集聚战略的附加成本。企业在细分市场时还可以使用补缺战略，补缺是更窄的确定某些群体或价值链空白，一般来说，补缺市场顾客存在未被满足的需求，而这种需求是明确和复杂的，他们愿意为提供最满意需要的企业支付溢价。因此，企业必须先在产业和顾客上作深入的市场细分，找准目标市场。

2. 市场的集聚

在选准目标市场后，企业必须为挑选出的每个细分市场开发产品和制订营销方案。对所选择的市场在产品、服务、品牌、顾客、价值链的配套上集聚资源。在企业资源有限的背景下，为了在市场竞争中获得利益的最大化，企业就必须在价值链的关键环节上开展合作，形成共同合作、风险共担的合作博弈模式。如设计合作、生产合作、物流外包等。

### 11.3.3 集聚战略的扩展形式

除了增加现有市场对现有产品的需要量之外，企业还可以用集聚战略来实现对新市场或新产品的扩张。

1. 市场开发战略

市场开发战略是集聚战略在市场范围上的扩展。市场开发是指将现有产品进行某些改变(主要是外观上的改变)后，经过其他类型的分销渠道，不同的广告或其他媒介，销售给相关市场用户的过程，即在新市场上销售现有产品。市场开发战略的成功主要取决于企业分销系统的潜力和企业在资源上对建立和完善分销系统，或是提高分销系统革命的支持能量。

2. 产品发展战略

产品发展战略是集聚战略在产品上的扩展。产品发展是指对现有产品进行较大幅度的调整，或生产与现有产品相关的、能经现有渠道推销给现有用户的新产品活动。制定产品发展战略的目标或是延长吸纳有产品的生命周期，或是充分利用现有产品的声誉及商标，以吸引对现有产品有好感的用户对新产品的关注。总之，是在现有市场上出售新产品。

3. 创新战略

创新意味着不断向市场提供全新或经过较大改进的产品，成为市场的领先者。创新是企业适应用户心理的手段，用户和市场都已经习惯于产品的定期变化。那些以创新为其战略基础的企业总是抢先于竞争对手向市场引进创新产品。一旦用户接受了新产品或经过较大改良的产品，企业便可以获得很高的初始利润。随着竞争对手的跟随进入，它们便转而进行新的创新。创新也是企业战胜竞争对手的有效手段。

需要注意的是，虽然创新和产品发展都关系到产品改造和产品生命周期，但产品发展是改造或延长某种已有产品的生命周期，而创新则是创造出一个新的产品生命周期。

### 11.3.4 集聚战略实施的风险

1. 容易限制获取整体市场份额

集聚战略目标市场总具有一定的特殊性，目标市场独立性越强，与整体市场份额的差距就越大。实行集聚战略的企业总是处于独特性与市场份额的矛盾之中,选择不恰当就可能造成集聚战略的失败。与这一对矛盾相对应的是企业利润率与销售额互为代价。例如,为愿意支付高价的顾客而进行专门设计加工服装的企业,将失去中低档服装市场。有很多企业为了获得集聚优势的同时又进入了广泛市场,这种矛盾的战略最终会使企业丢失其专有的市场。

2. 企业对环境变化适应能力差

实行集聚战略的企业往往是依赖特殊市场而生存和发展的,一旦出现有极强替代能力的产品或者市场发生变化时,这些企业容易遭受巨大损失。例如,滑板的问世对旱冰鞋的市场构成极大的威胁。又如,投入成本较高的夜总会等娱乐场所,专为高收入阶层或特殊顾客群服务而获取高利润率,当出现经济萧条或严格控制公款消费时,这些娱乐性企业则亏损严重。

3. 成本差增大而使集聚优势被抵消

当为大范围市场服务的竞争对手与集聚企业之间的成本差变大时,会使针对某一狭窄目标市场服务的企业丧失成本优势,或者使集聚战略产生的差别化优势被抵消。因为这种成本差的增大将降低买方效益或者降低买方使用替代品的转移成本,而使集聚市场与广泛市场之间的渗透增大,集聚战略所构成的成本优势或差别化优势则会逐渐消失。例如,过多的依赖广告宣传效果而形成自己市场的产品,如化妆品、保健用品等,容易被面对普通用户的产品借助于集聚产品的广告宣传的高投入而获益的入侵。

总之,通过集聚战略,企业能填补了市场的空白,置身于相关产业链,形成特定市场的专业化优势,保持企业持续竞争优势,实现企业快速和持续发展。

## 本 章 小 结

集聚战略是主攻某个特殊的顾客群、某产品线的一个细分区段或某一地区市场。集聚战略与其他两个基本的竞争战略不同。成本领先战略与差别化战略是企业面向全行业,在整个行业的范围内进行活动。而集聚战略则是围绕一个特定的目标进行密集型的生产经营活动,要求能够比竞争对手提供更为有效的服务。

集聚战略对于中小企业的价值较大。集聚战略的价值体系在:以特殊的服务范围来抵御竞争压力;以低成本的特殊产品形成优势;以攻代守;企业专攻特定细分市场,有助于抵御行业五种竞争力;有利于资源的优化配置。

集聚战略是集中在狭窄的细分市场中寻求成本领先优势或差异化优势。集聚战略能在目标环节获得规模经济,这样就使成本领先有了可能。同时集聚在一个特定的范围内,企业才会体现竞争力,形成差异化优势。此外,也使企业定位在价值链的一部分,与其他企业配套,形成优势互补和专业化的优势。集聚战略的不足是对环境的适应能力较差,有较大风险,放弃了其他市场机会。

集聚型战略的实施适用条件如下:(1)具有完全不同的用户群;(2)在相同的目标市场群中,其他竞争对手不打算实行重点集聚的战略;(3)企业的资源不允许其追求广泛的细分市场;(4)行业中各细分部分在规模、成长率、获得能力方面存在很大的差异。

集聚战略的前提是市场细分。企业选择产业中的一个或一组细分市场，如产品线配套、产品品种、最终顾客类型、分销渠道或地理位置，制定专门的战略向此细分市场提供与众不同的服务，目标是独占这个市场。当然，集聚战略是否可行取决于细分市场的规模，以及该细分市场能否支撑集聚战略的附加成本。

# 复习思考题

1. 选择题

(1) 下列关于集聚战略的叙述中，正确的有（　　）。
A. 集聚战略是针对大规模市场采取的一种竞争战略
B. 集聚战略是针对个别细分市场采取的一种竞争战略
C. 集聚战略一般是中小企业采用的战略
D. 集聚战略一般是大型企业采用的战略

(2) 采取成本领先战略、差异化战略和集聚战略时，共同的风险是（　　）。
A. 竞争者可能模仿　　　　　　　　B. 新进入者重新细分市场
C. 技术变化导致原有的成本优势丧失　　D. 与竞争对手的成本差距过大

(3) 将经营重点放在不同需求的顾客群上，是（　　）的主要特点。
A. 产品集聚战略　　B. 地区集聚战略　　C. 顾客集聚战略　　D. 市场集聚战略

(4) 中小企业实力较弱，在经营中要求把有限的资源和力量，投入到一个确定的目标市场上。中小企业实施的这一战略，称为（　　）。
A. 集聚战略　　　　B. 边缘化战略　　　C. 灵活性战略　　　D. 特色性战略

(5) 某民营企业的主营业务为厨房用具，在很多民营企业均涉足房地产业以获取高额回报时，该企业仍坚持经营厨房用具，并且定位中高端市场，舍弃低端市场。该企业的这种战略属于（　　）。
A. 市场细分战略　　B. 差异化战略　　C. 集中成本领先战略　　D. 集聚战略

2. 填空题

(1) ＿＿＿＿＿＿，也称集聚战略、目标集中战、目标聚集战略、目标聚集性战略。
(2) 集聚性营销策略的优点是适应了本企业＿＿＿＿＿＿这一特点。
(3) 持续竞争优势的措施有＿＿＿＿＿＿、＿＿＿＿＿＿、＿＿＿＿＿＿等。

3. 判断题

(1) 集聚战略，也称集聚战略、目标集中战、目标聚集战略、目标聚集性战略。（　　）
(2) 管理中一般的竞争战略分为三种：成本领先战略、差异化战略、集聚战略。（　　）
(3) 创建企业持续竞争优势将异质性资源、特异能力、创新和行业环境作为四个关键维度要素。（　　）

4. 问答题

(1) 什么是集聚战略。
(2) 持续竞争优势的含义。

(3) 聚战略与成本领先战略、差异化战略的差别。
(4) 举出实例，说明集聚战略的实施途径和风险。
(5) 试叙述集聚战略与持续竞争优势的关系。

# 战 略 训 练

## 1. 案例研究

### 酷讯集聚旅游搜索

酷讯旅游网是中国领先的在线旅游媒体，是全球最大在线旅游媒体 TripAdvisor 旗下企业。公司创立于 2006 年初，总部位于北京。2011.12 酷讯旅游网母公司 TripAdvisor 在纳斯达克成功上市。酷讯旅游的远景是："让旅行更美好"，酷讯旅游的使命是："帮助旅行者发现、计划、购买最美好的旅行"，酷讯旅游的核心价值观是："快速、担当、激情、创新"；酷讯旅游的团队文化是"愉快、努力、高效"。

酷讯旅游凭借国内领先的垂直搜索技术，为旅行消费者提供国内外机票、酒店、旅游度假和火车票的专业搜索服务，并利用先进的数据挖掘和智能推荐等技术手段，通过实时整合、辨识、处理海量旅行产品数据，为用户提供最新最准确的旅行产品价格和信息，从而帮助用户高效地比较选择适合自己的旅行产品。

酷讯旅游可以实时搜索全部航空公司官网，超过 2000 家专业机票、10 万酒店、火车票以及度假产品供应商网站，帮助用户一站式获取全方位旅游产品信息。目前，酷讯旅游月访问量已突破 5,500 万。

伴随着互联网应用以及中国旅游产业的蓬勃发展，酷讯旅游作为中国领先的旅游搜索引擎，已经被亿万旅游消费者广泛接受并喜爱，酷讯旅游也逐渐成为众多旅行人士的首选互联网站点，帮助用户得到更好的旅行体验。同时，作为中国最具影响力的在线旅游媒体之一，酷讯旅游同样得到来自航空公司，大型酒店集团，各地旅游局及景区广泛赞誉，他们将酷讯旅游视为其拓宽业务以及吸引消费者最有效的平台。

（注：此案例由作者根据多方面资料汇编而成）

问题：
(1) 酷讯旅游为什么要实行集聚战略？
(2) 酷讯旅游如何进行集聚战略？

## 2. 文献查询作业

找出一家采用集聚战略的企业，能够很好地展示集聚战略在现实中的应用，并查询相关集聚战略的文献，结合相关知识与自己的理解对其进行分析。

## 3. 小组学习与讨论

将全班分成几个 3~5 人的小组，推举一名成员作为小组发言人，代表小组报告本组学习下列资料后的讨论结果。

三星集团（简称：三星）是一个跨国的企业集团，三星集团包括众多的国际下属企业，旗下子企业有：三星电子、三星物产、三星生命、三星航空等等，业务涉及电子、金融、机械、化学等众多领域；另一方面，美国苹果企业，原称苹果电脑企业，是全球第一大手机生产商，是全球主要的 PC 厂商，也是世界上市值最大的上市企业，其核心业务是电子科技产品。两者实施的战略完全是两个对立的路线，请大家分组讨论集聚战略与多元化战略的利弊。

**4. 阅读材料**

如下内容节选自倪军的《山东海丰国际航运集团目标集聚战略的选择和运用》,《交通企业管理》,2010年11期。

## 山东海丰国际航运集团目标集聚战略的选择

目标集聚战略主要是指企业主攻某个特定的顾客群、某产品系列的一个细分区段或某一个地区市场,其实质是企业能够以更高的效率、更好的效果为某一狭窄的战略对象服务从而在更广阔范围内超过竞争的对手。

一、山东海丰国际航运集团概述

1. 基本情况

山东海丰国际航运集团(以下简称海丰)是一家多元化、现代化、国际化的综合性物流集团,经营范围涉及海运、陆运、空运和码头。海运包括集装箱班轮运输、散货运输、沿海内贸运输、船舶管理、船舶代理和船舶经纪。海丰的集装箱班轮运输经营近40艘集装箱船舶,年进出货运量100万标箱,目前是中日、中韩等亚洲区域支线主力承运人,40多条航线及网络覆盖中国大陆、日本、韩国、中国香港、中国台湾、泰国、马来西亚等国家和地区。陆运包括货代、船代、无船承运、拼箱、多式联运、车队、仓储、报关和项目物流等。在全国乃至东南亚地区,海丰打造了由58家分支机构组成的综合物流网络。在青岛、上海、大连、天津、宁波和连云港等沿海城市,海丰已经建成或正在建设现代化的物流园区和物流中心。海丰与马士基物流、韩国韩进、香港胜狮货柜、青岛啤酒等国际大企业合资合作,为客户提供综合化的物流服务。

2. 竞争战略

目前对海丰构成威胁的竞争者主要有青岛海运、中韩轮渡及江苏远洋。青岛海运主营国内沿海货物和国际近洋运输,拥有散杂货、集装箱运输船舶18艘(共计7万载重吨),主航行于国内各大港口及日本、韩国、中国香港、东南亚等国家和地区,属型的国有中小航运企业。而中韩轮渡于2007年11月11日开通连云港—平泽客货班轮航线,成为全国首家在同一口岸开通2条中韩客货班轮航线的航运企业。江苏远洋主要从事国际海上货物运输、国际货运代理、国际船舶代理、海员劳务输出、外轮供应以及船舶租赁等远洋运输相关业务。对此,海丰选择了目标集聚战略,以顾客为导向,国际集装箱班轮运输专注于区域支线的细分市场,做精区域市场到极致,而不是盲目地开辟远洋线。同时,海丰在货运代理、船舶代理等方面与美国联邦快递、马士基物流积极合作,提高了综合实力。海丰打造出了优质的独特服务形象,"专、精"使得海丰保持了每年30%以上的高增长率,并且通过不断创新而组建高效率的组织运作体系。

二、目标集聚战略选择

企业环境SWTO分析

(1)企业优势:良好的客户关系基础;较强的港口协调能力;较强的品牌意识。

(2)企业劣势:资金短缺;货代网络不够合理;缺乏超大型货物装载的技术和技能。

(3)企业机会:政府加快航运结构调整步伐,船队向规模化、专业化方向发展;中国加入WTO,进出口贸易额及外商投资额增加;世界经济发展不平衡,不发达国家或地区受资金、港口设施及内陆运输等条件限制而依赖杂货船运输市场。

(4)企业威胁:运力增加,行业竞争加剧;新竞争者的不断加入;客户关系的不确定性增加。

海丰可以根据实际情况,总结出各种内外部影响因素并进行定性分析,以确定自身的发展战略。SO战略:市场渗透战略。通过在航运圈内较强的品牌优势,有计划、有目标地拓展区域支线的细分市场,在散货运输、沿海内贸内支运输等方面做得更精、更细。WO战略:业务收缩战略。将企业海丰船舶管理、海丰船舶经纪、海丰船舶代理等3个配套服务企业压缩合并，回笼资金，重点开展集装箱班轮运输、散货运输。ST战略：业务维持战略。利用在过去十几年不断积累的业务关系和行业经验，与自己主要的客户关系群体形成稳固的关系网络，建立自己的办事处，重视发展与主要港口的关系，确保企业船舶顺利运营。WT战略：收获战略。淘汰部分老旧船舶，"量体裁衣"，购进为自身服务需要的新型船舶。不盲目做大，集中目标，增强自身的竞争优势。

由于存在着资金短缺、货代网络不够合理等劣势和航运企业竞争加剧的威胁，海丰必须要坚持目标集聚战略。目标集聚战略是不具备足够多资源和足够竞争实力的企业的首选。由于一些大企业和跨国企业无暇顾及产业内一些狭小而偏好多样的群体，海丰选择目标集聚战略可以获得比较大的成功。见缝插针是市场后来者或者中小企业的立足之道。相比于中海集团和中远集团这样的大企业，海丰可以利用目标集聚战略来创造自己的竞争优势，而且最终同样能够占据强有力的市场位置。

# 参考文献

[1] [美]查尔斯·希尔(Charles W. L. Hill), G. R. 琼斯(Gareth R. Jones), 周长辉. 战略管理. 1版. 孙忠, 译. 北京：中国市场出版社，2007.

[2] 王铁男. 企业战略管理. 2版. 北京：科学出版社，2010.

[3] 张旭、易学东、刘海潮. 战略管理. 北京：清华大学出版社，2010.

[4] 王玉. 企业战略管理教程. 2版. 上海：上海财经大学出版社，2005.

[5] 张秀玉. 企业战略管理. 2版. 北京：北京大学出版社，2005.

[6] 王铁男. 企业战略管理. 哈尔滨：哈尔滨工业大学出版社，2005.

[7] 史世鹏. 愿景管理——企业塑造未来的战战略方法. 北京：中国物价出版社，2004.

[8] [英]格里·约翰逊、凯万·斯科尔斯. 战略管理案例. 6版. 王军, 译. 北京：人民邮电出版社，2004.

[9] 郭成, John Brown. 企业战略管理. 郑州：郑州大学出版社，2004.

[10] 王文亮. 企业战略管理. 郑州：郑州大学出版社，2004.

[11] 顾天辉、杨立峰、张文昌. 企业战略管理. 北京：首都经济贸易大学出版社，2004.

[12] 杨锡怀、冷克平、王江. 企业战略管理理论与案例. 北京：高等教育出版社，2004.

[13] 罗伯特·格兰特. 公司战略管理. 北京：光明日报出版社，2004.

# 第12章 产业结构与业务层战略

通过本章的学习，了解产业结构的重要性。掌握业务层战略的相关理论，理解产业生命周期理论的含义、发展及各阶段特点；掌握分散产业的含义、特点和分散产业战略；学习集中产业的含义、特点和集中产业战略；掌握高新技术产业的含义、发展、面临的挑战，以及高新技术产业战略。

> 有什么样的战略，就应有什么样的组织结构。然而这一真理往往被人们忽视。有太多的企业试图以旧的组织结构实施新的战略。
>
> ——戴尔·麦康基

产业结构　初创期　成长期　成熟期　衰退期　领先战略　坚壁战略　抽资转向战略　快速放弃战略　集团式发展经营战略　集中型经营战略　跨国经营战略　多样化经营战略　分散产业　集中产业　高新技术产业

### 导入案例

#### 蒙牛的生命周期战略

蒙牛乳业股份有限公司（以下称蒙牛）成立于1999年7月，短短6年，从最初产业排名1116位跃居产业龙头。据统计，蒙牛在诞生的1000天里平均一天超过一个乳品企业。截止2005年底，蒙牛实现UHT奶全球销量第一。液态奶全国销量第一。6年里，蒙牛年销售收入增长近200倍，销量200亿，投资收益率大于5000%，蒙牛取得如此辉煌的成就原因离不开蒙牛在其不同的发展阶段采用相应不同的营销策略。

（1）初创阶段，创立知名度。2000年9月蒙牛推出大型公益广告——《为蒙牛喝彩·中国乳都》，在其投放的箱体广告中写着"千里草原腾起伊利、兴发、蒙牛乳业，塞外明珠耀照宁城、化奇集团、我们为内蒙古喝彩"。在冰激凌的包装上，蒙牛直接打出"为民族工业争气。向伊利学习"的字样。

## 第12章 产业结构与业务层战略

(2) 成长阶段之一，打开市场。在蒙牛之前的1997年至1998年，伊利进军深圳，未获成功。针对深圳人对蒙牛品牌尚不了解。加之深圳各大零售商对外来产品的排斥现象，蒙牛决定改变伊利"从城市到农村"的传统营销策略而采取"农村包围城市"的体验营销策略。引来人民的普遍赞誉和良好口碑，从而使蒙牛产品成功打入深圳市场。

(3) 成长阶段之二，建立品牌印象。2003年10月16日6时23分中国"神五"飞船首次载人航天飞行圆满成功。蒙牛作为中国航天的首家合作伙伴也因此成为国人关注的焦点之一。使蒙牛在消费者心中树立了一个具有民族责任感及人性关怀的品牌形象，因此也达到了情感营销的效果。

(4) 成熟阶段，品牌整合。2005年由蒙牛与湖南卫视联合打造的"蒙牛酸酸乳超级女声"青春女孩秀取得非凡成功。蒙牛借此活动创造了营销神话，其全年销售额达到108亿元，同比增长50%净利润高达4.5亿元，同比增长43.7%。更体现了两个具有创新观念企业的沟通和全力投入的成果，在发展过程中，新合作者不断加入，直至全民参与，体现了蒙牛对人的力量的整合，还有对中国特色文化力量的整合。

(5) 衰退阶段，危机管理。2009年2月12日石家庄市中级人民法院因三鹿婴幼儿奶粉中三聚氰胺含量超标导致婴幼儿患"肾结石"而宣判三鹿集团破产。消费者对蒙牛、伊利等乳制品企业的产品质量及产品安全性的形象大打折扣。蒙牛销量锐减，为了重新塑造蒙牛产品绿色、健康和营养的品牌形象提高蒙牛销售业绩，2009年4月20日，由蒙牛、NBA(中国公司)和山东卫视共同打造《蒙牛NBA终极篮徒》在京启动。蒙牛大力宣传"运动＋营养(蒙牛)＝健康"的营销理念。历时6个月活动与宣传，取得优异成果。最终蒙牛销量开始不断回升，转危为安。

(6) 二次创业阶段(又称转型期)，以攻为守。经历了三聚氰胺事件后的蒙牛没有像三鹿一样破产消亡，而是进入了又一个新的发展阶段——二次创业阶段(转型期)。蒙牛决定采用以攻为守创新性营销策略，即通过"三驾马车"来拉动蒙牛的前进。第一架马车，多元化营销策略。为扩大利润增长点，蒙牛实行产品线延伸策略(产品线向上延伸策略)。第二架马车，国际化营销策略。蒙牛总裁杨文俊表示"蒙牛用十年实现了从'草原牛'到'中国牛'再到'世界牛'的发展路径"。第三架马车，网络化营销策略。超越传统营销模式，打造新的市场营销渠道，建立时尚乳业电子商务平台，使顾客对蒙牛产品"了如指掌"、"触手可及"，而且及时反馈消费者购后信息。

蒙牛生命周期分为五个阶段：初创期、成长期、成熟期、衰退期和二次创业期(转型期)。初创期，企业创立伊始，产品和服务开始陆续进入市场。产品品牌尚未被消费者知晓，销售量较低，利润更低甚至为负数，企业资金不足，发展缓慢。成长期，企业产品品牌被越来越来的人所知晓，销售量快速上升，利润不断增长，企业迅速发展，树立良好的企业形象、提高顾客购买忠诚是重中之重。成熟期，企业品牌已被消费者熟知，销售量和利润增长缓慢，企业形象得以树立，资金充足。保持顾客忠诚和发展潜在顾客成为关键任务。衰退期，由于企业自身缺陷或营销环境的巨变，销售量和利润急剧下降，企业面临破产危机，是企业生命周期中最关键的时期，若营销策略运用得当可以使企业转危为安，免遭破产消亡的败局。进入下一个发展阶段。反之，则企业将走到生命周期的尽头。二次创业期(转型期)，此时期企业经过努力产品质量形象和企业品牌形象得以重新塑造，消费者再次认可企业品牌和接受企业产品，企业销售量和利润再次回升。此时期企业应把握机遇实施多元化、网络化和国际化战略以使企业获得更广阔的发展空间。

(注：此案例由作者根据多方面资料汇编而成。)

**点评： 生命周期战略打开广阔发展空间**

蒙牛集团明晰自身各阶段所处的生命周期，分析自身优劣，针对各发展阶段的不同特点，采取具有不同侧重点的发展战略。因此，即使蒙牛集团遭遇发展瓶颈，也能很快转危为安，进入二次创业期。可见，合理的生命周期产略能使企业获得更广阔的发展空间。

企业的成功与发展离不开战略,战略的制定企业具有至关重要的作用。而影响企业战略制定的因素也是多种多样的,其中产业结构对于企业战略的制定有着重大影响。同时,竞争是企业成败的关键,竞争战略的选择制定是企业在竞争发生的产业宏观舞台上追求一种理想的竞争地位,对企业竞争战略的研究不能脱离产业这个至关重要的环境。市场经济实践表明,以一定的核心技术或工艺为基础而形成的产业从出现到发展、再到消失,遵循一定的生命周期规律。企业的战略制定与其所处产业的生命周期阶段特性有着十分密切的关系。

## 12.1 产业生命周期战略

产业是具有某种共同特性的企业构成的集合或系统。它是一国国民经济的有机组成部分。产业生命周期指产业从产生到衰亡具有阶段性和共同规律性的厂商行为(特别是进入和退出行为)的改变过程,以一定核心技术或工艺为基础而形成的产业从出现到发展、再到消失,遵循一定的生命周期规律。产业生命周期理论则是在实证基础上对其进行研究的现代产业组织学重要分支之一。

**特别提示**

企业不能期望他的产品永远地畅销,因为一种产品在市场上的销售情况和获利能力并不是一成不变的,而是随着时间的推移发生变化,就像生物的生命历程一样,所以称之为产品生命周期。

### 12.1.1 产业生命周期理论概述

产业生命周期曲线忽略了具体的产品型号、质量、规格等差异,仅仅从整个产业的角度考虑问题。产业生命周期是一种定性的理论,产业生命周期曲线是一条近似的假设曲线。这个改变过程可以由几个明显的阶段加以区分,分别为产业的导入期、成长期、成熟期和衰退期。产业生命周期曲线识别产业生命周期所处阶段的主要标志有:市场增长率、需求增长潜力、产品品种多少、竞争者多少、市场占有率状况、进入壁垒、技术革新以及用户购买行为等。

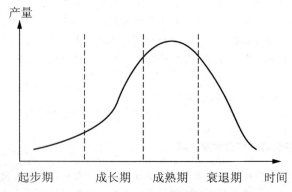

图 12.1　产业生命周期曲线图

产业生命周期各阶段的特征。

（1）初创期（起步期）：在这一阶段，由于新产业刚刚诞生或初建不久，而只有为数不多的创业企业投资于这个新兴的产业，由于初创阶段产业的创立投资和产品的研究、开发费用较高，而产品市场需求狭小（因为大众对其尚缺乏了解），销售收入较低，因此这些创业企业财务上，可能不但没有盈利，反而普遍亏损；同时，较高的产品成本和价格与较小的市场需求还使这些创业企业面临很大的投资风险。另外，在初创阶段，企业还可能因财务困难而引发破产的危险，因此，这类企业更适合投机者而非投资者。这一时期的市场增长率较高，需求增长较快，技术变动较大，产业中各产业的用户主要致力于开辟新用户、占领市场，但此时技术上有很大的不确定性，在产品、市场、服务等策略上有很大的余地，对产业特点、产业竞争状况、用户特点等方面的信息掌握不多，企业进入壁垒较低。在初创阶段后期，随着产业生产技术的提高、生产成本的降低和市场需求的扩大，新产业便逐步由高风险低收益的初创期转向高风险高收益的成长期。

（2）成长期：在这一个时期，拥有一定市场营销和财务力量的企业逐渐主导市场，这些企业往往是较大的企业，其资本结构比较稳定，因而它们开始定期支付股利并扩大经营。在成长阶段，新产业的产品经过广泛宣传和消费者的试用，逐渐以其自身的特点赢得了大众的欢迎或偏好，市场需求开始上升，新产业也随之繁荣起来。与市场需求变化相适应，供给方面相应地出现了一系列的变化。由于市场前景良好，投资于新产业的厂商大量增加，产品也逐步从单一、低质、高价向多样、优质和低价方向发展，因而新产业出现了生产厂商和产品相互竞争的局面。这种状况会持续数年或数十年。由于这一原因，这一阶段有时被称为投资机会时期。这种状况的继续将导致生产厂商随着市场竞争的不断发展和产品产量的不断增加，市场的需求日趋饱和。生产厂商不能单纯地依靠扩大生产量，提高市场的份额来增加收入，而必须依靠追加生产，提高生产技术，降低成本，以及研制和开发新产品的方法来争取竞争优势，战胜竞争对手和维持企业的生存。这一时期的特点是市场增长率很高，需求高速增长，技术渐趋定型，产业特点、产业竞争状况及用户特点已比较明朗，企业进入壁垒提高，产品品种及竞争者数量增多。

但这种方法只有资本和技术力量雄厚，经营管理有方的企业才能做到。那些财力与技术较弱，经营不善，或新加入的企业（因产品的成本较高或不符合市场的需要）则往往被淘汰或被兼并。因而，这一时期企业的利润虽然增长很快，但所面临的竞争风险也非常大，破产率与合并率相当高。在成长阶段的后期，由于产业中生产厂商与产品竞争优胜劣汰规律的作用，市场上生产厂商的数量在大幅度下降之后便开始稳定下来。由于市场需求基本饱和，产品的销售增长率减慢，迅速赚取利润的机会减少，整个产业开始进入稳定期。在成长阶段，虽然产业仍在增长，但这时的增长具有可测性。由于受不确定因素的影响较少，产业的波动也较小。此时，投资者蒙受经营失败而导致投资损失的可能性大大降低，因此，他们分享产业增长带来的收益的可能性大大提高。

（3）成熟期：产业的成熟阶段是一个相对较长的时期。在这一时期里，在竞争中生存下来的少数大厂商垄断了整个产业的市场，每个厂商都占有一定比例的市场份额。由于彼此势均力敌，市场份额比例发生变化的程度较小。厂商与产品之间的竞争手段逐渐从价格手段转向各种非价格手段，如提高质量、改善性能和加强售后维修服务等。产业的利润由于一定程度的垄断达到了很高的水平，而风险却因市场比例比较稳定，新企业难以打入成熟期市场而较低，其原因是市场已被原有大企业比例分割，产品的价格比较低。因而，新企业往往会由于创业投资无法很快得到补偿或产品的销路不畅，资金周转困难而倒闭或转产。

在产业成熟阶段，产业内产业增长速度降到一个更加适度的水平。在某些情况下，整个产业的增长可能会完全停止，其产出甚至下降。由于丧失其资本的增长，致使产业的发展很难较好地保持与国民生产总值同步增长，当国民生产总值减少时，产业甚至蒙受更大的损失。但是，由于技术创新的原因，产业中的某些产业或许实际上会有新的增长。在短期内很难识别何时进入成熟阶段，但总而言之，在这一阶段一开始，投资者便希望收回资金。这一时期的特征表现为市场增长率不高，需求增长率不高，技术上已经成熟，产业特点、产业竞争状况及用户特点非常清楚和稳定，买方市场形成，产业盈利能力下降，新产品和产品的新用途开发更为困难，产业进入壁垒很高。

 知识链接

进入壁垒是新进入企业与在位企业竞争过程中所面临的不利因素，即它仅指新进入企业才须承担而在位企业无须承担的（额外的）生产成本。

（4）衰退期：这一时期出现在较长的稳定阶段后。由于新产品和大量替代品的出现，原产业的市场需求开始逐渐减少，产品的销售量也开始下降，某些厂商开始向其他更有利可图的产业转移资金。因而原产业出现了厂商数目减少，利润下降的萧条景象。至此，整个产业便进入了生命周期的最后阶段。在衰退阶段里，厂商的数目逐步减少，市场逐渐萎缩，利润率停滞或不断下降。当正常利润无法维持或现有投资折旧完毕后，整个产业便逐渐解体了。

这一时期的特征为市场增长率下降，需求下降，产品品种及竞争者数目减少。从衰退的原因来看，可能有四种类型的衰退，它们分别是：资源型衰退，即由于生产所依赖的资源的枯竭所导致的衰退；效率型衰退，即由于效率低下的比较劣势而引起的产业衰退；收入低弹性衰退。即因需求-收入弹性较低而衰退的产业；聚集过渡性衰退。即因经济过度聚集的弊端所引起的产业衰退。

有些特定的产业有特定的生命周期，有些产业成长期和衰退出现得非常迅速，有些产业要经过很长的起步期才进入成熟期，还有些产业进入衰退期后发生了改变，又形成一个新的周期，是波浪式发展。

## 12.1.2 产业生命周期战略的分析

产业生命周期是不可抗拒的客观规律，它是影响企业发展的基本因素之一。企业在制定发展战略时必须对企业所在产业的生命周期特点及所处阶段具有明确的分析、判断和预测能力，通过发展战略的实施实现企业长期盈利，并达到延长企业生命周期的目的。由于产业生命周期对企业竞争力具有很大的影响，企业所处的产业结构及产业演变趋势就成为了竞争战略分析和制定的基础，企业在制定和实施竞争战略时必须考虑所处的产业生命周期阶段因素可能产生的重要影响，以提高企业竞争战略的前瞻性。

由于产业的生命周期构成了企业外部环境的重要因素,因此产业生命周期理论自诞生之日起就受到经济学和管理学研究者的极大兴趣,迈克尔·波特(Michael Porter)(1997)在《竞争战略》一书中论述了新兴产业、成熟产业和衰退产业中企业的竞争战略;John Londregan(1990)则构建了产业生命周期不同阶段企业竞争的理论模型。已有的研究成果中,从战略的角度研究产业生命周期主要集中在产业生命周期的阶段性变化对企业战略决策的影响,以及生命周期不同阶段如导入期、成长期、成熟期可供企业选择的战略决策。

1. 基于产业生命周期的企业战略制定模型

在不同的生命周期阶段,影响战略制定的因素与产业生命周期关系都具有不同的特点,企业战略在制定的基础上,不仅反映了企业战略制定的影响因素之间的应该做相应的调整,这就要求企业在产业生命周期相互关系,更反映了企业战略与这些因素之间的关系在不同阶段形成不同的战略组合(如图12.2所示)。

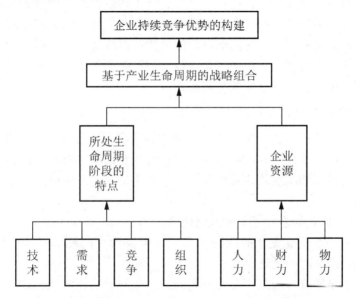

图 12.2　基于产业生命周期的企业战略制定模型

企业的竞争战略必须将企业同它所处的环境相联系,而产业是企业经营最直接的环境,每个产业的结构又决定了企业竞争的范围,从而决定了企业潜在的利润水平。企业获得竞争优势的因素有两个:一是产业吸引力;二是企业在产业的相对地位。持续竞争优势来源于企业能够长时间维持高于其所在产业平均水平的经营业绩。

基于产业生命周期的企业战略制定模型是将产业生命周期特点和企业资源实际以及企业战略选择三个因素结合的一个分析工具。在规模经济显著的产业中,企业有必要明确本企业在产业中的地位,根据本公司在产业中的不同位次,确立相应的竞争战略。如果在实际竞争中忽视了自己在产业中的地位,采取了与自己的位次不相称的对策,这不仅给产业造成混乱,而且最后也达不到经营战略目标。大多数集中产业都有一个或少数几个企业处于市场领导地位,它们的产品在市场上有最大的市场占有率,而且常在价格变化、新产品的市场投放、销售区域、促销强度等方面在该产业中起领导作用。其次就是处于优胜者地位的企业，它们的市场占有率比领导型企业小，在市场中的地位次于领导型企业。

处于领导地位的企业要想保持其现有企业的地位，就要在三个方面进行努力：首先，要寻求扩大产业总需求量的途径，因为一般来讲，在扩大总需求量中，领导型企业总是占有多数份额。其次，企业应当采用各种措施来保持现有的市场领域，不受竞争对手的侵犯，因此要破除陈规，不断创新，在新产品开发、顾客服务、提高销售效率、降低成本等方面要保持其领先地位。再次，在可能的情况下，企业应努力提高市场占有率。美国管理学者的"管理战略对企业效益影响（PIMS）"的研究表明，企业的税前投资收益率随市场占有率的增加而增加。

企业的资源是企业制定战略必须考虑的内部因素，而对产业生命周期产生影响的四个因素既有内部因素也有外部因素，整个战略组合的确定都必须建立在分析这些因素的基础之上，同时战略组合的最终目标是要有利于企业持续竞争优势的构建。在企业战略制定模型中，我们可以看到，企业通过在技术、需求、竞争和组织四个因素分析的基础上，得出企业所进入的、或者想要进入的各个产业的现状和发展趋势，明确产业所处的生命周期阶段的特点，再结合对企业可利用的内部资源的分析，以帮助企业分析是否应该继续在这些产业中发展，或者是否可以进入这些产业，以及如何在这些产业中发展，明确企业可供采取的战略有哪些，最终制定出企业的战略组合。

2. 基于产业生命周期的企业战略

具体看，第一，要根据企业所处产业生命周期阶段的变动适时调整竞争战略。第二，要根据企业所处产业的生命周期不同阶段特点适时调整创新的路径和内容。第三，要根据企业所处产业的生命周期演变规律及可能产生的异化情况，及时确立、培育接替产业，以增强产业的洞察力。

1) 产业初创及成长期企业竞争的战略选择

产业初创及成长期企业竞争的战略选择必须解决两个问题：一是尽快使产业结构成型；二是进入新兴产业时间的选择。

在下列情况下早期进入新兴产业是有利的：企业的形象和名望对顾客至关重要，企业可因作为先驱者而发展和提高声望；当经验曲线对一个产业至关重要时，早期进入可以使企业较早地开始学习过程；顾客忠诚非常重要，所以那些首先对顾客销售的企业将获益；通过早期进入投资于原材料供应、零配件供应和批发渠道等，因而可以取得成本优势。

知识链接

顾客忠诚（Customer Loyalty，CL）是指顾客对企业的产品或服务的依恋或爱慕的感情，它主要通过顾客的情感忠诚、行为忠诚和意识忠诚表现出来。其中情感忠诚表现为顾客对企业的理念、行为和视觉形象的高度认同和满意；行为忠诚表现为顾客再次消费时对企业的产品和服务的重复购买行为；意识忠诚则表现为顾客做出的对企业的产品和服务的未来消费意向。

在下列情况下早期进入是非常危险的：产业早期竞争和市场与产业发展后的市场有很大的不同，早期进入企业因此而建立错误的技能，以后面临很高的转换成本；开辟市场代价高昂，其中包括对顾客的宣传教育、法规批准、技术首创等，而开辟市场的利益并不能为本企业所专有；早期与小的新的企业竞争代价高昂，但以后这些小企业将被更难对付的竞争者所取代；技术变化将使早期投资陈旧，并使晚期进入的企业获得新产品，得到生产过程的益处。

2）产业成熟期企业竞争的战略选择

作为产业生命周期的一个重要阶段，一个产业必然要经历从高速发展的成长期进入到有节制发展的成熟期。在这个时期中，企业的竞争环境经常发生根本性的变化，要求企业在战略上做出相应的反应。产业成熟期企业竞争的战略选择包括以下几个方面：产品结构的调整，正确定价，改革工艺和革新制造方法，选择适当的顾客，购买廉价资产，开发国际市场。

成熟产业中企业应注意的问题：对企业自身的形象和产业状况存在错误的假设；防止盲目投资；为了短期利益而轻易地放弃市场份额；对产业实践中的变化做了不合理的反应；坚持以"高质量"为借口，而不去适应竞争者进攻性的价格和市场行为；过于强调开发新产品，而不是改进和进取性地推销现存产品；企业应避免过多地使用过剩生产能力。

3）产业衰退期企业竞争的战略选择

产业衰退期企业的战略选择基本有转移和退出战略。在产业衰退期，产业内的竞争日益激烈，新兴技术的出现使得产业内原有的主导技术逐渐过时，从而导致市场需求日益减少。由于产业一般来讲生命周期比较长，更多的时候表现为产业波动。考虑到这一情况，将产业的衰退分为短暂的衰退期和长期的衰退期，并分别考察这两种情况下企业的策略行为。

在完全信息静态条件下，无论产业是短期衰退还是长期衰退，当企业面临较大的退出成本时，竞争的企业都不会退出产业，后果是必须面对激烈的竞争，因为现有的市场份额不足以同时养活多个企业。此外，竞争也会消耗企业的资源。而当退出成本较小时，企业及时退出的损失将小于同时滞留在产业中所导致的损失。在产业衰退期，企业的战略决策不仅取决于衰退期的长短，同时企业的退出成本也在很大程度上影响了企业的战略决策。

但事实上，由于下述因素的影响使得产业衰退期企业的战略行为远远不止战略转移及退出这两种选择。首先，产业的生命周期不同于产品的生命周期，一些产业的生命周期的成熟期无限延长。其次，一些产业的生命周期会出现反复。第三，不同的企业对产业未来发展形势的判断也不尽相同。判断产业生命周期所处阶段的主要指标是整个产业的市场需求文化以及风俗习惯的因素等。第四，即使是一个产业真正进入了衰退期，企业在什么情况下会选择退出战略，企业退出的时机和方式如何也是企业需要面临的战略选择。有如下的战略在产业衰退期可供选择。

（1）领先战略。是指利用一个衰退产业的优势，企业通过面对面地竞争，成为产业中保留下来的少数企业之一，甚至是保留下来的唯一企业。这样企业或剩余企业拥有达到平均水平以上的利润潜力，形成一个较优越的市场地位，以此来保持自己的地位或实行抽资转向战略。

实行领先战略的一般措施是：在定价、进入市场以及其他为建立市场面而采取的积极的竞争行动上进行投资，并且使本产业的其他企业能迅速退出一部分生产能力；购买竞争者一部分生产能力，购买市场份额，降低竞争者的退出障碍；采取其他方式降低竞争者的退出障碍，如让他们为自己的产品生产零部件，接管长期合同，生产具有私人标记的产品等；为继续保留在衰退产业中，通过公开的声明和企业自己的行为，表明商业上的约定；通过竞争行动向竞争者清楚地表明自己的雄厚实力，消除竞争者试图将企业排挤出本产业的想法；搜寻和公布可降低今后衰退的不确定性的可靠信息，以减少竞争者过高地估计产业的真实前景，以及他们想继续保留在衰退产业中的可能性；通过增加在新产品或改进生产工艺方面再投资的需要，提高对保留在衰退产业中的对其竞争者的威胁。

（2）坚壁战略。这个战略的目的：是鉴别出衰退产业中那些能保持稳定的需求或者需求下降很慢，而且还具有获取高收益特点的某一部分。企业在这部分市场的不确定性，企业可以采取在领先战略中所列举出的一些措施。最终企业或者转向执行收获战略，或者转向放弃战略。

**特别提示**

坚壁清野，是采用使敌人攻不下据点又得不到任何东西的措施，是一种对付优势敌人入侵而困死、饿死敌人的作战方法。

（3）抽资转向战略。抽资转向战略的目的：是减少或取消新的投资，减少设备维修，甚至削减广告和研究与开发费用，以及为提高价格或今后销售中获利于以往的信誉而最大程度利用企业现存的一切实力。普通的抽资转向战略方法有：减少样品数量；减少使用的销售渠道；放弃小的客户；减少因销售而引起的各种服务等。

在衰退产业中企业要注意，并非所有的业务都是可抽资转向的，实施抽资转向战略有一些先决条件。这些条件是：企业具有能够生存的实力；在衰退阶段，一个产业不致于衰退到更加激烈的竞争中；若企业不拥有相当的实力，企业的产品价格将升高，产品质量将降低，广告宣传将停止，其他措施将会引起大幅度的销售量下降；在衰退阶段，如果产业的结构导致竞争反复无常，竞争者就可能会利用企业投资不足的弱点夺取市场或迫使价格下降，由此消除了企业通过抽资转向所拥有的低成本的优势；同样，由于一些企业具有一些降低投资的选择，使企业不易抽资转向。

（4）快速放弃战略。该战略的依据：是在衰退阶段的早期这项业务，企业能够从此业务中最大的限度地得到最高卖价。原因是：出售这项业务越早，资产市场，如国外市场，需求没有饱和的可能性越大，企业能从这项业务的出售中实现最高的价值。

表 12-1 产业生命周期特征与战略选择

| 特　　征 | 起步期 | 成长期 | 成熟期 | 衰退期 |
| --- | --- | --- | --- | --- |
| 消费者数量 | 少但前景看好 | 逐步扩大并且增长迅速 | 大众，增长速度减缓 | 减少，萎缩 |
| 产量 | 低 | 增加 | 稳定 | 减少 |
| 市场增长率 | 较高 | 很高 | 不高，趋于稳定 | 降低，负值 |
| 利润 | 较低，甚至为负 | 增加 | 最高 | 降低 |
| 竞争 | 对手数量少，竞争不激烈。创新、标准、质量之争，进入威胁 | 对手数量增加，竞争开始激烈。市场份额和成本之争 | 对手数量最多，竞争最激烈。差异化、成本和规模之间的竞争 | 对手数量减少，竞争激烈程度降低。价格之争、创新之争，替代威胁 |

# 第12章 产业结构与业务层战略

续表

| 特征 | 起步期 | 成长期 | 成熟期 | 衰退期 |
|---|---|---|---|---|
| 企业规模 | 较小 | 扩大 | 最大 | 降低或增加 |
| 产品品种 | 单一 | 多样化 | 无差异化 | 减少 |
| 技术 | 不稳定、不成熟、标准不确定、产品质量低 | 趋于稳定和成熟,标准确定,质量日趋稳定 | 技术完全成熟,质量也很稳定 | 落后,出现新的技术和替代性产品 |
| 组织 | 创新性组织 | 管理创新性组织 | 制度创新性组织 | 精干、高效、开拓型组织 |
| 产业进入壁垒 | 低 | 提高 | 最高 | 企业退出该产业 |
| 战略态势 | 进攻战略、低成本战略 | 进攻战略、低成本战略或目标集聚战略 | 进攻或防御战略、低成本、差异化、或目标集聚战略 | 防御或撤退战略、低成本或差异化战略 |

对企业决策来讲,只有明确产业所处的生命周期阶段,企业的所处产业价值中的地位,才能做出明确的企业战略定位。处于不同的产业发展阶段,企业就具有不同的战略态势,只有对产业有足够的认识,认清产业未来发展的方向,才能更好地根据产业特征确定企业的发展战略。最积极的战略当然是引领未来产业的创新发展。

## 12.2 分散和集中产业战略

经营策略的制定要建立在对产业的结构变化的分析基础之上,产业演变中的集中与分散趋势与企业竞争战略的制订具有十分密切的关系,而每个企业的战略行为又反过来影响产业结构的变化。企业掌握了产业结构的变化对其实力地位产生哪些影响,可以率先采取策略行动,或对竞争对手的策略行动做出恰当反应,使企业自身在产业演变中得益。产业演变中的许多因素是不受企业控制的,但企业应对此保持高度敏感,并尽可能的施加一定的影响。产业在演变中是趋向集中还是趋向分散主要取决于产业内的竞争,进入壁垒及退出壁垒等因素。

**特别提示**

退出壁垒(Barriers to Exit),是指现有企业在市场前景不好、企业业绩不佳时意欲退出该产业(市场),但由于各种因素的阻挠,资源不能顺利转移出去。退出壁垒有两种,即破产时的退出(被动或强制)和向其他产业转移(主动或自觉)时的退出。

### 12.2.1 分散产业战略

分散产业是指一个产业中任何一个企业都不具有市场占有率上的决定性优势。分散产业是由大量中小型企业所组成的产业,它表现为企业数量众多,而规模都比较小,缺少有影响力的产业领袖。分散产业存在许多经济领域中,其基本的存在领域包括农业、商品零售与批发业、饮食服务业、木料和金属加工业、修理装配业等。产业分散化是科学技术进步、社会分工及生产专业化不断发展的结果,也是市场经济发展的要求,是为满足可变化着的市场需求和产品多样化要求而引起的。

在所有国家中都有许多分散产业,产业分散在战略上带来一定的特殊性。这里主要就这种特点进行讨论。当然,分散产业与其他产业一样,也有新兴、成熟和衰退的问题。由于单个企业的市场占有率没有明显优势,也不能形成规模经济,所以,在分散产业中几乎没有一个企业能够对产业的运行决策起决定性的影响。分散产业的特征如下所述。

(1) 产业进入壁垒较低。这些较低的进入壁垒包括不存在规模经济或经验曲线效应,产品的差别化程度高,讨价还价的能力不足,运输成本高以及市场需求多样化等特点。处于分散产业的企业不得不面临许多竞争对手,而且相对购买者和供应商都处于比较软弱的地位。

(2) 市场需求大且多样化。在某些产业中,市场需求大,同时顾客的偏好又是分散的。每一个顾客希望产品有不同式样,不愿接受更标准的产品,也准备或能够为这种产品付出代价。因此,对某一产品式样的需求很小,这种数量不足以支持某种程度的规模生产、批发来保证大企业能发挥优势。从而满足购买者的需求需要很多公司。

(3) 无规模经济。有些产业产品或服务提供要迅速地反映时尚和形式的变化,生产过程要按每个顾客的需求单独进行组织;生产经营活动需要在现场实施和控制;在销售的实现过程中,企业需要对顾客进行面对面的服务。这些产业缺乏大规模生产的经济性。因此,分散的小型企业可以与大型企业在相同的成本基础上进行竞争。小型企业具有更大的灵活性。当顾客对服务质量的要求过于精细时,小企业就会变得更有效。人员的服务质量和顾客的感觉因人而异,一般来讲,当企业规模达到一定界限时,所提供的服务质量就会下降。这一因素使得某些对服务质量有严格要求的产业趋于分散化。

(4) 缺少领导型企业。产业可能处于初始阶段,没有哪个企业有能力和资源获得很大的市场份额。

在这种情况下,要使企业取得成功,即使只是取得中等程度的市场占有率,制定恰当的、与分散产业相适应的战略,具有关键性的意义。当一个产业处于初创期时,由于新产品为市场所接受,产品销售额迅速增加,吸引了一些新进入者加入这一产业,此时产业趋向于分散(产业内企业数增加)。当产业进入成长期时,产品销售额迅猛增加。利润率相当高,有相当多的企业都加入到这一产业中来,产业进一步趋向分散(产业内企业数迅速增加)。当产业进入成熟期时,产品销售额增长率逐步下降竞争加剧,一部分实力较弱的企业就要退出该产业或被淘汰,即在产业成熟期的前期,产业有明显的集中趋势(产业内企业数减少)。产业进入成熟期后期,由于产业内的企业都具有一定实力,虽然竞争加剧,但产业内的企业数仍保持基本恒定。当产业进入衰退期时,一部分企业退出,产业再度呈现集中趋势。分散产业战略选择一般有以下几种。

(1) 差别化的竞争战略。着重于产品或服务类型的差别化,善于寻找自己不同于竞争对手的特色,作别人所没有做过的事情(产品差别或者服务差别),避免与其他厂商的正面竞争。如果正面交锋是不可避免的,那么就要在产品成本上取得优势(成本差别),或者设法增加产品和服务的附加价值,从而降低本企业产品和服务的相对成本。

(2) 巩固重点市场。重点市场包含两个方面的意义:重点区域市场;重点客户市场。对于分散产业而言,企业要么是依靠本地市场,为有限地域内的顾客提供服务,要么就是依附于其他大企业,为大企业提供相应的产品和服务。并且,分散产业内全部企业拓展其他区域市场和新客户的成本是很高的。所以,企业要有选择的舍弃某些利益,巩固某些利益。当然,这需要具有前瞻性、全局性的战略思维模式,否则很可能失去一些机会。

(3) 增加新创造的价值。某些分散产业提供的是一般的、没有特色的商品或服务。这时可采用的战略是增加一些服务项目或提高加工深度以增加新创造的价值,从而提高盈利率。如在产品卖给顾客前针对顾客的需要对零部件进行分装或装配,以此增加产品的针对性及实用性。一定程度的纵向一体化也属于这种战略。

(4) 专业化。如果产业的分散是由于特色品种多造成的,则集中力量专门生产其中少数有特色的产品,是一种可取而比较有效的竞争战略。如果用户极为分散,也可采用某特定用户层面,或为某特定地区用户服务的专业策略,例如,专门面向一些需用量小而价格上不敏感的用户,或专做别人不愿接受的小批量订单,或抓住某个地区的一些老用户,等等。

分散产业可以通过连锁经营、特许经营以及横向合并形成规模经济效益或形成全国市场。分散产业可以为企业的选择带来战略机会,也可以给企业带来失误。在战略的使用过程中,企业应该注意以下几点。

(1) 避免全面出击,追求市场占有率上的领先地位。在分散产业中,企业要面对所有的顾客,生产经营各种产品和提供各种服务是困难的,很难获得成功,反而会削弱企业的竞争力。除非分散产业的结构发生根本变化,即造成产业分散的原因发生根本变化,在分散产业中追求领先地位几乎注定要遭到失败。当企业迅速扩大其市场占有率时,由于难以克服形成产业分散的固有原因,它就会面临诸如丧失特色、效率下降、费用上升,以及遭受供应商和用户更大的压力等问题,因而在各方面都陷入被动地位。

(2) 避免战略上的优柔寡断。分散产业的特点通常要求采用集中某种力量于重点或专业的战略。实施这种战略往往要求有果断的放弃某些业务或进行一些重要调整的勇气和意志。采取那种折中的、临时应付的或机会主义的战略或许一时有效,但最终将使企业在激烈的竞争中受挫。

(3) 避免随机性。企业在战略实施过程中,不要总在调整以往的资源配置。在短期内,频繁的调整可能会产生效果,但在长期的发展中,战略执行过于随机,会破坏自身的资源,削弱自身的竞争力。

可见,处于分散产业中的企业在采用某些战略时,由于没有注意到分散产业特有的性质有可能导致经营的失败,因此这种企业在进行战略选择时应当注意:不要一味追求市场占有率的领先地位;在经营领域决策上切忌优柔寡断;不要追求过分集权;对于竞争对手的经营目标及经营费用要有清醒的估计;对于新产品的出现应有恰当的反应。

## 12.2.2 集中产业战略

集中产业是特定历史和环境的产物,它对区域经济的发展起了重要的带动作用。但集中产业受着内部网络、产品周期、技术周期和制度等因素的制约。发展到一定程度后，也将出现瓶颈，甚至衰亡。

英国经济学家阿尔弗雷德·马歇尔（Alfred Marshall）较早描述了集中产业形成与阻力之因。他认为，外部经济"这种经济往往能使许多性质相似的企业集中在特定地区"；同时，他还指出，集群固然可以带来外部经济，但超过一定限度以及"搭便车"现象的大量出现会引发创新的惰性，从而削弱集群的规模效应，甚至使集群走向衰落。迈克尔·波特（Michael Porter）从竞争角度审视了集中产业现象。他认为，动态演进得集中产业中的部分企业可能在竞争中维持竞争优势，部分企业可能丧失优势，内部因素和市场需求等外部因素最终使得集群面对风险。

集中产业是相对于分散产业而言的，某一产业中，生产某种产品的若干不同类企业，以及为这些企业配套的上下游企业、相关服务业，高密度的集中在一起。它表现为全部企业中仅占很小比例的企业或数量很少的企业，积聚或支配着占很大比例的生产要素。较之分散产业，集中产业则主要由大型企业构成。其经营特点如下所述。

（1）集中产业能用巨大的销售额提高市场占有率，垄断市场，定制价格，为此经常进行联合合并，采用产品及事业的多样化，地域的复杂化等战略。

（2）集中产业有较强的资本筹措能力。从银行筹资自不待说，还通过股票、公司债、外债、支付票据等形式筹措到庞大的资本，有时还能以开发援助、振兴产业、防止破产等名目筹措到巨额的国家资金。集中产业通过动员巨额资本，能够经营需要大规模资本的大规模事业，如电力、铁道、钢铁、石油化工、水泥、合成纤维、汽车、土木建筑、住宅、不动产、百货店、超级市场、综合商社等。

（3）集中产业一般采用流水作业，自动化操作，标准生产，单品种大批量等生产体制，具有规模经济性。由于生产规模的扩大，如何运用庞大的固定资产，成为左右企业成长的决定因素。

集中产业经营战略是指集中产业着眼未来的大发展，根据对目前和未来集中产业的内外环境条件的预测和分析，所制定的跨度一般较长的集中产业行动总规划和一系列大措施。适合集中产业运用的经营战略主要有以下几种。

（1）集团式发展经营战略。以一个集中产业为核心，拥有三个以上紧密层企业和若干个企业、事业、法人组成的，以产权连接为主要纽带，形成多层次的经营联合组织。集团式发展能够产生分散产业所没有的优势。表现在优势互补的组合效应、增强企业差别优势、规模效应、整体效应和放大效应以及协调效应方面。

知识链接

经济中的"放大效应"是指资金在国际间流动时往往可通过特定机制对一国乃至全球经济发挥远远超过其实力的影响，资金流动之所以具有放大效应，首先是因为国际间资金流动可以借助衍生工具发挥影响，其次是因为国际上流动的各种资金之间存在着密切的联系，再次，国际资金流动中存在着羊群效应。

（2）集中型经营战略。它是指公司为了将自己的经营业务集中在某一个确定的产业而进行的总体规划。集中产业选择这一战略时必须做到以下几点：特定的顾客——技术——产品组合模式；十分明确选择的市场目标；多用途、系列化产品选择。

(3) 跨国经营战略。它是指集中产业的经营活动已构成国际经济活动的一个部分，即集中产业以国际市场为舞台，在国外设立机构，广泛利用国外资源，从全球战略出发，进行综合运筹，在一个或若干个经济领域进行的经营活动。鉴于此，集中产业在选择这一战略时必须注意以下几点：制定适应国际化经营特点的市场战略；寻找国际化经营优势；从战略上统筹考虑和选择投资点。

(4) 多样化经营战略。它是指集中产业不止生产某一产品或提供某一服务，而是生产多种产品或提供多种服务，即为某一市场提供产品和劳务的企业，同时，又进入其他市场，提供其他的产品和劳务。根据现有事业领域和将来事业领域之间的关联程度，可以把多样化经营战略分为：横向多样化、纵向多样化、多向多样化和复合多样化。

## 12.3 高新技术产业战略

随着科技的迅猛发展，现代经济已经进入高新技术竞争时代，高新技术产业在国民经济中所占的比例日益扩大，对高新技术企业的研究越来越受到人们的重视。高技术产业已经成为当前世界经济发展的动力，成为世界各国争夺的战略制高点。一个国家和企业的竞争能力和生产能力，越来越多地取决于以智力为基础的科技创新能力和协调发展能力，其竞争优势和经济效益来源于科技创新及其成果转化过程。因此，世界各国都在竞相发展高新技术和高新技术产业，发达国家将其作为提高劳动生产率促进经济增长和保持国家兴旺的原动力，发展中国家也将其确定为发展的战略重点和新的经济增长点，以求迅速改变本国经济状况，提高综合国力和增强国际竞争力。

**特别提示**

美国宇航员阿姆斯特朗在踏上月球时说过一句名言："对于一个人来讲，这只是一小步；但对人类而言，这是一大步。"科学技术的发展使人类从茹毛饮血的时代发展到今天的网络时代。这种跨越是惊人的。而今，科学技术特别是高新技术的发展已经深入渗透到了我们的生活，成为我们生活的不可缺少一部分。

### 12.3.1 高新技术产业概述

高新技术(high & new technology)，泛指知识含量高、具有高附加值、高市场回报的技术。高新技术主要包括：信息科学技术、生物科学技术、新能源与可再生能源科学技术、新材料科学技术、先进制造技术、空间科学技术、有益于环境的高新技术和管理科学技术。我国对高新技术做出的定义是指新型技术、创新的成熟技术以及专利技术、专业技术和本国本地区没有的技术，包括微电子科学和电子信息科学技术、光电子科学和光电机一体化技术、空间科学和航天技术、生命科学和生物工程技术、能源科学和新能源、高效节能技术、材料科学和新材料技术、生态科学和环境保护技术、地球科学与海洋工程技术、医药科学和生物医学工程、其他在传统产业基础上应用的新工艺、新技术等领域。它以现代科学理论的重大突破性成就为指导，以知识密集、技术密集为支撑，产品的价值体现在"无形物质"的贡献，具有高风险、高附加值、高回报、周期短、节奏快等特征。

关于高新技术产业，在国际上常用的高新技术产业的概念一般是指用当代尖端技术（主要指信息技术、生物工程技术和新材料等领域）生产高新技术产品的产业群。具体来说，高新技术产业系指必须以利用电脑、超大集成电路等最尖端科技产物为基础，并投入研究发展、从事生产的智慧密集型企业。我国对高新技术产业做出的定义是指由高新技术的研究、开发、生产、推广、应用等所形成的企业群或企业集团的总称。

所谓高新技术产业群，是指相互关联的高新技术企业与公共机构或私人机构等在一定地理位置上集中，形成一个具有完整价值链的有机体系。它包括以下几层含义：第一，它首先是一个在集聚经济规模基础上形成的"集群"或"群落"，具有"集群"或"群落"所具有的一般特征，如高新技术企业在空间上的集中，企业存在高度分工合作与专业化生产，垂直一体化与横向网络共存，大企业与小企业共存；第二，具有优越的地理位置和区域环境，依托强大科研资源，具有便利的交通，优美的生活环境、良好的投资环境和完善的法律制度环境等；第三，具有完备的服务体系，集群内不但有高质量的基础设施，而且提供各种服务，如提供风险基金、咨询服务（管理咨询、会计咨询、秘书咨询、法律法规咨询等）；第四，具有特殊的技术、创新和人力资本的要求等。一般情况下，人们将各种科技园、高新技术开发区（产业区）、高新技术产品开发区、高新技术多功能综合开发区、孵化器、工业园、科学城、科技工业园、高技术产品出口加工区、高新技术产业带等称为高新技术产业群。

高新技术企业不同于一般的企业，而高新技术产业群内的企业又不同于其外部的企业，它们有自己独特的生存环境和发展战略。因此在确定集群内高新技术企业发展战略之前，必须对它们所处的环境及影响其发展的因素进行充分的调研和了解，才能使这些企业在竞争中求得生存和发展。

### 12.3.2 高新技术产业战略选择时应注意的问题

对于高新技术产业，政府往往给予优惠的政策环境，使得企业在进行战略选择时所依据的环境因素发生了变化，这些变化使得企业在制定和选择发展战略时不得不重新考虑。

（1）高新技术企业是区域经济的真正主体。目前，绝大多数的高新技术企业集中于高新技术产业群。一个良好的产业集群，其内部以及与外部频繁的物质、信息、文化、交流无不依赖于这些高新技术企业的行为企业以怎样的一种方式自身发展，不只是企业自身的问题，同时也是整个产业的问题。因此，高新技术企业需要对国家、本区域的经济发展负有一种责任感、使命感。企业致力于国家区域的发展，帮助建立良好的区域创新环境，也是维护自身利益的一种手段。可见，企业的战略选择及行为方式直接影响着区域的发展，这就要求企业在制定发展战略时充分考虑到区域因素。

（2）企业要充分认识自认规模大小。企业的规模不同，选择的战略也不尽相同。产业内的大企业集团往往在技术来源、研发资金、市场规模等方面具备优势，可以领导全球相关产业的技术潮流，具有规模效益。而中小企业则管理方便、转产灵活，价值链环节单一，有利于全力提高质量，节约成本。大企业与小企业在经济上又是联系的，小企业可以利用大集团的高端科技成果为大企业做代工，提供销售支持；大企业又可以利用小企业广泛的市场网络、多样化的生产能力，转移风险并输出技术服务等。因此，企业规模的大小及不同规模企业之间的联系与合作,与其所选的战略都有一定的联系。

(3) 企业文化与战略的一致性。企业文化的先进程度、企业家和一般员工的思想意识水平也促进着或制约着产业内企业结网行为的进行,制约着区域创新环境的完善和发展。因此企业发展战略的制定必须树立本地化的观念。本地化有外来企业当地化和本地企业本土化两方面的含义,也就是说,外地企业尤其是一些跨国集团要充分考虑当地的市场环境,消费者偏好等因素,而本地企业与其他企业包括当地企业和外地企业也要进行充分的合作。

(4) 高新技术产业内的企业还要认识到根植性在战略制定中的重要意义。根植性是经济社会学的概念,它的含义是经济行为深深嵌入社会关系中。强调通过集体组织来建立信任和承诺,使得不同的组织之间产生协同作用,从而获得好处,同时又保持高度的灵活性,这对高新技术产业尤其重要。当代复杂的技术系统的建立都需要扎根于当地的社会文化,密切接近目标用户,考虑当地原有技术基础和联系界面,适应当地的法律和行政法规,建立标准和规范。有活力的社会文化环境保证了经济和技术创新的持续发展,企业要利用高新技术产业所特有的社会网络,增强企业之间的联系与交流,只有认识到这一点,才能做出正确的战略选择。

一般而言,企业的发展战略主要有三种形式:一是密集型发展战略,是指企业只围绕一种产品或服务从事经营,其发展是依靠不断地扩大生产经营规模、开拓新市场、渗透老市场和开发新产品等来提高企业的市场占有率,保持其竞争优势而实现的。二是一体化发展战略,包括两种形式,企业在原有产品或服务的基础上,沿着其产品或服务线的纵向扩大其生产经营的深度,这是纵向一体化发展战略。或沿水平方向扩大其生产经营的广度,这是水平一体化发展战略,以谋求发展壮大。三是多样化发展战略,是指企业在原有产品或服务基础上发展新的、与原有产品或服务存在根本差别的产品或服务的生产经营,它也有两种形式——相关多样化战略和非相关多样化战略。

### 12.3.3 高新技术产业的战略选择

与传统产业相比,高新技术产业的总体特征——"高效益、高智力、高投入、高技术、高风险、高热能"——是其内在资源的外在表现。所以,技术革新速度快、高度知识技术密集、风险大收益大、附加价值高增长快、高度资金密集和社会效益好是高新技术产业独特的资源组合。企业外在管理特征往往是其管理内在要求作用的结果。针对高新技术产业的特点,战略管理在高新技术产业的实施运行中,在研究与开发管理、人力资源管理、风险管理、利润管理、财务管理和社会价值管理中显示出了与其他企业不同的特有方式。高新技术产业的发展战略也就与其他传统创业有所不同。

企业战略的选择和制定必须依据一定的内外环境,不同的企业外部环境条件(如产业类别和产业状况、市场状况及宏观经济因素等)与企业自身的状况(如经营状况、企业经营资源拥有状况、核心经营能力等)的组合,要求企业采取不同的、与之相适应的经营战略。针对分析对象的特征及其所处环境,以下将从企业规模的角度,分别分析大企业与中小企业的战略选择。

高新技术产业中大企业的战略选择。在高新技术产业中,大企业与中小企业相比一般具有以下经营特点:筹资集资能力较强;能从事大规模经营生产活动;能用巨大销售额来提高市场份额，开拓国际国内两个市场，甚至成为产业领先者；在人才、技术、经营管理等方面享有优势，素质较高，创新能力较强；有可能实行多样化经营，提供多样化的产品和服务，既提高盈利能力，又分散经营风险，增强适应市场变化的能力；有可能将中小企业吸引在自己周围，发挥专业化协作的优势；由于规模大、投资多、组织结构较复杂、决策较缓慢等原因，生产经营的转向较难。这些特点决定了高新技术产业中大企业一般采取以下几种经营战略。

(1) 全球化战略。这里的全球化包括市场全球化和生产全球化两部分。前者是指在历史上互不相同的工业部门和分隔的各国国内市场正在汇合成一个巨大的全球市场；后者是指许多企业从全球不同地区寻找商品和服务来源的趋势，它们试图从各国生产要素的差价和质量差异中得到好处。这种战略主要包括：地域多样化和专业全球化。第一，地域多样化，是指在某个产业群内企业开展多样化经营，在这个基础上扩大市场占有率，进而走向国际市场的一种发展战略，这种发展战略在国内企业一般采用的较多。第二，专业全球化。是指在一个专业的领域内做精做强并将其扩展到全球，这是大企业在竞争中常采取的战略，尤其是在一些欧美等发达国家的高新技术产业群内，如硅谷内的许多大企业。

**特别提示**

美国硅谷企业竞争十分激烈，以至于各公司都积极寻找自己的致命弱点，所有公司的共同生存之道是：拿出更好的产品来击败自己原有的产品。有人将这种行为戏称为"自吃幼崽"。

(2) 集团化战略。它是指企业发展到一定规模，组建企业集团的一种具有全局性、长远性的发展战略。这里的企业集团一般是指以一个或若干个大企业为核心，以资产、产品、技术等为链接纽带，由一批具有共同经济效益，并在一定程度上受核心企业影响的多个企业联合组成的一个稳定的多层次的经济组织。也就是说，企业集团是以一定的经济实体为核心，由多个企业所组成的具有共同利益与特殊密集关系的企业群。高新技术产业群为其内部的大企业发展企业集团提供了更为有利的条件，如在一个产业集群内大部分是由小企业组成的，大企业可以利用这些小企业来克服自身弱势。同时，大企业可以通过各种形式发展企业集团，如兼并、收购、联盟等形式。集团化战略主要包括有效规模战略（以产品联合、市场联合或技术联合等方式扩大企业规模）、品牌战略、多元融资战略、人才开发战略。

(3) 维持本地优势战略。高新技术产业中的大企业基本是整个区域的领袖企业，它们无论是在产品和服务的生产、营销、技术、人才等各方面都处于领先优势，这是大企业在高新技术产业中的地区优势。当企业有一定规模但是又没有能力实施全球化战略或集团化战略时，大企业易采取这样的战略。它可以使企业依据其本地优势，进而不断扩大和增强这种优势的力量，以获得同其他企业或跨国企业竞争的优势。采取这种战略就要求企业要紧紧抓住其核心竞争力，不断追求技术、产品和服务、人才、营销等的创新，通过不断扩大企业优势来扩大企业规模，从而达到发展的目的。

高新技术产业内中小企业的战略选择。随着电脑辅助设计和制造（CAD/CAM）、弹性生产系统（FMS）、自动化技术（AMT）和网络经济的发展，中小企业在高新技术产业这一领域获得了新的发展机会。所谓中小企业，通常是同少数资本额和销售额庞大的大企业、大集团相比较而言的是一个相对的概念。但无论如何，中小企业都具备共同的特点：即资金少、人员少、经营分散、机动灵活和高度专化。在我国，中小企业的数量尤其庞大。在高新技术产业形成的过程中，由于企业规模大小在产业中所处地位不同而形成不同的发展模式，有的小企业占主要地位，它们或作为雇主、或作为供应商而相互发生联系。柔性生产和转包活动等是企业间劳动分工的主要形式。中小企业主要根植于当地，与当地社区相融合，主要是大型多区位企业和跨国企业的分支工厂，长距离网络联系和大宗生产方式起控制作用，国家政策对该类产业的发展起着重要作用，地方政府和机构则起着次要作用。因此，高新技术产业内中小企业的战略选择一般有以下两种形式。

① 合作的发展战略。由于其本地化与根植性特征，使该类企业在其所处的高新技术产业群内的合作与联系变得更加频繁。企业之间除了正式的合作之外更强调企业之间的非正式交流。这种合作一般有以下两种：一是大企业与中小企业之间的合作；二是中小企业之间的合作。

第一，与大企业合作。在以大企业占主要地位的高新技术产业群内，这些大企业主要是一些跨国企业的总部或一些本国大企业的总部或分部。它们处于整个区域的核心地位，它们站在科技的前沿位置，领导着产业的发展方向，代表着产业的发展水平。而中小企业处于从属地位，因此中小企业要发挥自身优势，如组织简单、决策较快、生产经营比较机动灵活等，同时也要避免自身劣势，如资本少、筹资能力弱、经营规模小、在人才、技术、管理上缺乏优势、较难抵御风险等，还要充分利用产业带给中小企业的发展机会，利用大企业的力量与大企业进行合作。

一般大企业与中小企业之间的合作关系有：承包经营战略（中小企业依附于大企业的生产系统，接受一个或数个大企业的长期订单成为它们的一个承包加工单位，以求得长期的生存和发展）；特许权经营战略（是指一家大企业选定若干家小企业，授予大企业产品、服务或品牌的经营权，收取一定的特许费，但不损害小企业的独立自主性）；大企业兼并、合并、收购中小企业等。总之，中小企业通过在经营中与大企业建立的分工与协作关系获得生存与发展。

第二，中小企业之间合作的发展战略。中小企业针对自身弱点，同时避免被大企业"吃掉"而丧失自己的经营自主权，采取的一种中小企业之间的联合竞争战略。同一产业内的企业由于其产品之间具有很强的替代性，其竞争比较激烈，往往难以形成联合的同盟。但是，如果为了开发共同的市场，或者企业之间没有直接的竞争关系时，一定数量的中小企业可以通过某种组织形式，采取联合竞争的战略，相互取长补短。其优点是集中不同企业的长处，相互促进，克服开发市场中的障碍。同时，参与合作的企业可以更有效利用有限的资金和技术力量，通过联合，使大家共同生存和发展。这种联合主要有四种形式：联合塑造品牌形象；联合开发产品；联合推销产品；联合进行售后服务。这种联合要遵循以下原则：一是目标相同或接近，二是互信原则，三是互惠互利原则。在这样的基础上中小企业之间达到"双赢或多赢"。

② 中小企业其他发展战略。

集聚战略。对产业内实力较强的中小企业，往往无法多样化谋求竞争优势，应当集中力量，把有限的资金、技术、人才等集中起来，选择能使企业发挥优势的领域，采用"小而精、小而专"的战略,使其向"专、精、特、新"方向发展,在专业化领域取得竞争优势。

**市场补缺战略。**这是根据中小企业机动灵活、适应性强的特点而制定的战略。在市场上寻找一些大企业难以涉足的领域或大企业忽视的市场,占有这些空隙市场,为局部市场提供有效的产品和服务,建立起客户信誉,赢得市场竞争优势。

**特色经营战略。**中小企业的弱点决定了其在产品技术、成本、质量等方面无法与大企业相抗衡,为了能在市场中占有一席之地,应根据企业的经营技术优势和所处的经营环境,分析出独特的差异性。

**注重技术创新的研究与开发战略。**中小企业由于技术人才缺乏、开发资金有限、基础设施落后等不足,其技术创新要做到选题集中、针对性强、能快速跟踪市场需求,选择开发周期短、创新投资小的项目。

**人才开发战略。**高新技术对人才的要求决定了中小企业要想生存和发展就必须拥有和正确使用人才及开发和引进人才。

**知识链接**

"办企业就是办人"柳传志一句经典的名言,形象地指出了人力资本对于企业的重要作用。高新技术企业的员工整体也有自己的特点:高学历,年轻化,技术专业居多,人员素质相对单,肯学习和钻研,工作热情高,思维活跃等等。但是,这些人才的稳定性相对于传统产业比较差。而高新技术人才的培养时间比较长,企业需要投入大量的财力、物力,频繁的人才流动给企业造成了一定的损失。如何控制离职率,做好人才的管理和保留工作,是企业管理者面临的重要课题

当然,对高新技术产业而言,这种特殊的环境决定了无论是大企业还是中小企业的发展战略制定一定要充分利用产业提供的支持环境,以高新技术为依托,实施适合本身的发展战略。

# 本 章 小 结

产业生命周期分别为产业的导入期、成长期、成熟期和衰退期。产业生命周期曲线识别产业生命周期所处阶段的主要标志有:市场增长率、需求增长潜力、产品品种多少、竞争者多少、市场占有率状况、进入壁垒、技术革新以及用户购买行为等。

分散产业是指一个产业中任何一个企业都不具有市场占有率上的决定性优势,由大量中小型企业所组成的产业,它表现为企业数量众多,而规模都比较小,缺少有影响力的产业领袖。

分散产业可实施的战略有差别化的竞争战略、巩固重点市场、增加新创造的价值、专业化。

集中产业是一产业中,生产某种产品的若干不同类企业,以及为这些企业配套的上下游企业、相关服务业,高密度的集中在一起。它表现为全部企业中仅占很小比例的企业或数量很少的企业,积聚或支配着占很大比例的生产要素。

适合集中产业运用的经营战略主要有集团式发展经营战略、集中型经营战略、跨国经营战略、多样化经营战略。

高新技术产业通常是指那些以高新技术为基础,从事一种或多种高新技术及其产品的研究、开发、生产和技术服务的企业集合,这种产业所拥有的关键技术往往开发难度很大,但一旦开发成功,却具有高于一般的经济效益和社会效益。

# 复习思考题

## 1. 选择题

(1) 产业生命周期可以由几个明显的阶段加以区分,分别为( )。
 A. 导入期　　　B. 成长期　　　C. 成熟期　　　D. 衰退期

(2) ( )是指利用一个衰退产业的优势,企业通过面对面地竞争,成为产业中保留下来的少数企业之一,甚至是保留下来的唯一企业。
 A. 坚壁战略　　B. 转移战略　　C. 跟随战略　　D. 领先战略

(3) 处于成熟期的产品品种特征是( )。
 A. 单一　　　　B. 多样化　　　C. 无差异化　　D. 减少

(4) 适合集中产业运用的经营战略主要有( )。
 A. 多角化经营战略　　　　　　B. 跨国经营战略
 C. 集中型经营战略　　　　　　D. 集团式发展经营战略

(5) 高新技术的构成成分包括( )。
 A. 知识　　　　B. 人才　　　　C. 设备　　　　D. 投资密集的新技术群

## 2. 填空题

(1) _____是具有某种共同特性的企业构成的集合或系统。

(2) _____发展经营战略。以一个集中产业为核心,拥有三个以上紧密层企业和若干个企业、事业、法人组成的,以产权连接为主要纽带,形成多层次的经营联合组织。

(3) _____战略的目的是鉴别出衰退产业中哪些能保持稳定的需求或者需求下降很慢,而且还具有获取高收益特点的某一部分。

## 3. 判断题

(1) 产业是具有某种共同特性的企业构成的集合或系统。　　　　　　　　　　　　( )
(2) 产业生命周期曲线忽略了具体的产品型号、质量、规格等差异,仅仅从整个产业的角度考虑问题。
　　　　　　　　　　　　　　　　　　　　　　　　　　　　　　　　　　　　( )
(3) 企业获得竞争优势的因素只有产业吸引力。　　　　　　　　　　　　　　　　( )
(4) 产业早期竞争和市场与产业发展后的市场有很大的不同时进入该产业是很危险的。( )
(5) 产业衰退期企业的战略行为只有战略转移及退出这两种选择。　　　　　　　　( )
(6) 集中产业是指一个产业中任何一个企业都不具有市场占有率上的决定性优势。　( )
(7) 分散产业的进入壁垒较高。　　　　　　　　　　　　　　　　　　　　　　　( )
(8) 集中产业一般采用流水作业,自动化操作,单品种大批量等生产体制。　　　　( )

## 4. 问答题

(1) 论述产业生命周期各个阶段的特点。
(2) 产业生命周期不同阶段战略选择的侧重点有哪些?
(3) 试比较分散产业和集中产业的异同点。
(4) 分散产业和集中产业的战略选择有何不同?

企业战略  管理

# 战略训练

1. 案例研究

## 电动汽车为何叫好不叫座？

目前提到节能减排，最关注的产业之一就是汽车产业，二氧化碳减排问题对汽车工业来讲是比较大的问题，电动汽车和其他的一些技术路线在能耗方面具有一定的优势，电动车和传统的汽柴油车系相比具有明显优势，也解决了我国二氧化碳排放实现技术发展、技术创新的问题。目前中国发展电动汽车具备三大优势和三大劣势。

在优势方面，一是中国有多元化市场需求，对一些新能源、新产品、新概念的容纳性好；二是我们取得了技术上的进展，电池工业全球最大。我们做的电池尽管能量比还不够，但是研发产品拿出来是相当的有层次，在产业化方面没有问题；三是我们的资源优势。中国是世界第三大矿产资源国，发展电动机汽车所需要的资源方面我们有一定的优势。

在劣势方面，中国电动汽车在整车发展中有一定的劣势。其他国家电动车及新能源汽车的发展，整车企业已经形成支柱产业。中国汽车企业无论是合资的还是民营的，整车技术都要依赖外国，这就形成一大劣势。第二大劣势就是我们的技术研发基础不牢固，只是基础研发。虽然研究机构和实验室都在做，但是这方面研究依然不足。第三就是我们的基础设施比较薄弱。电动汽车所需的产业环境存在一定的问题，对于中国来讲，需要寻找适合自身特点的产业发展路径和环境，电动汽车产业有很大的战略机会，但是转型需要一段比较长的时间。

目前电动车产业发展的实际情况是，尽管在电动车产业，国家"政策绿灯"频闪，但2010年我国新能源汽车产量仅7181辆，与规划产能相去甚远。三年前《汽车产业调整和振兴规划》提出，到2011年我国要形成50万辆新能源汽车产能；但据工信部统计，截至2011年7月，25个试点城市新能源汽车总保有量仅1万余辆，私人购买的仅1000余辆。巨大的落差下，财政部等四部委日前再发通知，要求各地做好新能源汽车示范推广工作，包括研究免除对新能源汽车摇号、限行、车牌拍卖等限制措施，引发社会关切。电动车发展存在如下问题：

（1）高新技术产品成本居高不下

电动汽车为什么这么贵呢？电动汽车主要成本集中在电池系统和控制系统上。目前一套电动汽车电池组成本在5万元左右。然而，实际上电池组成本每年至少可以降低4%，乐观估计到2015年可以降低三分之一。究其原因，还是技术发展跟不上。电池系统成本下降主要依靠技术进步，而控制系统降低成本主要依靠规模。未来随着技术进步和规模提升，电动汽车的成本和价格会随之降下来。但在此之前，政府的优惠政策的支撑必不可少。

（2）高新技术产业配套设施不完善

何时不必为充电发愁？以深圳为例，深圳算是国内推广新能源汽车力度大的城市，目前深圳已建成62座充电站，此外，分布于各小区和单位的充电桩有近700个。但一些开电动汽车的出租车司机仍反映"充电有点难"，电动车也没有地方停放，一般车主没法在停车场拉充电电源。目前上海电动汽车示范区内设置了3个充电点，共有50个左右的充电桩，仅能供目前少量电动汽车示范。据了解，上海目前私人购买电动汽车的仅有10人。目前电动汽车仍处于推广初期，购买的主要是高收入群体，这些客户一般都有固定停车位，充电暂时不会成为问题。不过，要大规模推广，充电是最大的瓶颈，这不是车企自身能够单独解决的，需要国家配套支持。

（3）高新技术产品的普及力度较弱

对于普通市民而言，尽管"政策绿灯"频闪，但2010年我国新能源汽车产量仅7181辆，与规划产能相去甚远。从目前看,新能源汽车的绝大部分产品还处在第一轮和第二轮的研发验证阶段,要真正实现产业化,还需要一个时间周期。即使是尝试高新技术产品的市民,也逐渐发现产品本身有所疏漏,技术并不成熟。就电动车而言,设计有电机能量回馈功能,理论上很先进,但实际体验并不舒服,也不符合驾驶习惯。除驾驶习惯外,消费者还有很多其他方面的顾虑。

**问题:**
(1) 造成电动车产业这些优势和弱势的原因是什么?
(2) 试分析电动车产业应该采取的发展战略,并阐述原因。
(注:此案例由作者根据多方面资料汇编而成。)

**2. 文献查询作业**

通过查阅报纸、杂志及互联网找出一个典型的分散和集中产业的实例。思考该产业在发展过程中遇到的问题及已应该采取或已经采取的解决方案,并为其今后的可持续发展制定相应的发展战略。

**3. 小组学习与训练**

将全班分为若干个3~5人的学习小组。推举一名成员作为小组发言人,代表小组向全班报告本组的讨论成果。

假定你们是一家高新技术企业的CEO。企业所处产业可自选,小组拟定企业的发展阶段,经营状况及所处宏观环境。为了公司更好地长久发展,董事会决定确定公司发展战略。董事会要求你们设计出满足下列要求的发展战略:

(1) 分析该高新技术产业的五力模型;
(2) 对该高新技术产业进行SWOT分析;
(3) 确定该高新技术产业所处的生命周期阶段并分析其特点;
(4) 制定该阶段的战略,并提供可信服的理由;
(5) 制定的战略必须要有利于公司的可持续发展,制定出尽可能多的备选方案。

请设计出备选的战略方案,报告给你的董事会。请仔细考虑该制定的战略方案是否与企业外部环境和企业自身实力相符。描述所选择的战略方案的优势与劣势,准备为你所选择的方案优于其他方案而辩护。

**4. 阅读材料**

以下内容节选自潘成云的《产业生命周期规律、异化及其影响——以我国高新技术产业为例》,扬州大学学报,2001,5(5)。

## 产业生命周期的异化

从理论上讲,产业应该按照其生命周期规律的内在逻辑运行和发展,任何脱离这一规律的产业生命周期运动我们称之为产业生命周期的异化现象。异化现象是对产业生命周期内在逻辑的反动。现实经济生活中,产业生命周期并不总是按一般规律发展,由于各种各样的原因而导致产业生命周期发生异化现象则是不可避免和经常发生的。

(1) 逆转现象。按照产业生命周期的基本规律和正常发育过程,它应从自然垄断到全面竞争,再到产业重组,最后经过蜕变创新进入高级产业进行新的生命周期循环。但是,现实经济生活中,许多产业受不同因素的影响并非按上述顺序完成生命周期运动过程,而是从某一阶段向后倒退,我们称之为产业生命周期的逆转。这种逆转主要发生在产业重组阶段和全面竞争阶段之间,也就是说在某些因素的作用下可能导致产业生命周期从重组阶段向全面竞争阶段倒退。

(2) 早夭现象。它是指一些技术水平明显落后的产业，在外来新的技术及其产品的冲击下，无法按正常的生命周期轨迹走完其生命全过程而完全被取代的现象。对于一个封闭的或受各种各样保护的系统内的落后产业来说，没有外来的冲击，它们会按照通常的生命周期规律经历四个阶段走向更高级的产业生命周期循环。但是一旦系统失去保护或向更先进的技术完全开放，这时，这种发展的系统可能会无法持续下去。我国一些高技术产业系统改革开放后便面临着这种情况。

(3) 早熟现象。这是指一些具有一定竞争力的高技术产业，或由于外资的介入，或在市场和政府的推动下加快兼并和重组，而使产业生命周期加速成熟的一种现象。由于技术水平的差异，或市场需求变化快慢的差异，或竞争强度的差异，不同产业生命周期过程的时间长短是不一样的，但是有一点是一样的，那就是任何产业生命周期的发育都必须有一个过程，并且有自身的发育规律。然而，当面对市场开放和势均力敌的竞争者加入，政府为了保护某些具有一定竞争力的产业，将通过政策和市场手段，促使这些产业尽快从全面竞争期向重组阶段过渡，并完成重组，以便形成所谓的"航空母舰"型企业，达到增强这些产业竞争力的目的。这种情况近年来在我国是屡见不鲜的。

(4) 加速创新和蜕变现象。所谓加速创新和蜕变是指在先进产品与技术的竞争压力下，某些已处于蜕变创新期的高技术产业为了生存和获取一定的竞争优势，从而实现加速向高级产业蜕变的一种现象。这种情况的发生必须具有一定条件：其一是这些产业已具有较高的集中度，其中的企业经济实力较强，也积累了一定的技术基础，因而具备了加速创新的内在条件；其二是在国外产品与技术、投资的竞争等外部条件刺激下，这些产业发生加速蜕变和创新成为了可能。这种现象极有可能发生在我国具有较多的自主知识产权的产业内，或发生在改革开放后对引进技术进行吸收和消化的较好产业领域。

# 参考文献

[1] 付韬，张永安. 产业集群生命周期理论探析[J]. 华东经济管理，2010，24(6)：57-61

[2] 刘婷，平瑛. 产业生命周期理论研究进展[J]. 湖南农业科学，2009，(8)：93-96

[3] 汪群，张阳，郑声安. 基于产业生命周期视角的企业战略制定的影响因素研究[J]. 南京社会科学，2008，(5)：48-52

[4] 陈继祥. 企业战略管理[M]. 北京：清华大学出版社，北京交通大学出版社，2010.

[5] 钟耕深，徐向艺. 战略管理[M]. 济南：山东人民出版社，2006.

[6] 查尔斯·希尔(Charles W. L. Hill)，G. R. 琼斯(Careth R. Jones). 战略管理[M]. 1版. 孙忠，译. 北京：中国市场出版社，2007.

[7] 王铁男. 企业战略管理[M]. 2版. 北京：科学出版社，2010.

[8] 张旭，易学东，刘海潮. 战略管理[M]. 北京：清华大学出版社，2010.

[9] 王铁男. 企业战略管理[M]. 哈尔滨：哈尔滨工业大学出版社，2005.

[10] 王玉. 企业战略管理教程[M]. 2版. 上海：上海财经大学出版社，2005.

[11] 张秀玉. 企业战略管理[M]. 2版. 北京：北京大学出版社，2005.

[12] 顾天辉，杨立峰，张文昌. 企业战略管理[M]. 北京：首都经济贸易大学出版社，2004.

[13] 王文亮. 企业战略管理[M]. 郑州：郑州大学出版社，2004.

[14] [美]罗伯特·格兰特. 公司战略管理[M]. 北京：光明日报出版社，2004.

# 第13章 战略实施

> **教学要求**
>
> 通过本章的学习，理解战略实施的涵义、性质与基本原则，掌握战略实施中的资源配置与组织保障，战略实施与组织文化、领导风格的关系。同时，了解战略实施中的可能出现的一些问题。

> 智力、想象力及知识，都是我们重要的资源。但是，资源本身所能达成的是有限的，唯有"有效性"才能将这些资源转化为成果。
>
> ——彼得·德鲁克

**基本概念**

战略实施　战略计划　战略资源　资源配置　组织结构　组织规模　组织文化　领导　领导能力　领导风格

## 三一重工的服务战略

工程机械产品单价高，从几十万到几百万不等，用户的采购频率不高，因此对采购的方便性要求不明显。但工程机械市场的客户是各种类型的建筑建设公司，客户注重的是产品的质量、技术，机器停工意味着巨大的损失，维修服务的快慢直接影响用户的经济效益。因此，三一重工把"为客户创造价值"作为服务战略的核心理念，它要求确保设备的正常运转，最小化设备停机时间，延长设备使用寿命，使客户获得最大的投资收益。

工程机械行业大部分企业采用低成本竞争的模式，主要关注产品的实用性、可靠性和产品质量，对服务体系建设重视不够。三一重工的服务战略，颠覆了工程机械行业的"行规"。每年三一重工将销售收入的4%左右投入到服务之中，用以完善服务体系建设。三一重工还率先在行业内推行服务质量体系认证，按照ISO9000的标准进行运作。此外，三一重工还将服务模式由此前的"保姆式"向"管家式"转变，由传统的被动式服务向主动式服务转变，全方位提供客户施工作业流程涉及的全面产品和服务，满足客户的整体需求。

2006年，三一集团首次在中国工程机械行业引入"6S"店概念。3月，三一集团广州6S店开业。6S店整合了三一集团所有产品系列的整车销售、零配件供应、售后服务、信息反馈、产品展示、培训"六位一体"的销售服务职能。到2008年，集团已在全国各大省会城市全面建设6S店。

三一重工还充分发挥技术上的后发优势，以技术创新来撬动服务战略，提高产品的附加值。例如，在售后服务上，工程机械行业通行的做法是给每台卖出去的机器指定责任工程师，一旦出问题，客户给责任工程师打电话，由他负责解决。但这个售后服务流程难以在时间上得到保证，因为工程机械的产品个性化零组件太多，工程师通常要到现场把机器拆开才知道怎么处理，然后再通知公司或供应商备货，空运至现场。2007年以前，三一重工也是采用这种服务流程，不过为了保证客户满意度，公司通常在附近的服务网点准备两辆同类机器，一旦出现问题就先替换。这种策略使其在工程机械行业赢得了很好的口碑，市场占有率迅速提升，但同时也负担着高昂的服务成本。

2007年，三一重工推出中国工程机械行业第一个"企业控制中心"——ECC（enterprise control center）系统，在每台售出设备上装置智能终端，将设备的状态随时反馈到监控中心。这样，无论客户设备在哪里，控制中心所采用的GPS定位系统都可以迅速定位国内外销售的每一台产品的具体位置和运行状况，并可远程诊断，就近派工，有效降低服务成本。

如果在远程诊断中，调度长确定客户的服务需求须通过现场解决，控制中心则会根据卫星自动搜寻距客户指定地点最近的服务车、服务工程师以及所需维修配件的存放仓库，并自动运算最优路线指导服务工程师携带配件前往现场。对于少部分疑难故障，调度长可向专家组申请技术支持（专家组包含研发工程师、供应商技术人员等），通过在线视频会议实现远程分析与讨论。

三一重工要求员工一旦有服务指定，必须在客户打完电话后3分钟之内作出回应、24小时内完工。这种服务模式也被称为："一二三线协同、天地人合一"。其中，"一二三线协同"是指一线负责现场的服务工程师、二线设在呼叫中心的工程专家、三线通过远程会议系统联通的生产专家和供应商专家之间的协同，而"天地人合一"则是指卫星通信和地面Internet通信相结合。

（资料来源：柯银斌 刘颖悟 章小莹，三一重工：战略指导下的三位一体创新．摘自《企业管理》2010.4）

案例点评：

服务被看做是提供产品的重要组成部分，由产品和服务构成的完整解决方案，这形成了三一重工的新型竞争战略。实际上，在市场竞争日趋激烈的背景下，制造企业将价值链由以加工制造为中心向以服务为中心转变是可行之道，三一重工是中国制造业服务化理念的先行者。

## 13.1 战略实施的性质与原则

### 13.1.1 战略实施的含义

战略实施是为实现企业战略目标而对战略规划的执行。企业在明晰了自己的战略目标后，就必须专注于如何将其落实转化为实际的行为并确保实现。成功的战略制定并不能保证成功的战略实施，实际做有一件事情（战略实施）总是比决定做这件事情（战略制定）要困难得多。

## 13.1.2 战略实施的性质

战略实施是一个自上而下的动态管理过程。所谓"自上而下"主要是指，战略目标在公司高层达成一致后，再向中下层传达，并在各项工作中得以分解、落实。所谓"动态"主要是指战略实施的过程中，常常需要在"分析—决策—执行—反馈—再分析—再决策—再执行"的不断循环中达成战略目标。

战略的实施过程本身就应该是一个解决问题的过程。但是，如果情况发展的变化是如此之大，以致原定的战略成为不可行(或部分地不可行)，需要进行较大的调整时，这就成为了一个实施中的权变问题。权变的观念应贯穿于战略管理的全过程，从战略的制定直到战略的实施。真正实现的战略是在实施过程中适应环境条件的不断演变的一个动态决策过程，是一个对未预料到的事件及时做出反应，不断寻求成功机会或减少失败损失的"摸索前进"的"逻辑渐进"的过程，这是一个没有真正的起点和终点的动态过程。战略实施的权变和动态性质，虽出自不同的角度，但有一点却是一致的，即不能把战略的实施看成一个刻板不变地按原定战略行事的过程。

**特别提示**

战略实施，没有什么比做到更重要。

## 13.1.3 战略实施的基本原则

### 1. 适度合理性的原则

在企业经营战略的制订过程中，由于受到信息、决策时限以及认识能力等因素的限制，对未来的预测不可能很准确，所制定的企业战略不可能是最优的，而且在战略实施的过程中由于企业外部环境及内部条件的变化较大，情况比较复杂，因此只要在主要的战略目标上基本达到了战略预定的目标，就应当认为这一战略的制定及实施是成功的。在客观生活中不可能完全按照原先制定的战略计划行事，因此战略的实施过程不是一个简单、机械的执行过程，而是需要执行人员大胆创造、大量革新。因为新战略本身就是对旧战略以及旧战略相关的文化、价值观念的否定，没有创新精神，新战略就得不到贯彻实施。因此，战略实施过程也可以是对战略的创造过程。在战略实施中，战略的某些内容或特征有可能改变，但只要不妨碍总体目标及战略的实现，就是合理的。

另外，企业的经营目标和战略总是要通过一定的组织机构分工实施的，也就是要把庞大而复杂的总体战略分解为具体的、较为简单的、能予以管理和控制的问题，由企业内部各部门以至部门各基层组织分工去贯彻和实施。组织机构是适应企业经营战略的需要而建立的，但一个组织机构一旦建立就不可避免地要形成自己所关注的问题和基本利益，这种本位利益在各组织之间以及和企业整体利益之间会发生一些矛盾和冲突，为此，企业的高层管理者要做的工作是要在不损害总体目标和战略的前提下，对这些矛盾冲突进行协调，或折中，或妥协，以寻求各方面都能接受的解决办法，而不是离开客观条件去寻求所谓绝对的合理性。即在战略实施中遵循适度的合理性原则。

#### 2. 统一指挥的原则

对企业战略了解最深刻的应当是企业的高层领导人员，一般来说，他们要比企业中下层管理人员以及一般员工掌握的信息要多，对企业战略的各个方面的要求以及相互联系的关系了解得更全面，对战略意图体会最深，因此战略的实施应当在高层领导人员的统一领导，统一指挥下进行。只有这样，其资源的分配、组织机构的调整、企业文化的建设、信息的沟通及控制、激励制度的建立等各方面才能相互协调、平衡，才能使企业为实现战略目标而卓有成效的运行。

要实现统一指挥的原则，就要求企业的每个部门只能接受一个上级的命令。在战略实施中所发生的问题，能在小范围、低层次解决问题，不要放到更大范围，更高层次去解决，这样做所付出代价最小，因为越是在高层次的环节上去解决问题，其涉及的面也就越大，交叉的关系也就越复杂，当然其代价也就越大。

统一指挥的原则看似简单，但在实际工作中，由于企业缺少自我控制和自我调节机制或这种机制不健全，因而在实际工作中经常背离这一原则。

#### 3. 权变原则

企业战略的制定是基于一定的环境条件的假设，在战略实施中，事情的发展与原先的假设有所偏离是不可避免的。战略实施过程本身就是解决问题的过程，但如果企业内外环境发生重大的变化，以至原定的战略的实现成为不可行，显然这时需要把原定的战略进行重大的调整，这就是战略实施的权变问题。其关键就是在于如何掌握环境变化的程度，如果当环境发生并不重要的变化时就修改了原定的战略，这样容易造成人心浮动，缺少坚韧毅力，最终只会导致一事无成，带来消极的后果。但如果环境确实已经发生了很大的变化，仍然坚持实施既定的战略，将最终导致企业破产。

权变的观念应当贯穿于战略实施的全过程，权变的观念要求识别战略实施中的关键变量，并对它做出灵敏度分析，若这些关键变量的变化超过一定的范围，原定的战略就应当调整，并准备相应的替代方案。企业对可能发生的变化及后果，以及应变替代方案，都要有足够的了解和准备，以使企业有充分的应变能力。当然，在实际工作中，对关键变量的识别和起动机制的运行都是很不容易的。

**知识链接**

战略思维，是一个企业实施战略要关注的原则及方向性思考，在战略思维指引下来确定具体的战略体系与实施步骤。如果没有一种清晰的战略思维，就如一艘没有方向的船在大海里航行，任何风向对它而言都是逆风。

## 13.2　企业战略实施计划与制定方法

### 13.2.1　战略实施计划的基本概念

#### 1. 战略实施计划的概念

计划是正确地决定组织如何实现自己目标的一种结果，是对未来行动方案的一种说明。战略实施计划告诉管理者和执行者，企业未来的战略目标是什么，要采取什么样的行动来达到目标，在什么期限内达到这一目标，以及由谁来执行这一行动。

2. 战略实施计划作用

首先，战略实施计划是指导战略管理的重要过程，从高层管理的任务为看，战略实施计划虽然不是战略管理的全部工作，但它无疑是指导战略管理的一个重要过程。彼得·德鲁克曾指出，高层管理的首要任务就是制定实施战略。他认为，要思考管理的任务，即要提出这样的问题：我们是什么样的企业？它应该是什么企业？为回答这一问题，企业要建立自己的目标，制定企业的战略与计划，在今天为明天的成果做出决策。很明显，这一切实际上就是战略实施计划过程。

其次，战略实施计划是推动全员管理的重要过程。制定战略实施计划是企业各个层次上的所有管理人员工作的职能。每个员工都应参与制订或实施战略计划，只不过参与的程度因其所在管理层次与重要程度的不同而异。从理论上看，对管理的每一个职能都有较为规范的定义，彼此之间的界限也比较明确。但在实际中，企业管理人员，特别是总经理，很难将他们的工作按照不同的职能来加以区分。这些职能往往混合在一起，共同发生作用。管理人员通常在承担计划工作者角色的同时，也相应承担着组织者、指挥者等角色。所以，战略实施计划是每个管理人员的职能，它起着指导战略管理、维系和协调战略管理与作业管理之间关系的作用。

### 13.2.2 战略实施计划制定的方法

#### 1. 自上而下的方法

在西方国家的企业里，实行集权制的企业在采取这种方法制订计划时，一般是首先由公司总部的高层管理人员制定整个企业的计划，然后，各部门再根据自己的实际情况以及总部的要求来发展该计划。实行分权制的企业，一般是由公司总部给各事业部提出计划指导书，要求他们制定详细计划；公司总部检查与修改这些计划，然后再将这些计划返还给各事业部去执行。

这种方法的优点是由企业的高层管理者决定整个企业的经营方向，可以对各事业部或部门如何实现经营方向提供具体的指导。企业的高层管理人员可以集中精力去思考经营方向，制定企业应达到的战略目标，以及贯彻实施的战略。缺点是高层管理者可能由于未经深思熟虑就对下属各部门或事业部提出指导意见。这样，可能会由于指挥不当而打乱了企业目前所执行的计划。此外，事业部的管理人员可能会认为这种自上而下的指导是一种约束，不能真正发挥他们的作用。

#### 2. 自下而上的方法

企业运用这种方法时，高层管理人员对事业部不给予任何指导，只是要求各事业部提交计划。总部根据所掌握的环境和市场信息、内部资源情况以及企业的战略目标，检验平衡各事业部的计划，最后给予确认。

这种方法的优点是高层管理者对事业部不做具体的指导。各事业部会感到计划中的约束较少，可以提出更加完善的计划。同时，自下而上的计划也给各事业部提供了学习制订计划的机会。缺点是有些习惯自上而下指导方式的事业部管理人员感到无所适从，从而影响计划的完整性、综合性。

3. 上下结合的方法

在制订计划的过程中，不仅企业总部的直线管理人员参与其中，事业部的管理人员也参与有关计划制订的过程。企业总部与事业部的参谋辅助人员一起讨论计划中的变化，向经理们推荐适当的战略。通过这一过程，企业高层管理人员根据实际情况，改变或调整原定的基本目标或战略。

上下结合的方法多被分权制的企业所采用，该方法最大的优点是可以产生较好的协调效果，企业从而可以用较少的时间和精力形成更具有创造性的计划。

4. 小组计划的方法

小组计划的方法是指企业的总经理与其他高层管理人员组成一个计划小组，由总经理负责，共同处理企业所面临的问题。小组的工作内容与成员构成有很大的灵活性，可以因企业所遇问题的不同而采取不同的措施。

一般来说，小型的集权制企业多乐于采取这种计划方式。有的大型分权制企业也可能采取这种形式。在企业里，如果总经理与计划小组成员之间的关系较好，这种方法可以有很大的成效；如果总经理过分注重个人的权威性，则很难收到良好的效果。

不过，无论采用哪种方法来制定企业的战略计划，都应该注意以下几个问题。

(1) 制定企业的战略计划时，要求广泛涉及企业环境的变化，并且必须考虑一系列的连锁效应及派生的社会效果。例如，长期投资，尽管其投资回报率相当高，但如果此项目对自然环境造成持续不良的影响，则会对企业形象造成极大的损害，得不偿失。

(2) 战略计划必须将其注意力超越可直接控制的界限，包括制约着企业经营活动的诸多要素。为了不只是在表面上考虑这一点，要求企业自觉地考虑与绝大多数日常工作无多大关系的环境的影响。因此，战略计划系统的内容将是错综复杂的。

(3) 企业战略管理系统不仅包括总体计划工作，而且包括千变万化的子计划工作。例如，技术计划、产品计划、市场计划、财务计划等。总体计划必须与各个子计划之间有着一种内在的逻辑关系，也体现了战略计划的系统结构，这种系统结构是统一协调的有效手段。

(4) 战略计划系统虽然是一个长期计划，但它必须兼顾到对短期的影响。这种短期与长期的辩证关系，对于企业管理人员来讲，必须从历史的角度和积极方面来考虑这个"时间跨越"，不能因为一时的局部因素而在实践中造成偏废一方的结局。

**特别提示**

有的企业已经有了一套非常完善的运作体系，他们对于战略如何从制定到落实，如何从公司到个人，如何从年度到月度都有很完善的流程及体系，但为什么还是被认为是没有战略的执行力呢？其实原因很简单，企业战略没有执行力主要指的是两类企业：一类是企业不把战略当做战略来实施，所以他们没有战略执行力；另一类是企业连战略规划都没做，基本属于感性战略，因此也就谈不上战略执行力的问题。

## 13.3 战略实施的资源配置

企业战略实施前的准备，除了用计划推行和适应战略的组织调整之外，战略资源配置的优劣也将直接影响到战略目标的实现。战略资源的配置要着眼于资源的使用过程，将企业资源和使用这些资源的战略联系起来。企业总部既要考虑满足每个事业部对资源的要求，也要有全盘的考虑，确保资源的总体平衡。

### 13.3.1 企业战略资源的内容

企业战略资源是指企业用于战略行动及其计划推行的人力、财力、物力等资源的总和。这其中也包括时间与信息，因为他们是无形的，因此很少被人关注。时间和信息在某种条件下可能会成为影响企业战略实施的关键性战略资源。企业战略资源是战略转化行为的前提条件和物质保证。具体来讲，战略资源包括以下几种。

（1）采购与供应实力。企业是否具备有利的供应地位，与自己的供应厂家的关系是否协调，是否有足够的渠道保证，能否以合理的价格来获取所需的资源。

（2）生产能力与产品实力。企业的生产规模是否合理，生产设备、工艺是否能够跟得上潮流，企业产品的质量、性能是否具有竞争力，产品结构是否合理。

（3）市场营销与促销实力。企业是否具备了开发市场的强大实力，是否有一支精干的销售队伍，市场策略是否有效等。

（4）财务实力。企业的获利能力与经济效益是否处于同行的前列，企业的利润来源、分布及发展趋势是否合理，各项财务指标及成本状况是否正常，融资能力是否强大等。

（5）人力资源的实力。企业的领导者、管理人员、技术人员等的素质是否一流，其知识水准、经验技能是否有利于企业的发展，其意识是否先进，企业的凝聚力如何等。

（6）技术开发的实力。企业产品的开发和技术改造的力量是否具备，企业与科研单位、高校的合作是否广泛，企业的技术储备是否能在同行业中处于领先地位。

（7）管理经营的实力。企业是否拥有一个运行有效、适应广泛的管理体系，企业对新鲜事物的敏感度如何，反应是否及时、正确，企业内是否有良好的文化氛围，在企业内是否形成良好的分工与合作，能否进行有力的组织等。

（8）时间、信息等无形资源的把握能力。企业是否能充分去获取、储备和应用各种信息，时间的管理是否合理等。

### 13.3.2 战略资源的特点

（1）战略资源的流动方向和流动速度取决于战略规划的决定。

（2）企业中可支配的资源总量和结构具有一定的不确定性。在战略实施的过程中，资源的稀缺程度，会使结构发生各种变化。

（3）战略资源的可替代程度高。由于战略实施周期长，随着科学技术的进步，原来稀缺的资源可能会变得十分丰裕，战略实施中可能会发生相反的变化。

（4）无形资源的影响程度难以准确地预料。例如，企业的信誉资源对企业获取公众的支持、政府的帮助会产生很大的影响。正因为如此，企业的战略管理者在实施战略时，必须充分了解这些战略资源的内在特质，并做出适当的预防措施。只有这样，方能保证战略的平稳运行。

### 13.3.3 企业战略与资源的关系

企业在实施战略的过程中，必须对所属资源进行优化配置，才能充分保证战略的实现。战略与资源的关系主要表现在如下几个方面。

**1. 资源对战略的保证作用**

战略与资源相适应的最基本的关系，是指企业在战略实施的过程中，应当有必要的资源保证。现实中，战略缺乏资源保证，又没有充分认识到其危险性的企业不在少数。原因在于：第一，战略制定者在思考程序上存在缺陷。他们忽略了确保资源的必要性，从而制定了"空中楼阁"的战略。第二，必要的资源难以预测而导致偏差。由于预测不准确，结果造成了缺乏资源保证的战略。第三，没有把握好本企业资源，尤其是无形资源而失误，造成无法预料的损失。

**2. 战略促使资源的有效利用**

即使企业有充足的资源，也不是说企业就可以为所欲为。过度滥用企业资源，会使企业丧失既得利益，还会使企业丧失应该得到更多利益的机会。企业采用正确的战略，可以使资源得到有效的利用，发挥其最大效用。战略可以促使企业充分挖掘并发挥各种资源的潜力，尤其是那些在人、财、物上体现不出来的无形资源。

**3. 战略可以促使资源的有效储备**

由于资源是变化的，因此在企业实施战略的过程中，通过现有资源的良好组合，可以在变化中创造出新资源，从而为企业储备资源。所谓有效储备，是使必要的资源以低成本、快速度、在适宜的时机进行储备。战略可以通过两个途径来实现这一目的：第一，战略推行的结果可以附带产生新的资源；第二，这种新资源可以成为其他战略必要的资源被及时使用。

**特别提示**

当现在战略为将来的战略展开有效地积累资源时，将来的战略也能够有效地利用这些积累的资源，这就形成了企业中战略与资源的动态组合过程。为了实现这个动态组合过程，企业首先必须考虑两个问题：一是现在战略应选择为什么的战略；二是将来战略应该怎样。然后才能在二者间调配适当的资源。而资源在这个过程中将起到动态相辅和动态相乘的两个效果。

### 13.3.4 企业战略资源的分配

企业战略资源的分配，是指根据总体战略目标的需求，按照一定的原则，对企业所属战略资源进行具体分配的过程。资源分配的原则在很大程度上取决于企业总部高层管理人员的战略思维方式与企业当前的经营重点。

1. 影响资源分配的因素

在战略推进的过程中，企业总是希望将各种资源都分配到最能支持战略获得成功的部门或经营单位。但在实践中，常常会遇到一些影响资源分配的因素使资源分配不合理。

（1）资源保护机制。在许多企业中，人、财、物等资源都由专门的部门来负责开发、保护和节约。企业战略虽然已指出了急需资源的部门，但由于资源分配对目标的影响是间接的，不能清楚地看到战略实施的最终结果，资源部门的管理人员在他们权力范围内总是唯恐在资源分配上出差错，害怕浪费稀缺资源，而不肯把资源分配到战略最需要资源的部门中去，或者由于决策的迟缓导致战略时机的延误。

（2）个人价值偏好。主管资源分配的管理人员的个人价值观念对于资源分配范围、分配数量及分配时间都有很重要的影响，这种影响有时不易被觉察。当这些人的个人价值观念与企业经营战略一致时，资源分配便会按照战略预期的设想进行；如果不一致，资源分配便会出现人为的障碍。

（3）互惠的政治交易。企业内部的各种矛盾冲突，往往会使为战略目的而进行的资源分配变得复杂化，不同利益集团私下相互提供好处的做法，往往会加速或阻碍资源分配。当重大战略决策有利于某些部门时，这些部门的管理人员会积极支持该项决议获得批准，以取得资源；相反，如果这些决策不利于他们，管理人员中的政治交易会压倒理智的判断，他们会结成各式各样的联盟，影响决策的方向，使资源分配方案得不到落实。

（4）战略的不确定性。新战略的实施结果难以确定，因此资源分配人员往往有"等等看"的思想，他们愿意进行比较安全可靠的短期资源分配，而不愿意进行长期资源分配。

（5）战略的不完整性。有的企业经营战略过于空泛，职能部门无法按照战略分配资源，结果每次资源分配时都要重新研究资源使用的方向和可能产生的效果，既费时又费力。

上述五种因素都会使企业战略与实际资源分配脱节，导致具体执行部门因缺少必要的资源，不能保证战略的贯彻实施。

2. 战略资源的分配

企业为了理顺战略与资源分配的关系，应建立有效的资源分配系统，主要有以下四项工作。

（1）按照战略计划分配资源。战略计划规定了主要战略措施的性质、过程及步骤，在总计划下还应有具体计划，计划中的每个项目都应有明确的起止日期及资源的投入量，这些具体的步骤及项目计划保证了资源的分配和稳定。但在实践中，战略计划实施是一个动态过程，因此资源分配要有一定的灵活性，允许其适当地变化，如在战略前景不明确时，在资源分配计划中要留有一定的余地；在战略计划实施过程中，发现某些战略措施与实际情况不符时，可将该项措施退回最初的批准者，进行重新评审。同时，资源分配计划也要定期进行阶段性的评审，以保证资源分配的正确及顺利进行。

（2）明确资源与战略的关系。企业要规定每项资源分配都应提交书面说明，阐明该项资源分配对现行战略实施的影响，主管部门如果认为该项分配无助于现行战略的实施，可以否定这个计划。

(3) 制定有关政策。为了加强指导，企业要用一定的政策来约束资源分配的随机性，任何与政策相违背的建议一般都不予考虑。企业总部在制定政策时要认真调查研究，在全面考虑了各个经营单位的不同情况下，企业要制定出一般性的政策，同时也要制定出针对个别具体问题的政策，使得各部门都有章可循，有法可依。

(4) 下放一定的资源分配权。每项战略措施都有自己的预算，甚至要成立项目的临时性组织，企业总部对各项战略措施所需的资源进行分配以后，同时提出各项战略措施应完成的数量、质量及时间要求。至于每个项目内部的资源分配决定权，应当下放到负责各项战略措施的实施单位中去，以使战略计划与投资紧密结合起来。

例如，英特尔公司一开始并不生产微处理器，而是生产存储器的。微处理器发明以后，其业务呈逐渐增长趋势，但是总体来说根本不能与英特尔公司存储器业务相提并论。到了 20 世纪 80 年代初期，日本的存储器生产厂商大举进入美国市场，把存储器的价格大大降低，英特尔公司的存储器也不得不跟着降价，这样存储器就成了英特尔公司产品毛利率最低的产品了，按照该公司的资源分配原则在生产优先性上只能敬陪末座了。相反，该公司的微处理器由于没有什么竞争，因而成为优先考虑生产的产品。虽然英特尔的高层没有做出明确的撤出存储器市场的决策，但是中层管理者却通过公司认同的资源分配流程系统性地撤离存储器市场。

企业战略资源中，无形资源很难把握，而除了人力资源之外的有形资源，均可以用价值形态来衡量。因此，企业战略资源的分配一般是指人力资源和财力资源的分配。

(1) 人力资源的分配。

人力资源的分配一般有三个内容：一是为各个战略岗位配备管理和技术人才，特别是对关键岗位的关键人物的选择；二是为战略实施建立人才及技术储备，不断为战略实施输送有用人才；三是在战略实施的过程中，注意整个队伍综合力量的搭配和平衡。

(2) 财力资源的分配。

企业中一般采用预算的方法来分配各种资金资源。预算是一种通过财务指标或数量指标来显示企业目标和战略的文件。它既是评估计划的重要指标，也是协调各事业部活动的主要手段；它既是计划职能的一部分，也是控制职能的一部分，下属部门的每一项活动无一不直接或间接地和预算相关联。企业高层管理者要十分重视预算工作，使各事业部预算与企业总部的预算相平衡。同时，在战略计划执行的过程中，应随时注意预算的变化，以便更好地指导实际工作。

 知识链接

战略，其实是企业资源分配流程的产物，一个企业只要真正把资源分配搞对了，其战略就水到渠成、应运而生了。但是，有很多企业认为是战略决定了企业的资源分配流程，所以往往先制定所谓的战略再根据战略进行企业的资源分配，这是不对的、行不通的或言行不一的。体现企业真实战略的行为从企业资源的去向中可以完全看出。任何一个企业都是通过其资源分配流程来决定资助哪些项目、执行哪些项目、否定哪些项目的。因而从企业所支持的产品、服务、流程、渠道、传播、合作伙伴、兼并项目等，我们不难看出其中折射的真实战略。

## 13.4 战略实施的组织保障

组织结构可以影响战略的选择。企业制定的战略必须是可行的，因此，如果一项新战略要求进行大规模的组织结构调整，那它便不是一个理想的选择。战略的变化往往要求组织结构发生相应的变化。其主要原因有两个：第一，组织结构在很大程度上决定了目标和政策是如何建立的。第二，企业的组织结构决定了资源的配置。组织结构的重新设计应能够促进公司战略的实施，但不能期望结构的变化可以将坏的战略变成好的战略。

### 13.4.1 战略与组织结构的关系

企业组织结构的调整是实施企业战略的一个重要环节，任何一项企业战略都需要有一个相适应的组织结构去完成。美国学者钱德勒等人通过对美国70家大公司经营发展史的研究发现，如果组织结构不适应新的战略变化，就会导致企业效益下降，而当这些公司的组织结构改变后，保证了战略的实施，则企业的获利能力大幅度提高。钱德勒由此得出了一个著名的结论：企业的组织结构要服从企业战略。企业战略规范于企业的组织结构，组织结构是为战略服务的。在企业战略实施过程中，如果组织结构与企业战略相匹配，就会对战略的成功实施产生巨大的保证作用，反之就会对战略的成功实施产生严重的阻碍。特别是企业战略出现了大跨度创新时，必然会导致企业组织结构的再造。从动态发展的角度看，企业处于不同的发展时期应该有不同的组织结构。企业应在根据外部环境的变化制定企业战略的同时，及时调整其组织结构。

1. 结构追随战略

只有当企业的组织结构与战略相适应时，战略才有价值，才能为企业带来竞争优势。因此，组织结构的设定应以战略为导向，战略的变化往往要求组织结构发生相应的变化。企业改变战略时，需要重新设计组织结构来配合战略的实施。战略的变化会导致组织结构的改变，而组织结构的重置要以能够推进战略实施为原则。离开了战略或者企业的使命与目标，组织结构就毫无意义。

哈佛大学钱德勒教授研究发现，组织结构通常追随战略进行调整。企业战略的转变给企业带来新的管理问题，导致组织经营绩效下降，从而引发组织结构的调整，结构调整后，组织的绩效得到了改进提高。

对于采取特定战略或特定类型的企业来讲，不存在某种最理想的组织结构形式。在特定产业中，成功的企业趋于采用类似的组织结构，比如大型企业通常采用矩阵式结构或战略事业部式结构，而小型企业则倾向于采取职能式结构，然而对一家企业适合的组织结构不一定适合于另一家企业。随着企业的发展，业务的不断成长，企业的组织结构也会经历从简单到复杂的发展历程。

2. 结构影响战略

一方面，战略影响组织结构的设计与选择。另一方面，组织结构也影响战略的制定和实施。组织结构对战略的影响作用主要表现在以下三个方面。

1) 组织结构对战略目标和政策的影响

首先，企业原有的组织结构决定了企业战略的制定方式。例如，采用直线型结构的小型企业，其战略制定可能就是最高领导的个人决策，而采用战略事业部公司结构的企业战略制定更可能的是在母公司的总体控制下，由各个子公司自行决策。其次，组织结构还决定了企业战略的表述方式。如在按地区建立的组织结构的企业中，战略目标和政策常常以地区性术语来表达，而在按产品建立的组织结构的企业中，战略目标和政策常以产品性术语来表达。

2) 组织结构决定资源配置

组织结构决定了企业的资源配置方式，进而影响到企业战略的制定和选择。如果建立按产品划分的结构，那么企业的资源也按产品的不同来进行配置；如果企业建立事业部制的组织结构，那么企业的资源就会按不同的事业部来进行配置。由于资源配置是企业战略的一项重要内容，因此组织结构通过对资源配置的决定性作用对企业战略的制定和选择产生影响。

3) 组织结构的变革影响战略的变革

在外部环境相对稳定时期，战略的调整和组织结构的变化都是以渐进的方式进行的，战略与结构的矛盾并不突出。但是，在剧烈变化的环境中，企业需要实施战略转折和战略创新时，就对组织结构提出了严峻的挑战。这时，如果组织结构的变革不力，就会制约和阻碍企业战略的革新。

**特别提示**

当一个企业的组织结构已经确立，人员已经配备，规章已经制定时，企业往往会力图避免过多地更改企业的组织结构；因为它会损失组织效率，分散企业的资源甚至造成企业运行的停顿。因此，企业在制订战略时会或多或少地考虑到组织结构的因素。一个完全与现有组织结构脱节的战略不会是一个好战略。

## 13.4.2 战略的前导性及组织结构的滞后性

相对于企业外部环境变化而言，战略与组织结构都会对环境变化作出反应，但是最先作出反应的是战略，而不是组织结构，即存在着战略的前导性和结构的滞后性。

1. 战略的前导性

战略的前导性是指企业经营战略的变化快于组织结构的变化，这是因为企业一旦意识到外部环境和内部条件的变化提供了新的机会与需求时，企业首先要改变战略，以便在新的条件下求得经济效益的增长或保证企业的生存。当然，一个新的战略需要有一个新的组织结构，至少是在原有组织结构的基础上进行调整，如果组织结构不作出相应的变化，新战略也不会使企业获得更大的效益。

2. 组织结构的滞后性

组织结构的变革常常要慢于战略的创新，特别是在经济快速发展的时期更是如此。造成组织结构变革滞后的原因有以下两点。

# 第13章 战略实施

（1）新旧组织结构的交替需要有一个更长的时间过程。当新的环境出现后，企业首先考虑的是战略，新的战略制定出来后才能根据新战略的要求来考虑组织结构的变革，而原有结构还有一定的惯性，原有的管理人员仍在运用着旧的职权和沟通渠道去管理新的战略活动，因而新战略的贯彻和执行也受到了很大的限制和阻碍。

（2）原有管理人员会抵制企业组织结构的变革。企业管理人员对旧的组织结构已经熟悉、习惯或运用自如，而组织结构的变革会威胁到他们的地位、权力、利益，特别是心理上感到混乱和紧张，甚至恐慌和压力，因此他们往往会用各种方式去抵制组织结构的变革。

由上面分析可以看出，在战略转变过程中，总会有一个利用旧的组织结构推行新战略的阶段，因此在开始实施战略时，即应考虑组织结构的滞后性，在组织结构变革上既不能操之过急，但又要尽量缩短组织结构的滞后时间，使其能尽快与新战略的需求相匹配。

## 13.4.3 企业规模对组织结构的影响

企业规模对组织结构的影响主要表现在以下四个方面。

（1）规范化程度不同。大型企业规范化程度较高，一般都要用条例、程序及规章制度等来实现标准化以及对众多部门和职工的控制，而中小企业的规范化程度较低。

（2）分权程度不同。大型企业命令链较长，人员和部门较多，全部决策若都由最高领导层负责必然负担过重，而且容易脱离实际，因此需要较多的分权。中小企业，特别是小型企业，一切都由一个人或几个人决策指挥，不需要再分权。

（3）复杂程度不同。大型企业生产技术复杂，职工人数多，因而管理工作复杂。为了有效地控制，需要更多的管理部门并增加较多的等级层次。相比之下，小企业的组织结构就比较简单。

（4）人员结构不同。一般来说，在大型企业中，高层管理人员占全体职工的比率会降低，而管理人员占全体职工的比率会提高，中小企业恰与此相反。

企业组织如同人体一样有其生命周期，企业发展壮大的历程要经过不同的发展阶段，每一阶段都具有其独特的组织结构特征。从企业组织结构的特征来看，大体可分为五个阶段。

① 创业阶段。这是组织的幼年时期。规模小、人心齐、关系简单，企业的决策是由高层管理者一人（或几个人）独立作出的，企业能否生存发展完全取决于高层管理者的素质和能力，企业组织结构相当不正规，对协调的需要还很低，只存在着非正式的信息沟通。

② 引导阶段。这是组织的青年时期。企业人员增多，组织不断壮大，决策量增多，创业者让位给能干的经理人员，产生了建立在职能专业化基础上的组织机构，各项职能机构之间的协调问题越来越多。信息量增加，信息沟通变得越来越重要而困难。

③ 授权阶段。这是组织的中年时期。随着企业经营范围的扩大，由职能机构引起的问题增多，高层管理者将权限和责任委托给下属的产品、市场或地区经理，建立起以产品、市场或地区为基础的事业部组织机构。高层管理者不再负责日常的管理事务，向下发布命令的次数减少了，控制的信息主要来自各事业部的报告，但是伴随着分权，往往又产生对事业部的失控问题。

④ 协调阶段。这一阶段企业建立了正式的规则和程序，为了加强对事业部的指导和控制，在企业总部与事业部之间建立超事业部（或集团部），使其负责下属有关事业部的战略规划和投资回收，并在总部设立监督部门控制和检查各集团部的经营战略。这些正规的措施虽然有利于增强各事业部之间的相互配合，但却带来了文牍主义，影响工作效率，阻挠创新，从而导致企业的衰败。

⑤ 合作阶段。这一阶段更加强调管理活动要有较大的自觉性，强调个人间的主动合作，引入社会控制和自我约束的新观念，精简正式体系和规章制度，将奖励的标准改为协作表现和创新实践，成立任务小组和矩阵式组织结构，将企业的重要权力再收回到企业高层管理者手中，同时努力增强组织的适应性和创造性。

总之，随着企业规模由小变大，从单一产品或服务发展到多种产品或服务，其组织结构会发生很大变化，正规化程度也会随之提高。当然，并不是所有企业的发展都必须按顺序地通过上述阶段，有的企业不仅不按顺序发展，反而是反向发展，组织结构也有返回到前一阶段的可能。如果企业从多角化经营战略转向以规模经济为中心的竞争战略时，则可能从事业部制组织返回职能制组织，如日本的东莱纤维公司，在石油危机以前采用分产品事业部制组织，石油危机以后，出于降低成本的目的，返回到职能制组织。而在数年之后，随着业绩的恢复，公司开发了多种产品，就又转向事业部制组织。可见组织结构与企业规模、经营环境、经营战略等都有密切的适应关系。国外大型企业的组织日趋小型化、简单化、分散化，实行集团式经营，即把公司分成几个相对独立的单位和部门，允许一定程度的"有组织混乱"，形成集团性企业，这是根治大企业弊端、提高效率、增强适应能力和生产能力的有效组织手段。

 知识链接

企业战略的变化将导致组织结构的变化，组织结构的重新设计又能够促进公司战略的实施。企业战略与组织结构是一个动态变化的过程。孤立地制定战略或进行组织结构设计都是无效的，也是不可能成功的。只有将两者视为一个有机整体，放在激烈地变化着的环境中去考察，才可能有效地促进企业持续健康的发展。

## 13.5  组织文化与战略的适应

在战略管理过程中，企业文化起着重要的作用，它既可以成为新战略的推动因素，又可能对战略的制定和执行起着抵触作用。

### 13.5.1  企业文化的概念

"文化"一词源于社会人类学。它是指人类群体或民族世代相传的行为模式、艺术、宗教信仰、群体组织和其他一切人类生产活动、思维活动的本质特征的总和。

企业文化是亚文化的范畴，它是指某一企业的经营管理哲学、价值观念和行为规范。具体地说，企业文化是以组织所信奉的价值观体系为基础的思维方式和行为规范，企业中的成员都自觉地维护它和遵循它，并体现在行动中。

企业文化有三个重要特性：学习性、分享性和传递性。学习性是指员工在实践中通过学习不断积累和沉淀而形成的，这种学习过程不可能一蹴而就，只有经过长期的过程才能形成。分享性是指形成企业文化的学习过程中不是个别人、少数人的学习，而是全体员工的共同学习过程。正是这种共同的学习和实践，才使得大家能够自愿地分享其结果，共同遵守这些基于价值观体系的思维方式与行动方式(惯例或传统)。传递性是指企业文化对新成员具有教育、指导和约束作用。它教育和指导新员工按照企业的惯例或传统行事，否则企业将对这位新员工不予接纳。

### 13.5.2 企业文化与战略的关系

**1. 企业文化是企业战略的基石**

企业文化为企业战略的制定、实施、控制提供正确的指导思想和健康的精神氛围。企业文化为战略的制定提供成功的动力。一个企业自身具有很强的文化特色时，会通过企业成员的共同价值观念表现出企业的特殊性。这有利于企业形成别具一格的战略，为企业的成功奠定基础，提供原始动力。

**2. 企业文化是战略实施的关键**

企业文化可以激发员工的工作热情，统一全体员工的意志，从而使战略得到有效的贯彻和实施。

**3. 企业文化是战略控制的"软性黏合剂"**

战略控制可以通过规章制度、计划要求等"刚性连接件"实现，但共同的价值观、信念和行为规范而形成的自觉行动，可以达到自我控制和自我协调的效果。拥有共同价值观的企业员工会自动调整他们个人的目标和行为，使之符合企业的目标和行为。

**4. 企业文化是维持战略优势的条件**

企业文化往往体现了这个企业的历史积累，其他企业很难模仿。因此，企业的核心竞争力中一旦有了文化的内涵，往往可以维持较长久的战略优势。

**特别提示**

战略如果没有文化的支撑，就缺乏精神与灵魂，企业很难长久发展；文化如果没有战略的引导，也就成了无源之水，缺乏目标和追求，动力很难持久。

### 13.5.3 企业文化与战略的适应和协调

在企业中，一个新的战略要求原有文化的配合与协调。由于企业组织中原有文化有它的相对稳定性或称为惯性的特点，很难马上对新战略做出反应。因此，企业文化既可以成为实施战略的动力，也可能成为阻力。例如埋头苦干的作风在经营方向既定、环境比较稳定的情况下有利于企业将产品做得精益求精，但在外部环境剧烈动荡、产业结构发生重大变化的时期，这种埋头苦干的作风任由其惯性的发展，就有可能迷失企业的方向。因此，企业文化必须在继承的基础上不断创新。

很多企业并购失败了，究其原因，最关键的问题就是两个企业的文化不能很好地融合。德国戴姆勒—奔驰与美国克莱斯勒的合并，一度被世人称为"完美的互补"。但是并购两年后，美国《新闻周刊》以"并购混乱"作为封面来报道了戴姆勒—克莱斯勒并购以来的情况：2000年第三季度，公司亏损5.12亿美元，这是戴姆勒公司近九年来第一次出现亏损，2001年的亏损额增到20亿美元，公司的市场资本总值已经低于原戴姆勒—奔驰公司的水平，不同企业文化的冲突是这场危机的根本原因。

在战略管理过程中，企业内部的新旧文化必须相互适应，相互协调，为战略成功提供保证。在中小型企业中，新旧两种文化要逐渐演变一种文化。在大型联合企业里，企业在实行多样化经营或差别化战略时，可以根据生产经营的需要，在某个事业部或经营单位中，保留它们各自的原有文化。不过，在这种情况下，企业总部要做好全局性的文化协调工作。

### 13.5.4 战略与企业文化关系的管理

在战略实施中，企业处理战略与企业文化关系的工作可以有下面的矩阵表示（如图13.1）。

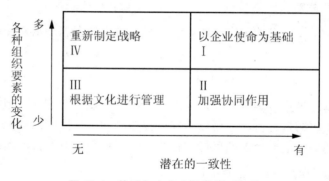

**图13.1 战略与企业文化的关系矩阵**

在矩阵上，纵轴表示在实施一个新战略时，企业的结构、技能、共同价值观、生产作业程序等各种组织要素所发生的变化程度；横轴表示企业所发生的变化与企业目前的文化相一致的程度。

1. 以企业使命为基础

在第Ⅰ象限里，企业实施一个新战略时，重要的组织要素会发生很大的变化，但这些变化大多与企业目前的文化有潜在的一致性。这种企业是那些以往效益好的企业，可以根据自己的实力，寻找可以利用的重大机会，或者谋划改变自己的主要产品和市场，以适应新的要求。这种企业由于有企业固有文化的大力支持，并且实施新战略没有大的困难，一般处于非常有前途的地位。在这种情况下，企业处理战略与文化关系的重点有以下几点。

（1）企业进行重大变革时，必须考虑与企业基本使命的关系。在企业中，企业使命是企业文化的正式基础。高层管理人员在管理过程中，一定要注意变革与企业使命内在的不可分割的联系。

（2）要发挥企业现有人员的作用。现有人员之间具有共同的价值观念和行为准则，可以保证企业在文化一致的条件下实施变革。

（3）在调整企业的奖励系统时，必须注意与企业组织目前的奖励行为保持一致。

（4）要考虑进行与企业组织目前的文化相适应的变革，不要破坏企业已有的行为准则。

2. 加强协同作用

协同作用是一种合力的作用，可以产生"2＋2＞4"的效应。在第Ⅱ象限里，实施一个新战略时，组织要素发生的变化不大，又多与企业目前的文化相一致。处在这种地位的企业主要应考虑两个问题：一是利用目前的有利条件，巩固和加强企业文化；二是利用文化相对稳定的时机，根据企业文化的需求，解决企业生产经营中的问题。

3. 根据文化的要求进行管理

在第Ⅲ象限里，企业实施一个新战略，主要的组织要素变化不大，但多与企业组织目前的文化不大一致。因此，企业需要研究这些变化是否可能给企业带来成功的机会。在这种情况下，企业可以根据经营的需要，以不大影响企业总体文化一致性的前提下，对某种经营业务实行不同的文化管理。同时，企业在对企业结构这样与企业文化密切相关的因素进行变革时，也需要根据文化进行管理。

4. 重新制定战略

在第Ⅳ象限里，企业在处理战略与文化的关系时，遇到了极大的挑战，企业在实施一个新战略时，组织的要素会发生重大的变化，又多与企业现有的文化很不一致，或受到现有文化的抵制。对企业来讲，这是个两难的问题。

在这种情况下，企业首先要考虑是否有必要推行这个新战略。如果没有必要，企业则需要考虑重新制定战略。这就是说，企业在现实中能够实施的战略是与企业现有行为准则和实践相一致的战略。反之，在企业外部环境发生重大变化，企业的文化也需要相应做出重大变化的情况下，企业考虑到自身长远利益，不能为了迎合企业现有的文化，而将企业新的战略修订成与现行文化标准相一致，这是不符合企业利益的。

### 13.5.5 实现企业文化变革的策略

如果发现企业文化已产生病态，或者发现企业文化已对必须采取的新战略形成阻碍时，就要下决心进行文化变革。管理者如何来推动组织文化的变革呢？其重要的一点就是对现有的文化进行解冻，而这需要一个全面的、协调的战略。

1. 组织文化分析

解冻的最佳着眼点是进行组织文化分析，这包括进行文化审核以评估现有的文化，即分析现有文化与环境及战略是否适应；确定与环境和战略适应的文化内容；将现有文化与预期的文化做比较，进行差距评价以确定哪些价值观及文化要素需要变革。

2. 向员工宣传变革组织文化的必要性和紧迫性

虽然危机可以作为解冻强文化的一种契机，但危机并不是组织的所有成员都能意识到的。因此，管理当局必须向员工明确说明，如果不马上推行变革，组织的生存就会受到致命的威胁。要是员工没有意识到文化变革的必要性和紧迫性，那就很难使一种强文化对变革的努力做出反应。

### 3. 任命具有新观念的新领导者

任命新的最高层领导者本身就是一个信号，它预示着一场重大的变革正在发生。新的领导者常会带来新的观念和行为标准，大胆地推动文化的变革。当然，新领导者需要把他的新观念尽快地注入组织中，又往往需要将关键管理职位的人员调换成忠于这一观念的人。例如，美国的克莱斯勒公司曾成功地进行了文化的变革，首先公司任命了新的首席执行官李·艾柯卡，而他又迅速对公司高层经理做了大量调整，这为文化变革打下了坚实的基础。

### 4. 发动一次组织重组

伴随着主要管理人员的调整，发动一次组织重组也具有重要的意义。设立一些新单位，或者将某些单位合并或取消，这些都以显而易见的方式传达着管理当局下决心将组织引入新方向的信息。

### 5. 引入新口号、新故事、新仪式、新物质象征来传播新价值观

新的领导者也要尽快创造出新的口号、故事、仪式、物质象征等来取代原有的文化载体，以便更好地向员工传播组织的主体价值观。而这是要即刻去做的，耽搁只会使新领导者与现有文化为伍，从而关闭推行变革的大门。

### 6. 围绕新的价值观体系，树立新的榜样

管理当局还要改变人员的选聘和社会化过程，以及绩效评估和奖酬制度，并树立新的榜样，以便对采纳组织所期望的价值观的员工形成有力的支持。

## 13.5.6 建立业绩与报酬挂钩的激励机制

### 1. 经理高管人员的激励

正确地制定战略和有效地实施战略是两项艰巨的任务。即使是非常称职的经理也需要激励，因为面对竞争中的各种压力，他们需要激励才能有效地完成既定的规划和战略。然而在实际工作中，要想使激励能促进战略行动并非易事。这是因为战略实施一般是长期的，其后果不能马上衡量；战略要冒很大风险，而且可能中途改变；一个战略周期结束前，经理更迭频繁；不同的战略，目标各异，达到目标必须采取的行动也不同；中间结果捉摸不定，难以衡量，环境要求和其他外部的要求常常打扰一环扣一环的战略规划。上述种种原因使人们难于将成果与经理业绩联系起来，从而难以奖励有成效的工作。

为了对经理人员的工作实行有效的激励，首先必须确立正确的评审经理人员工作业绩的方法，使奖酬激励与企业希望取得的成果——对应起来；其次是如何鼓励经理人员能及时地和创造性地调整战略的行为，对创业精神有足够的重视。

在市场经济发达的国家里，经理人员市场对经营者能力的社会化评价作用，实际上提供了一种无形资产即人力资本价值方面的报酬激励。从有形资产激励方面看，现代公司对经理人员的物质激励采取多种形式。

(1) 工资或薪金。这是经理人员的基本报酬,与企业经营绩效无关,是一种稳定、有保障的收入,其额度高低大体上反映该经理人员的人力资本价值水平。

(2) 奖金。这一般与企业年度经营绩效直接挂钩,有较强的刺激作用,但也易导致经营行为短期化。

(3) 股票。奖励给经理人员公司的股票,是不直接以货币形式体现的对公司制企业经营者的一种报酬,与奖金一样它将经理人员的报酬与经营绩效挂起钩来。同时,当经理们拥有一定数量的股票后,则促使他们从股东的角度看待企业的长期效益,当然这对战略管理更为有利。

(4) 期股。也就是股票期权的简称,它着眼于促使经理人员从企业长期经营绩效的考虑中处理当前经营与决策问题,但其效果如何更加取决于股票市场的规范化运作。

工资和奖金属于对短期经营业绩的激励,而股票和期股属于长期业绩的奖励。这里有一个如何确定两者比例的决策问题。

2. 一般管理人员和员工的激励

企业中除最高管理团队外的管理人员和员工也存在激励问题,只有将业绩与报酬挂钩才能更好地支持企业战略目标的实现。一种经过适当设计的激励结构是管理层最有力的战略实施工具。要使人们将注意力集中于有效实施和达到业绩目标上来,最为可靠的方法是慷慨地奖励那些达到与有效的战略实施相一致的业绩目标的个人和部门。

激励的方式多种多样,下列主要的金钱奖励形式常用来促进战略实施。

(1) 利润分享,即在利润中提取一定的比例(事先约定)来奖励员工,以促使员工关心公司的利润。30%以上的美国公司有利润分享制度,但是批评家强调,由于利润受到太多因素的影响,容易用会计手段进行操纵,因而不是一种好的考核指标。

(2) 收益分享。这种方法要求员工或部门首先建立业绩目标,如实际工作绩效超过这一目标,则所有部门成员都将得到奖金。26%以上的美国公司都实行某种形式的收益分享。

(3) 奖金制度。诸如销售额、生产效率、产品质量、安全等指标都作为有效奖金制度的考核依据。如果一家企业实现了特定的、为人们所理解和认同了的绩效目标,那么每位企业成员都应分享这一成果。奖金发放系统可以作为激励员工个人支持战略实施的一种有效工具。

(4) 员工持股计划。员工持股计划是员工可以利用贷款或现金购买公司股票,它是一种减免税收的、固定缴款式的雇员福利制度。相对而言,员工持股计划在小企业的管理中比较流行,但也有像宝洁公司这样的大公司采用这种激励计划。员工持股计划使员工能够以所有者的身份进行工作,实际上是公司以放弃股权的代价来提高生产率水平,换取员工更努力地工作,同时关心企业的长期利益。同时它还能防止被恶意收购。

当然,企业还可以同时采用其他各种战略性激励措施以促进员工为战略的成功实施而努力工作。这些措施包括:提高工资、工资外补贴、职务提升、业绩确认、表扬、批评、增加工作自主权、荣誉奖励等。

## 13.6 战略实施中的有关问题

企业战略实施的每一项行为都会对企业的全局性、长远性问题造成重大的影响。为保证战略计划顺利实施,需特别关注以下几方面的问题。

### 13.6.1 战略实施中的业务问题

成功的战略实施还需要企业内职能部门和分部管理者通力合作,抓好职能管理,齐心协力地解决好各自业务领域的问题,从而保证战略目标的实现。这些业务方面的问题包括以下几个方面。

**1. 生产问题**

企业在生产作业方面的能力、局限性和政策可以明显地促进或阻碍其经营目标的实现。企业的生产过程通常占有企业70%以上的总资产。由于战略实施的主要部分都发生于生产现场,所以与生产相关的决策对战略实施努力的成败就会有很大的影响。这些决策涉及的内容包括:工厂规模、工厂位置、产品设计、设备选择、加工方式、库存水平、库存控制、质量控制、成本控制、标准的采用、岗位工作与责任的确定、雇员培训、设备与资源的利用、运货与包装及技术革新等。

**2. 人力资源问题**

人力资源管理者的战略责任包括在制定战略时评估各备选战略的人员使用需求与成本,并为战略的有效实施而制定人员计划。人力资源管理部门必须建立将战略实施业绩与收入明确挂钩的激励制度,将公司业绩与个人利益挂钩是人力资源管理者的一项新的、重要的战略责任。如果企业对其人力资源问题不能给予足够的重视,那么无论它能设计出多好的战略管理系统也还是会走向失败。防止和克服战略管理中出现的人力资源问题的最好方法就是使尽可能多的管理者和员工积极参与战略管理。这一做法尽管花费时间,但它可以增进参与者的理解、信任、投入和拥有感,并可减少怨恨甚至敌视。

**3. 市场营销问题**

影响战略实施成败的市场营销因素很多,但其中有两个因素对于战略实施却有着最为重要的作用:市场细分和产品定位,这也是市场营销对战略管理贡献最大的两个方面。

市场细分可以使企业针对特定的用户群体进行生产,然后发现用户的需求和期望,这时候就需要进一步的分析和研究。大量研究表明,用户对服务的定义及对不同服务活动重要性的排序有很大的不同,生产者对服务的看法也有很大的不同。很多公司正是通过弥补用户与生产者在对什么是良好服务这一问题的认识上的差距而取得了成功。在这两者之间起决定作用的是用户认为什么是良好的服务,而不是生产者认为应当提供什么样的服务。确定重点营销目标用户,是决定如何满足特定用户群体需求的前提条件。产品定位被广泛地用于实现这一目的。在进行市场定位时,企业首先必须将自己的产品或服务与竞争产品或服务在一些对本产业十分重要的方面进行比较。

### 4. 财务会计问题

财务会计对战略实施十分重要，其重要性表现在以下几个方面。

#### 1）获得实施战略所需要的资金

成功的战略实施往往需要附加的资金。除来自营业净利润和变卖资产所得外，企业的两个基本资金来源为借债和发行股票。确定这两者在公司资本结构中的比重，对于成功地进行战略实施至关重要。每股收益与利息、税前收益分析，是确定最佳融资方式的一种应用得最为广泛的技术。

#### 2）预计财务报表

预计财务报表分析是一种重要的战略实施技术，因为它可以使企业考察各种行动和方法的预期结果。这种分析可被用于预测各种战略实施决策的影响（这类决策如：将促销支出增加50%以支持市场开发战略，将工资提高10%以支持市场渗透战略，将研究开发支出提高70%以支持产品开发，或发行普通股为多种经营筹集资金等等）。对于寻求贷款的企业来说，几乎所有的金融机构都会要求其提供至少3年的预计财务报表。预计损益表和预计资金平衡表可以使企业计算在各种战略实施方案条件下的金融比率。通过与前一年水平和产业平均水平进行比较，金融比率可使人们获得对各种战略实施方法更深刻的理解。

#### 3）财务预算

财务预算是详细说明在特定时期如何得到和使用资金的文件。年度预算最为常见，尽管预算的时期可以短至1天，长至10年以上。从根本上说，财务预算是详细确定为成功实施战略的一种方法。财务预算不应被看做是限制支出的工具，而应被看做是最有效地利用企业资源以获得最大利润的方法；看做是基于对未来的预测而对资源的有计划配置。

#### 4）评估企业价值

评估企业价值对战略实施非常重要。因为一体化型、综合型经营战略往往都要通过收购其他公司来实现。而诸如收缩和剥离这样的战略，则会导致企业出售其分部或其自身。确定企业价值的方法主要可被分为三类：根据企业资产确定、根据企业盈利能力确定及根据企业的市场价值确定。这里最重要的一点是要明白价值评估不是一种很精确的科学。企业价值评估的确要基于财务事实，但这一过程也必然要依靠常规思维和直觉性判断。某些因素很难准确衡量其货币价值，如用户的忠诚度、增长的历史、未决法律诉讼、雇员的工作热情、租赁的有利性、资信等级及专利价值等。这些因素都不能被反映在公司的财务报表中。此外，不同的评估方法将会得出不同的企业总价值，而且对任何特定的场合都不存在一种公认的最佳的评估方法。总之，评估企业价值需要定量的和定性的两种技能。

**特别提示**

体现企业价值的指标除了传统的财务指标之外，还包括部分体现企业现在和未来盈利能力的非财务指标，这些指标的共同特征是与企业价值有极强关联度，而且在实施以"企业价值最大化"为导向的经营战略时，那些非财务指标，要更能体现出管理的职能，能作为企业高管随时监控、度量企业价值的晴雨表。

### 5. 研究与开发问题

研究与开发人员可以在战略实施中起到综合的作用,他们通常被赋予为实施战略而开发新产品和改进老产品的任务,包括引进复杂的技术,使生产工艺适合本地的原材料和市场,以及使产品适合特定的消费口味及要求。诸如产品开发、市场渗透和多元化经营这样的战略均要求成功开发新产品和明显改进老产品。然而,管理层对研究开发的支持程度往往会受到可利用资源的制约。影响工业产品及服务的技术进步将缩短产品的生命周期。实际上,所有产业的公司都更加依靠开发新产品和服务来促进其盈利与增长。在实施不同类型的一般性经营战略时,必须使研究开发部门与其他职能部门间发生有效的相互作用。明确的政策和目标可以减少营销、财务、研究开发及信息系统部门间的冲突。

研究与开发的主要战略至少有以下三种。第一种战略是做营销新技术产品的领先公司。这是一种有魅力的和令人兴奋的战略,但又是一种危险的战略。索尼、3M、宝丽莱和通用电器等公司都曾成功地实施了这种战略,但很多其他先锋公司则已经落伍,其优势亦被竞争公司所获得。

第二种研究开发战略是创新性地模仿成功产品。这样可以将风险和初始费用降至最低。其典型的应用情况是:在领先公司研制了第一代新产品并通过销售而显示了其市场需求之后,跟随公司便研制出了类似的产品。实施这一战略需要有出色的研究开发人员和市场营销部门。

第三种研究开发战略是大规模地生产与新产品性能类似但更为便宜的产品,从而做低成本生产者。这一研究开发战略要求在厂房和设备上进行大量的投资,但与前两种战略相比它只需较少的研究开发费用。公司的研究开发活动需要更紧密地围绕企业的经营目标进行,因此研究开发主管与战略家之间也就需要有更广泛的沟通。

### 13.6.2 企业内外配合协调的问题

战略管理这种高智力的活动的成败的确取决于人们的创意、观念和运作模式的突破,正是这种高智力、动脑策划和投资理财活动促成了战略管理的高收益性结果。但是,如果仅仅这样理解,那是不全面的,忽视了企业的实体或产品的生产经营,肯定是错误的。

企业战略本身应是企业内外配合协调的结果。内外配合协调是管理人员梦寐以求的营运状况。内外配合协调是指企业的产品生产经营和资本运作不但要达到内部协调,还要外部适宜。内部协调是指企业各类运作流畅、职工之间合作顺利以及职工认同企业的经营理念;而外部适宜是指企业的产品、服务及行为标准能够适应市场的需要。当然,在市场经济条件下,外部适宜往往比内部协调更为重要。

进行战略管理的企业往往需要具备一种新型的组织文化去处理环境的挑战,其目标是要实现内外配合协调。在市场经济条件下,由于企业系统的开放性、科技的日新月异、顾客需求的变化以及政府政策的调整,使企业的外部环境产生了巨大的变化,若内部组织从观念、人员到产品均未进行相应的调整,就有可能使企业不能与外部环境相适应。

与外部环境不相适应的后果是企业运作效率下降,企业与市场脱节,市场占有率和盈利能力同时下降,这是危险的信号。如果希望借企业战略突击来加以改变,往往是危险的。因为战略突击本身依赖企业组织内部的某些改变和调整，如企业观念的重塑、企业组织架构的重组、人事的变动等，这些改变通常会促进企业内部的协调配合，这才是企业进行战略管理并保证运作过程顺利的先决性条件和基础。

因此，战略管理并不是企业运作手段的简单创新，而是内外配合协调的结果。现实生活中，困难的是如何使人们认识到内外配合协调是动态的过程，这需要管理人员高度重视企业内外环境的互动关系，积极、主动、有创造性地去形成内外配合协调的局面。今天的内部环境未必能适应未来的环境变化的需要，而今天成功的战略也可能因为环境的改变而丧失价值，甚至成为今后企业发展的绊脚石。

## 本 章 小 结

战略实施是为实现企业战略目标而对战略规划的执行，是一个自上而下的动态管理过程。战略实施的基本原则有适度合理性的原则；统一指挥的原则和权变原则。

计划是管理的重要职能之一。企业战略实施计划是企业为了确保企业战略成功实施制定的必须要达到的各种行动和项目的总和，它指导战略实施的整个过程。

战略资源是指企业用于战略行动及其计划推行的人力、财力、物力等资源的总和。战略资源的合理配置是战略成功实施的物质保证。组织结构是组织中各种劳动分工与协调方式的总和，它应当服从企业的总体战略。企业文化是指某一企业的经营管理哲学、价值观念和行为规范，它为企业战略的制定、实施、控制提供正确的指导思想和健康的精神氛围。领导是指导和影响组织成员的思想和行为，使其为实现组织目标而做出努力和贡献的过程与艺术。一个新战略的实施对组织而言是一次重大的变革，变革总会有阻力，所以要建立与企业战略匹配的领导体制，培育支持战略实施的企业文化和激励系统，克服变革阻力等机制。

战略实施的每一项行为都会对企业的全局性、长远性问题造成重大的影响。为保证战略计划顺利实施，需特别关注战略实施中的业务问题和企业内外配合协调的问题。

## 复习思考题

1. 选择题

(1) 战略与结构关系的基本原则是组织结构要服从于（  ）
   A. 战略目标　　　　B. 企业战略　　　　C. 战略创新　　　　D. 战略控制

(2) 企业中一般采用（  ）方法来分配资金资源。
   A. 资源保护　　　　B. 预算　　　　　　C. 计划　　　　　　D. 定额

(3) 一般而言战略实施的成功与否取决于（  ）。
   A. 领导的支持　　　　　　　　　　　　B. 设定适当的战略目标
   C. 管理者激励雇员能力的大小　　　　　D. 企业独特的资源和能力

(4) 造成战略前导性的原因是（  ）
   A. 战略的变化快于组织结构的变化　　　B. 组织结构的变化快于战略的变化
   C. 新制定的战略不一定正确　　　　　　D. 组织结构抑制着战略

(5) 外部招聘高管人员的缺点是（　　）
A. 缺乏对战略变化的实施热情　　　　B. 不熟悉组织内部情况
C. 受企业人际关系网络影响较大　　　D. 受以前允诺的牵累

2. 填空题

(1) 战略实施计划制定的方法有_____、_____、_____、_____。
(2) 组织结构的滞后性是指组织结构的变革常常要慢于_____。
(3) 企业文化是以组织所信奉的_____为基础的思维方式和行为规范，企业中的成员都自觉地维护它和遵循它，并体现在行动中。
(4) _____是员工可以利用贷款或现金购买公司股票，它是一种减免税收的、固定缴款式的雇员福利制度。

3. 判断题

(1) 战略的实施就是按原定战略行事的过程。（　　）
(2) 当内外环境的变化提供了新的机会与需求时，企业首先在战略上做出反应。（　　）
(3) 企业中可支配的资源总量和结构具有一定的不确定性。（　　）
(4) 组织结构的设定应以战略为导向，战略的变化往往要求组织结构发生相应的变化。（　　）
(5) 企业文化是战略控制的"刚性连接件"。（　　）

4. 问答题

(1) 战略实施的基本原则有哪些？
(2) 组织结构对战略的影响作用主要表现是什么？
(3) 在战略实施过程中如何合理配置资源？
(4) 为了战略实施，如何建设一个与之相匹配的企业文化？
(5) 为保证战略计划顺利实施，需特别关注那些方面的问题？

# 战 略 训 练

1. 案例研究

## 海尔"人单合一双赢"商业模式

海尔"人单合一双赢"商业模式的锐意创新，成为 2010 年海尔制胜的"法宝"，并让海尔继续以领跑者的姿态阔步前行。据海尔集团最新披露的消息，2010 年，海尔集团实现全球营业额 1357 亿元人民币，折合 207 亿美元，按人民币口径同比增长 9%。其中海尔品牌出口和海外销售额 55 亿美元，占总营业额的 26%。全年实现利润 62 亿人民币，折合 9.46 亿美元，利润增幅是收入增幅的 8 倍，利税总额首超百亿元人民币。

海尔"人单合一双赢"的商业模式中，"人"指的是自主创新的员工，"单"不是狭义的订单，而是有第一竞争力的市场目标。意即每个人都要有自己的市场目标，在为用户创造价值的前提下，员工和企业的价值得以实现。这一新的商业模式将用户价值放在了企业战略的核心位置，并对企业的组织结构和流程结构进行了一系列的变革，为其企业战略提供制度保障。

(1) "倒三角"组织结构为用户创造价值

创造用户价值的关键在于如何快速准确地发现和满足用户千差万别且不断变化的需求。采用传统组织结构的企业，在应对这种挑战时，出现了一些问题。首先，在传统企业"正三角"（金字塔式）的组织结构中，市场信息和决策权分离。一线的员工虽掌握最准确、最及时的市场信息，却无法决策，而处在"金字塔"上层的领导虽拥有决策权，却远离市场。"自下而上"的信息反馈和"自上而下"的决策传递，一方面拉长了组织决策的时间，另一方面，造成了传递过程中信息和决策的失真。其次，在传统组织结构中，各流程环节独立，彼此的信息流动不通畅，责任难以分清，增加了企业的协调成本，降低了对市场需求的反应速度。

为了解决这些问题，海尔于2009年5月提出建立"倒三角"的组织结构，力图借此改变企业内部的信息流动和决策方式，增强企业响应用户需求的能力。而"自主经营体"就是这种组织结构的集中体现。

以海尔最为成功的冰箱农村经营体为例。海尔当地的市场人员在与用户深入交流中发现，对冰箱的省电要求非常高。而农村市场上主流冰箱产品的耗电标准为两天一度电，很多农民用户很难承受。于是，市场人员提出，要为农村用户生产三天耗一度电的冰箱，并从企业内部市场链各环节，包括研发、销售、物流等环节，选择相关人员，组成"自主经营体"，针对上述需求进行研发设计。从提出节能冰箱的需求到开发这种冰箱，"自主经营体"只用了3天的时间。最终，该"自主经营体"迅速研发出了节能冰箱，并及时将其送到用户手中。这款冰箱在农村市场上颇受青睐，它的销售量是它上市之前冰箱市场上同价位最畅销型号冰箱的4倍之多。

在这种"自主经营体"机制下，企业以第一线的市场人员为轴心，根据市场需求调度资源，提高了海尔响应用户需求的速度和精度。而海尔总部在将生产和销售的决策权下放到"自主经营体"后，则更多的扮演"自主经营体"协调和配置资源的角色，为"自主经营体"快速响应市场的需求提供了强有力的保障。

（2）模块化生产为供应商创造价值

虽然这一变革提高了用户和企业价值，但却间接增加了供应商的负担。先前供应商只需要根据企业的图纸生产标准的零部件，但在模块化时代，供应商需要承担设计和生产模块的双重任务，无奈地背上一部分研发费用。正是考虑到供应商成本上升，海尔提出与供应商进行"大资源换大资源"和"共同设计"的理念，希望能够帮助供应商降低其生产成本，使供应商也能够从企业模块化的变革中受益。

在"大资源换大资源"理念下，海尔通过整合内部订单系统，将众多产品型号中相同的模块集中起来，统一交给其供应商生产。订货量的提升使供应商实现了规模化生产，生产成本大大降低，而生产成本的降低，也增加了供应商针对海尔所需模块进行研发的积极性。在"共同设计"理念下，海尔和供应商在产品设计方面进行深入合作，互相提供技术和方案支持。这种"共同设计"的模式降低了双方的研发成本，使双方的价值都得到了提升。

以海尔与其电控模块供应商的合作为例，海尔通过内部订单整合，将供应商的订单量提高了1倍，减少了对方的成本；而供应商则为海尔提供了更好的技术支持和价格让利，使海尔的生产效率提升55%，成本下降17%。同时，通过双方在设计阶段和网络整合阶段的相互合作，将海尔冰箱生产线的人员减少50%，也将供应商的生产成本降低10%左右。

（资料来源：韩煦，海尔 微利时代的新价值变革战略．摘自《经理日报》2011-03-02）

**问题：**

(1) 海尔"人单合一双赢"的商业模式给我们的启示是什么？

(2) 实施以"人单合一双赢"为核心的战略，海尔在组织结构上保障措施是什么？

## 2. 文献查询作业

查阅报纸杂志互联网，了解海尔"人单合一双赢"的商业模式的内涵，说明"人单合一双赢"的本质是什么？有什么启示？

### 3. 小组学习与讨论

## 海尔企业文化解读

关于兼并企业，有这样几种方式，比如说，资产比较强的企业，去兼并小企业的时候，把它叫做大鱼吃小鱼；如果是技术力量比较强的去兼并技术力量不强的企业，叫做快鱼吃慢鱼；还有一种叫做企业之间的联合，叫强强合作，叫鲨鱼吃鲨鱼；后来，海尔独创了一条，叫吃休克鱼，它的理论是：对于一个企业，如果它的设备上，还有它的资金上都可以，它仅仅是管理模式不行，那这个鱼仅仅是暂时的一个休克而没有死的鱼，不是烂鱼，不是臭鱼，不是腐败鱼，那么，这个鱼可以吃。激活休克鱼的方法就是用文化，用无形资产来激活休克鱼。

海尔兼并青岛红星电器厂的案例就是用激活休克鱼的方法。青岛红星电器厂在1995年之前，也是一个非常著名的生产洗衣机的电器厂，在1995年以前，它曾经是同行业内的前三名，由于它后期的管理不善，到了1995年初期的时候，它已经是资不抵债，当时的亏损达到一个多亿，而且3500多名职工基本上都没有工作干，厂里出厂的洗衣机常常是发出去之后又被退了回来。当时，青岛的市政府就做了一个决定，让海尔兼并红星电器。对于海尔来说，这是一个非常重大的兼并事件，因为在1995年之前，海尔还没有大规模的扩张它的企业，去兼并企业。随后，海尔的总经理对红星电器做了一个全面的分析，在分析的过程中间，他们发现青岛红星洗衣机总厂第一不缺资金，第二它们有现代化的生产流程的设备，第三它也不缺技术力量，分析之后得出结论：红星电器败在它的管理模式上和它的企业文化上。于是，海尔通过对它的分析研究之后，决定用无形资产，用文化来盘活红星电器厂，并同时对红星电器厂做了这样一个收购战略：目标：2～3年使红星电器厂成为同行老大；策略：用文化，用管理激活红星电器厂；资源：海尔文化＋红星电器厂现有资源；行动——立即行动。

在做出战略之后，海尔迅速地派出第一批人进驻红星电器厂。海尔派去的第一批进驻红星电器厂的人，不是总裁，不是财务人员，也不是盘库的，而是海尔文化中心的人，他们做的第一件事情就是文化先行，并作为他们整个兼并的战略。到了红星电器厂之后，现在海尔集团最高的首席执行官张瑞敏曾经多次亲自到红星电器厂，给所有的员工讲企业的价值观、讲文化。他们到了之后，以市场为中心，告诉全员职工，我们卖的是信誉，要先卖信誉，后卖产品；第二，发动所有的员工找自己的问题，要降成本，要增大盈利；第三，给员工们定出了自己未来的发展目标，就是我们用2～3年的时间成为洗衣机行业的老大。三个月的时间，就使得红星电器厂扭亏为盈，到了第五个月，它第一次盈利了150万，用了两年的时间，红星电器厂洗衣机总厂成为洗衣机行业的第一名。

在海尔兼并红星电器厂并进驻其厂的前一个月内，曾发生了一件漏检事件，结果第二天就被公布出来，漏检的这个检查工被罚款了50元。谁出错谁罚款，这是一件很正常的事情，在红星电器厂已经被认为没有什么问题，大家都认可的事情，但是恰恰就是这样一件事情，体现出了海尔特色的企业文化。当时，海尔派出的柴永森，作为兼并红星电器厂的总经理，他决定抓住这样一个机会来教育红星电器厂的职工什么叫做文化。事情发生后的第二天，在《海尔人》的报纸上，发出了一个公开的大家都可以讨论的论题：出了这样的差错，谁来负责任，是该罚员工还是该罚领导？这样的一个论题，在红星电器厂展开了一个非常激烈的讨论，这个质量漏检是谁的原因，是你复检没有复检出来，还是你的检查体系不到位？红星电器厂的人认为罚员工是正常的；但是海尔的文化是少数人在制约着多数人，少数人要负多数人的责任，即如果出差错的话，首先领导要承担责任。在通过大讨论之后，结果是柴永森自罚了500元，另外就是红星电器厂的各级有关人员，各级领导，每个人都自罚了1元。随后，这件事情便在红星电器厂引起了很大的震动，红星电器厂的人彻底地感受到了海尔文化的特色，即海尔20/80原则，就是少数的领导人要负大的责任，这便是海尔人的一种文化理念。

（资料来源：根据2009年05月30日《牛津管理评论》整理）

# 第13章

## 战略实施

**学习与讨论：**
(1) 结合上述资料，谈谈你对企业文化的理解。
(2) 企业文化应具备什么功能？在战略实施中的作用是什么？
(3) 登陆国内外知名企业网站，查阅相关资料，深入理解战略实施中的软环境建设。

### 4. 阅读材料

以下内容节选自：刘一冰《联想："双拳战略"结硕果》，电脑商报，2011-7-10.

## 联想："双拳战略"结硕果

作为本土企业的旗帜，联想集团一直备受业界关注。继前几年业务收缩和震荡之后，新财年联想交出了一份漂亮的成绩单。截至2011年3月31日止的2010/11财年，联想集团综合销售额较上财年增长30%，达216亿美元。联想的个人电脑销量年比上升28%，而同期整体行业增幅仅为7.4%。所有的成绩都来自于前期的积累，而所有的努力也总会获得回报。

### 1. 坚持"双拳战略"

联想于2009年设立了两个产品组别 Think 产品组别主要针对商用客户，而 Idea 产品组别则专注消费客户。简洁、清晰的规划，使得联想在产品线上更能有的放矢，针对性较强。2010年，在全球商用领域，联想笔记本第一次成为全球第二；在大企业客户和公用事业领域，更是拿下了第一。需要特别指出的是，联想台式电脑打了漂亮的翻身仗在2005年5月并购前，IBM 台式电脑一年亏损1.8亿美元，是整个 PC 业务的大包袱。而在这一财年，联想终于把负号变成了正号，盈利达1.8亿美元。

回顾联想集团这几年走过的历程，经常会听到"双拳战略"这一概念一方面"保卫"中国业务和全球企业客户业务；另一方面"进攻"新兴市场和全球交易型业务市场。在其全球化步伐受到较大阻力之后，联想适时地调整了战略布局，把更多的精力回归到中国本土。

"我们的战略更加关注未来3～5年的增长，而不是只关注短期的业绩。在最初的几年，我们的目标是积极抢占市场，在更多的国家达到双位数的市场份额。"联想集团相关负责人指出，"而过去一年，我们在保卫好中国业务和全球企业客户业务的同时，加大了对新兴市场和全球交易型业务的拓展力度，同时不遗余力地发展移动互联和数字家庭这个高增长的业务。"

回顾过去的2010年，金融危机的阴霾已渐渐散去。在这个被普遍定义为"后金融危机"的阶段，PC 产业也经历了重整和洗牌。联想在既定战略的指引下，很好地适应了这一格局，以扎扎实实的成绩给出了肯定的回答。

"我们对双拳战略予以有效执行，驱动联想战车快速前进。凭借正确的战略和有效的执行，不仅保持了中国业务的强劲增长和良好盈利水平，而且新兴市场成为新的增长引擎，成熟市场成为利润引擎，推动公司获得全面、均衡的增长。"联想表示，这些成绩的取得，得益于在竞争力建设上的持续加强，竞争力的提升为联想长期持续的增长奠定了坚实的基础。在这一年，联想继续加大对研发的投入以推动创新能力的提升，并继续推动业务模式的完善和运营效率的提升。与此同时，还大力加强了品牌建设，联想品牌在全球的知名度和美誉度得以不断提升。

### 2. 未来更要"提升利润"

对于未来1～3年的发展，联想的策略又是什么？有哪些业绩目标？对此，联想有着细致的规划。联想集团负责人具体介绍到：

首先，联想仍将坚持"保卫＋进攻"的双拳战略，把 PC 这个核心业务带上新台阶，进一步提升联想在全球 PC 市场的地位。

其次，在中国市场，联想将进一步巩固在 PC 领域的领先优势，提升利润。在这个前提下，推动 PC

以外的新业务，尤其是移动互联网业务的增长，以及服务器和工作站的业务。"我们在成熟市场的关系型业务，要以提升利润率为主要诉求。"

第三，在新兴市场，联想要进一步投入资源，推动更多市场的发展，争取达到两位数的市场份额。"特别是俄罗斯、印尼等关键市场，需要进一步加强；已经达到10%以上市场份额的国家，在保持增长的同时，要实现盈利；而对于成熟市场的交易型业务，要在保持盈利的前提下，迅速提升市场份额；另外，联想会推动消费业务有选择性地进入条件成熟的国家。"

第四，联想将不遗余力地发展"移动互联和数字家庭"这两个高增长的业务。

最后，联想还将关注商用业务、云计算的增长机会。"我们将重点发展基于云计算的终端产品，以及云计算服务；同时在服务器、存储和工作站等后台支持设备领域积极布局，使其有机会成长为我们未来的核心业务。"

3. 强攻移动互联

事实上，联想在2010/11财年的第四季度已经做出了多项重要的布局，包括新组建移动互联和数字家庭业务集团其职责是研发移动互联网终端，包括平板电脑、智能手机以及新产品类型如云计算、智能电视、数字家庭等终端。

另外，联想还宣布与NEC公司成立合资公司，创立日本最大的个人电脑集团。联想将在全球前三大个人电脑市场中的两个市场居于领先地位。在产品方面，联想已经在中国发售了其首款平板电脑"乐Pad"，并计划在2011年度内在国际市场推出数款平板电脑产品。

对于过去一年获得的成绩，联想集团CEO杨元庆表示出极大的认可："我们对战略执行的进展非常满意。联想不但在所有区域、客户类别和产品类别继续提升了市场份额，而且利润大幅改善。"面对新财年，杨元庆强调，"我们将进一步落实保卫和进攻相结合的战略，大家将继续看到我们在PC领域的快速发展，同时也会看到我们在新业务领域，特别是移动互联网领域的有力进展。"

# 参 考 文 献

[1] [美]查尔斯·希尔(Charles W. L. Hill)，G. R. 琼斯(Careth R. Jones)，周长辉. 战略管理. 孙忠，译. 北京：中国市场出版社，2007.

[2] 王铁男. 企业战略管理. 2版. 北京：科学出版社，2010.

[3] 王玉. 企业战略管理教程. 2版. 上海：上海财经大学出版社，2005.

[4] 杨锡怀，冷克平，王江. 企业战略管理理论与案例. 北京：高等教育出版社，2004.

[5] [英]格里·约翰逊，凯万·斯科尔斯. 战略管理案例. 6版. 王军，译. 北京：人民邮电出版社，2004.

[6] 王昶. 战略管理：理论与方法. 北京：清华大学出版社，2010.

# 第14章 战略评价

> **教学要求**
>
> 通过本章的学习，了解战略评价性质、框架以及方法；掌握战略评价目标、内涵、标准、目标分解、沟通、实施计划、评价及反馈的要领。

> 有了判断你就要行动，就要坚决执行，否则要战略做什么？
>
> ——孙宏斌

战略评价　战略评价目标　战略评价标准　双向沟通　战略地图　平衡计分卡　绩效面谈　财务评价指标体系　客户评价指标体系　内部流程评价指标体系

### 各个击破　成就家电行业翘楚

不管美的愿不愿意承认，其杀伐气重的市场作风和无所不在的产品触角，无时无刻不在触动着业内其他企业的神经，这个跻身千亿俱乐部的家电翘楚，俨然已成为整个行业的公敌。

美的正在蜕变成为一架凶猛的"机器"，尽管在家电行业内，无人愿意提起。因为，往往是谈美的而色变。

尤其在近年，这架高速行进的机器保持着年均30%以上的增速，并以全方位的姿态像推土机般迅猛地刮过整个家电行业，2010年，美的将销售额做到了上千亿元的规模。

美的的凶猛可见一斑。从小家电起家，到一脚跨入微波炉领域，生生地从行业巨头格兰仕口中夺下近一半的份额；再切入空调领域，与多年的老大格力对撼，实现自身的完美超车；再整合白电领域，以大手笔并购为砝码，对另一巨头海尔形成虎视眈眈之势；而在看似小众的冷门豆浆机领域，美的也顺势而进，一番杀伐下来，从九阳身上切走市场30%的蛋糕。整个家电领域，美的所到之处，江湖风波四起；但美的却又总能纵横捭阖，如入无人之境。

然而这并不是美的的终极目标，在突破千亿之坎后，这个像被注入了兴奋剂的企业又定出了一个令业内难以望其项背的目标：2015年，销售突破两千亿元。在本来就拥挤不堪且竞争惨烈的家电领域，5年内新增一千亿元的目标无疑意味着要从更多的对手身上过去、从既有的市场对手中活生生地虎口夺食。这样宣言式的目标更像是战书，对手忌惮，行业暗流汹涌，以至于业内流传着"防火防盗防美的"的话。

美的将自己推到了一个别人无法超越的高度，却无形中又成为了整个行业的公敌。尽管这样的格局，美的的设计者何享健从来都没如此设想，但事实上，却正成为现实。

（注：此案例由作者根据多方面资料汇编而成）

**案例点评：**

美的在家电行业全线出击，保持着年均30%以上的增速，2010年，美的将销售额做到了上千亿元的规模。从美的现行战略和绩效上来分析，美的是成功的。美的确定2015年，销售突破两千亿元，这个目标是振奋人心的。当美的成为整个行业公敌的时候，而美的未来内外部环境影响因素存在许多不确定性，这时战略评价对美的战略目标的实现就至关重要。必须通过战略评价对制定并实施的战略效果进行评估，以便采取相应的矫正措施，保证美的战略目标按质按量的实现。

## 14.1 战略评价的性质

### 14.1.1 战略评价的目标

战略评价是战略管理的重要组成部分。战略评价的目标是通过检测战略实施进展，评价战略执行业绩，不断修正战略决策，以期达到企业战略制定的预期目标。战略评价包括三项基本活动：考察企业战略的内在基础；将预期结果与实际结果进行比较；采取纠正措施以保证行动与计划的一致。

战略评价对企业战略目标的实现至关重要。企业所在的内外部环境影响因素的不确定性，决定了要保证战略管理过程的顺利实现，必须通过战略评价对制定并实施的战略效果进行评估，以便采取相应的矫正措施，保证企业战略目标按质按量的实现。

### 14.1.2 战略评价的内涵

战略评价内容十分丰富，不同的人从不同的角度对其可能有不同的理解。但从战略评价总是贯穿于战略管理的全过程的角度出发，大体上可把战略评价概括为战略分析评估、战略实施过程评估和战略绩效评估三个环节。

（1）战略分析选择评估。是一种对企业所处内外部环境的评估，其目的是为了发现最佳机遇，属于事前控制。战略分析评估主要包括以下几个方面的内容。

一是企业内部资源竞争力的评估，即产品、市场、技术、人才、制度竞争力的评估。

二是企业外部环境资源机会及威胁的评估，即行业政策、节能环保政策、质量标准、客户资源、竞争对手、供应商及渠道和生产型服务要素的评估。

三是企业现行战略和绩效的分析，研究战略制定及实施过程中战略目标与实际绩效的差距以及产生差距的原因，确定纠偏措施，并为新一轮战略的制定提供经验指导。

四是对新一轮战略不同战略方案的评估，对企业战略及其相关利益备选方案及其可行性进行权衡，选择最佳战略方案。

（2）战略实施过程评估。在战略执行过程中，对战略执行情况与战略目标差异的及时获取和及时处理，是一种动态评估，属于事中控制。它主要是通过对企业战略管理实施过程中的每个节点进行控制，把节点上实施的效果与战略分目标进行比较，如发现偏差，能及时采取纠正偏差措施，使实现战略总目标的各项活动返回到战略所要求遵循的轨迹上，以保证战略过程做正确的事。比如生产企业，首先就要从原材料的采购严把质量管，到生产加工，到最后的出厂检验每个环节加以控制，这样才会使我们企业的废品率降低，生产效率提高，降低企业的成本。

（3）战略绩效评估。在期末对战略目标完成情况的分析、评价和预测，是一种综合评估，属于事后控制。战略绩效评估是在战略执行过程中对战略实施的结果从财务指标、非财务指标进行全面的衡量。它本质上是一种战略控制手段，即通过对战略实施成果与战略制定的目标进行对比分析，找出偏差并采取措施纠正。

### 14.1.3 战略评价的标准

评价一般指明确目标测定对象的属性，并把它变成能满足评价主体所要求的程度的行为，也是一个明确价值的过程。战略是企业从事生产经营活动过程中制定的行动指南，它要求企业员工各项活动都必须沿着"指南"进行，战略评价就是测定组织员工的生产经营活动过程及其效果距离"指南"的差距，企业根据差距的大小，采取相应的矫正差距的措施，同时，根据差距的大小判断组织员工活动的价值高低。战略作为企业员工行动指南，应该既具备方向引导功能，又具备价值判断标准的功能，因此，它必须设定系列定性和定量的准则作为战略评价的依据。学者们在从事战略研究时提出了一些战略评价的标准。

日本战略学家伊丹敬之提出了优秀战略评价标准。他认为，优秀的战略是一种适应战略，它要求战略适应外部环境因素，包括技术、竞争和顾客等；同时，企业战略也要适应企业的内部资源，如企业的资产、人才等；第三，企业的战略还要适应企业的组织结构。企业家在制订优秀的战略时应该权衡以下方面的战略思想。

（1）战略要实行差别化，要与竞争对手的战略有所不同。

（2）战略要集中，即企业资源分配要集中，以确保战略目标的实现。

（3）制订战略要把握好时机，即企业应该选择适当的时机推出自己的战略，时机要由自己积极创造。

（4）战略要能利用波及效果，企业利用自己现有成果，发掘更大优势，扩大影响，以便增强市场对企业的信心，这一定点的实质是强调企业要利用自己的核心能力。

（5）企业战略要能够激发员工的士气。

（6）战略要有不平衡性，企业不能长期稳定，要有一定的不平衡，造成一定的紧迫感。

（7）战略要能巧妙组合，企业战略应该能把企业的各种要素巧妙的组合起来，使各要素产生协同效果。

美国的斯坦纳 & 麦纳提出了战略评价的六个要素。

(1) 战略要有环境的适应性，即企业所选的战略必须和外部环境及其发展趋势相适应。

(2) 战略目标的一致性，企业所选的战略必须能保证企业各项生产经营活动朝向企业战略目标实现而努力。

(3) 战略目标体现企业优势，即企业所选的战略方案必须能够充分发挥企业的优势，保证企业在竞争中取得优势地位。

(4) 战略的预期收益性，企业要选择能够获取最大利润的战略方案。

(5) 资源的配套性，企业战略的实现必须有一系列战略资源作保证，这些资源不仅要具备，而且要配套，暂时不具备而经过努力能够具备的资源也是可取的。

(6) 战略风险预警及应对能力。未来具有不确定性，任何战略实施都具有风险性。因此，所制定的战略既要具有一定的风险预警能力，又要在风险发生时具备较强的风险驾驭能力：一方面，要事先进行科学的风险预测，并制订出应变的对策，尽量避免孤注一掷；另一方面，要有敢于承担风险的勇气，所制定的战略在总体原则指导下要具备足够的灵活性。

英国战略学家理查德·努梅特（Richard Rumelt）提出了战略评价的四条标准：一致、协调、优越和可行。协调（consonance）与优越（advantage）主要用于对公司的外部评估，一致（consistency）与可行（feasibility）则主要用于内部评估。具体如下所述。

(1) 一致性，一个战略方案中不应出现不一致的目标和政策。努梅特提出了帮助组织确定内部问题是否由战略间的不一致性所引起的三条准则，即尽管更换了人员，管理问题仍持续不断，而且这一问题是因事发生而不是因人发生，那么可能存在战略的不一致性；如果一个组织部门的成功意味着或被理解为另一个部门的失败，那么战略间可能存在不一致性；如果政策问题频频被提交到最高领导层来解决，则可能存在战略上的不一致性。

(2) 协调性，指评价时既要考察单个因素的变化趋势，又要考查多因素组合的变化趋势。在战略制定中将企业内部因素与外部因素相匹配的困难在于绝大多数变化趋势都是多种因素相互作用的结果，因此必须综合考察。

(3) 可行性，一个好的经营战略必须做到既不过度耗费可利用资源，也不造成无法解决的派生问题。对战略最终的和主要的检验标准应该是战略的可行性。即依靠自身的物力、人力及财力资源能否实施这一战略。企业的物力和财力资源是最容易定量考察的，通常也是确定采用何种战略的第一制约因素。人员及组织能力是对于战略选择在实际上更严格，但定量性却差一些的制约因素，因此，在评价战略时，很重要的一点是要考察企业在以往是否已经展示了实行既定战略所需要的能力、技术及人才。

(4) 优越性，经营战略必须能够在特定的业务领域使企业创造和保持竞争优势。竞争优势通常来自以下三方面的优越性，即资源、技能和位置。良好位置的主要特征是，它使企业从某种经营策略中获得优势，而不处于该位置的企业则不能类似地受益于同样的策略。因此，在评价某种战略时，企业应当考察与之相联系的位置优势特性。

# 第14章 战略评价

**特别提示**

战略评价标准为组织、部门、科室及个人设计了努力的方向。

## 14.2 战略评价的框架

企业战略评价是一个涉及评价标的、评价过程、评价方法以及评价反馈的动态循环过程(参见图14.1),其中标的主要指公司战略目标以及在该目标下分解的各部门、科室及个人等不同层级的目标和这些目标的实现状况;评价过程指战略方案的评估与选择,战略方案实施过程的评估以及战略方案实施结果的评估;评价方法指评估战略方案、实施过程及实施结果时采取的途径或手段;评估反馈主要指评估战略方案、实施过程及实施结果时发现的与战略评价标的之间的差距,然后,针对差距,采取相应的纠偏措施。

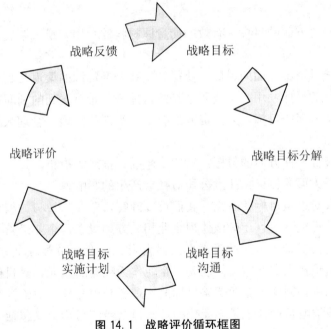

图 14.1 战略评价循环框图

### 14.2.1 战略目标

企业战略目标是指企业在实现其使命过程中所追求的长期结果,是在一些最重要的领域对企业使命的进一步具体化。它反映了企业在一定时期内经营活动的方向和所要达到的水平,既可以是定性的,也可以是定量的,比如竞争地位、业绩水平、发展速度等。与企业使命不同的是,战略目标要有具体的数量特征和时间界限,有短期目标,有长期目标,如3~5年或更长。而企业的战略使命指企业存在的理由,即企业为什么存在?

B.M.格罗斯在其所著的《组织及其管理》一书中归纳出组织目标包括七项内容。

(1) 利益的满足：组织的存在是为了满足相关组织及个体的利益、需要、愿望和要求。

(2) 劳务或商品的产出：组织产出的产品包括劳务(有形的或无形的)商品，其质量和数量都可以用货币或物质单位表示出来。

(3) 效率或获利的可能性：即投入-产出目标，包括效率、生产率等。

(4) 组织生存能力的投资：组织能力包括存在和发展的能力，有赖于投入数量和投资转换过程。

(5) 资源的调动：从环境中获得稀有资源。

(6) 对法规的遵守。

(7) 合理性：即令人满意的行为方式，包括技术合理性和管理合理性。

德鲁克在《管理实践》一书中提出了八个关键领域的目标。

(1) 市场方面的目标：应表明本公司希望达到的市场占有率或在竞争中达到的地位。

(2) 技术改进和发展方面的目标：对改进和发展新产品，提供新型服务内容的认知及措施。

(3) 提高生产力方面的目标：有效的衡量原材料的利用，最大限度的提高产品的数量和质量。

(4) 物资和金融资源方面的目标：获得物质和金融资源的渠道及其有效的利用。

(5) 利润方面的目标：用一个或几个经济目标表明希望达到的利润率。

(6) 人力资源方面的目标：人力资源的获得、培训和发展，管理人员的培养及其个人才能的发挥。

(7) 职工积极性发挥方面的目标：对职工激励，报酬等措施。

(8) 社会责任方面的目标：注意公司对社会产生的影响。

通过以上学者对组织目标的研究，我们可以理解，企业(组织)的战略目标不但要体现企业存在与发展的理由，而且还应该体现企业相关方如股东、企业经营活动所需资源的供应者、企业产品的接受者、企业的管理者及经营者、企业雇员等各个方面的利益；同时，企业战略目标是组织投入产出的具体表现，企业作为社会的单元，其目标的实现受控于社会及资源环境的约束，因此，企业战略目标的实现还必须充分考虑给社会和资源环境带来的效应。而且企业战略目标应该是多元化的，既包括经济目标，又包括非经济目标；既包括定性目标，又包括定量目标；既包括企业层次目标，又包括部门、科室和个人目标，下一层次目标是上一层级目标的分解与具体化。

## 14.2.2 战略目标分解

企业战略目标作为一种总目标、总任务和总要求，是可以层层分解成部门、科室和个人的具体目标、具体任务和具体要求的。这种分解既可以在空间上把总目标分解成一个方面又一个方面的具体目标和具体任务，又可以在时间上把长期目标分解成一个阶段又一个阶段的具体目标和具体任务。组织只有把战略目标分解，才能使其具有可操作性和可接受性，从而转变成部门、科室和个人的行动指南。组织战略目标分解如图14.2所示。

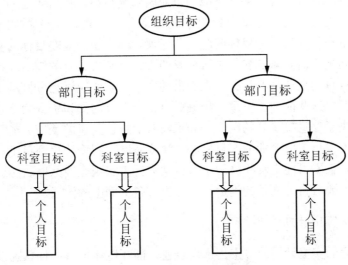

图 14.2 组织战略目标分解图

 知识链接

## 目标分解流程

① 确定组织的整体目标和战略
② 在经营单位和部门之间分配主要的目标
③ 各单位管理者和他们的上级一起设定本部门具体目标
④ 部门的所有员工参与设定自己的具体目标
⑤ 管理者与下级共同商定如何实现目标的行动计划
⑥ 实施行动计划
⑦ 定期检查实现目标的进展情况，并向有关单位和个人反馈
⑧ 基于绩效的奖励将促进目标的成功实现

### 14.2.3 战略目标沟通

企业战略目标沟通在整个战略评价循环过程中处于中间环节，也是战略评价循环中耗时最长、最重要的环节之一，它使管理者和员工明确要共同完成的战略目标及分解到部门、科室和个人负责的具体目标，而且部门、科室和个人的具体目标必须与企业总的战略目标保持一致，但是，部门、科室和个人的具体目标是不同的，有时甚至相互冲突，企业战略目标的实施主要是通过企业内部人员来实现，因此，战略目标必须被他们理解并符合他们的利益，这要求企业在制定战略时一定要注意协调与沟通。这个过程的好坏直接影响战略执行与实施的成败。一般能反映企业使命和功能的战略易于为企业员工所接受。此外，企业战略的表述必须明确，有实际的含义，不至于产生误解，易于被组织员工理解的目标也易于被接受。

战略目标的沟通应该采取双向沟通，即自上而下和自下而上的沟通方式，"自上而下"

指企业决策层在分析外部环境机遇与挑战和企业内部优势与劣势后制定的战略目标必须让员工清楚，让员工充分了解企业的目标追求就是每个员工共同的努力方向；"自下而上"的沟通指企业要重视员工对企业目标的想法与建议，因为企业战略目标的实现需要靠员工的集体努力，不同员工所具备的能力、所拥有的资源以及所具有的知识结构对企业战略目标的实现发挥着各自的企业战略目标实现必需的作用，企业应该充分调动员工的工作积极性与主动性，协调好这些能力、资源，挖掘好员工所拥有的知识资源为企业所用。因为沟通质量的提高取决于信息接受者的反应，如果没有信息接受者的反应，或说只有自上而下的信息传达，不考虑员工对企业战略目标的看法或态度，则无法得到员工对战略目标的认同，员工不认同，就不可能主动积极地采取行动去努力实现企业战略目标。因此，企业战略目标的沟通不但要有自上而下的沟通，而且要有自下而上的沟通。

### 14.2.4 战略目标实施计划

企业战略目标的实施计划或方案指依据企业外部环境和自身条件状况及其变化来制定实施战略步骤或行动方案，并根据对实施过程与结果的评价和反馈来调整计划，为新的战略目标的制定提供指导的过程。一个完整的战略规划必须是可执行的，它包括两项基本内容：企业发展方向和企业资源匹配策略。

（1）企业发展方向。企业发展方向是企业战略必须解决的问题，也是一个对企业各种战略方案进行取舍的问题。迈克尔·波特在《什么是战略》一文中指出："战略就是在竞争中做出取舍，其实质就是选择不做哪些事情。"面对众多的可发展方案，企业该如何进行取舍？一般"取舍"的依据取决于企业的核心竞争力，即有助于充分利用企业版核心竞争力或有助于企业培养其核心竞争力的就"取"，无法利用企业核心竞争力或对培养企业核心竞争力没有帮助，甚至会损害企业核心竞争力的就"舍"。

基于核心竞争力的"取舍"包括两个层面：企业层面和业务层面。前者指专业化或多元化；后者指业务在企业内部完成或业务外包。

企业层面涉及应该选择专业化还是选择多元化，这主要看企业拥有怎样的核心竞争力。如果企业所具备的核心竞争能力无法支撑多元化的扩张，那么企业就应该选择专业化，因为多元化比专业化对组织核心竞争能力的要求更高，比如目前，我国许多企业还未做强就盲目做大、追求多元扩张是极不明智的做法。

业务层面按照 John Hagel Ⅲ 和 Marc Singer 在 Unbundling the Corporation 一文的分析，企业所从事的业务活动可以概括为三类，即新产品开发、客户关系管理和基础设施管理。这三类业务活动的驱动因素既相互关联又相互抵触，如新产品开发的驱动因素是市场竞争及市场对差异化产品的需求，客户关系管理的驱动因素是企业追求利润的因素驱动，不论是满足市场竞争需求还是对利润的追求，对组织来说，其实质是一致的，即保证企业能生存与发展。但新产品开发、客户关系管理和基础设施管理这三者又存在相互抵触的地方，即在资源配置方面三者所需要的资金资源和人力资源是同一的，而一个企业不可能有足够的资源和能力把这三者同时做好，企业应依据自身的资源和能力对这三类活动做出取舍。一般企业应选择一项与自己核心竞争能力一致的业务。这里"一致"的意思是，企业现阶段拥有的核心竞争能力有助于从事该项业务，以及该项业务有助于提升企业的这种核心竞争能力。当今先进的信息技术与繁荣的商务服务，使组织有可能把另外两项业务外包出去，并能协调好这三类业务。例如，在曼哈顿几乎每家大型办公室大楼，均由一家位于丹麦的阿尔路斯（Aarhus）维修公司负责维修及管理。这里的企业能从分散其精力的业务中抽身，根据自己拥有的核心竞争能力选择自己能从事的业务，并把这项业务做得"更好"。

认识企业自身的核心竞争力，并根据这一能力来做"取舍"，确定企业未来发展的方向，定位企业业务，这是战略规划的第一步。

（2）企业资源匹配策略。企业未来发展方向确定且企业业务定位后，接着，就应该明确企业应该开展哪些运营活动、如何设计各项活动以及各项活动之间该如何关联。战略实施规划不是将各项活动简单集合，而是应该通过合理配置企业资源将活动有机地组合起来。这种"有机组合"是创造企业竞争优势最核心的手段。

关于企业资源匹配问题，罗伯特·S·卡普兰教授和大卫·P·诺顿教授2000年在"平衡计分卡（BSC）"的基础上提出了"战略地图（Strategy Maps）"。作为战略执行的指导工具，"战略地图"的运用将在战略规划中可以帮助企业能有效实现企业资源的匹配。

"战略地图"是一种战略描述工具，它反映的是战略执行过程中所需解决的一系列因果关系，如各级目标之间的因果关系和改进措施与期望结果间的因果关系。同时，"战略地图"把战略放到了管理活动的中心位置，生产运作管理、人力资源管理、采购与营销管理、企业研发以及信息技术开发等管理活动围绕战略开展，推动整个企业向其战略目标迈进。"战略地图"为企业描述了可以到达既定目标的各种途径，其标准模版涉及财务、客户、内部流程和学习与成长四个维度。

利用"战略地图"，企业可以从以下三个层面实行有助于战略成功实施的资源匹配。

第一层面的资源匹配是保持各运营活动或各职能部门与总体战略之间的简单一致性。"战略地图"把企业已选定的发展方向自上而下地进行分解，下一层的活动安排支持上一层活动的顺利进行，企业可以清楚地知道实现目标的路径，即怎样安排和组织活动；同时，"战略地图"的实现需要企业各职能部门的参与，部门负责人的参与保证了各部门更好地理解企业业务的定位和发展目标。它让员工清楚地看到他们的工作与组织的总体目标密切的联系，并使他们在工作中协调合作，朝企业的既定目标前进。

第二层面的资源匹配是要实现各项活动之间的相互加强。按"战略地图"，企业战略发展目标自上而下分解，下一层的活动保证了上一层活动的成功实现，企业内的各项活动不是简单的集合，而是相互支持、相互加强的有机整体。正是这样的有机整体，构成了组织所特有的优势。

第三层面的资源匹配是实现资源"投入最优化"（Michael E. Porter，1996）。根据"战略地图"，组织将所要达到的最终目标分解为各项活动的具体目标，然后，将活动现状与最终目标进行比较，找出差距，分析差距产生的原因，开发和培育所需的各类资源以弥补差距。

总之，一份完整的战略规划应该包括：战略目标的规划—组织发展方向定位与战略执行计划—组织各项活动资源的匹配。

## 罗伯特·卡普兰

罗伯特·卡普兰,是平衡记分卡(Balanced Scorecard,简称 BSC)的创始人,美国平衡记分卡协会主席。1992年,在第1/2月号的《哈佛商业评论》上,卡普兰与戴维·诺顿(David P. Norton)发表了关于平衡计分卡的第一篇文章《平衡计分卡——业绩衡量与驱动的新方法》。这是一套企业业绩评价体系,它打破了传统的只注重财务指标的业绩管理方法,认为传统的财务会计模式只能衡量过去发生的事情。平衡计分卡也许是卡普兰一生最伟大的贡献,它作为一种前沿的、全新的组织绩效管理手段和管理思想,在全世界的各行各业得到了广泛的运用,它代表着一种全面的、可行的公司治理理论的开端。

### 14.2.5 战略评价

战略评价包括战略目标的评价与战略实施方案的评价。战略目标的评价指战略目标拟定出来之后,就要组织多方面的专家和有关人员对提出的目标方案进行评估和论证。战略实施方案的评价指对战略目标实施的期限、方法以及路径等内容进行评估和论证。

1. 战略目标评价

(1) 论证和评价战略目标方向是否正确。拟定的战略目标是否符合企业精神?是否符合企业的整体利益与发展需要?是否符合外部环境及未来发展的需要?

(2) 要论证和评价战略目标是否可行。按照战略目标要求,分析企业的实际能力,找出目标与现状的差距,然后分析用以消除差距的措施,而且要进行恰当的运算,尽可能用数据说明。如果制定的途径、能力和措施,对消除这个差距有足够的保证,说明这个目标是可行的。还要注意的是,如果外部环境及未来的变化对企业发展比较有利,企业自身也有办法找到更多的发展途径、能力和措施,那么就要考虑提高战略目标的水平。

(3) 对所拟定的目标完善程度进行评价。着重考察:①目标是否明确。所谓目标明确,是指目标应当是单义的,只能有一种理解,而不能是多义的;多项目标还必须分出主次轻重;实现目标的责任必须能够落实;实现目标的约束条件也要尽可能明确。②目标的内容是否协调一致。如果内容不协调一致,完成其中一部分指标势必会牺牲另一部分指标,那么,目标内容便无法完全实现。③有无改善的余地。

2. 战略实施方案的评价

企业战略方案的评价过程包括以下阶段。
(1) 分析各战略方案与战略环境的匹配性。
(2) 分析企业的现有经营状况及发展趋势。
(3) 分析现有战略对企业战略目标的保障程度。
(4) 根据企业战略目标的要求,分析和比较各方案的有效性以及其保证战略目标实现的可能性。
(5) 分析各战略方案对资源条件(人力、物力、财力)的要求。

# 第14章 战略评价

(6) 分析各战略方案与企业组织和管理的匹配性。

(7) 分析各战略方案与企业内部的市场营销、生产、研究与开发、财务、人力资源等各职能管理的协调性,以保证协同一致。

(8) 分析各战略方案中战略阶段的划分是符合企业发展的实际。

(9) 比较各战略方案的优缺点、风险及效果,提出战略性的补充措施。

(10) 预计企业战略实施过程中的风险和阻力,以及克服困难的可能性。

**3. 战略实施结果的评价**

企业战略分为不同层级,包括公司战略(Corporate-level Strategy)、业务战略(Business-level Strategy)和职能战略(Functional Strategy)。对于不同级别的战略实施结果进行评估,具体分析的环境要素区别很大。不过,有效的战略评估基本逻辑是不变的,即首先需要确定具体可行的战略目标,调查研究这些目标的完成情况,确知企业战略执行的现状结果;其次,寻找产生结果的深层原因,即驱动因素(Driving Factors),将需要评估的战略分解为更细层面的不同元素,然后根据多方面的信息来源,分析和验证这些战略因素的执行情况及所处环境的变化情况;最后,基于上述研究,确定原因并给出相应的解决方案。

## 14.2.6 战略反馈

战略反馈指将企业的战略目标与战略活动的实际绩效进行对比,以寻找绩效不佳的原因及误差因素。战略反馈实际上是对战略目标实施过程及结果的检验。通过比对战略目标实施的效果与战略目标设定的指标,审核战略目标设定的指标是完成、还是超额完成、抑或未完成。然后,根据目标完成的状况,认真分析,寻找原因,并采取切实可行的措施弥补偏差,并为下一轮战略的制定提供方向性的指导。为了提高战略反馈的效果,企业常常采取以下具体措施。

通过绩效面谈沟通,不断提高员工和组织的绩效水平,提高员工的技能水平。绩效面谈包括面谈准备、面谈过程以及确定绩效考核结果,提出改进计划。

一是面谈准备。明确面谈要达到的目标。目的是要就考核达成一致,而不是训斥的机会;认识下属在工作中的缺点,肯定优点,拟定出某些缺点的改进计划和下期工作要项和绩效标准。主管要决定最佳时间、场所、资料、计划开场、谈话以及结束方式。下属要收集考核相关资料,做好自我评估工作,把面谈的内容事先准备好。

二是面谈过程。包括面谈形式如主管诱导下属自我评价等、面谈目标如对业绩考核达成一致,提出新的绩效计划等、面谈要点如谈工作业绩、谈未来要做的事等。

三是确定绩效,提出改进计划。就考核结果达成一致并签字确认、提出改进计划。

**特别提示**

任何事情要知其然,更要知其所以然。

## 14.3 战略评价的方法

企业战略评价的方法有很多种，常用的有 SWOT 分析法、波士顿矩阵(BCG)法、内部要素评价矩阵(IFE)法、大战略矩阵、定量战略规划矩阵(QSPM)法、竞争地位—生命周期矩阵、平衡计分卡等。本章主要介绍平衡计分卡法。

### 14.3.1 平衡计分卡的基本内容

平衡计分卡(balanced scorecard)是 1992 年由哈佛大学商学院教授罗伯特·卡普兰(Robert Kaplan)和复兴国际方案总裁大卫·诺顿(David Norton)设计的，是一种包括财务指标和非财务指标相结合的、全方位的战略评价方法。它反映了财务、非财务衡量方法之间的平衡，长期目标与短期目标之间的平衡，外部和内部的平衡，结果和过程的平衡，管理业绩和经营业绩的平衡等多个方面，能反映企业综合经营状况，使业绩评价趋于平衡和完善，利于企业长期发展。平衡计分法将企业的愿景、使命和发展战略与企业的业绩评价系统联系起来，把企业使命和战略转变为具体的目标和评测指标，以对企业的未来绩效做出科学的评价。

平衡计分卡方法打破了传统的只注重财务指标的业绩管理方法。平衡计分卡认为，传统的财务会计模式只能衡量过去发生的事情(落后的结果因素)，但无法评估企业前瞻性的投资(领先的驱动因素)。在工业时代，注重财务指标的管理方法是有效的。但在信息社会里，传统的业绩管理方法并不全面的，组织必须通过在客户、供应商、员工、组织流程、技术和革新等方面的投资，获得持续发展的动力。正是基于这样的认识，平衡计分卡方法认为，组织应从四个角度审视自身业绩：学习与成长、内部业务流程、顾客、财务(参见图 14.3)。

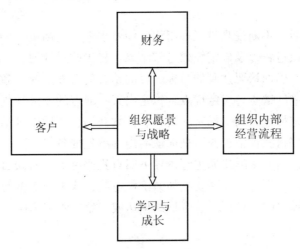

图 14.3 平衡记分卡相关要素

财务评价指标体系是平衡计分卡中的核心评价指标，是一般企业常用于绩效评估的传统指标。财务性绩效指标可显示出企业的战略及其实施和执行是否正在为最终经营结果

(如利润)的改善做出贡献。但是,不是所有的长期策略都能很快产生短期的财务盈利。非财务性绩效指标(如质量、生产时间、生产率和新产品等)的改善和提高是实现目的的手段,而不是目的的本身。财务评价指标衡量的主要内容:收入的增长、收入的结构、降低成本、提高生产率、资产的利用和投资战略等。

客户评价指标体系主要是站在客户的角度,分析企业向客户所提供产品或服务的价值状况。它要求企业将使命和策略诠释为具体的与客户相关的目标和要点。企业应以目标顾客和目标市场为方向,应当关注于是否满足核心顾客需求,而不是企图满足所有客户的偏好。客户最关心的不外于五个方面:时间、质量、性能、服务和成本。企业必须为这五个方面树立清晰的目标,然后将这些目标细化为具体的指标。该评价指标体系的核心是顾客满意,因此,应在提高新客户开发率、客户保持率和客户满意度上下工夫,以优质的产品或服务赢得顾客的信赖。客户面指标衡量的主要内容:市场份额、老客户挽留率、新客户获得率、顾客满意度、从客户处获得的利润率。

内部流程评价指标体系主要是评价企业内部从原材料输入到产品或服务完成这一过程中企业所具有的优势。建立平衡记分卡时,通常是在先制定财务和客户方面的目标与指标后,才制定企业内部流程面的目标与指标,这个顺序使企业能够抓住重点,专心衡量那些与股东和客户目标息息相关的流程。内部运营绩效考核应以对客户满意度和实现财务目标影响最大的业务流程为核心。内部运营指标既包括短期的现有业务的改善,又涉及长远的产品和服务的革新。内部运营面指标涉及企业的改良/创新过程、经营过程和售后服务过程。该指标评价体系是企业价值链分析的重要内容,主要包括创新、经营和服务三个方面。其中,创新包括公司确立、新市场开拓、新产品开发等内容;经营包括时间、质量、成本、效率等内容;售后服务包括保证书、维修、退换货及支付手段等内容。

学习与创新评价指标体系主要是指对企业内部学习新技术、新理念、新方法的能力和企业开发新产品、新技术、新管理模式的能力的评价。学习与成长的目标为其他三个方面的宏大目标提供了基础架构,是驱使上述记分卡三个方面获得卓越成果的动力。面对激烈的全球竞争,企业今天的技术和能力已无法确保其实现未来的业务目标。削减对企业学习和成长能力的投资虽然能在短期内增加财务收入,但由此造成的不利影响将在未来对企业带来沉重打击。学习和成长面指标涉及员工的能力、信息系统的能力与激励、授权与相互配合。该指标评价体系主要包括员工满意度、员工流动率、员工知识水平及培训等内容。良好的学习与创新能力是企业创造和提高价值的保障。

实质上,平衡记分卡的发展过程中特别强调描述策略背后的因果关系,借客户面、内部营运面、学习与成长面评估指标的完成而达到最终的财务目标。

**特别提示**

企业应该是财务资源和非财务资源的有机整合体。

### 14.3.2 平衡计分卡的实施原则

一个结构严谨的平衡计分卡,应包含一连串连接的目标和量度,这些量度和目标不仅前后连贯，同时互相强化。就如同飞行仿真器一般，包含一套复杂的变量和因果关系，其包括领先、落后和回馈循环，并能描绘出战略的运行轨道和飞行计划。

建立一个专为战略评估标准的平衡计分卡须遵守三个原则。

（1）因果关系。

（2）成果量度与绩效驱动因素。

（3）与财务连接。

此三原则将平衡计分卡与企业战略连接，其因果关系链代表目前的流程和决策，会对未来的核心成果造成哪些正面的影响。这些量度的目的是向企业表示新的工作流程规范，并确立战略优先任务、战略成果及绩效驱动因素的逻辑过程，以进行企业流程的改造。

### 14.3.3 平衡计分卡的实施流程

（1）以企业的共同愿景与战略为内核，运用综合与平衡的哲学思想，依据组织结构，将企业的愿景与战略转化为下属各责任部门（如各事业部）在财务（Financial）、顾客（Customer）、内部流程（Internal Processes）、创新与学习（Innovation & Learning）等四个方面的系列具体目标（即成功的因素），并设置相应的四张计分卡，其基本框架见图14.4。

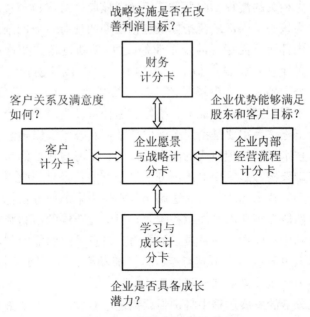

图14.4 平衡记分卡基本框架

（2）依据各责任部门分别在财务、顾客、内部流程、创新与学习等四种计量可具体操作的目标，设置——对应的绩效评价指标体系，这些指标不仅与企业战略目标高度相关，而且是以先行（Leading）与滞后（Lagging）两种形式，同时兼顾和平衡企业长期和短期目标、内部与外部利益，综合反映战略管理绩效的财务与非财务信息。

（3）由各主管部门与责任部门共同商定各项指标的具体评分规则。一般是将各项指标的预算值与实际值进行比较，对应不同范围的差异率，设定不同的评分值。以综合评分的形式，定期(通常是一个季度)考核各责任部门在财务、顾客、内部流程、创新与学习等四个方面的目标执行情况，及时反馈，适时调整战略偏差，或修正原定目标和评价指标，确保企业战略得以顺利与正确地实行。平衡计分卡管理循环过程的框架见图14.5。

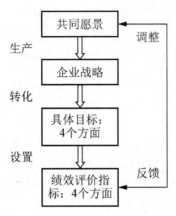

图 14.5　平衡记分卡管理循环

### 14.3.4　平衡计分卡的特点

平衡计分卡方法因为突破了财务作为唯一指标的衡量工具，做到了多个方面的平衡。平衡计分卡与传统评价体系比较，具有如下特点。

(1) 平衡计分卡能为企业战略管理提供强有力的支持。随全球经济一体化进程的不断发展，市场竞争的不断加剧，战略管理对企业持续发展而言更为重要。平衡计分卡的评价内容与相关指标和企业战略目标紧密相连，企业战略的实施可以通过对平衡计分卡的全面管理来完成。

(2) 平衡计分卡可以提高企业整体管理效率。平衡计分卡所涉及的四项内容，都是企业未来发展成功的关键要素，通过平衡计分卡所提供的管理报告，将看似不相关的要素有机地结合在一起，可以大大节约企业管理者的时间，提高企业管理的整体效率，为企业未来成功发展奠定坚实的基础。

(3) 注重团队合作，防止企业管理机能失调。团队精神是一个企业文化的集中表现，平衡计分卡通过对企业各要素的组合，让管理者能同时考虑企业各职能部门在企业整体中的不同作用与功能，使他们认识到某一领域的工作改进可能是以其他领域的退步为代价换来的，促使企业管理部门考虑决策时要从企业出发，慎重选择可行方案。

(4) 平衡计分卡可提高企业激励作用，扩大员工的参与意识。传统的业绩评价体系强调管理者希望(或要求)下属采取什么行动，然后通过评价来证实下属是否采取了行动以及行动的结果如何，整个控制系统强调的是对行为结果的控制与考核。而平衡计分卡则强调目标管理，鼓励下属创造性地(而非被动)完成目标，这一管理系统强调的是激励动力。因为在具体管理问题上，企业高层管理者并不一定会比中下层管理人员更了解情况、所做出的决策也不一定比下属更明智。所以由企业高层管理人员规定下属的行为方式是不恰当的。另一方面，目前企业业绩评价体系大多是由财务专业人士设计并监督实施的，但是，由于专业领域的差别,财务专业人士并不清楚企业经营管理、技术创新等方面的关键性问题,因而无法对企业整体经营的业绩进行科学合理的计量与评价。

(5) 平衡计分卡可以使企业信息负担降到最少。在当今信息时代,企业很少会因为信息过少而苦恼,随全员管理的引进,当企业员工或顾问向企业提出建议时,新的信息指标总是不断增加。这样,会导致企业高层决策者处理信息的负担大大加重。而平衡计分卡可以使企业管理者仅仅关注少数而又非常关键的相关指标,在保证满足企业管理需要的同时,尽量减少信息负担成本。

**特别提示**

设立平衡记分卡(BSC)的过程,意味着清晰公司的愿景,布置战略到行动计划。一个仔细准备的平衡记分卡是公司战略的描述,它包括了组织在评论平衡记分卡草案中,每个人的贡献是重要的。平衡记分卡作为实时的测试装备:你能够结合商业反馈和组织内评论去修改和提高记分卡。

# 本 章 小 结

战略评价概括为战略分析评估、战略选择评估和战略绩效评估三个环节。

战略评价包括战略目标的评价与战略实施方案的评价。战略目标的评价指战略目标拟定出来之后,就要组织多方面的专家和有关人员对提出的目标方案进行评估和论证。战略实施方案的评价指对战略目标实施的期限、方法以及路径等内容进行评估和论证。

战略评价性质涉及战略评价内涵和标准等内容;战略评价框架主要包括战略评价目标、目标分解、战略评价目标实施计划的制订、战略评价实施以及战略评价反馈等。

战略反馈指将企业的战略目标与战略活动的实际绩效进行对比,以寻找绩效不佳的原因及误差因素。

平衡计分卡是一种包括财务指标和非财务指标相结合的、全方位的战略评价方法。它反映了财务、非财务衡量方法之间的平衡,长期目标与短期目标之间的平衡,外部和内部的平衡,结果和过程的平衡,管理业绩和经营业绩的平衡等多个方面,能反映企业综合经营状况,使业绩评价趋于平衡和完善,利于企业长期发展。

# 复 习 思 考 题

1. 选择题

(1) 最先提出"战略地图"的人是( )。
A. 法约尔　　　　B. 诺顿　　　　C. 波特　　　　D. 卡普兰

(2) 战略评价概括为三个环节,分别是( )。
A. 战略分析评估　B. 战略选择评估　C. 战略绩效评估　D. 战略反馈

(3) 平衡计分卡方法认为,组织应从( )四个角度审视自身业绩。
A. 学习与成长　　B. 内部业务流程　C. 顾客　　　　D. 财务

(4) 财务评价指标衡量的主要内容包括（　　）等。
A. 收入的增长　　B. 收入的结构　　C. 降低成本　　D. 提高生产率
(5) 客户面指标衡量的主要内容包括（　　）等。
A. 市场份额
B. 老客户挽留率
C. 新客户获得率
D. 顾客满意度

2. 填空题

(1) 建立平衡计分卡三原则为_____、_____、_____。
(2) _____主要是指对企业内部学习新技术、新理念、新方法的能力和企业开发新产品、新技术、新管理模式的能力的评价。
(3) 战略绩效评估属于_____控制。

3. 判断题

(1) 战略分析选择评估属于事后控制。（　　）
(2) 日本战略学家伊丹敬之提出了优秀战略评价标准。（　　）
(3) 平衡计分卡由迈克尔·波特最先提出。（　　）
(4) 英国战略学家理查德·努梅特(Richard Rumelt)提出了战略评价的四条标准：一致、协调、优越和可行。（　　）
(5) 组织战略评价是一个涉及评价标的、评价过程、评价方法以及评价反馈的动态循环过程。（　　）

4. 问答题

(1) 战略评价包括哪三项基本活动？
(2) 组织战略目标沟通的方式有哪些？
(3) 日本战略学家伊丹敬之的优秀战略评价标准是什么？
(4) 阐述平衡计分卡实施流程。
(5) 分析"战略地图"对组织战略实施的作用。

# 战 略 训 练

### 1. 案例研究

## 乔森家具公司五年目标

乔森家具公司是乔森先生在本世纪中期创建的，开始时主要经营卧室和会客室家具，取得了相当的成功，随着规模的扩大，自70年代开始，公司又进一步经营餐桌和儿童家具。1975年，乔森退休，他的儿子约翰继承父业，不断拓展卧室家具业务，扩大市场占有率，使得公司产品深受顾客欢迎。到1985年，公司卧室家具方面的销售量比1975年增长了近两倍。但公司在餐桌和儿童家具的经营方面一直不得法，面临着严重的困难。

一、董事长提出的五年发展目标

乔森家具公司自创建之日起便规定，每年12月份召开一次公司中、高层管理人员会议，研究讨论战略和有关的政策。1985年12月14日，公司又召开了每年一次的例会，会议由董事长兼总经理约翰先生主持。约翰先生在会上首先指出了公司存在的员工思想懒散、生产效率不高的问题，并对此进行了严厉的批评，要求迅速扭转这种局面。与此同时，他还为公司制定了今后五年的发展目标。具体包括：

1. 卧室和会客室家具销售量增加20%；
2. 餐桌和儿童家具销售量增长100%；
3. 总生产费用降低10%；
4. 减少补缺职工人数3%；
5. 建立一条庭院金属桌椅生产线，争取五年内达到年销售额500万美元。

这些目标主要是想增加公司收入，降低成本，获取更大的利润。但公司副总经理托马斯跟随乔森先生工作多年，了解约翰董事长制定这些目标的真实意图。尽管约翰开始承接父业时，对家具经营还颇感兴趣，但后来，他的兴趣开始转移，试图经营房地产业。为此，他努力寻找机会想以一个好价钱将公司卖掉。为了能提高公司的声望和价值，他准备在近几年狠抓一下经营，改善公司的绩效。

托马斯副总经理意识到自己历来与约翰董事长的意见不一致，因此在会议上没有发表什么意见。会议很快就结束了，大部分与会者都带着反应冷淡的表情离开了会场。托马斯有些垂头丧气，但他仍想会后找董事长就公司发展目标问题谈谈自己的看法。

二、副总经理对公司发展目标的质疑

公司副总经理托马斯觉得，董事长根本就不了解公司的具体情况，不知道他所制定的目标意味着什么。这些目标听起来很好，但托马斯认为并不适合本公司的情况。他心里这样分析道：

第一项目标太容易了——这是本公司最强的业务，用不着花什么力气就可以使销售量增加20%；

第二项目标很不现实——在这领域的市场上，本公司就不如竞争对手，决不可能实现100%的增长；

第三项目标亦难以实现——由于要扩大生产，又要降低成本，这无疑会对工人施加更大的压力，从而也就迫使更多的工人离开公司，这样空缺的岗位就越来越多，在这种情况下，怎么可能降低补缺职工人数3%呢？

第四项目标倒有些意义，可改变本公司现有产品线都是以木材为主的经营格局。但未经市场调查和预测，怎么能确定五年内我们的年销售额达到500万美元呢？

经过这样的分析后，托马斯认为他有足够的理由对董事长所制定的目标提出质问。除此之外，还有另外一些问题使他困扰不解——一段时期以来，发现董事长似乎对这公司已失去了兴趣；他已50多岁，快要退休了。他独身一人，也从未提起他家族将由谁来接替他的工作。如果他退休以后，那该怎么办呢？托马斯毫不怀疑，约翰先生似乎要把这家公司卖掉。董事长企图通过扩大销售量，开辟新的生产线，增加利润收入，使公司具有更大的吸引力，以便在出售中捞个好价钱。"如董事长真是这样的话，我也无话可说了。他退休以后，公司将会变成什么样子，他是不会在乎的。他自己愿意在短期内葬送掉自己的公司，我有什么办法呢？"

（注：此案例由作者根据多方面资料汇编而成）

问题：

(1) 你认为约翰董事长为公司制定的发展目标合理吗？为什么？你能否从本案例中概括出制定目标需注意那些基本要求？

(2) 假如你是托马斯，如果董事长在听取了你的意见后同意重新考虑公司目标的制定，并责成你提出更合理的公司发展目标，你将怎么做？

**2. 文献查询作业**

通过查阅报纸、杂志及互联网找出一个企业的战略地图。思考该企业如何将企业的愿景与战略转化为下属各责任部门（如各事业部）在财务（Financial）、顾客（Customer）、内部流程（Internal Processes）、创新与学习（Innovation & Learning）等四个方面的系列具体目标（即成功的因素），以及相应的行动方案。

**3. 小组学习与讨论**

将全班分成几个3～5人的小组，推举一名员工作为小组发言人，代表小组报告本组学习下列资料后的体会。

**4. 阅读材料**

如下内容节选自黄丹、余颖编著的《战略管理：研究注记·案例》第二版。清华大学出版社，2009年7月出版。

## 一个以价值为核心的非线性评价体系—集成计分法

由于平衡计分法的广泛而重要的用途，目前它已成为绩效（或价值）评估的主流思想。但是在具体的操作中，平衡计分法也存在一些无法解决的问题。总体来说，平衡计分法最大的缺陷是经营性指标与企业价值缺乏直接的联系。事实上，经营性指标上去了，企业价值并不一定得到提升。

经营性绩效只是企业价值的必要条件，正是由于这种非间接关系，到的风险便有了产生的可能。在采用平衡计分法进行战略控制时，只凭指标来进行控制可能会产生只顾指标而不顾最终效果的"短路行为"。在取得良好经营指标的各种可能中，通往价值的道路往往是最艰难的，既然有最"便捷"的路径，被考核者行为"短路"就是最可能发生的事情。例如，在网站企业中，点击率是一个重要的考核指标。对网站企业而言，其真实价值应源自网站内容，点击率只是其表象而已。但为了"点击率"这一指标，某些网站不是靠内容取胜，而是采用利诱手段，靠"烧钱"来提高点击率，这种经营性指标的提高显然与企业价值毫不相关。

在指标的设计中，平衡计分法不存在"短路"问题，但在执行过程中，这一问题就显露了出来。因此，平衡计分法的执行，仅仅简单地对指标进行考核是不够的，为此本书提出了集成计分法的思路。

平衡计分法虽然综合考虑影响企业长远价值各个方面的要素，但在计分时这些要素与评分值的关系是一种线性关系，而被考核者的行为显然不都是线性的，用线性系统去描述非线性系统必然会存在较大的漏洞。基于这一点，集成计分法试图建立一个以价值为核心的非线性评价体系，以封堵"短路"行为。

企业的经营目的是价值最大化，因此集成计分法的核心价值也是企业价值，在平衡计分法的四类指标中，只有财务指标与企业价值有着直接的关系，其他经营指标与企业价值只是一种间接关系。因此在进行考核或战略控制时，不仅要考察经营性指标的好坏，还需要考核这些经营性绩效与企业价值的关系。这样才能完全杜绝经营过程中的"短路"行为。

集成计分法的逻辑结构如图所示。在图中，任何指标都只是评价过程中的一个过渡性变量，财务指标与经营性指标都须转化为企业价值，战略控制的目标是集成计分法的"核心"——企业价值，控制的标准为价值最大化。

在集成计分法中，评价指标与企业根本目的保持了一致性，这就从源头上去除了"短路"行为的动机。解决了思想问题后，如何将经营性指标与企业价值联系起来，就成为最关键的问题。最为理想的是，能够将每一经营管理活动的价值都度量出来，从而彻底解决价值评价和战略控制的问题。显然，这一要求是无法达到的。这意味着，集成计分法要进行实际操作，需要从另外的思路着手。

战略是联结企业目标与具体经营活动的纽带，因此，集成计分法完全可以将战略作为企业价值的判断标准，在无法测量每一经营行为的企业价值时，提出了价值关联度法。即评判经营结果与战略的关联程度，据以判断其价值的大小。

对于平衡计分法而言，其测评模型为一种线性系统，即：

$$V = \alpha_1 P_1 + \alpha_2 P_2 + \alpha_3 P_3 + \alpha_4 P_4$$（其中 $\alpha$ 为各类指标的权重，$P$ 为该类指标的评分）

而集成计分法不仅考虑指标评分及指标的权重，还要具体考察经营结果与战略关系，其测评模型为非线性系统，即：

$$V = \gamma_1 \alpha_1 P_1 + \gamma_2 \alpha_2 P_2 + \gamma_3 \alpha_3 P_3 + \gamma_4 \alpha_4 P_4$$（其中 $\gamma$ 为各经营性绩效与战略的关系，$-1 \leqslant \gamma \leqslant 1$）

集成计分法的评价方法是紧密围绕战略而进行的，$\gamma$ 的取值突出了这一导向，如果经营行为背离了战略方向，那么在考评上将会受到惩罚，这一行为的经营性指标越好，得到的分值就越低。这样的考评体系虽然复杂了，但确保了企业经营方向的一致性，堵塞了考核的漏洞。当然，集成计分法的应用有一个基本前提：企业的战略方向是正确的。如果战略发生错误，那么评价也会随之出现问题。

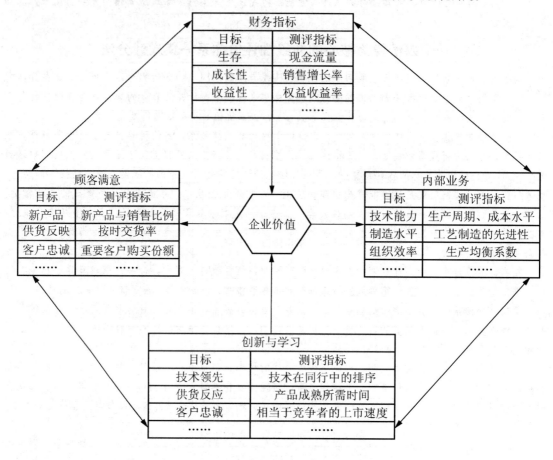

# 参 考 文 献

[1] 曾鸣，冯婕. 基于平衡计分卡的国有商业银行绩效考评体系－理论设想与案例分析[J]. 西南金融，2007，7.

[2] 杨伟. 论平衡计分卡在农信社绩效管理中的应用[J]. 科协论坛（下半月），2009(1).

[3] 陈子悦. 平衡计分卡应用案例分析－作为战略工具的应用[J]. 中国市场，2010，4.

[4] 陈洪进. 基于平衡计分卡的绩效考核体系探讨[J]. 商场现代化，2010，35.

[5] 牛亚民. 基于平衡计分卡的绩效管理系统构建分析[J]. 现代商贸工业，2009，9.

[6] 李咏梅. EVA综合平衡计分卡的探讨[J]. 技术与市场，2010，12.

# 第 15 章 战略控制

**教学要求**

通过本章的学习，了解战略控制的含义和实施控制的关键，掌握战略控制的主要内容以及战略控制过程；了解战略领导者的含义及其行为模式。

> 就像以最高速奔驰的赛车，越是表现优秀的企业，越是需要出色的绩效评估和控制系统对企业的运行情况进行监测，以便管理者充分挖掘企业的潜力，防范企业的风险。
>
> ——罗伯特·西蒙斯

**基本概念**

战略控制　预算　审计　个人现场观察　事前控制　事后控制　随时控制　战略领导者　董事会

**导入案例**

## 戴尔战略

全球领先的IT产品及服务提供商戴尔企业，致力于倾听客户需求，提供客户所信赖和注重的创新技术与服务。受益于独特的直接经营模式，戴尔在全球的产品销量高于任何一家计算机厂商，并因此在财富500强中名列第25位。戴尔之所以能够不断巩固其市场领先地位，是因其一贯坚持直接销售基于标准的计算产品和服务，并提供最佳的客户体验。

一方面，店面销售更符合中国消费者选购消费类电子产品的消费习惯与消费趋势。另一方面，戴尔的直销模式在中国经营了多年，但其也仅仅在中国1~3级城市有所斩获，相比惠普、联想等竞争对手深挖区域市场，戴尔在4、5级市场的竞争优势较薄弱。

对于采用直销模式的戴尔来说，大部分增长来自于美国市场，而个人消费市场和新兴市场成为其两大软肋。目前，全球电脑市场增长潜力最大的是中国、印度等新兴市场。然而，戴尔的直销优势在这些新兴市场上似乎难以发挥出来。

**战略一，全面出击，加大与3C卖场合作力度**

2008年前，戴尔在国内唯一合作的卖场是国美电器。2008年初，戴尔企业扩大与国美的合作，在国美，消费者能够购买到戴尔的全线产品。2008年4月，戴尔正式宣布与苏宁电器合作，这是继戴尔打

企业战略  管理

破直销模式后，与第二家家电连锁卖场合作。消费者可以在300多个苏宁电器卖场购买到戴尔笔记本及台式机。

**战略二，强强联手，与专业级IT零售渠道企业合作**

2008年，戴尔台式电脑、笔记本电脑全面进驻宏图三胞全国170余家店面。这是戴尔在中国打破直销模式之后，首次与专业级的IT零售渠道企业进行合作的又一大规模市场运作。

以直销模式见长的戴尔，继与国美等家电卖场合作后，为何突然青睐起了中国最专业的IT连锁宏图三胞？其原因有两个方面：

一方面，宏图三胞有三种其他销售终端不具备的能力：一是专业的售前咨询能力，二是IT售后服务的专业能力，三是长时间在中小企业中建立起来的口碑。戴尔之所以选择与宏图三胞这样的专业的IT连锁合作，其实是看准了宏图三胞在电脑产品上的销售专业性和服务专业性。

另一方面，戴尔与宏图三胞的合作能做到优势互补。

从销售方面来看，戴尔擅长于产品设计、技术研发、制造等，宏图三胞擅长于零售终端的专业店面销售和服务，在连锁扩展、经营模式、供应链管理、人才储备、专业服务均具有优势。

**战略三，扩大零售点，快速扩张覆盖城市**

为了在中国获得更高的市场份额，戴尔打破了直销模式，借助合作伙伴的帮助，戴尔使中国的零售点从45个城市拓展到1200个城市。

由于中国东西部交通和通讯基础条件存在差异，消费者在选择产品的方式上也有区别。戴尔改变其在发达国家市场覆盖二三级主要城市来的形式。2008年在中国市场全面布局，不但加强一二级城市，而且开始推进四五六级城市的建设。

近年来联想的多渠道营销、惠普在中国三到五级城市的稳扎稳打，都展现出更加贴近中国市场的优势，市场份额也在稳中有升，而戴尔在中国与他们的距离却在逐渐拉大。因此戴尔将把零售点拓展到1200个城市，意在扩大覆盖能力，特别是在直销难以到达的四五六级城市，抢夺市场份额。

**战略四，谋求低端市场，推低价笔记本**

2008年3月，戴尔推出了价格仅为3699元的戴尔500，该产品的价格刷新了此前戴尔笔记本的价格底线，也掀起了笔记本市场新一轮的降价潮。

低价超便携市场的发展潜力将为戴尔提供良好的发展契机，戴尔通过开发低价笔记本产品，有助于其在这个新兴的市场上创造出一个崭新的商业模式。

**战略五，多触角飞跃，销售模式多样化**

从2008年3月开始，戴尔在淘宝网建立了首个"戴尔淘宝官方旗舰店"，这是电脑厂商首次以官方名义在淘宝这类B2C网站建立网络门店。

自从惠普抢走了其全球第一大PC厂商的宝座后，戴尔就一直在谋求反击。不断拓展销售渠道，改变以往单一的直销模式是戴尔一直在努力改变的。

2008年戴尔的变革不仅是在3C和IT零售渠道。目前，消费者可以拨打戴尔的直销呼叫中心订货、在官方网站下单、去淘宝网旗舰店选购、还可以去国美、宏图三胞这样的卖场现场去购买。可以看出，戴尔销售模式已经呈现出了多样化的雏形。

淘宝官方旗舰店的开通是戴尔继客户体验中心，发展国美等零售合作伙伴以外的新的尝试，也是网购的另一种，能够借助淘宝的普及优势去服务更多的消费者，成为戴尔直销模式的一个有效补充。

由此可以看出，戴尔在营销渠道已拓展为四条腿走路：一是网上购物，二是电话购物，这两项是其传统的直销业务。三是直接购买，客户体验中心主要针对的是企业客户，四是与零售伙伴合作，扩展渠道。

（注：此案例由作者根据多方面资料汇编而成）

# 第15章 战略控制

**案例点评：**

戴尔在 IT 产业的发展中，通过对环境的分析，根据自身的特点，选择了最适合自己的发展战略。通过战略调整和控制，使得企业战略动态地适应了竞争的市场环境，戴尔在战略导向下一步步成长和壮大，也奠定了自己在 IT 产业中的地位。

## 15.1 实施控制的标准和关键

企业战略管理的一个基本矛盾是战略计划与变化的环境之间的矛盾，企业战略实施的结果并不一定与预定的战略目标相一致。因此，为了保证战略控制的实际效果符合预先制定的目标要求，一个完整的战略管理过程必须具有控制环节对战略实施进行修正、补充和完善。战略控制是战略管理不可或缺的重要环节，它保证了战略管理活动的连续一贯性、动态适应性。

### 15.1.1 战略控制的含义和特征

**1. 战略控制的含义**

战略控制是指企业管理者依据战略计划的目标以及战略控制方案，对战略的实施情况进行评价，发现偏差并纠正偏差的活动，广义的战略控制还要保证战略系统的方向正确，并且保障这个正确的战略系统得到贯彻和实施。

**知识链接**

美国学者邓肯认为，应该从两个维度来确定企业所面临的环境不确定性：一是企业所面临环境的动态性，二是企业所面临环境的复杂性。而企业面临的环境变化会对战略实施带来影响。

**2. 战略控制的特征**

战略控制的基本特征与战略控制过程的基本特征不同，它是对战略控制的一些基本的要求。

1) 适宜性

判断企业战略是否适宜，首先要求这个战略具有实现企业既定的财务和其他目标的良好的前景。因此，适宜的战略应处于企业希望经营的领域，必须具有与企业的哲学相协调的文化，如果可能的话，必须建立在企业优势的基础上，或者以某种人们可能确认的方式弥补企业现有的缺陷。

2) 可行性

可行性是指企业一旦选定了战略，就必须认真考虑企业能否成功的实施。企业是否有足够的财力、人力或者其他资源、技能、技术、诀窍和组织优势，换言之，企业是否有有效实施战略的核心能力。如果在可行性上存在疑问，就需要将战略研究的范围扩大，并将能够提供所缺乏的资源或能力的其他企业或者金融机构合并等方式包括在内，通过联合发展达到可行的目的。特别是管理层必须确定实施战略要采取的初始的实际步骤。

3) 可接受性

可接受性强调的问题是：与企业利害攸关的人员，是否对推荐的战略非常满意，并且给予支持。一般来说，企业越大，对企业有利害关系的人员就越多。要保证得到所有的利害相关者的支持是不可能的，但是，所推荐的战略必须经过最主要的利害相关者的同意，而在战略被采纳之前，必须充分考虑其他利害相关者的反对意见。

4) 整体利益和局部利益、长期利益和短期利益的不一致性

企业的整体是由局部构成的。从理论上讲，整体利益和局部利益是一致的，但在具体问题上，整体利益和局部利益可能存在着一定的不一致性。企业战略控制就是要对这些不一致性的冲突进行调节，如果把战略控制仅仅看做是一种单纯的技术、管理业务工作，就不可能取得预期的控制效果。企业的整体是由局部构成的。从理论上讲，整体利益和局部利益是一致的，但在具体问题上，整体利益和局部利益可能存在着一定的不一致性。企业战略控制就是要对这些不一致性的冲突进行调节，如果把战略控制仅仅看做是一种单纯的技术、管理业务工作，就不可能取得预期的控制效果。

5) 多样性和不确定性

战略具有不确定性。企业的战略只是一个方向，其目的是某一点，但其过程可能是完全没有规律、没有效率和不合理的，因此这时的战略就具有多样性。同时，虽然经营战略是明确的、稳定的且是具有权威的，但在实施过程中由于环境变化，战略必须适时的调整和修正，因而也必须因时因地的提出具体控制措施，这即是说战略控制具有多样性和不确定性。

6) 弹性和伸缩性

战略控制中如果过度控制，频繁干预，容易引起消极反应。因而针对各种矛盾和问题，战略控制有时需要认真处理，严格控制，有时则需要适度的、弹性的控制。只要能保持与战略目标的一致性，就可以有较大的回旋的余地而具有伸缩性。所以战略控制中只要能保持正确的战略方向，尽可能减少干预实施过程中的问题，尽可能多的授权下属在自己的范围内解决问题，对小范围、低层次的问题不要在大范围、高层次上解决，反而能够取得有效的控制。

**特别提示**

对战略实施控制的过程中，必须综合考虑各个方面的要求。

## 15.1.2 战略控制的关键和原则

1. 战略控制的关键

1) 适合

企业的战略、结构以及价值链能保持方向和步调的一致是企业成功的关键。当然能够做到这三者的合一是很困难的，这需要企业进行不断的调整。

2) 清晰明确的目标

战略的执行需要企业每一位员工朝着既定的方向共同努力。对于所有的员工来说，如

果组织的目标不仅是明确的，而且每个员工都感到有能力为实现组织的目标做出贡献，实现目标的努力将容易得多。

3）单一奖励制度

如果对不同的员工实施不同的绩效奖励，必然引起内部冲突和行动混乱，也会迅速毁掉一个有效的计划。采取绩效奖励制度这种单一的制度，可以使所有员工更关注企业的总体财务目标。

4）高层参与

高层管理者对战略实施的参与，能更好地保证战略计划的控制和进行。

5）资源分配

战略实施就是资源的使用活动，企业在实施战略计划时，就需要综合考虑各种资源的分配和使用，要使得资源的配置与企业所确定的战略重点和战略计划的先后次序来进行。

**特别提示**

有效的战略控制表现为其针对性，纲举目张。

2. 战略控制的基本原则

1）面向未来原则

战略实施控制的重点是企业的目标和方向，因此战略控制必须按照计划实施，面向未来。

2）保持弹性原则

战略实施控制的弹性，意味着企业必须根据战略计划实施的实际情况进行控制。要紧松适宜，在时间、质量、数量、价值等方面保持一定的弹性，这种有弹性的控制要比刚性控制效果更好。

3）战略重点原则

有效的战略控制应优先控制对战略实施有重要意义的事件及超出预先确定的容许范围的例外事件，即抓住战略实施的重点，不能事无巨细、面面俱到。

4）领导参与和自我控制相结合的原则

企业管理者必须制定控制标准，并充分发挥各职能部门控制体系的作用，协调各种关系，解决各方面的矛盾。同时，企业内部各单位和部门也要善于发现自己在战略实施中的偏差而及时采取纠正措施，这样控制的效果会更好。

5）经济性原则

经济性是指在控制过程与组织结构相符合的情况下，尽可能简单、灵活、减少不必要的人力、物力、财力，从而降低因控制而产生的费用。

**特别提示**

战略涉及企业的全方位，在实施控制时必须从不同的角度综合考虑。

### 15.1.3 战略控制的主要内容

（1）设定绩效标准。根据企业战略目标，结合企业内部人力、物力、财力及信息等具体条件，确定企业绩效标准，作为战略控制的参照系。

（2）绩效监控与偏差评估。通过一定的测量方式、手段、方法，监测企业的实际绩效，并将企业的实际绩效与标准绩效对比，进行偏差分析与评估。

（3）设计并采取纠正偏差的措施，以顺应变化着的条件，保证企业战略的圆满实施。

（4）监控外部环境的关键因素。外部环境的关键因素是企业战略赖以存在的基础，这些外外部环境的关键因素的变化意味着战略前提条件的变动，必须给予充分的注意。

（5）激励战略控制的执行主体，以调动其自控与自评价的积极性，以保证企业战略实施的切实有效

**知识链接**

标准的设立是控制的关键。并且需要从量化的角度来确立控制标准，这样才能使得控制到位。

### 15.1.4 战略控制过程和方法

**1. 战略控制过程**

战略控制的一个重要目标就是使企业实际的效益尽量符合战略计划。为了达到这一点，战略控制过程可以分为四个步骤。

1）制定效益标准

战略控制过程的第一个步骤就是评价计划，制定出效益的标准。企业可以根据预期的目标或计划制定出应当实现的战略效益。在这之前，企业需要评价已定的计划，找出企业目前需要努力的方向，明确实现目标所需要完成的工作任务。

2）衡量实际效益

主要是判断和衡量实现企业效益的实际条件。管理人员需要收集和处理数据，进行具体的职能控制，并且监测环境变化时所产生的信号。此外，为了更好地衡量实际效益，企业还要制定出具体的衡量方法以及衡量的范围，保证衡量的有效性。

3）评价实际效益

用实际的效益与计划的效益相比较，确定两者之间的差距，并尽量分析出形成差距的原因。

4）纠正措施和权变计划

考虑采取纠正措施或实施权变计划。在生产经营活动中，一旦企业判断出外部环境的机会或威胁可能造成的结果，则必须采取相应的纠正或补救措施。当然，当企业的实际效益与标准效益出现了很大的差距时也应及时采取纠正措施。

**特别提示**

控制是一项综合性的活动，它会涉及不同的阶段，必须做好每一个步骤的工作。

## 2. 战略控制方法

### 1）预算

预算是一种以财务指标或数量指标表示的有关预期成果或要求的文件。

一方面预算起着如何在企业内各单位之间分配资源的作用；另一方面，预算也是企业战略控制的一种方法。

### 2）审计

审计是客观地获取有关经济活动和事项的论断的论据，通过评价弄清所得论断与标准之间的符合程度，并将结果报知有关方面的过程。

### 3）个人现场观察

个人现场观察是指企业的各层管理人员（尤其是高层管理人员）深入到各种生产经营现场，进行直接观察，从中发现问题，并采取相应的解决措施。

**特别提示**

对于不同的控制活动应该采取不同的控制方法，这样会使得控制更为有效。

## 15.1.5 战略控制系统要求

### 1. 控制系统应是节约的

既不能产生过多的信息，也不能提供太少的信息，而应是最经济地产生各部门所需要的最低限度的信息。

### 2. 控制系统应是有意义的

控制必须与企业的关键目标相联系，能为各层管理人员提供真正需要和有价值的信息。

### 3. 控制系统应当适时地提供信息

经常和快速的反馈并不一定意味着是较好的控制，关键是要及时地提供给管理者使用。例如，在试销一种新产品时，就需要快速的反馈；而在长期研究和开发项目中，逐日、逐周甚至逐月地反馈进展情况，可能是不必要的，而且也无益。因此，应使设计的控制系统对应于所考核的活动或职能的时间跨度。

### 4. 控制系统应提供关于发展趋势的定性的信息

例如，知道某一产品市场占有率是上升还是下降，还是保持稳定，与确知其市场占有率的多少同样重要。类似这样的定性信息比仅用定量数据能更快地发现问题，从而有助于更迅速地采取解决问题的行动。

### 5. 控制系统应有利于采取行动

控制系统输出的信息必须传递给企业中那些根据这些信息而采取行动的人。如果给管理人员提供的报告仅仅是为信息而信息，那通常意味着这些报告会被忽视，事实上，也可能导致管理人员忽视其他有用的报告。应当明白,并非企业中的每个人需要所有的报告。

6. 控制系统应当是简单的

复杂的控制系统常常会引起混乱,收效甚微。有效控制系统的关键是它的实用性,而非它的复杂性。

**特别提示**

通过控制系统的建立能够让控制变得更为高效。

### 15.1.6 战略控制种类

**1. 从控制时间来看,企业的战略控制可以分为如下三类**

(1) 事前控制。在战略实施之前,要设计好正确有效的战略计划,该计划要得到企业高层领导人的批准后才能执行,其中有关重大的经营活动必须通过企业的领导人的批准同意才能开始实施,所批准的内容往往也就成为考核经营活动绩效的控制标准,这种控制多用于重大问题的控制,如任命重要的人员、重大合同的签订、购置重大设备等。

由于事前控制是在战略行动成果尚未实现之前,通过预测发现战略行动的结果可能会偏离既定的标准。因此,管理者必须对预测因素进行分析与研究。

一般有三种类型的预测因素:

① 投入因素。即战略实施投入因素的种类、数量和质量,将影响产出的结果。

② 早期成果因素。即依据早期的成果,可预见未来的结果。

③ 外部环境和内部条件的变化,对战略实施的控制因素。

(2) 事后控制。这种控制方式发生在企业的经营活动之后,才把战略活动的结果与控制标准相比较,这种控制方式工作的重点是要明确战略控制的程序和标准,把日常的控制工作交由职能部门人员去做,即在战略计划部分实施之后,将实施结果与原计划标准相比较,由企业职能部门及各事业部定期将战略实施结果向高层领导汇报,由领导者决定是否有必要采取纠正措施。

事后控制的方法的具体操作主要有联系行为和目标导向等形式。

① 联系行为。即对员工的战略行为的评价与控制直接同他们的工作行为联系挂钩。他们比较容易接受,并能明确战略行动的努力方向,使个人的行动导向和企业经营战略导向接轨;同时,通过行动评价的反馈信息修正战略实施行动,使之更加符合战略的要求;通过行动评价,实行合理的分配,从而强化员工的战略意识。

② 目标导向。即让员工参与战略行动目标的制定和工作业绩的评价,既可以看到个人行为对实现战略目标的作用和意义,又可以从工作业绩的评价中看到成绩与不足,从中得到肯定和鼓励,为战略推进增添动力。

(3) 随时控制。即过程控制,企业高层领导者要控制企业战略实施中的关键性的过程或全过程,随时采取控制措施,纠正实施中产生的偏差,引导企业沿着战略的方向进行经营,这种控制方式主要是对关键性的战略措施要进行随时控制。应当指出,以上三种控制方式所起的作用不同,因此在企业经营当中它们是被随时采用的。

2. 从控制主体的状态来看,战略控制可以分为如下两类

(1) 避免型控制。即采用适当的手段,使不适当的行为没有产生的机会,从而达到不需要控制的目的。如通过自动化使工作的稳定性得以保持,按照企业的目标正确的工作;通过与外部组织共担风险减少控制;或者转移或放弃某项活动,以此来消除有关的控制活动。

(2) 开关型控制。开关型控制又称为事中控制或行与不行的控制。其原理是:在战略实施的过程中,按照既定的标准检查战略行动,确定行与不行,类似于开关的开与止。

开关控制方法的具体操作方式有以下几种:

① 直接领导。管理者对经营活动进行直接领导和指挥,发现差错及时纠正,使其行为符合既定标准。

② 自我调节。执行者通过非正式的、平等的沟通,按照既定的标准自行调节自己的行为,以便战略相关主体和谐、配合默契。

③ 共同愿景。组织成员对目标、战略宗旨认识一致,在战略行动中表现出一定的方向性、使命感,从而达到殊途同归、和谐一致、实现目标。

开关控制法一般适用于实施过程标准化的战略实施控制,或某些过程标准化的战略项目的实施控制。

3. 从控制的切入点来看,企业的战略控制可以分为如下五种

(1) 财务控制。这种控制方式覆盖面广,是用途极广的非常重要的控制方式,包括预算控制和比率控制。

(2) 生产控制。即对企业产品品种、数量、质量、成本、交货期及服务等方面的控制,可以分为产前控制、过程控制及产后控制等。

(3) 销售规模控制。销售规模太小会影响经济效益,太大会占用较多的资金,也影响经济效益,为此要对销售规模进行控制。

(4) 质量控制。包括对企业工作质量和产品质量的控制。工作质量不仅包括生产工作的质量,还包括领导工作、设计工作、信息工作等一系列非生产工作的质量,因此,质量控制的范围包括生产过程和非生产过程的其他一切控制过程,质量控制是动态的,着眼于事前和未来的质量控制,其难点在与全员质量意识的形成。

(5) 成本控制。通过成本控制使各项费用降低到最低水平,达到提高经济效益的目的,成本控制不仅包括对生产、销售、设计、储备等有形费用的控制,而且还包括对会议、领导、时间等无形费用的控制。成本控制需要建立各种费用的开支范围、开支标准并严格执行,要事先进行成本预算等工作。成本控制的难点在于企业中大多数部门和单位是非独立核算的,因此缺乏成本意识。

📖 **知识链接**

由于战略涉及内容的广泛性,可以从不同的角度来进行战略划分。

### 15.1.7 战略控制的常见问题和影响因素

**1. 战略控制的常见问题**

战略控制中的常见问题有以下几种。

(1) 不管环境如何变化，战略仍按照以前的规划执行下去。
(2) 企业在一段时间表现出很强的市场冲力后走到衰落。
(3) 战略实施了，但做好做坏没人知道，到年底了才知道目标没有达成。
(4) 战略实施的成效没有及时的沟通和反馈，各层员工不知道方向是否正确。
(5) 领导不了解战略实施情况，无法进行快速有效的决策。
(6) 目标未达成，各部门互相推诿，最后不了了之。
(7) 领导的意图员工没有充分理解，还是按照老一套去执行。
(8) 企业绩效开始走下坡路，沟通也不顺畅了。

**2. 战略控制的影响因素**

在制定和实施战略的过程中，必须同时考虑现有的定量分析因素、信息上的缺陷因素、不确定性因素、不可知的因素以及人类心理等因素。在这些因素中，有一些是企业内部的特点，正是这些特点才使同一行业中的各个企业有所差异。另一些因素由于受到行业性质和环境的制约，则使一个行业中的企业战略较为相似。无论何种行业，尽管各种因素的影响力度不同，但影响战略控制的因素可以分为三类：需求和市场、资源和能力、组织和文化。这三类因素在现代企业中呈现如下趋势。

(1) 更加重视质量、价值和顾客满意。不同的需求驱动因素（如便利、地位、风格、属性、服务等）在不同的时间和地点扮演了不同的角色。现代的顾客在做出购买决策时更加重视质量和价值。一些卓有成效的企业致力于提高质量，同时降低成本。它们的指导思想是持续不断的用更少的成本提供更多的东西。

(2) 更加重视关系建设和竞争导向。现代企业关注于培养顾客的忠诚度，从交易过程转向关系建设，和企业的关联者保持和谐融洽的状态。

(3) 更加重视业务流程管理和整合业务功能。现代企业从管理一系列各自为政的部门转向一系列的基本业务流程，企业组成跨部门的工作团体管理这些基本流程。

(4) 更加重视全球导向和区域规划。现代企业的边界日益扩张，无国界经营成为发展潮流。当企业进入国外市场时，必须转变传统风气去适应当地的影响力量。企业必须从全球化的角度进行战略思考，但战略计划和实施却是区域化、当地化。

(5) 更加重视战略联盟和网络组织。一旦企业全球化，他们就会意识到无论他们多么大，他们已经失去了保证成功的某些资源和能力。考虑到完整的价值链，他们认识到了和其他组织进行合作的必要性和重要性。高层管理者把越来越多的时间用于设计战略联盟和网络组织上，以此形成竞争优势。

(6) 更加重视权势架构及其影响。任何组织都存在利用权势实现个人或集团利益现象，在许多时候，企业的战略决策就是由权势决定的。现代企业面临的复杂环境决定了人们在目标、价值观念、利害关系、职责和认识上的分歧，同时彼此对对方由控制权，在某种程度上依赖对方。

# 第15章 战略控制

**特别提示**

影响战略控制的因素可以分为三类:需求和市场、资源和能力、组织和文化。为了更好的实施战略控制,就必须对这些因素的发展变化进行分析。

## 15.2 战略与领导

战略与领导的关系至关重要,影响战略控制的效果和战略实施的走向。领导的职责就是要把战略管理的所有职能都肩负起来,只有这样,企业战略才能实现预期的目标。

**知识链接**

"战略领导"的概念,首先由约翰·阿代尔教授在20世纪80年代提出,现在已在全球得到广泛的应用。

### 15.2.1 战略领导者的含义和特点

**1. 战略领导者的含义**

战略领导者是指具有战略管理思想,善于战略思维,具有战略能力,掌握战略实施艺术,从事研究和制定战略决策,指导企业开拓未来的企业高层决策群体。

**2. 战略领导者的特点**

战略领导者的特点是用战略思维进行决策。战略,本质上是一种动态的决策和计划过程,追求的是长期目标,行动过程是以战略意图为指南,以战略使命为目标基础。因此,战略的基本特性,是行动的长期性、整体性和前瞻性。

对战略领导者而言,是将领导的权力与全面调动组织的内外资源相结合,实现组织长远目标,把组织的价值活动进行动态调整,在市场竞争中站稳脚跟的同时,积极竞争未来,抢占未来商机领域的制高点。战略领导者认为组织的资源由有形资源、无形资源和有目的地整合资源的能力构成。他们的焦点经常超越传统的组织边界范围中的活动,进入组织之间的相互关系地带,并将这种区域视为组织潜在的利润基地。

**特别提示**

战略的艺术性在于战略领导者的领导艺术的能力。

### 15.2.2 战略领导者的行为模式

领导者的行为模式可以分为革新分析型、革新直觉型、保守分析型、保守直觉型四种类型,每种类型都有不同的行为特点,见表15-1。从表15-1中可以看出,革新分析型领导者最适合作为战略实施的人选。但是,在选择与战略实施相匹配的领导者类型时,也要看企业所处的发展阶段。在企业发展的早期阶段,企业规模小,其产品组合相对简单而且生产过程也较专业化,此时选择革新直觉型领导者较为合适。但是,随着企业的不断发展以及多元化经营,聘用革新分析型的管理人员就很必要。此后,企业进入衰退期,就需要一个保守分析型的领导者来进行管理。

表 15-1 战略领导者的行为模式

| 要素 | 模式 | | | |
| --- | --- | --- | --- | --- |
| | 革新分析型 | 革新直觉型 | 保守分析型 | 保守直觉型 |
| 价值观和决策行为 | 专一攻势型和革新型对新信息和新思想敏感思想灵活,能提出许多可供选择的办法能迅速做出决策和运行良好的综合 | 自我攻势型和革新型凭直觉,对新机会敏感思想直观,提不出什么办法在没有充分考虑资源的情况下,往往很快做出决策 | 理论的一致性,理性主义和至善论者固执于原则,理论乐观,办法多直到把握了充分的信息和资源情况才做出决策 | 自我保守,囿于传统固执于过去的经验不灵活要等到一系列的问题都看清楚后才能做决策 |
| 领导行为 | 表达目标和方针清楚随时听取他人的意见能容忍失败(共同分担) | 往往是自己去干而不是提出目标强迫服从自己的意见,使他人敬畏不能容忍失败(独裁) | 目标混杂不清 | 缺少目标需要忠顺或允许放任处罚过失或不予制裁(要么独裁,要么放任) |

### 15.2.3 战略领导者的构成

一般来说,企业战略领导者可以包括企业的董事会、高层经理、中层管理者、战略管理部门、非正式组织的领导、企业智囊团。其中最主要的是董事会和高层经理。

1. 董事会

过去,绝大多数企业的董事会只在企业管理中起着一般或形式上的作用。绝大多数董事会成员不是由于其知识能力,而是因为其经济和社会地位而被选为董事的,董事会只是简单地批准企业管理者的建议,而更重要的工作则是由企业管理者组成专业人才集团来进行。

2. 高层管理者

过去对企业战略管理起决定性作用的企业管理者大多数同时又是企业的所有者。随着所有权和经营权的日益分离,大多数企业的高层经理(也可称为高层管理者)都是具有一定领导水平和专业水平的职业经理。他们在企业战略管理中不仅是靠职权,而且是靠自己的影响力和专业能力来发挥作用的,企业高层经理一般包括企业正副总经理、事业部正副总经理。企业高层经理在企业战略管理中起着十分重要的作用。

3. 中层管理者

受现代管理思想的冲击,越来越多的企业高层管理者认识到中层管理者在企业战略管理过程中的重要性。因为真正了解企业问题和机会的人是企业中层管理者,实施企业战略的还是企业中层管理者。因此,许多大企业,例如美国通用电气企业把企业决策权下放给中层管理者，尤其是分厂或分公司的管理者。但是，企业中层管理者也有其局限性：一是战略管理方面的理论与技术掌握得不多；二是限于工作范围和利益，很难站在整个企业的高度提出问题和进行决策；三是可以用于战略思考的时间有限。

4. 非正式组织的领导者

企业是一个包括许多子系统在内的正式组织，但也有各种非正式社会系统存在。这些非正式团体对企业战略的制定具有重要影响。这种影响的大小同时取决于企业正式领导者的领导方式和非正式组织领导者的影响力。在决定企业宗旨、目标、战略和政策过程中，企业内部总是有各种不同的意见，这些意见反映了企业内部的各种不同利益。最后，战略制定的过程变成各种利益集团讨价还价的过程，而经妥协产生出来的决策往往是次优的。

因此，如果企业管理者能够重视非正式组织的领导者，通过与其充分沟通和引导，或采取其他有效措施，使非正式组织的领导者参与到企业战略管理中来，支持企业战略的制定、实施和控制，这将有助于企业战略管理的成功。

5. 战略管理部门

有些企业会设置专门的战略管理部门，例如 IBM 和福特企业。这些部门不承担具体操作管理职责，通常这些部门被称为"战略研究部"、"企划部"、"规划部"等。事实上，它们主要负责跟踪企业内外环境变化、监测企业生产经营实际表现、收集信息并进行加工。当遇到重大事项时，它们要发出预警报告。它们也根据指示，在听取各领域经理与专家意见的基础上，负责酝酿、起草企业战略方案，但毫无疑问，这些方案可能有若干个，都须提交总经理甚至董事会研究决策。在战略实施中，它们只负责监督实施结果与原预期目标的差异，并向上级或有关部门报告。它们通常不被赋予具体执行战略的责任和权力。这些部门往往是由一个高层经理，乃至总经理亲自来掌握。

6. 智囊团

智囊团是企业组建的由外部高级咨询人员构成的一个参谋集团，虽属企业外部人员，但在一定程度上参与了企业战略管理。企业外部的咨询人员通常由大学、科研单位、经济技术研究机构、政府高级官员、社会名流以及社会上专门的咨询企业中的专家构成。它通常不是一个常设机构，而是任务型组织。当企业在战略管理中遇到内部难以解决的问题时，或为使战略管理更完善地进行，往往临时性地召集或聘请智囊团来提供建议和判断。目前西方企业运用智囊团来辅助战略分析和决策已是十分普遍的事情了。

总之，企业的各种不同的战略管理者之中，董事会和企业高层管理者最为重要。只有在董事会和高层管理者都积极参与和相互合作的情况下，企业战略管理才会成功。

战略领导者行为模式的选择应该与企业的发展阶段相吻合。

## 15.2.4 战略领导者的九种角色

在企业中，战略领导者承担着以下角色。

### 1. 胸怀全局，外部环境的掌握者

战略领导者必须胸怀全局，不以局部利益为重点，而以全局为重点。中国加入 WTO 之后，外部环境发生了重大的变化，企业家必须从全局出发对战略进行相应的修正和调整。

通常，最优秀的企业家都具有预知、预见能力，能够"一叶落知天下秋"。环境大气候的掌握者往往是"众人皆醉我独醒"的人——别人都在打价格战的时候，他已经悄悄地进行其他战略部署了；别人开始跟随时，他又悄悄撤离了。这才是战略领导者的先知风范。

### 2. 高瞻远瞩，企业方向的指引者

高瞻远瞩，就是要站得高、看得远。未来要做什么事、要实现哪些目标，战略领导者必须对此进行总体的战略规划和战略方向的指引。一个企业家之所以能够让人产生认同感，能够聚集人才，关键就在于他能使人们认可他的战略方向，尤其是在东方文化中，如果企业家能够指定一个正确、明确的方向，就初步具备了领导者的魅力。

### 3. 统筹全局，内部分工的设计者

战略领导者在为企业设计战略蓝图、制定战略方向之后，还必须对企业内部管理进行设计和改造。根据未来的战略目标，企业家要考虑组织模式应如何调整、重要管理流程怎么理顺、高管层如何运作等内部部署的问题。

### 4. 调兵遣将，权责体系的制定者

战略领导者的重要工作之一就是要正确选择和合理配置合适的人、主动的人，做到人尽其才，责权利统一。汉高祖刘邦曾经这样说过："运筹帷幄之中，决胜千里之外，我不如张良；定国安邦，安抚百姓，供应军需，保证粮道畅通，我不如萧何；统领百万大军，战必胜，攻必克，我不如韩信。这三个人，都是人中豪杰，但我能用他们三人，这就是我夺取天下的原因。"毛泽东也说过，领导者的责任就是出主意、用干部。

### 5. 建立共识，各方利益的平衡者

战略领导者必须平衡各方的利益，正确处理十大关系：现有股东与潜在股东之间的关系，经营者与所有者之间的关系，所有者与员工之间的关系，企业与上游企业之间的关系，企业与下游企业之间的关系，企业与同行竞争者之间的关系，企业与政府之间的关系，企业与金融机构之间的关系，企业与中介机构之间的关系，企业与环保、媒体、消费者协会等其他组织之间的关系。

上述利益相关者能够影响组织，他们的意见一定要作为决策时的考虑因素。但是，所有利益相关者不可能对所有问题保持一致意见，其中一些群体要比另一些群体的影响力更大。

### 6. 居安思危，企业革新的发动者

战略领导者最可贵的精神之一就是敢于否定自己、否定过去，敢于破坏现状，勇于创新。对企业来说，最重要的就是危机感。如果企业家具有安逸感、满足感，就会滋生惰性，安于现状，不再改变，这样，企业就丧失了前进的动力。

### 7. 树立形象，外界资源的争取者

任何资源都是有限的，企业经营成功的重要因素之一就是对有限资源的有效获取和整合利用。战略领导者的角色之一也就是树立良好的形象，在道德、人格等方面获得广泛的认可，企业家个人良好的形象，能够帮助企业比较容易地获取关键资源。

### 8. 上下齐心，团队精神的建立者

"上下同欲者胜"。战略领导者必须对企业全体员工整个团队负责，必须致力于创建团队精神，打造在各个方面独树一帜的优秀团队，率领下属为了共同的事业目标而奋斗。

### 9. 大公无私，组织良心的缔结者

所谓组织良心，是指企业必须具有自己的伦理道德规范和企业文化，担负一定的社会责任，要为了事业而不仅是为了赚钱而存在。企业要使员工得到发展，并与企业共同进步；企业更要为顾客创造价值，使顾客因为企业的存在而得到需求和期望上的满足。当执行战略的过程符合伦理准则时，战略领导者就会事半功倍；否则，不但战略目标达不成，企业甚至会有覆灭的危险。

**特别提示**

领导者从事的是一项综合性的管理活动，在不同的环境下承担的角色会不一样。

## 15.3 领导风格与战略

所谓领导，是指导和影响组织成员的思想和行为，使其为实现组织目标而做出努力和贡献的过程与艺术。一个新战略的实施对组织而言是一次重大的变革，变革总会有阻力，所以对变革的领导是很重要的。这包括建立与企业战略匹配的领导体制，培育支持战略实施的激励系统等等。

企业战略要得以顺利实施，建立适合企业战略的领导班子并挑选优秀人才委以重任十分重要。

### 1. 经理人员的类型

人们从服从性、社交性、能动性、成就压力和思维方式等五个方面，清晰地说明各种总经理类型所表现出的特征，见表15-2。表中所选择的各项行为特征，是突出与不同战略相适应的总经理个人能力方面的变化情况。

表 15-2　各种总经理类型的特点

| 类型 | 行为方面 | 类型特点 |
|---|---|---|
| 开拓型 | 服从性 | 非常灵活，富有创造性，偏离常规 |
| | 社交性 | 性格明显外向，在环境的驱动下具有很强的才能与魅力 |
| | 能动性 | 极度活跃，难于休息，不能自制 |
| | 成就压力 | 容易冲动，寻求挑战，易受任何独特事物的刺激 |
| | 思维方式 | 非理性知觉，无系统的思维，有独创性 |
| 征服型 | 服从性 | 有节制的非服从主义，对新生事物具有创造性 |
| | 社交性 | 有选择的外向性；适于组成小团体 |
| | 能动性 | 精力旺盛，对"弱信号有反应"，能够自我控制 |
| | 成就压力 | 影响范围逐渐增加，考虑风险 |
| | 思维方式 | 有洞察力，知识丰富，博学，具有理性 |
| 冷静型 | 服从性 | 强调整体性，按时间表行事，求稳 |
| | 社交性 | 与人友好相处，保持联系，受人尊重 |
| | 能动性 | 按照目标行动，照章办事，遵守协议 |
| | 成就压力 | 稳步发展，通过控制局势达到满足 |
| | 思维方式 | 严谨、系统、具有专长 |
| 行政型 | 服从性 | 循规守矩，例行公事 |
| | 社交性 | 性格内向，有教养 |
| | 能动性 | 稳重沉静，照章办事，等待观望 |
| | 成就压力 | 维持现状，保护自己的势力范围 |
| | 思维方式 | 固执以往的处理方式 |
| 理财型 | 服从性 | 官僚，教条，僵化 |
| | 社交性 | 程序控制型 |
| | 能动性 | 只作必做的事情，无创造性 |
| | 成就压力 | 反应性行为，易受外部影响 |
| | 思维方式 | 墨守成规，按先例办事 |
| 交际型 | 服从性 | 在一定的目标内有最大的灵活性，有一定的约束性 |
| | 社交性 | 通情达理，受人信任，给人解忧，鼓舞人的信念 |
| | 能动性 | 扎实稳步，有保留但又灵活 |
| | 成就压力 | 注意长期战略，既按目标执行又慎重考虑投入 |
| | 思维方式 | 有深度与广度，能够进行比较思考 |

2. 战略与总经理能力的匹配

根据企业发展的速度，可以将战略划分为剧增战略、扩充战略、连续增长战略、巩固战略、投资转向战略、收缩战略。在使用不同的战略时，不同类型的总经理与战略的匹配关系和成功机会是不同的。例如，图 15.1 表明，开拓型的总经理在剧增、扩充、连续增长三个战略中的作用是递减的，在巩固、抽资转向和收缩这三类战略中，开拓型总经理则很难发挥作用。

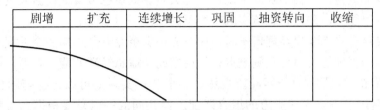

图 15.1　开拓型总经理的效应

而图 15.2 表明，交际型的总经理由于缺少必要的创造力，在实施剧增和扩充战略中一般不会起多大作用，但在其他战略的实施中或多或少地发挥着作用。

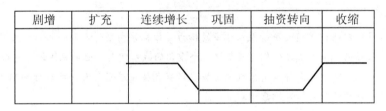

图 15.2　交际型经理的效应

3. 领导班子的建设

实施每一战略，都对总经理的能力提出多方面的要求。在现实世界中，一个总经理很难完全满足战略的要求。因为一个人的能力、知识、阅历和经验以至精力都是有限的，无论多么优秀和杰出的经理人员，都不可能做到尽善尽美。因此，制订和实施一项战略，单靠一个总经理是远远不够的，还必须挑选一批助手组成一个管理班子。有了一个合理的经理班子，总经理可以集中大家的智慧，群策群力，发挥大家的作用，取长补短，确保战略的成功制订与实施。

在组建一个经理班子时，应遵循班子成员中能力相互匹配的原则，使经理班子中各成员之间的能力相互补充、相互匹配，形成班子集体能力的优势。对于一个经理班子需要什么样的能力组合，美国学者艾夏克·阿代兹提出了四种能力组合的模式。这四种能力分别是：

P：提供劳务或产品的生产技术能力；
A：计划、组织和控制集团活动的管理技能；
E：适应动荡环境，创造新劳务和承担风险的企业家资质；
I：调节、平衡、统一集团活动与目标的综合才能。

阿代兹的模式对于理解经理班子能力的组合具有很重要的意义。它说明：第一，一个人能够具备 P、A、E、I 四种能力组合的可能性很小，所以应在管理班子中寻求这四种能力的组合。第二，P、A、E、I 的最佳比例，即对，P、A、E、I 各自的重视程度，应因时而异，因公司而异。相应的比例取决于公司的战略，尤其取决于公司所处的生命周期阶段和它所面临的环境。一个新开业的企业，首先要偏重于 E——企业家能力；而一旦企业步入正轨，就必须重点注意 P——生产率；随着企业的发展，A——管理的重要性与日俱增；当企业壮大到现金牛时，E——企业家能力需要很低，对于 P——生产率、A——管理和 I——综合能力则应给予全部重视；面临"发展中危机"的大企业则在思考着如何激发变革和革新，又重新强调企业家能力，并结合有落实战略变革的 P、A、I 能力。

采用阿代兹模式来组建经理班子时，应首先根据企业寿命周期和企业面临的环境来确定所需要的各种管理能力组合及侧重点；然后据此考虑总经理的能力，考虑经理班子中其他成员互补情况，实现能力的匹配。当然，一个公司实际上可以选择与阿代兹的 P、A、E、I 不同的模式来考虑管理能力的组合匹配。但共同的一点是要根据新战略的要求，来对管理能力的组合进行调整和组建，应当尽最大可能来缩小最新战略所需管理人员能力与现有班子成员能力的差距。

**特别提示**

高层管理者往往对他们重视的事情投入过多的精力。目标导向型的人和一心一意要达成目标的人往往非常重视工作任务的完成，但是他们可能忽略一个重要的战略问题：他们完成的是应该完成的工作吗？他们很难意识到自己所重视的某件事情被做过了头。只有在被要求思索有哪些目标和职责因为他们的极端行为而被忽视时，他们才会清楚地意识到这一点。

### 4. 高管人员的来源

在确定了战略所需匹配的经理人员的能力之后，余下的问题就是如何获得具备这种能力和素质的经理。企业在发展中，需要新的经理人员，另外，老的经理也会面临退休的问题，也需要新的经理人员。新经理的来源主要有两种途径：一是内部提升，二是外部招聘。

在美国，大企业的最高领导人每年总要有一两次请几位人事专家一起，对中层管理人员进行分类排队，看谁最有发展前途，编出一份"人才库名单"。如国际商用机器公司中，列入"人才库名单"的人数不到企业职工总人数的 1%。被选人员本人可能知道，也可能不知道。对这些候选人有专门的培养和晋升方案，经过在各种岗位上的锻炼，一步步地提上来。所以人们又称他们是企业的"子弟兵"。当公司需要高层管理人员时，就可以从"人才库名单"中选取。

各个国家的企业对在什么部门提拔和晋升经理人员各有不同。在英国和美国，最高管理层的经理多出自财务和市场营销部门；而在日本，出自研究与开发和生产部门的最高管理层经理所占比例最高，其次是出市场营销部门，再次是财务和人事部门。这种最高管理层经理人员部门背景的不同，就赋予了公司行为模式的不同特点，也赋予了公司以长处和弱点。如来自研发部门的经理往往对技术发展敏感，来自生产部门的经理往往对效率敏感，他们都能根据理性来做出判断和决策。但有时他们被卷入具体的技术和工程问题之

# 第15章 战略控制

中,出现忽视经济绩效的倾向。最高管理层经理中来自这些部门的人越多,公司对技术革新越敏感。来自市场营销部门的经理往往对市场敏感,但也往往急功近利。来自财务部门的经理比较关心经济效益,但他们往往对环境的变化不敏感,也多看重短期利益。因此,经理班子中能力和经验相互匹配和组合的重要意义。

利用内部提升组建起的经理班子对于实施新战略也有其固有的弱点。他们往往不热心于战略变革;他们对于重要的企业战略变革具有较差的适应性;他们对过去承诺和责任感,可能会阻碍实施一个新战略所需要的重要决策;他们往往缺乏对战略变化的实施热情。这主要是因为他们是过去的成功地参与了过去的战略的制定与实施,他们已有了固有的思维方式、价值观念和习惯作法。而改变一个人的多年培养起来的这些思维方式、价值观、习惯和责任感要比他获得新知识难得多。因此,全部由内部人来选择并推动雄心勃勃的战略变革是很困难的。

如果企业内部没有合适的经理人员时,企业就得从外部招聘。人们将外部招聘的人员戏称为"空降兵"。新引进的企业外部经理受企业人际关系网络和旧有秩序的影响较小,可以更超脱地推行新战略,而不会受以前允诺的牵累。但是,企业外部人员不熟悉组织内部情况和缺乏一定的人事基础,要尽快开展工作需要花费时间和精力。通常,被外聘经理所承担的职务是几个内部人员所觊觎的,也可能是某个人被撤换后空出的,这些内部人员会感到他们过去的贡献白做了。如果撤职者或失势者为同事们所爱戴,那么这些人的失望消沉,甚至不满就可能影响到其他人,给外聘人员进入企业后开展工作带来阻力。

招聘外部人员后,对被撤职的管理人员安排是否妥当,直接影响到其他现任的管理人员。理想的处理原则是,既果断,又要讲求人道。充分利用两种选聘方式的优点,处理好"空降兵"与"子弟兵"的矛盾,是一种重要的领导艺术。

 **知识链接**

集权型的领导风格是基于领导者自身才智与能力之上的,这类领导人主管全局、立场鲜明、具有领导威信、行事果断,对下属的期望很高并让他们担负责任,刘问题寻根究底等等。

授权型的领导风格意味着给其他人创造主宰自我的环境——赋予他们权力,接受他们的意见,关心他们的需求,和他们共享荣耀等。

战略型领导风格的领导人致力于为企业设定长期方向,对组织的事务想得全面,寻求发展企业的各种路子,将员工团结在统一的愿景与战略之下。

实务操作型的领导人关注的是短期成效,他们亲自参与到操作过程中,对战略的实施情况十分清楚,并通过各种流程了解员工的工作情况等等。

## 本 章 小 结

战略控制是指企业管理者依据战略计划的目标以及战略控制方案,对战略的实施情况进行评价,发现偏差并纠正偏差的活动,广义的战略控制还要保证战略系统的方向正确,并且保障这个正确的战略系统得到贯彻和实施。

> 战略控制的关键包括：适合、清晰明确的目标、单一奖励制度、高层参与和资源分配武功要点。
>
> 战略控制的基本原则是面向未来原则、保持弹性原则、战略重点原则、领导参与和自我控制相结合的原则和经济性原则。
>
> 战略控制的主要内容有设定绩效标准、绩效监控与偏差评估、设计并采取纠正偏差的措施、监控外部环境的关键因素和激励战略控制的执行主体。
>
> 战略控制过程可以分为制定效益标准、衡量实际效益、评价实际效益和纠正措施和权变计划四个步骤。
>
> 战略控制方法有预算、审计个人和现场观察三种方法。
>
> 战略控制系统应是节约的、有意义的、适时地提供信息包括定性信息已经有利于采取行动。
>
> 从控制时间来看，企业的战略控制可以分为事前控制、事后控制和随时控制三类；从控制主体的状态来看，战略控制可以分为避免型控制和开关型控制两类；从控制的切入点来看，企业的战略控制可以分为财务控制、生产控制、销售规模控制、质量控制和成本控制五种。
>
> 战略领导者是指具有战略管理思想，善于战略思维，具有战略能力，掌握战略实施艺术，从事研究和制定战略决策，指导企业开拓未来的企业高层决策群体。
>
> 战略领导者的行为模式可以分为革新分析型、革新直觉型、保守分析型、保守直觉型四种类型。

# 复习思考题

1. 选择题

(1) 战略控制的原则是（　　）

A. 面向未来原则　　　　　　　　B. 保持弹性原则

C. 战略重点原则　　　　　　　　D. 领导参与与自我控制相结合的原则

E. 经济性原则

(2) 战略控制过程的第一个步骤是（　　）

A. 制定效益标准　　　　　　　　B. 衡量实际绩效

C. 评价实际绩效　　　　　　　　D. 纠正措施和权变计划

E. 环境因素调查

(3) 以财务指标或数量指标表示的有关预期成果或要求的文件的控制方法是（　　）

A. 预算　　　　　　　　　　　　B. 审计

C. 个人现场观察　　　　　　　　D. 定量分析法

E. 定性分析法

(4) 企业战略领导者最主要的是（　　）

A. 董事会　　　　　　　　　　　B. 高层管理者

C. 中层管理者　　　　　　　　　D. 战略管理部门

E. 智囊团

2. 填空题

(1) ＿＿＿＿＿＿＿是指企业管理者依据战略计划的目标以及战略控制方案，对战略的实施情况进行评价，发现偏差并纠正偏差的活动。

(2) _____是指企业一旦选定了战略，就必须认真考虑企业能否成功的实施。
(3) _____控制是采用适当的手段，使不适当的行为没有产生的机会，从而达到不需要控制的目的。
(4) 影响战略控制的因素可以分为三类：_____、资源和能力、组织和文化。

3. 判断题

(1) 战略控制的可接受性表现为所选择的战略能为董事会接受。                （    ）
(2) 企业的战略、结构以及价值链能保持方向和步调的一致是企业成功的关键。（    ）
(3) 战略控制的弹性，意味着企业必须根据战略计划实施的实际情况进行控制。（    ）
(4) 战略控制的经济性原则的目的是为了提高经济效益。                      （    ）
(5) 企业开展经营活动过程中，将战略活动的结果与控制标准相比较所采取的控制手段是事前控制。
                                                                        （    ）

4. 问答题

(1) 分析战略控制的关键。
(2) 制定有效的衡量标准时应注意什么？
(3) 试述战略控制过程。
(4) 试分析战略控制的影响因素？
(5) 分析战略领导者的行为模式。

# 战 略 训 练

## 1. 案例研究

### 正和集团股份有限公司的战略控制

正和集团股份有限公司(原名山东广饶石化集团股份有限公司，下简称正和集团)是一家山东省地方石化企业，始建于1975年，主要从事炼油及相关石化产品的生产和加工。

1994年，正和集团从地方国有独资企业改制为股份制企业，国有股保留10.48%，集团变成了管理层控股的股份公司。经过二十多年的发展，正和集团由一个名不见经传的地方小厂发展成为国家大型综合企业集团和地方支柱企业。

正和集团经过多年的发展，企业主业突出，对主业的运作能力强，行业经验丰富，建立了良好的社会信誉；公司财务结构合理，财务运作稳健；人力资源具有潜能，公司历年积累的人力资源中不乏具有潜质的干部和专业人才；公司的管理基础工作比较扎实，管理制度比较健全；集团公司的领导，特别是主要管理者具有很强的危机意识和超前眼光，同时也不乏改革和创新的勇气和智慧等。

正和集团以往取得的良好业绩主要是得益于石化行业相对封闭、垄断和政策保护的旧体制环境，企业对这种体制的依赖性较强。虽然企业也在尝试着进行对外部环境的应变，但公司长期存在的产业单一、抗风险能力较差等弱点并未得到根本性改变，如不及时转型，企业的生存和发展将面临严重挑战。

作为典型的生产型国有企业，企业存在的许多与市场化运作不相适应的功能缺陷和制度缺陷，企业决策、开发、研究和创新能力弱，主业生产管理能力强，市场营销和公关能力弱。这种封闭、落后的体制严重束缚和制约了企业的更大发展

正和集团如果还是一味做大现有的以炼油为核心的主业，将面临来自政策、原料、市场、环保等多

方面的越来越多的风险。经过多轮次的论证、宣贯，公司确定了以炼油为基础、带动做强化工深加工的"油头化尾"产业发展战略和"引入战略投资者"的资本运营战略作为核心的新的发展战略。

从2002年起，正和集团针对企业组织功能的缺陷，从治理机构、管理机构的调整入手，结合多种组织管理技术和模型，重新设计和规划了企业组织脉络，推行了以董事长为首的治理机构和以总经理为首的管理机构的分设，明确了各自的职能和分工。同时，为适应企业转型的需要，新设了市场营销、投资管理等部门，逐步改变过去重生产、轻经营的组织格局。在组织机构重新设置后，还对其管理运行的流程进行了设计，进一步明晰了管理秩序。

在有效推进组织机构重组的基础上，正和集团又对企业的人力资源管理进行了改革，运用先进的人力资源管理技术和管理工具，帮助企业针对新的组织机构，进行定员定岗，用科学而又实用的方法进行了岗位测评和以此为基础的薪酬制度改革和绩效考核改革，并进行了管理人员竞聘，制定管理层激励制度。

在组织结构和人力资源改革两方面取得成效、来自企业内部的发展动能得到充分发挥的同时，正和集团积极辅助企业具体落实产业发展战略和资本运营战略，2005年，正和集团引入了中央企业"中国化工集团"成为其战略投资者，实现了强强联合，实质性地推动了公司的产业转型和能力提升，回避了正和集团在发展中可能遇到的政策风险和经营风险，取得了企业、股东、职工、地方政府等的多赢。

2005年重组后，正和集团从一家管理层控股的民营股份公司回到了国有控股企业的身份，成为国资委管理的国有大型企业集团的下属企业。

根据中国化工集团的整体战略，正和集团对战略规划进行了调整和完善，在进一步完善主业装置配置、提高主业竞争力的同时，重点根据国资委的要求，帮助企业进行了辅业的剥离工作。保证了国有资产的保值增值，提高了主业的资源配置效率。

2008年，正和集团拥有资产28亿元，员工2030人，主要生产装置有300万吨/年常减压、100万吨/年催化、100万吨/年联合加氢、120万吨/年焦化等，是全国化工500强企业、山东省工业100强企业。

2008年后，在中国化工集团麾下成功运行三年、取得历史最好业绩的正和集团又面临着新的挑战，如何适时转变发展方式，从主要依靠资源和外延式扩张转向依靠科技进步、人员素质提升、管理创新上来，成为"正和"思考的新课题。

由于战略定位的及时调整，企业取得了明显的经济效益，企业销售额和利税继续保持较快的速度增长。2012年，正和集团的销售额已增长到100多亿元。

**问题：**

（1）正和集团股份有限公司是如何控制预期战略实施的？

（2）一个习惯了在相对垄断、封闭和政策保护的经营环境中生存的企业，在面对外部环境发生重大变化的情况下，如何实现企业的转型和可持续发展？

（3）战略控制系统具有哪些基本构成要素？

（注：此案例由作者根据多方面资料汇编而成）

**2. 文献查询作业：**

惠普企业和康柏企业合并后，为了更好地进行管理而改变了结构和控制系统来实现其战略和营运模式。康柏合并前在战略实施方面存在什么问题？惠普合并康柏后对结构和控制系统做了哪些变革？它的这些变革对合并后的惠普的绩效产生了什么作用？

**3. 小组学习与讨论：**

将全班分成几个3~5人的小组，推举一名成员作为小组发言人，代表小组报告本组学习下列资料后的讨论结果。

# 第15章 战略控制

## 英特尔新任CEO的棘手任务：引导巨人转型

一周前，英特尔董事会宣布布莱恩·科再奇（Brian Krzanich，下称"科再奇"）将于5月16日就任英特尔公司首席执行官。相距他的前任保罗·欧德宁（Paul Otellini）从这一岗位上离开不到半年。现在，英特尔所倚重的PC业务正在萎缩，市场环境并不乐观，全球个人电脑的销售量2012年第三季度下降了8%。而英特尔有20%的销售额来自于服务器电脑芯片。2012年11月，该公司的股票市值首次被无线芯片制造商高通超过，尽管后者的营收仅是英特尔的三分之一。英特尔此前发布财报显示，其今年第一季度总营收125.8亿美元，同比下滑2.5%，收入主要来源还是在PC和数据中心。而代表着未来的移动业务的市场占有率还不足1%，这被认为是上一任CEO欧德宁提前卸任的最主要原因。人们期许：或者他应该更激进一些，如果没有破坏性的创新，英特尔就很难跳出原有的商业逻辑，这是个十分可怕的事情。尽管"英特尔还是很有钱，但它所在的那个世界正在崩塌。"

此外，英特尔的主要竞争对手ARM正在尝试"入侵"英特尔的领地，包括力争在2016年前夺取服务器芯片市场至多10%的份额。而该公司在平板电脑和智能手机芯片市场占有90%以上的市场份额。包括iPhone和大部分Android手机都采用ARM芯片。

虽然高端服务器和PC仍在产生巨大的现金流，但作为英特尔长远战略的移动和软件业务乏善可陈是一个事实。在移动芯片领域，英特尔只是一个失败者。英特尔目前工厂的产能利用率不到50%。而这些，都是英特尔希望这位继任者能改变的。

与布莱恩·科再奇同时被任命的新任总裁詹睿妮（Renee J. James），原来是英特尔软件部门主管，2011年曾领导英特尔以77亿美元收购第二大杀毒软件公司McAfee Inc的交易。但这对组合恰恰是英特尔最充满变数的一个。詹睿妮此前一直负责软件和服务业务，它们正在成为财报的亮点，在2013年的第一季度，软件业务的收入已经仅次于PC业务和数据中心业务。随着近几年对Sarvega、McAfee、Wind River、Mashery的投资，英特尔的软件业务已经扩展到安全、企业服务等领域。

今年的IDF（英特尔信息技术峰会）和去年相比，英特尔的座上宾不再是联想和惠普，而是百度和360。英特尔已经全面从通用级芯片转向了系统级芯片，简单地讲，英特尔未来的芯片会越来越模块化。假定在一个主打游戏的手机上，关于图形渲染的计算能力就会被加强，同样的领域包括安全、资源管理等。也就是说，英特尔以后所说的计算能力早已不再是一个单纯的CPU主频，它会更细分，也更追求效率。这其中很大一部分都要通过软件去实现，如果英特尔14纳米的制造工艺会让它整体领先于竞争对手，那么真正去满足用户需求的是在此基础之上的细分的计算能力，这是高通和ARM都无法做到的。

应用在大多数PC品牌的芯片技术一直是英特尔多年的王牌，其高管曾宣称英特尔芯片制造技术基本上要领先竞争对手三年的时间。这种如此领先的优势也使英特尔"深陷"其中，也使得其日渐边缘化。PC时代逐渐走向末路已经成为不争的事实，此时英特尔也基本看出了这种趋势，因此不断地调整自己的策略，希望能够在移动互联网市场获得更多机会。但在ARM的压制下，包括高通和三星的移动芯片努力都让英特尔感到自己的无力。堂堂一个芯片大鳄，统治了PC市场几十年的英特尔感受到前所未有的压力。

科兹安尼克上位后的首要任务就是向投资者、董事会和员工证明：他可以带领公司由个人电脑时代向智能手机和平板电脑时代转型，而且要比前任CEO Paul Otellini更为出色。

结合本章案例的内容，讨论英特尔公司战略调整所面临的问题，以及科兹安尼克作为战略领导应该做些什么？

## 4. 阅读材料

如下内容节选自龙正平、夏健明的《基于风险的企业战略控制系统》，《南开管理评论》，2006年9卷，第3期。

# 基于风险的战略控制系统模型

预期战略需要控制，应急战略同样需要控制。换句话说，战略必须在有一定的方案前提下形成，否则公司便失去了前进的方向。所以，战略控制系统不仅要控制预期的或确定的战略实施和执行，也要控制具有战略意义的创新的行动方式，使应急战略符合公司的远景与使命。

要使战略不偏离预定的轨道控制，就要充分关注战略实施中出现的风险行为，光靠管理者的注意是不够的，因为管理者要担当公司的发言人、联络人、资源分配者、故障排除者等多种角色，精力实在有限。因此，要建立一种运行系统能自动地约束企业战略轨迹，就如在铁轨上飞驰的火车，只要在岔道和减、加速的时候才需要机师的驾驭。另外，这种控制系统也是对公司高层管理人员的一种约束机制，战略控制系统不仅要成为一种弥补管理层注意力不足的措施，也要成为一种能约束管理人员自己，最终对股东负责的有效系统。

战略控制系统应从环境的因素和企业内部风险压力的因素两方面同时着手，才能真正防范和控制战略风险的发生。从预期战略来讲，主要的威胁是环境变化和不可预测性，造成战略不适应环境，难以达到预期的目标。因此，要建立一种环境扫描系统，使企业能及时在环境发生质的变化时做出响应。这需要两种系统：一是预警系统，如竞争者推出新产品或与自己的市场份额差距存在缩小的趋势，就是预警措施，提醒管理人员检验战略的执行情况，并采取措施应对。就如财务上用流动比率和速动比率来判断公司是否在短期内具有偿付风险，公司也应当建立一套指标体系量化对环境的监控。当然，有些趋势是不能量化的，只能依据管理者的主观判断来决定是否成为预警信号。二是危机系统，当环境比较突然地出现重大变化，企业面临的战略风险陡增，严重影响了公司战略执行，就需要危机控制系统，使公司迅速步入正常的发展轨道。

控制预期战略的第二个方面，是由于组织内部因素没能达到预定目标，这同样表现为一种战略危险，将危及企业的长期生存。因此，需要建立绩效评估系统，评估部门或个人的业绩贡献程度，测量组织实际状况与预定业绩目标的差距，并排查组织或个人等方面的原因，以便对症下药采取纠正措施。可采用的绩效评估系统可以是平衡积分卡和关键绩效变量等系统。

应急战略机会本身就蕴涵风险，因为机会是一种从没有尝试过的发展路径，不可能一开始就能得到确定结果。所以，要控制利用机会所导致的风险，需要建立边界系统来控制和约束机会中的风险。边界系统是指一种对员工行动自由产生限制的制度体系。正式的系统可以确立两种边界：商业行为边界和战略边界。商业行为边界规定了一系列的商业行为准则，一般根据社会法律和组织的信念系统和业界或专业协会颁布的行为规则来制定。战略边界主要是针对寻找机会的行为进行限制，控制战略领域风险。总之，边界系统明示了利用机会的范围，控制了总的战略风险水平。

应急战略的第二个方面就是控制组织内部产生的风险压力，这主要是指员工的行为，或者说员工达到目标的手段。由于行为通常不像结果那样显性，尤其是有意的错误行为更难以被观察，所以相对较难控制。为了员工的行为不至于造成战略风险，需要建立信念系统和内部控制系统来约束员工的行为。信念系统主要在于鼓励员工采取解决问题的正确的行动方式，或者说是指明利用机会时受鼓励的行为。内部控制系统在于确立一套行事规则，减少员工犯错的机会，不管有意还是无意的。当然这里的系统不是局限于会计体系中的内部控制制度，可以从三个方面健全公司的内部控制系统：组织结构、信息沟通和规章制度。从组织结构方面主要是防止对资产的挪用和滥用，从信息沟通的角度就是要准确和完整地记录数据，维护数据库的安全，从规章制度上，就是要建立企业工作中涉及公司战略风险的各种流程和程序，使员工按流程或规则从事就不会犯错。总之，信念系统是引导员工主动朝正确方向做事，无疑是避免产生犯错误的压力，而内部控制制度则是假设员工会有意或无意犯错误，通过组织结构、信息沟通和规章制度等方面的措施屏蔽犯错误的机会。

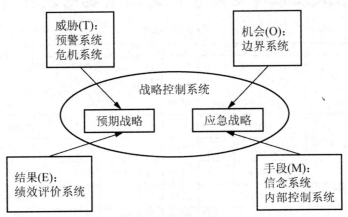

图：TOEM 模型

（注：笔者取模型中威胁、机会、结果和手段四个词的英文字头来命名这个模型。）

从整个控制系统来看，对于预期战略而言，因为是经过周详计划的、包含长期目标和短期具体行动方案的描述，所以战略风险的来源主要是外部的威胁，来自内部因素可能较小。所以重点在于监控环境，采用预警系统察觉潜在的威胁，危机系统来处理现实的突然威胁，而绩效评估主要评估与预期的差距及原因。对于应急战略而言，是企业利用机会的临时行动方式，没有经验和惯例可循，所以战略风险由企业内部因素引起的可能性比外部机会本身带来的风险大，所以重点在于控制企业员工的行为，用信念系统指导员工以正确方式行动，用内部控制系统防范员工有错误的机会。当然，这种区分也不是绝对的，是有所交叉的，只是侧重点不同而已。在预期战略上，也需要使用内部控制系统，即不仅要监督员工的业绩结果，还要控制员工实现业绩的手段。同时绩效评估系统也可能用于评估应急战略，只不过应急战略是一种临时的行动方式，无法产生详尽和客观的目标，从而很难进行绩效评估。

# 参 考 文 献

[1] 冷志明. 企业战略管理. 北京：北京交通大学出版社，2010.
[2] 莫少昂. 与 CEO 重走长征路. 北京：东方出版社，2006.
[3] [美]迈克尔 A. 希特，R. 杜安·爱尔兰，罗伯特，霍斯基森. 战略管理：竞争与全球化（概念）. 北京：机械工业出版社，2009.
[4] 李维刚. 企业战略管理. 北京：科学出版社，2010.
[5] [美]G·佩奇·韦斯特三世，查尔斯·E·班福德. 战略管理. 栾玲，魏杰，译. 北京：中国人民大学出版社，2011.
[5] 苗莉. 企业战略管理. 北京：交通大学出版社，2010.

# 北京大学出版社本科财经管理类实用规划教材（已出版）

## 财务会计类

| 序号 | 书名 | 标准书号 | 主编 | 定价 | 序号 | 书名 | 标准书号 | 主编 | 定价 |
|---|---|---|---|---|---|---|---|---|---|
| 1 | 基础会计（第2版） | 7-301-17478-4 | 李秀莲 | 38.00 | 23 | 基础会计学学习指导与习题集 | 7-301-16309-2 | 裴 玉 | 28.00 |
| 2 | 基础会计学 | 7-301-19403-4 | 窦亚芹 | 33.00 | 24 | 财务管理理论与实务 | 7-301-20042-1 | 成 兵 | 40.00 |
| 3 | 会计学 | 7-81117-533-2 | 马丽莹 | 44.00 | 25 | 税法与税务会计实用教程（第2版） | 7-301-21422-0 | 张巧良 | 45.00 |
| 4 | 会计学原理（第2版） | 7-301-18515-5 | 刘爱香 | 30.00 | 26 | 财务管理理论与实务（第2版） | 7-301-20407-8 | 张思强 | 42.00 |
| 5 | 会计学原理习题与实验（第2版） | 7-301-19449-2 | 王保忠 | 30.00 | 27 | 公司理财原理与实务 | 7-81117-800-5 | 廖东声 | 36.00 |
| 6 | 会计学原理与实务（第2版） | 7-301-18653-4 | 周慧滨 | 33.00 | 28 | 审计学 | 7-81117-828-9 | 王翠琳 | 46.00 |
| 7 | 会计学原理与实务模拟实验教程 | 7-5038-5013-4 | 周慧滨 | 20.00 | 29 | 审计学 | 7-301-20906-6 | 赵晓波 | 38.00 |
| 8 | 会计实务 | 7-81117-677-3 | 王远利 | 40.00 | 30 | 审计理论与实务 | 7-81117-955-2 | 宋传联 | 36.00 |
| 9 | 高级财务会计 | 7-81117-545-5 | 程明娥 | 46.00 | 31 | 会计综合实训模拟教程 | 7-301-20730-7 | 章洁倩 | 33.00 |
| 10 | 高级财务会计 | 7-5655-0061-9 | 王奇杰 | 44.00 | 32 | 财务分析学 | 7-301-20275-3 | 张献英 | 38.00 |
| 11 | 成本会计学 | 7-301-19400-3 | 杨尚军 | 38.00 | 33 | 银行会计 | 7-301-21155-7 | 宗国恩 | 40.00 |
| 12 | 成本会计学 | 7-5655-0482-2 | 张红漫 | 30.00 | 34 | 税收筹划 | 7-301-21238-7 | 都新英 | 38.00 |
| 13 | 成本会计学 | 7-301-20473-3 | 刘建中 | 38.00 | 35 | 基础会计学 | 7-301-16308-5 | 晋晓琴 | 39.00 |
| 14 | 管理会计 | 7-81117-943-9 | 齐殿伟 | 27.00 | 36 | 公司财务管理 | 7-301-21423-7 | 胡振兴 | 48.00 |
| 15 | 管理会计 | 7-301-21057-4 | 彤芳珍 | 36.00 | 37 | 财务管理学实用教程（第2版） | 7-301-21060-4 | 骆永菊 | 42.00 |
| 16 | 会计规范专题 | 7-81117-887-6 | 谢万健 | 35.00 | 38 | 政府与非营利组织会计 | 7-301-21504-3 | 张 丹 | 40.00 |
| 17 | 企业财务会计模拟实习教程 | 7-5655-0404-4 | 董晓平 | 25.00 | 39 | 预算会计 | 7-301-22203-4 | 王筱萍 | 32.00 |
| 18 | 税法与税务会计 | 7-81117-497-7 | 吕孝侠 | 45.00 | 40 | 统计学实验教程 | 7-301-22450-2 | 袭雨明 | 24.00 |
| 19 | 初级财务管理 | 7-301-20019-3 | 胡淑姣 | 42.00 | 41 | 基础会计实验与习题 | 7-301-22387-1 | 左 旭 | 30.00 |
| 20 | 财务管理学原理与实务 | 7-81117-544-8 | 严复海 | 40.00 | 42 | 基础会计学 | 7-301-23109-8 | 田凤彩 | 39.00 |
| 21 | 财务管理学 | 7-5038-4897-1 | 盛均全 | 34.00 | 43 | 财务会计学 | 7-301-23190-6 | 李柏生 | 39.00 |
| 22 | 财务管理学 | 7-301-21887-7 | 陈 玮 | 44.00 | | | | | |

## 工商管理、市场营销、人力资源管理、服务营销类

| 序号 | 书名 | 标准书号 | 主编 | 定价 | 序号 | 书名 | 标准书号 | 主编 | 定价 |
|---|---|---|---|---|---|---|---|---|---|
| 1 | 管理学基础 | 7-5038-4872-8 | 于干千 | 35.00 | 28 | 市场营销学 | 7-301-21056-7 | 马慧敏 | 42.00 |
| 2 | 管理学基础学习指南与习题集 | 7-5038-4891-9 | 王 珍 | 26.00 | 29 | 市场营销学：理论、案例与实训 | 7-301-21165-6 | 袁连升 | 42.00 |
| 3 | 管理学 | 7-81117-494-6 | 曾 旗 | 44.00 | 30 | 市场营销学 | 7-5655-0064-0 | 王槐林 | 33.00 |
| 4 | 管理学 | 7-301-21167-0 | 陈文汉 | 35.00 | 31 | 国际市场营销学 | 7-301-21888-4 | 董 飞 | 45.00 |
| 5 | 管理学 | 7-301-17452-4 | 王慧娟 | 42.00 | 32 | 市场营销学（第2版） | 7-301-19855-1 | 陈 阳 | 45.00 |
| 6 | 管理学原理 | 7-5655-0078-7 | 尹少华 | 42.00 | 33 | 市场营销学 | 7-301-21166-3 | 杨 楠 | 40.00 |
| 7 | 管理学原理与实务（第2版） | 7-301-18536-0 | 陈嘉莉 | 42.00 | 34 | 国际市场营销学 | 7-5038-5021-9 | 范应仁 | 38.00 |
| 8 | 管理学实用教程 | 7-5655-0063-3 | 邵喜武 | 37.00 | 35 | 现代市场营销学 | 7-81117-599-8 | 邓德胜 | 40.00 |
| 9 | 管理学实用教程 | 7-301-21059-8 | 高爱霞 | 42.00 | 36 | 市场营销学新论 | 7-5038-4879-7 | 郑玉香 | 40.00 |
| 10 | 管理学实用教程 | 7-301-22218-8 | 张润兴 | 43.00 | 37 | 市场营销理论与实务（第2版） | 7-301-20628-7 | 那 薇 | 40.00 |
| 11 | 通用管理知识概论 | 7-5038-4997-8 | 王丽平 | 36.00 | 38 | 市场营销实用教程 | 7-5655-0081-7 | 李晨耘 | 40.00 |
| 12 | 管理学原理 | 7-301-21178-6 | 雷金荣 | 39.00 | 39 | 市场营销 | 7-81117-676-6 | 戴秀英 | 32.00 |
| 13 | 管理运筹学（第2版） | 7-301-19351-8 | 关文忠 | 39.00 | 40 | 消费者行为学 | 7-81117-824-1 | 甘理琴 | 35.00 |
| 14 | 统计学原理 | 7-301-21061-1 | 韩 宇 | 38.00 | 41 | 商务谈判（第2版） | 7-301-20048-3 | 郭秀君 | 49.00 |
| 15 | 统计学原理 | 7-5038-4888-9 | 刘晓利 | 28.00 | 42 | 商务谈判实用教程 | 7-81117-597-4 | 陈建明 | 24.00 |
| 16 | 统计学 | 7-5038-4898-8 | 曲 岩 | 42.00 | 43 | 消费者行为学 | 7-5655-0057-2 | 肖 立 | 37.00 |
| 17 | 应用统计学（第2版） | 7-301-19295-5 | 王淑芬 | 48.00 | 44 | 客户关系管理实务 | 7-301-09956-8 | 周贺来 | 44.00 |
| 18 | 统计学原理与实务 | 7-5655-0505-8 | 徐静霞 | 40.00 | 45 | 公共关系学 | 7-5038-5022-6 | 于朝晖 | 40.00 |
| 19 | 管理定量分析方法 | 7-301-13552-5 | 赵光华 | 28.00 | 46 | 非营利组织 | 7-301-20726-0 | 王智慧 | 33.00 |
| 20 | 新编市场营销学 | 7-81117-972-9 | 刘丽霞 | 30.00 | 47 | 公共关系理论与实务 | 7-5038-4889-6 | 王 玫 | 32.00 |
| 21 | 公共关系理论与实务 | 7-5655-0155-5 | 李泓欣 | 45.00 | 48 | 公共关系学实用教程 | 7-81117-660-5 | 周 华 | 35.00 |
| 22 | 质量管理 | 7-5655-0069-5 | 陈国华 | 36.00 | 49 | 跨文化管理 | 7-301-20027-8 | 晏 雄 | 35.00 |
| 23 | 企业文化理论与实务 | 7-81117-663-6 | 王水嫩 | 30.00 | 50 | 企业战略管理 | 7-5655-0370-2 | 代海涛 | 36.00 |
| 24 | 企业战略管理 | 7-81117-801-2 | 陈英梅 | 34.00 | 51 | 员工招聘 | 7-301-20089-6 | 王 挺 | 30.00 |
| 25 | 企业战略管理实用教程 | 7-81117-853-1 | 刘松先 | 35.00 | 52 | 服务营销理论与实务 | 7-81117-826-5 | 杨丽华 | 39.00 |
| 26 | 产品与品牌管理 | 7-81117-492-2 | 胡 梅 | 35.00 | 53 | 服务企业经营管理学 | 7-5038-4890-2 | 于干千 | 36.00 |
| 27 | 东方哲学与企业文化 | 7-5655-0433-4 | 刘峰涛 | 34.00 | 54 | 服务营销 | 7-301-15834-0 | 周 明 | 40.00 |

| 序号 | 书 名 | 标准书号 | 主编 | 定价 | 序号 | 书 名 | 标准书号 | 主编 | 定价 |
|---|---|---|---|---|---|---|---|---|---|
| 55 | 运营管理 | 7-5038-4878-0 | 冯根尧 | 35.00 | 71 | 服务型政府管理概论 | 7-301-20099-5 | 于千千 | 32.00 |
| 56 | 生产运作管理（第2版） | 7-301-18934-4 | 李全喜 | 48.00 | 72 | 新编现代企业管理 | 7-301-21121-2 | 姚丽娜 | 48.00 |
| 57 | 运作管理 | 7-5655-0472-3 | 周建亨 | 25.00 | 73 | 创业学 | 7-301-15915-6 | 刘沁玲 | 38.00 |
| 58 | 组织行为学 | 7-5038-5014-1 | 安世民 | 33.00 | 74 | 公共关系学实用教程 | 7-301-17472-2 | 任焕琴 | 42.00 |
| 59 | 组织设计与发展 | 7-301-23385-6 | 李春波 | 36.00 | 75 | 现场管理 | 7-301-21528-9 | 陈国华 | 38.00 |
| 60 | 组织行为学实用教程 | 7-301-20466-5 | 冀鸿 | 32.00 | 76 | 现代企业管理理论与应用（第2版） | 7-301-21603-3 | 邸彦彪 | 38.00 |
| 61 | 现代组织理论 | 7-5655-0077-0 | 岳澎 | 32.00 | 77 | 服务营销 | 7-301-21889-1 | 熊凯 | 45.00 |
| 62 | 人力资源管理（第2版） | 7-301-19098-2 | 颜爱民 | 60.00 | 78 | 企业经营ERP沙盘应用教程 | 7-301-20728-4 | 董红杰 | 32.00 |
| 63 | 人力资源管理经济分析 | 7-301-16084-8 | 颜爱民 | 38.00 | 79 | 项目管理 | 7-301-21448-0 | 程敏 | 39.00 |
| 64 | 人力资源管理原理与实务 | 7-81117-496-0 | 邹华 | 32.00 | 80 | 公司治理学 | 7-301-22568-4 | 蔡锐 | 35.00 |
| 65 | 人力资源管理实用教程（第2版） | 7-301-20281-4 | 吴宝华 | 45.00 | 81 | 管理学原理 | 7-301-22980-4 | 陈阳 | 48.00 |
| 66 | 人力资源管理：理论、实务与艺术 | 7-5655-0193-7 | 李长江 | 48.00 | 82 | 管理学 | 7-301-23023-7 | 申文青 | 40.00 |
| 67 | 政府与非营利组织会计 | 7-301-21504-3 | 张丹 | 40.00 | 83 | 人力资源管理实验教程 | 7-301-23078-7 | 畅铁民 | 40.00 |
| 68 | 会展服务管理 | 7-301-16661-1 | 许传宏 | 36.00 | 84 | 社交礼仪 | 7-301-23418-1 | 李霞 | 29.00 |
| 69 | 现代服务业管理原理、方法与案例 | 7-301-17817-1 | 马勇 | 49.00 | 85 | 营销策划 | 7-301-23204-0 | 杨楠 | 40.00 |
| 70 | 服务性企业战略管理 | 7-301-20043-8 | 黄其新 | 28.00 | 86 | 企业战略管理 | 7-301-23419-8 | 顾桥 | 46.00 |

## 经济、国贸、金融类

| 序号 | 书 名 | 标准书号 | 主编 | 定价 | 序号 | 书 名 | 标准书号 | 主编 | 定价 |
|---|---|---|---|---|---|---|---|---|---|
| 1 | 宏观经济学原理与实务（第2版） | 7-301-18787-6 | 崔东红 | 57.00 | 22 | 金融市场学 | 7-81117-595-0 | 黄解宇 | 24.00 |
| 2 | 宏观经济学（第2版） | 7-301-19038-8 | 蹇令香 | 39.00 | 23 | 财政学 | 7-5038-4965-7 | 盖锐 | 34.00 |
| 3 | 微观经济学原理与实务 | 7-81117-818-0 | 崔东红 | 48.00 | 24 | 保险学原理与实务 | 7-5038-4871-1 | 曹时军 | 37.00 |
| 4 | 微观经济学 | 7-81117-568-4 | 梁瑞华 | 35.00 | 25 | 东南亚南亚商务环境概论 | 7-81117-956-9 | 韩越 | 38.00 |
| 5 | 西方经济学实用教程 | 7-5038-4886-5 | 陈孝胜 | 40.00 | 26 | 证券投资学 | 7-301-19967-1 | 陈汉平 | 45.00 |
| 6 | 西方经济学实用教程 | 7-5655-0302-3 | 杨仁发 | 49.00 | 27 | 证券投资学 | 7-301-21236-3 | 王毅 | 45.00 |
| 7 | 西方经济学 | 7-81117-851-7 | 于丽敏 | 40.00 | 28 | 货币银行学 | 7-301-15062-7 | 杜小伟 | 38.00 |
| 8 | 现代经济学基础 | 7-81117-549-3 | 张士军 | 25.00 | 29 | 货币银行学 | 7-301-21345-2 | 李冰 | 42.00 |
| 9 | 国际经济学 | 7-81117-594-3 | 吴红梅 | 39.00 | 30 | 国际结算（第2版） | 7-301-17420-3 | 张晓芬 | 35.00 |
| 10 | 发展经济学 | 7-81117-674-2 | 赵邦宏 | 48.00 | 31 | 国际结算 | 7-301-21092-5 | 张慧 | 42.00 |
| 11 | 管理经济学 | 7-81117-536-3 | 姜保雨 | 34.00 | 32 | 金融风险管理 | 7-301-20090-2 | 朱淑珍 | 38.00 |
| 12 | 计量经济学 | 7-5038-3915-3 | 刘艳春 | 28.00 | 33 | 金融工程学 | 7-301-18273-4 | 李淑锦 | 30.00 |
| 13 | 外贸函电（第2版） | 7-301-18786-9 | 王妍 | 30.00 | 34 | 国际贸易理论、政策与案例分析 | 7-301-20978-3 | 冯跃 | 42.00 |
| 14 | 国际贸易理论与实务（第2版） | 7-301-18798-2 | 缪东玲 | 54.00 | 35 | 金融工程学理论与实务（第2版） | 7-301-21280-6 | 谭春枝 | 42.00 |
| 15 | 国际贸易（第2版） | 7-301-19404-1 | 朱廷珺 | 45.00 | 36 | 金融学理论与实务 | 7-5655-0405-1 | 战玉峰 | 42.00 |
| 16 | 国际贸易实务（第2版） | 7-301-20486-3 | 夏合群 | 45.00 | 37 | 国际金融实用教程 | 7-81117-593-6 | 周影 | 32.00 |
| 17 | 国际贸易结算及其单证实务 | 7-5655-0268-2 | 卓乃坚 | 35.00 | 38 | 跨国公司经营与管理（第2版） | 7-301-21333-9 | 冯雷鸣 | 35.00 |
| 18 | 政治经济学原理与实务（第2版） | 7-301-22204-1 | 沈爱华 | 31.00 | 39 | 国际金融 | 7-5038-4893-3 | 韩博印 | 30.00 |
| 19 | 国际商务 | 7-5655-0093-0 | 安占然 | 30.00 | 40 | 国际商务函电 | 7-301-22388-8 | 金泽虎 | 35.00 |
| 20 | 国际贸易实务 | 7-301-20919-6 | 张肃 | 28.00 | 41 | 国际金融 | 7-301-23351-6 | 宋树民 | 48.00 |
| 21 | 国际贸易规则与进出口业务操作实务（第2版） | 7-301-19384-6 | 李平 | 54.00 | | | | | |

## 法律类

| 序号 | 书 名 | 标准书号 | 主编 | 定价 | 序号 | 书 名 | 标准书号 | 主编 | 定价 |
|---|---|---|---|---|---|---|---|---|---|
| 1 | 经济法原理与实务(第2版) | 7-301-21527-2 | 杨士富 | 39.00 | 5 | 劳动法和社会保障法（第2版） | 7-301-21206-6 | 李瑞 | 38.00 |
| 2 | 经济法实用教程 | 7-81117-547-9 | 陈亚平 | 44.00 | 6 | 金融法学理论与实务 | 7-81117-958-3 | 战玉锋 | 34.00 |
| 3 | 国际商法理论与实务 | 7-81117-852-4 | 杨士富 | 38.00 | 7 | 国际商法 | 7-301-20071-1 | 丁孟春 | 37.00 |
| 4 | 商法总论 | 7-5038-4887-2 | 任先行 | 40.00 | 8 | 商法学 | 7-301-21478-7 | 周龙杰 | 43.00 |

## 电子商务与信息管理类

| 序号 | 书 名 | 标准书号 | 主编 | 定价 | 序号 | 书 名 | 标准书号 | 主编 | 定价 |
|---|---|---|---|---|---|---|---|---|---|
| 1 | 网络营销 | 7-301-12349-2 | 谷宝华 | 30.00 | 7 | 管理信息系统实用教程 | 7-301-12323-2 | 李松 | 35.00 |
| 2 | 数据库技术及应用教程（SQL Server版） | 7-301-12351-5 | 郭建校 | 34.00 | 8 | 电子商务概论（第2版） | 7-301-17475-3 | 庞大连 | 42.00 |
| 3 | 网络信息采集与编辑 | 7-301-16557-7 | 范生万 | 24.00 | 9 | 网络营销 | 7-301-16556-0 | 王宏伟 | 26.00 |
| 4 | 电子商务案例分析 | 7-301-16596-6 | 曹彩杰 | 28.00 | 10 | 电子商务概论 | 7-301-16717-5 | 杨雪雁 | 32.00 |
| 5 | 管理信息系统 | 7-301-12348-5 | 张彩虹 | 36.00 | 11 | 电子商务英语 | 7-301-05364-5 | 覃正 | 30.00 |
| 6 | 电子商务概论 | 7-301-13633-1 | 李洪心 | 30.00 | 12 | 网络支付与结算 | 7-301-16911-7 | 徐勇 | 34.00 |

| 序号 | 书名 | 标准书号 | 主编 | 定价 | 序号 | 书名 | 标准书号 | 主编 | 定价 |
|---|---|---|---|---|---|---|---|---|---|
| 13 | 网上支付与安全 | 7-301-17044-1 | 帅青红 | 32.00 | 28 | 电子化国际贸易 | 7-301-17246-9 | 李辉作 | 28.00 |
| 14 | 企业信息化实务 | 7-301-16621-5 | 张志荣 | 42.00 | 29 | 商务智能与数据挖掘 | 7-301-17671-9 | 张公让 | 38.00 |
| 15 | 电子商务法 | 7-301-14306-3 | 李瑞 | 26.00 | 30 | 管理信息系统教程 | 7-301-19472-0 | 赵天唯 | 42.00 |
| 16 | 数据仓库与数据挖掘 | 7-301-14313-1 | 廖开际 | 28.00 | 31 | 电子政务 | 7-301-15163-1 | 原忠虎 | 38.00 |
| 17 | 电子商务模拟与实验 | 7-301-12350-8 | 喻光继 | 22.00 | 32 | 商务智能 | 7-301-19899-5 | 汪楠 | 40.00 |
| 18 | ERP原理与应用教程 | 7-301-14455-8 | 温雅丽 | 34.00 | 33 | 电子商务与现代企业管理 | 7-301-19978-7 | 吴菊华 | 40.00 |
| 19 | 电子商务原理及应用 | 7-301-14080-2 | 孙睿 | 36.00 | 34 | 电子商务物流管理 | 7-301-20098-8 | 王小宁 | 42.00 |
| 20 | 管理信息系统理论与应用 | 7-301-15212-6 | 吴忠 | 30.00 | 35 | 管理信息系统实用教程 | 7-301-20485-6 | 周贺来 | 42.00 |
| 21 | 网络营销实务 | 7-301-15284-3 | 李蔚田 | 42.00 | 36 | 电子商务概论 | 7-301-21044-4 | 苗森 | 28.00 |
| 22 | 电子商务实务 | 7-301-15474-8 | 仲岩 | 28.00 | 37 | 管理信息系统实务教程 | 7-301-21245-5 | 魏厚清 | 34.00 |
| 23 | 电子商务网站建设 | 7-301-15480-9 | 臧良运 | 32.00 | 38 | 电子商务安全 | 7-301-22350-5 | 蔡志文 | 49.00 |
| 24 | 网络金融与电子支付 | 7-301-15694-0 | 李蔚田 | 30.00 | 39 | 电子商务法 | 7-301-22121-1 | 郭鹏 | 38.00 |
| 25 | 网络营销 | 7-301-22125-9 | 程虹 | 38.00 | 40 | ERP沙盘模拟教程 | 7-301-22393-2 | 周菁 | 26.00 |
| 26 | 电子证券与投资分析 | 7-301-22122-8 | 张德存 | 38.00 | 41 | 移动商务理论与实践 | 7-301-22779-4 | 柯林 | 43.00 |
| 27 | 数字图书馆 | 7-301-22118-1 | 奉国和 | | 42 | 电子商务项目教程 | 7-301-23071-8 | 芦阳 | 45.00 |

## 物流类

| 序号 | 书名 | 书号 | 编著者 | 定价 | 序号 | 书名 | 书号 | 编著者 | 定价 |
|---|---|---|---|---|---|---|---|---|---|
| 1 | 物流工程 | 7-301-15045-0 | 林丽华 | 30.00 | 31 | 国际物流管理 | 7-301-19431-7 | 柴庆春 | 40.00 |
| 2 | 现代物流决策技术 | 7-301-15868-5 | 王道平 | 30.00 | 32 | 商品检验与质量认证 | 7-301-10563-4 | 陈红丽 | 32.00 |
| 3 | 物流管理信息系统 | 7-301-16564-5 | 杜彦华 | 33.00 | 33 | 供应链管理 | 7-301-19734-9 | 刘永胜 | 49.00 |
| 4 | 物流信息管理 | 7-301-16699-4 | 王汉新 | 38.00 | 34 | 逆向物流 | 7-301-19809-4 | 甘卫华 | 33.00 |
| 5 | 现代物流学 | 7-301-16662-8 | 吴健 | 42.00 | 35 | 供应链设计理论与方法 | 7-301-20018-6 | 王道平 | 32.00 |
| 6 | 物流英语 | 7-301-16807-3 | 阚功俭 | 28.00 | 36 | 物流管理概论 | 7-301-20095-7 | 李传荣 | 44.00 |
| 7 | 第三方物流 | 7-301-16663-5 | 张旭辉 | 35.00 | 37 | 供应链管理 | 7-301-20094-0 | 高举红 | 38.00 |
| 8 | 物流运作管理 | 7-301-16913-1 | 董千里 | 28.00 | 38 | 企业物流管理 | 7-301-20818-2 | 孔继利 | 45.00 |
| 9 | 采购管理与库存控制 | 7-301-16921-6 | 张浩 | 30.00 | 39 | 物流项目管理 | 7-301-20851-9 | 王道平 | 30.00 |
| 10 | 物流管理基础 | 7-301-16906-3 | 李蔚田 | 36.00 | 40 | 供应链管理 | 7-301-20901-1 | 王道平 | 35.00 |
| 11 | 供应链管理 | 7-301-16714-4 | 曹翠珍 | 40.00 | 41 | 现代仓储管理与实务 | 7-301-21043-7 | 周兴建 | 45.00 |
| 12 | 物流技术装备 | 7-301-16808-0 | 于英 | 38.00 | 42 | 物流学概论 | 7-301-21098-7 | 李创 | 44.00 |
| 13 | 现代物流信息技术 | 7-301-16049-7 | 王道平 | 30.00 | 43 | 航空物流管理 | 7-301-21118-2 | 刘元洪 | 32.00 |
| 14 | 现代物流仿真技术 | 7-301-17571-2 | 王道平 | 34.00 | 44 | 物流管理实验教程 | 7-301-21094-9 | 李晓龙 | 25.00 |
| 15 | 物流信息系统应用实例教程 | 7-301-17581-1 | 徐琪 | 32.00 | 45 | 物流系统仿真案例 | 7-301-21072-7 | 赵宁 | 25.00 |
| 16 | 物流项目招投标管理 | 7-301-17615-3 | 孟祥茹 | 30.00 | 46 | 物流与供应链金融 | 7-301-21135-9 | 李向文 | 30.00 |
| 17 | 物流运筹学实用教程 | 7-301-17610-8 | 赵丽君 | 33.00 | 47 | 物流信息系统 | 7-301-20989-9 | 王道平 | 28.00 |
| 18 | 现代物流基础 | 7-301-17611-5 | 王侃 | 37.00 | 48 | 物料学 | 7-301-17476-0 | 肖生苓 | 44.00 |
| 19 | 现代企业物流管理实用教程 | 7-301-17612-2 | 乔志强 | 40.00 | 49 | 智能物流 | 7-301-22036-8 | 李蔚田 | 45.00 |
| 20 | 现代物流管理学 | 7-301-17672-6 | 丁小龙 | 42.00 | 50 | 物流项目管理 | 7-301-21676-7 | 张旭辉 | 38.00 |
| 21 | 物流运筹学 | 7-301-17674-0 | 郝海 | 36.00 | 51 | 新物流概论 | 7-301-22114-3 | 李向文 | 34.00 |
| 22 | 供应链库存管理与控制 | 7-301-17929-1 | 王道平 | 28.00 | 52 | 物流决策技术 | 7-301-21965-2 | 王道平 | 38.00 |
| 23 | 物流信息系统 | 7-301-18500-1 | 修桂华 | 32.00 | 53 | 物流系统优化建模与求解 | 7-301-22115-0 | 李向文 | 32.00 |
| 24 | 城市物流 | 7-301-18523-0 | 张潜 | 24.00 | 54 | 集装箱运输实务 | 7-301-16644-4 | 孙家庆 | 34.00 |
| 25 | 营销物流管理 | 7-301-18658-9 | 李学工 | 45.00 | 55 | 库存管理 | 7-301-22389-5 | 张旭凤 | 25.00 |
| 26 | 物流信息技术概论 | 7-301-18670-1 | 张磊 | 28.00 | 56 | 运输组织学 | 7-301-22744-2 | 王小霞 | 38.00 |
| 27 | 物流配送中心运作管理 | 7-301-18671-8 | 陈虎 | 40.00 | 57 | 物流金融 | 7-301-22699-5 | 李蔚田 | 39.00 |
| 28 | 物流项目管理 | 7-301-18801-9 | 周晓晔 | 35.00 | 58 | 物流系统集成技术 | 7-301-22800-5 | 杜彦华 | 40.00 |
| 29 | 物流工程与管理 | 7-301-18960-3 | 高举红 | 39.00 | 59 | 商品学 | 7-301-23067-1 | 王海刚 | 30.00 |
| 30 | 交通运输工程学 | 7-301-19405-8 | 于英 | 43.00 | 60 | 项目采购管理 | 7-301-23100-5 | 杨丽 | 38.00 |

相关教学资源如电子课件、电子教材、习题答案等可以登录 www.pup6.com 下载或在线阅读。

扑六知识网(www.pup6.com)有海量的相关教学资源和电子教材供阅读及下载(包括北京大学出版社第六事业部的相关资源),同时欢迎您将教学课件、视频、教案、素材、习题、试卷、辅导材料、课改成果、设计作品、论文等教学资源上传到 pup6.com,与全国高校师生分享您的教学成就与经验,并可自由设定价格,知识也能创造财富。具体情况请登录网站查询。

如您需要免费纸质样书用于教学,欢迎登录第六事业部门户网(www.pup6.com)填表申请,并欢迎在线登记选题以到北京大学出版社来出版您的大作,也可下载相关表格填写后发到我们的邮箱,我们将及时与您取得联系并做好全方位的服务。

扑六知识网将打造成全国最大的教育资源共享平台,欢迎您的加入——让知识有价值,让教学无界限,让学习更轻松。联系方式:010-62750667、wangxc02@163.com、lihu80@163.com,欢迎来电来信。